DANS LE SILENCE ENTERRÉ

DU MÊME AUTEUR

FEMMES SUR LA PLAGE, Actes Sud, 2012 ; Babel noir n° 114.
DANS LE SILENCE ENTERRÉ, Le Rouergue, 2015.
TANGO FANTÔME, Le Rouergue, 2017.

Titre original :
I tystnaden begravd
Éditeur original :
Lind & Co., Stockholm
© Tove Alsterdal, 2012
Publié en accord avec Grand Agency

© Éditions du Rouergue, 2015
pour la traduction française
ISBN 978-2-330-09715-8

TOVE ALSTERDAL

DANS LE SILENCE ENTERRÉ

roman traduit du suédois par
Johanna Brock et Erwan Le Bihan

BABEL NOIR

NOTE DE L'ÉDITEUR

Dans le silence enterré se déroule en Suède, dans les régions de Tornédalie et de Botnie du nord.

La Botnie du nord est une région située au nord-est du pays, circonscrite par une frontière avec la Finlande, à l'est, le golfe de Botnie, au sud, et la province de Laponie, à l'ouest.

La Tornédalie s'étend du nord-est de la Suède jusqu'au nord-ouest de la Finlande. Elle est composée de quatre communes suédoises et six communes finlandaises. Le 1er avril 2000, le parlement suédois a adopté une loi qui autorise les services administratifs des quatre communes suédoises à utiliser la langue de Tornédalie, le meänkieli, en tant que langue officielle.

PREMIÈRE PARTIE

D'habitude, il n'utilise pas de papier pour allumer le poêle du sauna, mais ces lettres doivent disparaître. Il tient l'une des enveloppes en boule dans la main et approche l'allumette. L'autre, il la froisse et la jette directement dans les flammes. Il ne referme pas immédiatement la porte du poêle. Assis sur la banquette du sauna, tout habillé, il contemple les flammes qui se mettent à danser. Le feu de l'enfer, pense-t-il, pendant que les satanées lettres de l'agence immobilière se consument et se réduisent en cendres. Le jour du Jugement dernier approche.

Lorsque les pierres du poêle sont suffisamment chaudes, il enfile les gants et en extrait sept. Il les enveloppe dans des serviettes et les porte jusqu'à la luge. La neige a déjà presque recouvert ses traces. Le vent souffle sur le domaine et fait craquer les bouleaux. Le *ryssätuuli*, qui charrie le froid glacial de la mer de Barents. Du côté finlandais, il entend le bourdonnement incessant du chemin de fer. Mais il y a autre chose aussi, comme une menace sur Rauhala.

Il chausse ses skis et suit la piste entre les bouleaux. À nouveau, le silence, qui étend son empire sur les terres alentour. Il sort rarement allumer le feu avant que les commères ne soient couchées. Il ne veut pas être importuné.

... Celui qui veut être ami du monde se rend ennemi de Dieu. Malheur à vous qui riez maintenant, car vous serez dans le deuil et dans les larmes !

Devant lui, les murs sombres de Rauhala se détachent dans la neige, la bâtisse principale, vide et glacée, comme scellée par le gel. Il entend toujours les voix, même s'il n'y met plus jamais les pieds. Les fenêtres, couvertes de givre, sont maintenant opaques. Les voix qui appellent attendent le pêcheur, il le sait. Elles patientent, emmurées à l'intérieur.

Il passe rapidement devant l'étable. Le toit s'est écroulé. Tout ce bazar pourra bien s'effondrer avant qu'il ne laisse les démons entrer à Rauhala, les suppôts de l'avarice, de la débauche ou de l'orgueil. Il ne les laissera pas prendre possession de la maison des morts.

La dépendance, une petite maison de l'autre côté de la cour, est dépourvue de fenêtre. Une fois à l'intérieur, plus personne ne peut l'épier ou le surprendre et Dieu même ne peut l'y voir. Il détache ses skis et les glisse sous le bâtiment, entre les rondins. De la luge, il décharge le baluchon chaud avec les pierres et ouvre la porte. Il montera les pierres au grenier et les posera au pied de son lit. Elles lui tiendront chaud jusqu'au matin. La nuit, il préfère laisser le poêle s'éteindre pour économiser du gasoil. Il a suffisamment d'argent pour s'en procurer, mais il évite ce genre d'excursions superflues. Il doit se protéger de tous ces gens dans le bus qui ne manquent jamais de le dévisager. De l'interroger aussi. *N'est-ce pas*

Lars-Erkki Svanberg ? Ou pire encore : *Erik le Lapon !*
C'est bien vous, Erik le Lapon ?

Quelle saloperie ! On ne peut pas lui foutre un peu la paix !

À peine a-t-il rentré le baluchon qu'il est alerté par le bruit. Le vrombissement d'un camion au loin en route vers le sud, vers Haparanda. Mais ce n'est pas ce qui lui a fait tendre l'oreille.

Il distingue un craquement comme lorsque la surface gelée de la neige se brise. Un pas qui s'enfonce dans la couche de neige fraîche, puis un deuxième. Aucun animal n'a le pas aussi lourd. Ils approchent, du côté du sauna, par les chemins dessinés sur le fleuve gelé. Il se réfugie dans la dépendance et referme délicatement la lourde porte en bois derrière lui. Il y fait noir, comme dans une tombe. Il fouille dans ses poches à la recherche d'allumettes, mais se dit qu'il vaudrait mieux ne pas allumer la lampe à pétrole : la lumière pourrait se voir entre les quelques fentes des rondins et ils sauraient qu'il est éveillé. Ils pensaient sûrement le cueillir au lit, les salauds, mais Lars-Erkki Svanberg ne se laisse pas surprendre. Il a l'habitude de chasser les curieux de la propriété, les enfants et les commères qui viennent fouiner. Ont-ils oublié qu'autrefois, personne ne lui tenait tête ? La force de la nature du Nord, disaient les journaux. Une putain de quantité d'articles. Il a pu isoler les murs du grenier avec.

Le fusil est fixé au crochet à pain au plafond. Lars-Erkki cherche à l'aveuglette le long de la poutre et s'en saisit. Les cartouches sont dans le coffre, là où il stocke tout ce qui a de l'importance à ses yeux. Les outils, le pain et les clés de Rauhala. Il est ordonné, chaque chose a sa place. Il trouve sans difficulté la boîte, mais sa main tremble et il fait tomber les cartouches. Il est incapable de distinguer de quel côté elles ont pu rouler. Il y a quatre couches de lirettes au sol. Il a rapporté toutes les lirettes de Rauhala pour isoler le plancher. Il se met à quatre pattes et tâtonne dans le noir, en vain. Les pas, juste derrière la maison maintenant. Il y a quelqu'un, dehors, qui avance lentement, le rituel d'approche d'un chasseur.

Il abandonne la recherche des cartouches et grimpe vers le poêle à gasoil où se trouve la hache. Il passe la main le long du mur rugueux. Elle n'y est pas. Merde, il l'a oubliée dehors. Il s'en souvient, il l'a posée à l'entrée du sauna après avoir coupé le bois. Le bruit tourne maintenant à l'angle de la maison. Putain, et s'ils essaient d'entrer ? La porte n'est pas fermée à clé, ni même entravée par la barre. Il a réuni ici tout ce qu'il faut à un homme pour survivre et personne ne le lui prendra. S'ils essaient de l'emmener, il ne les suivra nulle part. Le jour du Jugement dernier, pense-t-il en avançant à tâtons sur les tapis. Lars-Erkki Svanberg ne craint pas les vivants. Seuls les morts de Rauhala lui font peur. Et les feux de l'enfer. Il prend le fusil déchargé et se redresse péniblement. Son dos est voûté, ses jambes raides. Il avance dans le noir vers la porte et l'ouvre. Les faibles reflets de lumière dans la neige. Il scrute autour de lui. Dresse l'oreille dans le vent. Pas un bruit. Plus aucun mouvement. Lentement, il descend les quatre marches.

Il s'apprête à pointer le fusil, toujours aux aguets, quand l'ombre d'un homme se dessine sur la neige. Une respiration. Quelqu'un qui attendait, accroupi derrière la porte. Il se retourne et voit un homme sans visage. Le bonnet enfoncé sur la tête et, juste en dessous, une paire d'yeux diaboliques. La peur monte en lui comme les vapeurs de l'abîme et il menace avec le fusil.

— Éloignez-vous de moi, vous qui êtes maudit. Fuyez la colère qui viendra… celui qui vous jugera. La plaie du péché brûlera vos âmes… ce n'est rien d'autre que les excréments du diable… les excréments du diable.

Alors, il voit le bras passer au-dessus de sa tête. L'ombre de l'inconnu prolongée par un outil.

Les suppôts de Satan ! Ils ont trouvé la hache.

Et le silence règne à nouveau sur Rauhala.

Elle fit tourner la clé dans la serrure de la porte de l'appartement. Deux tours, sa main avait gardé la mémoire du geste, deux tours pour être sûre d'avoir bien fermé.

La puanteur l'assaillit. Elle recula, en retenant son souffle. Une odeur de pourriture, de poubelles en putréfaction.

Du renfermé, de la solitude et de la vieille urine sèche.

Katrine se protégea le nez avec son écharpe et tira la valise dans le vestibule. Elle referma rapidement la porte. Elle voulait éviter que l'odeur ne se répande dans la cage d'escalier, que les voisins s'interrogent sur les raisons de sa présence. *Mais surtout qu'ils se demandent pourquoi elle n'était pas venue plus tôt.*

Le courrier et la publicité étaient éparpillés à même le sol, en quelques tas mal fagotés. Son regard se posa sur la commode pseudo-rococo qu'elle connaissait si bien, la tapisserie en tissu brun rose qui n'avait jamais été changée et le porte-chapeaux où pendait la toque en fourrure de sa mère. Accroché au mur, elle aperçut le calendrier d'art avec des images du Tate Modern, qu'elle avait envoyé de Londres pour Noël.

La page n'était pas tournée. Le temps s'était simplement arrêté.

Je suis venue dès qu'ils m'ont appelée, se dit-elle. Une litanie d'excuses lui trottait dans la tête pendant qu'elle passait d'une pièce à l'autre pour ouvrir les fenêtres en grand. J'habite à Londres. Je ne peux pas prendre l'avion une fois par semaine pour rendre visite à ma mère. Pourquoi Anders ne s'est-il pas occupé d'elle ? J'ai un frère. J'ai un putain de frère qui habite à trois kilomètres d'ici. Je ne peux pas tout faire.

Elle s'affala sur une chaise dans la cuisine, laissant errer son regard, quelques restes brûlés autour du grille-pain. Qu'est-ce que ça avait bien pu être ? De la saucisse de Falun ?

À l'hôpital, on lui avait expliqué qu'Ingrid Hedstrand était sous-alimentée, ce qui avait probablement aggravé la démence. Un voisin avait donné l'alerte. La porte d'entrée enfoncée, on avait trouvé Ingrid allongée par terre, incapable de se relever. Le pire n'était pas ce qu'elle avait à la jambe. À l'hôpital, on avait diagnostiqué une démence sénile de type Alzheimer. Ingrid Hedstrand avait aussi, sans doute, été victime d'un léger AVC. Les médecins étudiaient le traitement qu'ils allaient lui administrer.

Pardon maman de ne pas avoir été là. Pardon de ne pas avoir deviné.

Elle s'affala dans le canapé d'angle du salon et resta un long moment à pleurer. Les images de sa mère dans cette pièce, des détails ridicules qui lui passaient par la tête. Assise sur le canapé, toujours au bord, tricotant des moufles devant la télé. Ou une écharpe, un gilet en crochet, qu'importe l'émission pourvu qu'elle ait quelque chose pour s'occuper les mains. Le soir, elle se changeait. Elle enfilait sa robe de chambre vert clair pour ne pas user inutilement ses vêtements. Et ses cheveux, toujours enroulés dans les bigoudis avant de se coucher, et le matin, toujours maquillée en partant au travail, à la pharmacie. Katrine avait le souvenir d'avoir souhaité une maman plus jeune, sans pouvoir se rappeler en quoi ça avait une quelconque importance.

Le crépuscule au dehors, en reflets grisâtres.

Elle sortit sur le balcon et demeura longtemps dans le froid humide. Elle contemplait la banlieue. Le pays de son enfance, qui s'étendait comme un champ de neige boueux, un terrain vague entre les routes et les blocs résidentiels. Toujours de la boue, aussi loin qu'elle s'en souvenait, cette saleté qui éclaboussait les jeans. Et là, le chemin, le raccourci qu'elle avait voulu prendre pour aller à l'école, où les garçons de sa classe lui avaient frotté le visage avec de la neige. Elle revoyait aussi l'endroit où elle avait sniffé de la colle, derrière les salles de travaux manuels de l'école. Et celui où ils s'étaient pelotés avec Jojje pour la première fois. Toute sa scolarité défilait de l'autre côté du champ, une enfilade de bâtiments minuscules, de l'école primaire jusqu'au lycée. Elle avait le sentiment d'y avoir passé une éternité. À la dernière fête, elle s'était saoulée avec un mélange infâme, un cocktail fait maison, un mélange de fonds de bouteille dénichés dans l'armoire d'Ingrid. Et elle s'était réveillée dans un lit inconnu, avec une gueule de bois et plus qu'une seule idée en tête : être libre.

Les rues piétonnes s'entrecroisaient, mais elles menaient toutes au même endroit, le RER, la seule issue.

Ensuite, dix-sept minutes pour aller au centre de Stockholm. Elle avait, quelques fois, pensé ne jamais revenir.

Elle se tint dehors, malgré le froid, en essayant de faire remonter les émotions de l'époque, quand tout était encore possible. En vain.

Elle habitait Londres depuis huit ans. Elle y avait d'abord travaillé comme journaliste free-lance : des premières années pénibles, des piges sous-payées avec, pour unique sujet, le destin des Suédois émigrés. Elle caressait alors des rêves d'un futur plus faste. Elle avait déménagé d'un appartement à l'autre, n'importe quoi pour pouvoir rester, jusqu'à ce qu'elle décroche le gros lot, qu'elle signe un contrat avec une chaîne de radio suédoise. Puis, elle avait rencontré Alastair : un psychothérapeute qui avait son cabinet sur Harley Street. Les hasards d'une rencontre : une fête, un ami d'un ami. Cela devait faire environ cinq ans qu'elle avait été invitée pour la première fois chez Alastair, dans son appartement à Harley House. Une maison avec des tours et un concierge sur Marylebone Road : une adresse qui ne manquait pas de susciter la surprise et l'envie.

Je dois me ressaisir, pensa-t-elle, en serrant la rambarde du balcon. La morsure du métal glacé au creux des mains, les doigts qui gelaient.

Elle avait reçu la nouvelle juste avant Noël : vingt postes allaient être supprimés. Son contrat avec la radio ne serait pas prolongé. Le salaire du mois en cours serait le dernier. Elle n'avait pas même eu le courage de commencer à chercher d'autres missions avant que la deuxième nouvelle catastrophique ne tombe.

Katrine regagna l'appartement. Il fallait bien commencer quelque part. Le plus rebutant, toujours commencer par le plus rebutant, n'était-ce pas ce que sa mère lui avait appris ? Dans la chambre, sous le lit, elle trouva des draps en boule : raidis par des excréments desséchés. Elle se boucha le nez et les fourra dans un sac plastique. Il était trop petit. Elle fouilla les placards et les tiroirs et trouva un rouleau de sacs-poubelle noirs. Elle en remplit un et fit un nœud. Elle jeta le sac dans le vide-ordures de la cage d'escalier. Et puis cette odeur dans la salle de bains. En haut, dans la panière à linge, elle trouva quelques serviettes propres soigneusement pliées. Sous la pile, plusieurs chemises de nuit tachées. Elle attrapa un autre sac-poubelle et l'image de sa mère lui apparut, juste là, devant, posant les serviettes propres au-dessus de la pile, un geste désespéré pour masquer la honte. Quel effroi, assister au délitement de sa propre conscience, errer d'une pièce à l'autre en ayant oublié en chemin la destination initiale.

Katrine se lava les mains : elle se frotta jusqu'en haut des bras. Puis s'attaqua au courrier.

Assise à la table de la cuisine, elle ouvrit et tria les enveloppes, sentant le calme revenir. Des problèmes concrets à régler. Elle avait toujours été à l'aise avec les chiffres et les analyses.

Il y avait des rappels de factures, impayées depuis des mois, des menaces de recouvrement et sept mises en demeure d'un huissier. Sa mère avait l'habitude de payer les factures avec deux semaines d'avance, afin de montrer aux créanciers qu'elle était à la hauteur, apte à faire ce que l'on attendait d'elle. Mais là, l'économie de son ménage, autrefois si bien réglée, ressemblait au premier cercle de l'*Enfer* de Dante.

Elle s'apprêtait à jeter la lettre d'une agence immobilière dans le sac-poubelle destiné aux publicités lorsqu'elle s'intéressa, par hasard, au libellé du courrier. Il était adressé à la propriétaire, Ingrid Hedstrand. Katrine ouvrit l'enveloppe et lut les quelques lignes, à plusieurs reprises : « L'acheteur est pressé d'acquérir la maison… »

La maison ? Quelle maison ? Ingrid Hedstrand vivait dans l'appartement de Månadsvägen à Jakobsberg depuis que l'immeuble avait été construit, en 1961. Katrine ignorait le montant exact du salaire de sa mère à la pharmacie, mais il n'était sûrement pas suffisant pour s'offrir une maison de vacances.

Katrine avait dû porter des pantalons achetés par correspondance, quand les autres arboraient des jeans de marque. Par souci d'économie, les croûtes de fromage devaient être gardées jusqu'au lendemain et les petits pains carbonisés étaient tout de même mangeables.

Elle lut à nouveau la lettre.

La maison, celle que l'acheteur était si pressé d'acquérir, était située à Kivikangas, dans la commune d'Haparanda.

Kivikangas, le nom du village où sa mère était née.

Katrine se cala contre le dossier, une chaise raide à barreaux et ferma les yeux. Elle pouvait désigner l'endroit sur une carte, tout en haut du Norrland et à droite, à l'est, le long de la bande bleue, le Torne, le fleuve frontalier entre la Suède et la Finlande. Passé le CM2, elle avait arrêté de demander à sa mère s'ils pourraient y aller un jour. En primaire, il y avait une carte dans la classe où les enfants punaisaient les endroits qu'ils avaient visités. Ensuite, la maîtresse leur parlait des capitales de chaque province, de la flore, des fleuves et des montagnes. Katrine aurait bien voulu planter une punaise là-haut, au nord de la carte, mais Ingrid prétextait que le voyage coûtait trop cher. « Je ne comprends pas pourquoi tu as envie d'aller là-bas. » Elle parlait toujours lentement, avec une sollicitude exagérée. « On pourrait rendre visite à la famille », essayait Katrine, parce qu'elle avait entendu dire que c'était ce que faisaient les autres enfants pendant les vacances. « Il n'y a plus de famille là-bas », disait sa mère, « il n'y a plus rien. »

Katrine fixa longuement la somme que l'acheteur était prêt à débourser pour une maison qui n'existait pas.

1,1 million de couronnes. En bas de la lettre, la somme était écrite avec les zéros : 1 100 000.

Elle fouilla de nouveau dans le tas de courrier. Ce n'était pas la première lettre, apparemment. « Comme vous n'avez pas répondu à mon offre précédente… »

Elle trouva trois autres enveloppes blanches de l'agence immobilière de Luleå.

C'est une erreur, pensa-t-elle. Ce n'est pas possible.

Ingrid Hedstrand était hospitalisée au service gériatrie, une chambre avec quatre lits, volets fermés et lumières éteintes. Il était à peine vingt heures, mais ici la nuit étendait déjà son empire.

Katrine entra sur la pointe des pieds et déplaça la chaise qui était au pied du lit afin de s'asseoir le plus près possible.

— Maman, chuchota-t-elle.

Un mouvement sous les paupières comme un petit battement d'ailes. Sa main qui cherchait sur le drap. Katrine l'attrapa et sentit la main de sa mère se resserrer.

— Tu es là, toi ?

— Mais maman, j'étais déjà là, ce matin. J'ai apporté des After Eight. Je suis venue le plus vite possible. Tu te rappelles ?

Ingrid tenta de s'asseoir mais s'affaissa à nouveau. Elle était si maigre, la main fragile comme du papier sulfurisé.

C'est ma mère, se dit Katrine, en essayant de voir derrière les rides. La personne dont elle aurait dû être le plus proche au monde.

— Désolée de te réveiller, mais je dois te poser une question.

Les cheveux gris s'étalaient sur l'oreiller, les boucles désagrégées en mèches raides. Ils ont certainement un coiffeur ici, pensa Katrine, elle n'a pas à supporter ça. Ingrid s'était toujours teint les cheveux en brun acajou. Elle apportait le plus grand soin à son apparence.

— On doit parler de la maison à Kivikangas, maman.

Les yeux d'Ingrid errèrent dans la chambre. Il y avait de la peur dans son regard.

— On part maintenant ?

— Pourquoi tu ne nous as jamais dit que tu avais une maison ?

Katrine posa doucement sa main sur la joue de sa mère. Elle était froide. Elle la fixa sans pouvoir échanger un regard. Il y avait comme un voile sur ses yeux, comme si elle s'était retirée encore un peu plus loin en elle-même.

Anders, son frère, n'avait pas non plus entendu parler d'une quelconque maison. Katrine l'avait appelé pour lui parler des lettres de l'agence immobilière. La dernière offre s'élevait à 1,3 million de couronnes. L'agent immobilier avait interprété le silence d'Ingrid Hedstrand comme une stratégie de négociation et dans chaque nouvelle lettre, il avait augmenté la somme. Sur la dernière déclaration d'impôts, la valeur imposable ne dépassait pas les 36 000 couronnes. Katrine avait fouillé tous les tiroirs de la maison jusqu'à ce qu'elle mette la main sur le titre de propriété, l'inventaire de la succession et tous les autres documents. C'était marqué noir sur blanc. En 1974, Ingrid Hedstrand avait hérité d'une propriété de mademoiselle Siri Kankanranta. La maison faisait 78 m² et le terrain 2 432 m². Ingrid était la seule héritière directe.

Katrine essaya de percer le regard de sa mère. Elle avait le sentiment de s'être fait rouler.

— Quelqu'un veut acheter ta maison, maman. Tu comprends ce que je te dis ? Ils veulent investir beaucoup d'argent. Qu'est-ce que je dois leur répondre ?

Un gémissement se fit entendre d'un lit voisin. Merde alors, bientôt toutes les autres vieilles allaient se réveiller. Ils avaient laissé entrer Katrine, à condition qu'elle ne dérange pas.

— Non, et maintenant on part, dit sa mère, haut et fort. Le corps frêle bascula en position assise. Katrine lui tendit le gobelet de sirop posé sur la table de chevet.

— Tu veux boire un peu ?

Sa mère le repoussa brutalement d'un geste de la main et le sirop rouge se répandit sur le drap.

— Mais maman, tu ne peux pas partir maintenant. Tu es à l'hôpital.

Elle tira le bras de Katrine. « *Onko se täällä ?* » Katrine se dégagea et regarda avec effroi le corps fragile affalé sur le lit, avec ses mots étrangers qui jaillissaient de sa bouche. Des frissons lui parcouraient l'échine. La vieille dame agita ses bras et attrapa de nouveau le bras de Katrine, l'effet d'une petite griffe acérée.

— Maman, s'il te plaît, calme-toi.

— *Onko se täällä nyt ? Onko se tullu ?*

On aurait dit du finnois. C'était sûrement du finnois. Ingrid Hedstrand n'avait jamais parlé finnois. Elle est folle, pensa Katrine. Ma mère est devenue folle et je ne sais pas quoi faire.

— Qu'est-ce que tu dis ? Parle suédois, exprime-toi d'une façon compréhensible.

Elle essaya de capter son regard, mais les yeux de sa mère erraient sans voir.

— *Se lupasi tulla mutta, ei se tullu.*

Maintenant elle criait fort en se tordant dans tous les sens et Katrine n'avait d'autre choix que de la maintenir.

— Maman, c'est moi, Katrine, dit-elle en se retenant pour ne pas pleurer. Tu ne vois pas que c'est Katrine ?

Des mouvements dans les lits alentour.

Katrine appuya sur le bouton rouge.

Les infirmiers accoururent avec des sédatifs. Quelques minutes plus tard, sa mère reposait calmement dans le lit, les cheveux étalés sur l'oreiller, les mains jointes sous la couverture, la respiration à ce point silencieuse qu'elle en était à peine audible. Encore sous le choc, Katrine demanda si quelqu'un avait compris ce que sa mère avait essayé de dire.

L'auxiliaire était érythréenne et l'aide-soignant, philippin, mais l'infirmière en chef était née à Helsinki.

— Est-ce qu'il est là maintenant, dit-elle, est-il arrivé ? Il devait venir, mais il n'est pas venu.

La température avoisinait les moins vingt-sept degrés.

La vieille dame semblait sûre d'elle. L'hiver, Svanberg faisait toujours du feu, disait-elle, tous les soirs, dès le mois de novembre et jusqu'à ce que la glace commence à fondre. De la fenêtre de la cuisine, la vue sur la maison des Haara était dégagée. On voyait le sauna, en bas, à côté du fleuve, et en cette saison, les arbustes n'obstruaient plus le champ de vision. Elle avait eu tout le loisir d'observer que le sauna de Rauhala n'avait pas été allumé deux soirs de suite.

C'est pour ça que, malgré l'heure tardive, Anna Haara s'était permis d'appeler Thore Palo.

— Ce serait quand même embarrassant de faire venir les policiers d'Haparanda, dit-elle au téléphone. Pour une fausse alerte.

— Oui, répondit-il.

Elle avait raison. Là-bas, à Haparanda, ils semblaient déjà tellement occupés, avec la réorganisation et tout le tralala.

Thore Palo chaussa ses lunettes de vue. Il pensa que la vieille s'inquiétait pour rien. Elle aurait bientôt quatre-vingt-un ans et elle ne tenait certainement plus très bien le compte des jours. Il jeta un œil sur le thermomètre digital que son petit-fils lui avait offert pour Noël, qui indiquait la température à l'extérieur et à l'intérieur. La bonne femme avait raison. Il faisait moins vingt-sept.

— Et puisqu'on a un policier dans le village, ajouta Anna Haara.

— Suis plus beaucoup policier aujourd'hui, dit Thore, mais il était flatté qu'elle s'exprime ainsi. Onze ans après avoir pris sa retraite, on le surnommait toujours « le policier » et il arrivait que les gens du village l'appellent pour lui demander un conseil ou même pour lui rapporter un conflit. Pas plus tard que l'été dernier, il avait été sollicité pour intervenir dans une bagarre entre deux frères très âgés.

— J'aurais bien pu y aller moi-même, fit Anna Haara, mais je préfère ne plus y mettre les pieds.

— Bien sûr. Je vais y aller.

Thore s'habilla chaudement et enfourcha le quad chasse-neige, direction Rauhala. Comme ça, la route du vieux sera déblayée, pensa-t-il. Au moins, je ne me serai pas déplacé pour rien.

Il gara le véhicule au bord de la route. Il sentit le froid lui mordre les joues. C'était finalement agréable d'avoir une raison de sortir.

La vieille propriété paraissait toujours abandonnée. Il remarqua que le bâtiment principal commençait aussi à s'affaisser. La plus petite maison, qui faisait office de cuisine d'été, penchait depuis longtemps déjà et le toit de l'étable s'était effondré. Quelle honte de laisser se dégrader une belle demeure comme celle-là. Il se rappela comment c'était avant, avec les gamins. Toutes ces propriétés étaient maintenant laissées à l'abandon. Elles tombaient en ruine ou étaient rachetées comme maison de vacances par des gens de Stockholm, qui laissaient les mauvaises herbes envahir les rives du fleuve. Mais Thore savait que personne n'achèterait Rauhala tant que Lars-Erkki Svanberg y habiterait.

Il avança dans la neige jusqu'à la dépendance. Il ne distinguait aucune piste. Visiblement, Svanberg n'était pas sorti depuis plusieurs jours, mais ce n'était pas rare. Le vieux vivait reclus. C'était un solitaire, l'original, l'ours mal léché que l'on croise dans tous les villages. L'été dernier, il avait menacé Anna avec un fusil alors qu'elle venait lui offrir de partager les restes du gâteau de la fête de ses quatre-vingts ans. Pas étonnant qu'elle garde désormais ses distances.

Thore frappa à la porte. Il patienta puis frappa de nouveau. Il actionna ensuite la poignée et ouvrit la porte. Il entra, comme on le fait en Tornédalie, quand ce n'est pas fermé à clé. Il appela, dans l'obscurité profonde.

— Svanberg ? C'est Thore Palo. Svanberg, tu es là ?

À l'intérieur, il faisait en dessous de zéro. Le froid avait pénétré au travers des murs en bois. Il lui fallut un peu de temps avant que ses maudits yeux ne s'habituent au noir. La neige instillait une faible lumière dans la pièce et lorsqu'il découvrit la masse affalée sur le sol, il comprit immédiatement de qui il s'agissait.

Le manteau et les bottes, ceux que Lars-Erkki Svanberg portaient presque toujours quand il sortait en ville.

Thore n'aurait pu identifier le visage. Il n'y en avait plus.

La tête était coupée en deux, juste entre les yeux. La tête de Lars-Erkki Svanberg pendait comme déchirée. Il était impossible de distinguer ce qui avait été une bouche et un menton. Tout ce qui était au-dessus de l'écharpe était noyé dans un sang noir, coagulé. Le gel avait saisi les cheveux, qui filaient en mèches épaisses sur le sol.

Thore s'agrippa au montant de la porte et recula. Il manqua de tomber en descendant l'escalier et se réceptionna avec les mains dans la neige glacée. Son corps tremblait lorsqu'il essaya d'appuyer sur les satanés petits boutons du téléphone portable que son petit-fils lui avait offert.

La voiture d'Haparanda arriva quarante-huit minutes plus tard. Thore était toujours assis, à moitié gelé, sur l'escalier qui menait à la dépendance. Il aurait été incapable d'y remettre les pieds, mais il refusait de quitter les lieux. Les larmes avaient dessiné des traînées glacées sur ses joues.

— *Herre Jumala*, gémit-il quand le jeune policier l'amena dans la voiture, je l'ai vu franchir la ligne d'arrivée des quinze kilomètres de Boden. Je l'ai vu franchir la ligne d'arrivée.

— Tu as une idée de combien coûte une maison là-haut ?

Anders Hedstrand transpirait, la sueur lui coulait dans le dos. C'était désormais un homme entre deux âges, en surpoids. La vitesse à laquelle son frère vieillissait effrayait Katrine, bien qu'elle ait cinq ans de moins que lui.

— Ce serait stupide de refuser la vente, dit-il en s'asseyant lourdement dans le canapé d'angle. Son regard balaya la pièce, sans même remarquer l'exploit qui venait d'être accompli, le ménage auquel Katrine s'était attelée. Il fixa la vieille horloge en bois de leur mère, le pendule immobile. Les aiguilles s'étaient arrêtées sur midi moins vingt. Un souvenir remonta à la mémoire de Katrine : une fois, elle avait été autorisée à la remonter. Sa mère avait gardé la main sur la sienne pendant qu'elle tournait la petite clé. C'était un des seuls objets qu'Ingrid avait rapportés de la maison de son enfance. Le tic-tac, le timbre sourd de la sonnerie. Heure après heure, année après année. Un son qui les avait bercés, elle et Anders, alors qu'ils marchaient encore à quatre pattes, bien avant qu'ils ne tiennent debout.

— On ne peut pas vendre, dit-elle. La maison ne nous appartient pas.

Son frère soupira lourdement.

— OK, ce n'est pas notre maison, mais c'est quand même à nous de prendre les décisions. C'est de notre responsabilité maintenant.

Il se pencha en arrière, les mains derrière la nuque.

C'est toi qui parles de responsabilité ? pensa Katrine, mais elle préféra ne rien dire. Elle ne voulait plus de conflits, plus de bagarres : « Pourquoi ne rendais-tu pas visite à maman plus souvent, et toi, pourquoi tu ne le faisais pas ? »

C'était Gunilla, la femme d'Anders, qui s'y était collée, plusieurs fois par semaine. Aider sa belle-mère à faire les courses, le ménage et le reste. Anders avait fait l'autruche quand la santé de sa mère s'était dégradée, quand elle avait refusé l'aide à domicile. Elle voulait continuer à se débrouiller seule, comme elle l'avait toujours fait. « Qu'est-ce que tu veux que je fasse ? Que je la force ? » Et Katrine, elle, avait limité les conversations téléphoniques : elle parlait de sa vie sur le temps qui lui était habituellement imparti pour un sujet à la radio, une minute trente.

Elle dévisagea son frère.

Anders évita son regard et se gratta la nuque. Il semblait trop gros pour le canapé et cette pièce. Ne pouvait-il pas disparaître ? Sortir de son existence ? Il incarnait tout ce qu'elle avait fui : le sentiment que la vie est toute tracée depuis le début. À vingt ans, il avait trouvé un emploi chez Philips, monteur de carte de circuits imprimés. Ensuite, l'usine avait été, maintes fois, vendue et rachetée. Maintenant, elle s'appelait Saab Teletronics et Anders y travaillait toujours. Il y avait été promu dernièrement chef de projet, en charge de la gestion informatique des comptes fournisseurs. Alléluia ! Il avait dû répéter trois fois avant qu'elle ne comprenne qu'il fallait s'en réjouir et le féliciter. Leur mère avait toujours été fière de la réussite de son fils. Deux enfants et la villa Gunilla (avait-il vraiment baptisé la maison du nom de sa femme ?). Ce qu'aurait pensé leur père de tout ça, ils ne le sauraient jamais. Katrine avait quatre ans quand il était parti travailler à Sandviken, sur un chantier d'où il n'était jamais revenu. Trois ans plus tard, ils avaient appris son décès, un accident de travail. La femme avec qui il avait vécu entre-temps refusa les fleurs, le jour de l'enterrement. Katrine n'avait aucun souvenir de lui.

— Un million trois ! Pour une vieille maison délabrée, répéta Anders. Impossible de laisser passer une telle occasion. Tu as peut-être de l'argent, mais moi, je me débats avec les emprunts et les tableaux d'amortissement.

Katrine regarda par la fenêtre. Est-ce que Saab Teletronics était au bord de la faillite comme le reste de la marque, ou était-ce une entité indépendante ? Un enfant habillé d'une combinaison rouge grimpa sur un tas de neige sale, s'assit et se laissa glisser. Elle put presque sentir la consistance de la neige et celle du gravier quand on arrive sur le sol en bas.

— La maison devait compter beaucoup pour maman, dit-elle, pour qu'elle ait eu envie de la conserver durant toutes ces années.

— Si elle l'avait tant aimée, elle y serait allée régulièrement.

Elle remarqua que les muscles autour de la bouche de son frère se contractaient. La mâchoire se tendit quand il serra les dents. Elle sentit de la tendresse monter en elle. Le frérot. Bientôt, il n'y aura plus qu'eux deux.

— De toute façon, c'est moi qui vais devoir m'en occuper, continua-t-il. Tu vas retourner à Londres, n'est-ce pas ?

— Oui, bien sûr.

— Et c'est nous qui allons hériter.

— Elle n'est pas encore morte.

— Je le sais, nom de Dieu, qu'elle n'est pas morte. Anders tapa du poing sur la table et se leva. Arrête de déformer tout ce que je dis et de jouer à la plus maligne avec moi.

Il disparut dans les toilettes en claquant la porte.

Katrine s'affaissa dans le canapé. Même s'il occupait la moitié de la pièce, il lui avait semblé trop petit pour le partager avec son frère.

Elle tendit la main pour attraper les papiers sur la table : les offres croissantes de l'agence immobilière de Luleå. Anders toussa et tira la chasse d'eau, pendant que Katrine téléphonait à l'agence. L'agent immobilier s'appelait Jerker Nyberg, sa voix se perdait dans les aigus, un soprano enfantin.

— Mais quel plaisir. Je me demandais si, un jour, on allait réussir à vous joindre.

— Ingrid Hedstrand est malade, malheureusement. C'est moi qui la représente.

Katrine employait la voix qu'elle utilisait d'habitude pour fixer la date d'une interview avec un homme politique. Elle avait toujours peur que les gens lisent dans ses pensées, même au téléphone.

— Je veux dire moi et mon frère, ajouta-t-elle lors-qu'Anders revint dans la pièce. Elle lui montra la lettre de l'agence immobilière et son visage s'illumina. Nous voudrions seulement savoir si votre offre est toujours d'actualité.

— Bien sûr, répondit l'agent immobilier avec empres-sement, bien sûr.

— Nous ne savons pas encore si nous voulons vendre. Nous avons quelques questions…

— Je suis mandaté pour négocier le prix, l'interrom-pit l'homme, si vous n'êtes pas satisfaits de notre der-nière offre.

— Qui veut acheter ? demanda Katrine. Pourquoi l'acheteur s'intéresse-t-il à cette maison en particulier ?

Il y eut comme un blanc. À l'autre bout du fil, l'agent immobilier se racla la gorge. Anders fronça les sourcils et chuchota : « Mais dis-le lui, qu'on est intéressés. »

— L'acheteur préfère rester anonyme, dit Jerker Nyberg. Tout doit transiter par moi. J'ai tous les man-dats nécessaires pour mener à bien la transaction.

— Je dois en discuter avec mon frère.

— Un million cinq, fit l'agent immobilier.

— Nous reviendrons vers vous.

Elle raccrocha.

— Qu'est-ce qu'il propose ?

Katrine dévisagea son frère un moment, sans rien dire, avant de pouvoir énoncer la somme.

— Mon Dieu. Anders se passa la main sur le front en retombant dans le canapé. Je pourrais rénover ma mai-son… Il se tut puis changea de ton, devint suppliant. Et, de toutes les façons, maman n'en a plus besoin.

— Mais on ne peut pas vendre une maison où l'on n'a jamais mis les pieds. Tu n'en connais pas la couleur, tu ne sais pas quelle vue on peut avoir là-bas.

— Qu'est-ce que tu veux dire, qu'on devrait y aller pour apprécier la vue ? Je ne peux pas tout laisser en plan.

— Je peux y aller, dit-elle.

— À Kivikangas ? Il la regarda avec étonnement. Mais tu ne connais rien aux maisons.

— Qu'est-ce que tu en sais ?

— Tu n'as pas plein de choses à faire chez toi, à Londres ?

Elle haussa les épaules.

— J'ai une période de creux en ce moment, répondit-elle. Je peux prendre quelques jours et y aller. Si tu t'occupes de maman.

La solitude était, pour lui, une sensation inconnue : cet état où l'on peut même s'entendre respirer.

Alexis Saporin avait dupé ses propres gardes du corps et s'était sauvé par la porte de derrière. Ils devaient se l'imaginer toujours allongé, malade, dans l'appartement situé au bord du fleuve, la Neva, alors qu'il se cachait sur Ulitsa Rubinsteina, dans une maison à bow-window, avec vue sur l'avenue. Il y avait maintenant entre eux deux fleuves de Saint-Pétersbourg. Plus jamais il ne mettrait sa vie entre les mains de tels imbéciles.

Il reconnut la voiture noire. Elle se détacha du flot de la circulation et se gara devant la porte. Des gardes du corps en sortirent. Des hommes qui ne cherchaient pas à dissimuler leurs tatouages et dont la vue seule suffisait à effrayer les gens alentour, à les disperser à travers la fumée des gaz des pots d'échappement du trafic de la fin de journée, une nuée qui s'envolait et se mélangeait aux nuages, au-dessus de Saint-Pétersbourg. Il vit enfin le crâne luisant de Dima émerger de la porte arrière, son ami, son compagnon, le grand homme d'affaires Dimitri Olegovitch dont la démarche s'était alourdie ces dernières années au rythme d'un embonpoint croissant.

Les gardes du corps le fixaient tandis qu'il avançait vers la porte : un dernier coup d'œil dans la rue avant de retourner s'asseoir dans la voiture. La petite statuette, une femme stylisée, se rabattit sur le capot de la Rolls-Royce : un Spirit of Ecstasy 24 carats. C'était le signal convenu, la porte de l'immeuble s'ouvrit. Les hommes allaient rester dans la voiture pendant que Dima pénétrerait seul dans le bâtiment, exactement comme le jeudi précédent lorsqu'il avait déjà rendu visite à sa maîtresse, sur Ulitsa Rubinsteina, ignorant qu'on l'épiait.

Silencieux, Alexis traversa rapidement l'appartement vide et sortit sur le palier. Il se glissa dans l'ombre, trois marches au-dessus, invisible pour quelqu'un qui viendrait d'en bas.

Un ami peut très vite devenir un ennemi qui en sait trop sur toi.

Le vieil imbécile n'avait pas pu se taire, il s'était vanté : sa maîtresse avait été danseuse au théâtre Mariinsky, et maintenant elle ne dansait que pour Dimitri Olegovitch ! Et comme elle dansait ! Alexis avait pu sentir l'excitation de son ami, comme les battements d'un second pouls dans les veines.

Quel dommage, l'ascenseur était en panne. À cause d'un câble que quelqu'un avait coupé.

Il entendit Dima jurer deux étages plus bas et frapper sur le bouton de l'ascenseur. Un petit tracas qui suscitait de l'énervement, de la colère, sans éveiller les soupçons. Les vieux quartiers de Pétersbourg, des passages et des cours qui dataient d'avant la Révolution ; des portes qui ouvraient sur plusieurs issues, des labyrinthes où un homme pouvait disparaître ; un ascenseur installé à l'époque soviétique et qui n'avait jamais été réparé ; un électricien qui avait promis de venir mais qui n'avait jamais fait le déplacement.

Alexis glissa sa main sous son manteau : un vêtement bon marché, acheté dans un grand magasin, anonyme, impossible à identifier. L'espace d'un instant, il se laissa distraire par une vision de la maîtresse : allongée, douce et nue, trois étages plus haut, elle attendait d'être baisée par tous les trous avant de crier sa douleur, avant de supplier pour en avoir encore plus. Il sentit une vague de chaleur du côté de son bas-ventre, comme un picotement qui lui aiguisait les sens. Ses doigts serrèrent la crosse. Il entendit les pas de l'homme dans l'escalier entre le premier et le deuxième étage. Dima soufflait, grommelait, jurait, s'en prenant à ces artisans qui vivaient toujours à l'époque de l'Union soviétique, des incapables qui ne terminaient jamais un boulot.

La balle fit mouche à l'instant même où, sur le visage, on pouvait lire la surprise, ce moment où les yeux sortent des orbites et où l'on comprend que l'on est perdu. La bouche ouverte pour quelques derniers mots :

— Que fais-tu ici, Alexis… mon frère… ?

Un dernier râle et c'était la fin.

Alexis le prit dans ses bras quand il s'affala. Il enfila le sac plastique autour de la tête pour éviter les traces de sang et tira le corps lourd dans l'appartement, acquis en vue de cette seule destination. Une porte s'ouvrit à l'étage au-dessus et se referma aussitôt. Si quelques voisins avaient pu identifier le bruit d'un coup de feu tiré avec un silencieux, ils avaient aussitôt choisi d'oublier ce qu'ils avaient entendu. Les habitants de Saint-Pétersbourg connaissaient la leçon sur le bout des doigts : fermer les yeux, se taire et survivre.

Il fit disparaître le sang et se changea. Dans un sac plastique, il fourra en boule les vêtements souillés. Il fit le signe de croix orthodoxe sur le corps de Dimitri Olegovitch et quitta définitivement l'appartement. On ne pourrait jamais relier ce lieu à Alexis Saporin : le nom sur le bail était celui d'un comédien au chômage qui, trois semaines plus tôt, était tombé accidentellement dans la Neva. Peut-être remonterait-il à la surface, peut-être pas. De toute façon, ce serait vite oublié. Un simple moment désagréable à passer pour celui qui se promènerait ce jour-là sur les quais du fleuve.

Il sortit par l'arrière de l'immeuble de l'avenue Ulitsa Rubinsteina, en passant par la cave et en remontant par une de ces cours sombres qui empestaient les poubelles. Il se faufila ensuite à travers un étroit conduit souterrain jusqu'à la cour suivante, puis la cour d'après, et ainsi de suite, jusqu'à déboucher de l'autre côté du quartier, sur la perspective Vladimirskiy, au trafic assourdissant. Tout ce vacarme. L'insomnie, les bruits, la lumière puissante et les odeurs trop fortes attisaient sa migraine. Ces dernières années, le silence de son enfance avait commencé à lui manquer. Des gens taiseux, des nuits où la ville savait se tenir immobile.

Il se laissa entraîner par le flot, la foule qui avançait vers la perspective Nevski. Pas de voiture qui l'attendait, personne susceptible de l'identifier. Personne pour croire qu'un homme comme lui pourrait s'enfuir de cette manière. Une veste en cuir d'un modèle banal, souvent portée par les banlieusards, un bonnet en laine enfoncé sur la tête et les mains dans les poches. Il marchait légèrement courbé en avant, comme un ouvrier qui rentre du travail.

Les gardes du corps étaient probablement toujours assis dans la voiture. Ils obéissaient aux ordres de Rodia Nasaïev, celui qui portait l'image de Jésus sur la peau, le tatouage de ceux qui naissent en prison. Plus tard, il était devenu un *shestjorka*, le coursier des gangsters. Il laisserait encore son chef tranquille quelques heures. Et la maîtresse ? Combien de temps faudrait-il avant qu'une telle femme donne l'alerte parce que son amant n'était pas au rendez-vous ? Le ferait-elle même un jour ? Au bout de l'attente, au moment où les cartes de crédit cesseraient de fonctionner ?

Il bifurqua rapidement, une autre cour sombre. Dans un container où, effrayé par la puanteur, même le SDF le plus affamé ne fouillerait pas, il jeta le sac contenant les vêtements ensanglantés de Dimitri.

La perspective Nevski baignait dans une lumière irréelle. Il passa devant une mendiante, suivit le flot des touristes et se rendit compte que c'était la dernière fois qu'il marchait le long du boulevard qui avait incarné le rêve de grandeur de Saint-Pétersbourg : un espoir déçu... *elle ment à chaque heure du jour et de la nuit, cette perspective Nevski ; mais surtout lorsque les lourdes ténèbres descendent sur ses pavés et recouvrent les murs jaune paille et blancs des maisons, lorsque la ville s'emplit de lumière et de tonnerres...* Les vitrines scintillaient, diffusant leurs effluves. Des chaussures à talons hauts, partout ces chaussures dont les femmes russes ne semblaient jamais se lasser. Les boutiques ouvertes vingt-quatre heures sur vingt-quatre. Un peuple qui ne dormait jamais. Il passa les portes vitrées de la gare Maïakovski, paya 25 roubles et reçut son jeton, aussitôt avalé par la machine.

Aucune trace.

Empruntant l'escalier mécanique, il descendit dans les méandres souterrains de Saint-Pétersbourg, là où un homme pouvait disparaître et ne jamais revenir. Le grondement, le bruit du métro qui le secouait dans les tunnels. Le courant d'air du système de ventilation, la faible lumière dans la rame qui faisait virer la couleur des visages vers les tons jaunâtres, les condamnant à un masque de fatigue éternelle. Il changea trois fois de ligne avant de remonter enfin à la surface. Si, par le plus grand des hasards, un des passagers gardait le souvenir d'un homme au profil si commun, personne ne serait en mesure d'indiquer d'où il venait et où il allait.

Dans la rue, devant la gare de Vitebsk, des babouchkas vendaient chaussettes et parapluies. Toujours les mêmes chaussettes et parapluies, comme un rêve de chaleur, se soustraire à la pluie dans une ville où l'humidité glaciale montait de la terre et tombait du ciel.

Le billet coûta 70 roubles. Le train cahotait dans la grisaille de la périphérie sud : un pays d'usines en ruines et de champs de containers. Il y avait là des entreprises qu'il avait contribué à piller par les armes, la menace ou les OPA sauvages. Il les avait dépouillées et ensuite abandonnées. Toutes ces affaires conclues en un temps record, une vitesse à donner le vertige. Il pouvait encore sentir l'attraction des sous-sols, les marais oubliés sur lesquels repose Saint-Pétersbourg. Il pouvait se sentir happé par les miasmes. Les marchés financiers s'écroulaient.

Les banques étaient menacées de tutelle. Rien n'est immuable.

Trente-cinq minutes plus tard, il descendit à Pouchkine, respira l'air frais et marcha d'un bon pas, avec un article de l'antique loi des voleurs lui trottant dans la tête. Une de ces lois strictes qui régissaient les *vor v zakone**.

Il ne ressentait nul besoin de se soumettre aux injonctions des prisons soviétiques, il s'était détaché de tout cela. Et les nouveaux *vor* ne vivaient plus selon ce code, mais la petite musique flottait encore dans l'air, comme une mélodie en sourdine :

Tu ne bâtiras pas ta propre prison.

Les quartiers pauvres de Khrouchtchev, loin des palais et des parcs qui constituaient l'âme de Pouchkine. Il arrivait dans un endroit où personne ne chercherait un homme comme Alexis Saporin, un endroit pour l'anonyme et le désespéré. Des maisons en briques, poussiéreuses, délabrées, avec des balcons identiques à ceux du reste de la Russie. Alexis poussa la porte du petit studio avec coin cuisine. La toile cirée fleurie d'une vieille dame recouvrait toujours la table. Il n'y avait pas de portemanteau, il jeta sa veste sur une chaise. Cet appartement était le souvenir de l'une des affaires les moins rentables qu'il avait montées avec Dima : l'agence de services à domicile pour personnes âgées. Les vieillards avaient légué

---

* *Vor v zakone* est une organisation criminelle russe qui s'est développée dans la société tsariste de la Russie d'avant la Révolution de 1917. Elle était régie par un code de l'honneur très strict. *(Toutes les notes sont des traducteurs.)*

leur logement à l'agence en contrepartie d'un paiement partiel de la valeur du bien : un concept commercial aux allures brillantes à l'époque où les prix du foncier prenaient un million de roubles chaque année. Mais ils avaient mal jugé la vitalité de ces vieux qui avaient survécu à la terreur stalinienne et au siège de Leningrad. Ils refusaient tout simplement de mourir. Cet appartement des bas quartiers de Khrouchtchev était le seul restant après que l'agence eut embrassé le destin de milliers d'autres sociétés de la nouvelle économie russe dont il ne subsistait que du vent et des salaires impayés.

Une radio était encastrée dans le mur, un héritage de l'époque Khrouchtchev. Elle était conçue pour ne capter qu'un seul canal. Il l'alluma et se dirigea vers la salle de bains. Il fit sortir la teinture grise du tube pendant que la musique envahissait l'appartement.

Même cet appareil obsolète n'arrivait pas à altérer la beauté du *Concerto numéro 3* de Prokofiev.

Il laissa sécher ses cheveux fraîchement teints, le temps de réchauffer une pizza surgelée. Puis, il retourna devant la glace, armé d'une paire de ciseaux et d'un rasoir électrique.

Une demi-heure plus tard, il était légèrement plus âgé, les cheveux en bataille. *Pas vraiment beau, pas laid non plus… et pour l'âge, on ne pouvait pas vraiment dire qu'il était vieux, mais on n'aurait pas pu le qualifier de jeune homme non plus.*

Le manteau, ni coûteux ni bon marché.

Le sac, noir et à ce point quelconque que nombre d'hommes seraient susceptibles de tendre la main vers le porte-bagages en pensant que c'est le leur.

Enfin, il dissimula les passeports, les trois, dans des poches différentes de ses bagages. Le seul qu'il découpa en morceaux avant de le faire disparaître dans les égouts russes était celui d'Alexis Saporin.

Elle conduisait sur l'autoroute, filant à toute allure dans un paysage d'hiver, nu et pâle : des champs blancs oscillant sur un ciel délavé.

Juste après Kalix, le GPS lui indiqua qu'elle devait quitter l'autoroute et se diriger vers Björkfors. La route se fit plus étroite et les maisons plus nombreuses. Les panneaux défilaient et indiquaient des noms indéchiffrables comme Vitvattnet et Lappträsk, Kattilasaari et Kukkola.

Un camion venant en sens inverse souleva un nuage de poussière neigeuse réduisant son champ visuel à un écran cotonneux. Katrine ralentit jusqu'à ce que le nuage se dissipe. Le paysage réapparut, gelé et désolé.

Il y a ceux qui font ce choix de vie, pensa-t-elle.

Elle suivit les indications du GPS vers Kärrbäck et Tossa, roula les cinq derniers kilomètres sur une ligne droite incroyablement longue, qui ne prit fin qu'à la route 99, celle qui longe le fleuve frontalier entre la Suède et la Finlande.

C'était donc cela, la Tornédalie.

Le paysage s'uniformisait pour devenir plat et semblait, à l'horizon, s'unir avec le ciel. Des prés et des bouleaux, sans doute magnifiques l'été, pensa-t-elle en

tournant à gauche, le dernier tronçon routier vers Kivikangas.

Selon Wikipédia, il y avait un autre Kivikangas
mais du côté finlandais. Les deux villages, dans un
pays ou dans l'autre, apparaissaient comme le reflet de
leur double, séparés par une frontière tracée lors de la
paix suédo-russe, en 1809. Jusqu'à l'indépendance de
la Finlande, la Russie des tsars commençait sur l'autre
rive du fleuve, à la lisière sombre de la forêt, plus loin,
à l'horizon.

Katrine fit une halte devant un magasin fermé avec
une unique pompe à essence. Elle scruta en vain autour
d'elle, à la recherche d'un quidam qui pourrait la ren-
seigner. Le GPS avait échoué à lui trouver la vieille baraque
oubliée de sa mère. L'adresse qu'elle cherchait n'en était
peut-être pas une, en fin de compte. Elle descendit
de la voiture. Le froid lui brûlait la peau et lui gelait le
nez.

Elle frappa à la porte de la maison la plus proche, il
y avait lumière allumée mais pas de sonnette. Un
chien aboya. Quelqu'un cria de l'intérieur :

— Oui ?

Katrine patienta quelques instants, mais n'entendit
personne approcher. Elle tenta alors sa chance en action-
nant la poignée et la porte s'ouvrit.

— Excusez-moi, je voulais demander mon chemin,
cria-t-elle.

Un chien gris vint à sa rencontre et l'accueillit en lui
reniflant les jambes. Il était à moitié aveugle, un œil
marron et l'autre bleu clair, avec lequel il ne voyait rien.

— C'est qui ?

L'homme était assis à la table de la cuisine, le journal posé devant lui. Il avait dans les soixante-dix ans, les manches de la chemise retroussées et les sourcils en bataille.

— C'est pour Svanberg ? dit-il en plissant les yeux au-dessus de la monture de ses lunettes de vue.

— Non, pardon, dit Katrine. Je suis un peu perdue. Je suis venue jeter un œil à une maison.

— Ah, et qui en est le vendeur ?

— Je ne suis pas venue pour acheter, dit-elle en enlevant son couvre-chef afin qu'il la voie mieux. La toque en fourrure de sa mère, qu'elle avait emportée à la dernière minute, quand elle s'était rendu compte qu'elle n'avait avec elle que des vêtements adaptés à l'hiver humide de Stockholm.

— C'est la maison de ma mère. Je crois qu'elle est située à côté d'un endroit qui s'appelle Matalaniemi, ici à Kivikangas. J'ai le numéro cadastral…

Les yeux de l'homme s'illuminèrent.

— Eh bien, mais à qui appartenez-vous donc ? demanda-t-il.

Quelle drôle de question ? À qui quoi ?

— Je m'appelle Katrine Hedstrand, fit-elle. Je suis originaire de Stockholm, mais j'habite aujourd'hui à Londres. Je travaille comme journaliste.

— Mais vous êtes la fille de qui ?

— Ma mère s'appelle Ingrid Hedstrand, mais elle n'est pas revenue ici depuis son enfance.

Il fronça les sourcils et la toisa de haut en bas.

— Ingrid, dit-il. Vous n'êtes pas la fille de Kankanranta ?

— Non, répondit Katrine, confuse. Par contre, ma grand-mère, qui possédait autrefois la maison, s'appelait comme ça…

— Et c'est vous la fille d'Ingrid ? Venez que je vous regarde.

Il se leva, raide mais robuste, des muscles qui semblaient encore vigoureux. Il rit et lui tendit la main, large et rugueuse.

Il garda sa main, une prise ferme.

— Maintenant je vois. Quelque chose dans le regard, il me semble. Elle avait un quelque chose, votre mère, mais c'était inutile d'aller chez Kankanranta pour lui demander sa fille en mariage. Tu lui demanderas si elle se souvient de Thore Palo. Je n'étais qu'un morveux à l'époque. Mais, dis-moi un peu maintenant, comment va ta maman, là-bas, à Stockholm ? Parce qu'elle y vit toujours non ?

Katrine le regarda fixement. D'un coup, cet homme se révélait volubile et hospitalier, comme s'ils se connaissaient, comme s'il savait qui elle était. Demander en mariage ? Sa mère avait déménagé à Stockholm quand elle était enfant, le vieux se mélangeait certainement les pinceaux. Elle retira sa main.

— C'est loin d'ici ? Je voudrais bien y être avant la tombée de la nuit.

Il l'accompagna dehors et fit un geste de la main. Tout droit et ensuite la première route en bas vers le fleuve, à gauche au bout de la route, ensuite elle apercevrait la maison sur la droite.

— Mais c'est impossible d'y aller maintenant, dit-il lorsqu'elle le remercia et remit son bonnet. Il y a trop de neige. Demain, peut-être que le fils Haara pourra passer avec le tracteur.

— Merci, je me débrouillerai, dit Katrine.

La maison semblait comme gelée pour l'éternité.

Elle était à une vingtaine de mètres de la route étroite, coincée entre les troncs de bouleaux. La neige montait jusqu'aux rebords des fenêtres.

Elle existait vraiment. Une simple maisonnette. Elle avait probablement été rouge autrefois, mais à présent la couleur était passée et le gel s'incrustait dans les huisseries. Les carreaux étaient recouverts de glace.

Katrine avança dans la neige vierge et s'enfonça jusqu'aux genoux. Dès le premier pas, ses bottines s'emplirent de neige. Lorsqu'elle atteignit l'arrière de la maison, ou était-ce le devant, elle était trempée et elle ne sentait presque plus le froid. Mais elle se réjouissait de s'être forcée à courir régulièrement, tous ces tours, ces joggings à Regent's Park qui lui avaient musclé les jambes.

Un escalier menait jusqu'à un palier couvert avec une porte qui avait dû être peinte en vert. Son rythme cardiaque s'accéléra lorsqu'elle serra les clés dans la poche, toutes celles qu'elle avait trouvées dans les tiroirs de sa mère.

Elle écarta du pied la neige devant la porte et fut obligée de creuser avec les mains, de donner des coups de talon pour enlever la glace, pour enfin dégager l'entrée. La troisième clé fut la bonne. Elle donna un coup d'épaule, tourna la clé et la serrure céda. Mais la porte était prise dans la glace. Elle poussa, tira et jura. « Mais ouvre-toi, putain ! » Et la porta pivota enfin. Elle s'ouvrit péniblement, en craquant. Katrine inspecta le vestibule.

Il y avait une banquette peinte en bleu, fixée au mur. Il y faisait froid comme dans un congélateur. Elle ne put s'empêcher d'actionner l'interrupteur en Bakélite sur le mur. Évidemment, il ne se passa rien.

Elle fit quelques pas dans une pièce qui devait occuper la majeure partie de la maison et dont les fenêtres donnaient de trois côtés. Il s'en dégageait une odeur de bois et de vieux tapis. Il y avait un poêle et une petite table à manger avec une toile cirée aux motifs fleuris, des rideaux fins et blancs, à rayures, ajourés, et un secrétaire avec des photos encadrées en noir et blanc. Et, au-dessus, un miroir fêlé.

Katrine se rapprocha pour mieux voir les photos dans l'obscurité. Elle rencontra le regard sérieux d'une petite fille derrière plusieurs couches de fine poussière. Une écolière tirée à quatre épingles avec la main d'une femme posée sur son épaule. Elle souffla de l'air chaud sur le verre et essaya d'enlever la poussière avec sa manche, mais elle était gelée. La seule photo qu'elle ait jamais vue de sa mère enfant, une photo prise un jour d'examen qui trônait sur la commode à la maison. C'était assurément la même fille : une mine renfrognée, de beaux traits. La femme, à côté, portait une robe droite, les cheveux étaient coupés court et son regard, absent, se perdait derrière le photographe.

Siri Kankanranta, sa grand-mère.

Katrine reposa la photo avec précaution. Il y avait d'autres portraits, des ancêtres qui devaient avoir plus de cent ans. Elle chercha dans leurs visages mutiques des traits de famille. Une photo de mariage, datée de 1904, de ce qui devait être la mère et le père de sa grand-mère.

Et ils étaient là, avec leurs enfants, cinq, debout devant la maison, sauf le plus petit, dans les bras du père. Où êtes-vous allés, pensa-t-elle, ça doit grouiller d'enfants et de petits-enfants quelque part. Pourquoi personne n'est venu repeindre la façade ?

Elle fouilla quelques tiroirs mais ne trouva que des stylos et un vieux ticket de caisse. Elle essaya d'échapper à un désagréable pressentiment. Le crépuscule gommait l'espace et les coins de la pièce.

Elle fit un tour rapide dans les deux petites chambres derrière la cuisine. Il y avait deux lits étroits dans l'une et un lit plus large dans l'autre, du papier peint aux motifs fleuris et un poêle en fonte. Il n'était pas difficile de comprendre que sa mère avait occupé la chambre qui donnait sur la route, avec un minuscule bureau peint en blanc, qui aurait pu appartenir à un enfant. Près de l'entrée, un escalier menait au grenier. La neige s'était glissée par un carreau cassé et quelques marches avaient pourri. Le sol était jonché de mouches mortes.

· Elle sursauta lorsqu'un vrombissement rompit le silence. C'était le grondement d'un moteur.

À l'extérieur de la maison, à l'endroit où un pré s'étendait vers le fleuve gelé, se dressait un gigantesque tracteur. L'homme assis à la place du conducteur devait avoir à peu près le même âge qu'elle. Il était vêtu d'une combinaison bleu foncé et chaussé de grosses bottes.

— Qu'est-ce que vous faites ? demanda Katrine en regardant autour d'elle. Maintenant, une voie, large, était dégagée et menait vers la route. Des amas de neige masquaient la vue de la ferme voisine, un peu plus loin.

— J'allais de toute façon le sortir. Il tapa sur le volant comme si le véhicule était une bête de somme. Il enleva son bonnet et détacha ses cheveux, mi-longs et avec un début de calvitie.

— Alors comme ça vous êtes la fille de Kankanranta, dit-il en faisant un signe avec la tête vers la maison.

Katrine rit. Il devait y avoir une agence de presse ici, beaucoup plus efficace qu'à la chaîne de radio où elle travaillait.

— Thore Palo m'a appelé en me disant que vous aviez besoin d'aide. Il se laissa glisser du tracteur pour descendre. Tomas Haara, dit-il en tendant la main non pas vers elle mais en pointant dans la direction où le chemin étroit se poursuivait. On habite là-bas. C'est la maison avant Rauhala. Venez boire un café avec maman. Elle n'ose presque plus sortir.

— Rauhala ? fit Katrine confuse.

— Là où ils ont tué Svanberg, répondit-il.

— Qui ?

— Vous n'en avez pas entendu parler à Stockholm ? Le roi du ski de fond, Lars-Erkki Svanberg.

— Il a été assassiné ?

— On l'a retrouvé lundi. Il a reçu un coup de hache en pleine tête. Mais on n'a pas retrouvé la hache. La police est venue ce matin enlever les scellés. C'était dans tous les journaux. Les journaux du soir sont même venus interviewer ma mère.

Depuis plusieurs jours, Katrine n'avait entr'aperçu que quelques unes de journaux et elle avait complètement zappé la radio.

— C'est ma mère qui a donné l'alerte. Il sortit une

tabatière de sa poche et se glissa du tabac à priser sous la lèvre. Elle connaissait ta mère. Elles étaient dans la même classe.

Katrine le regarda sans pouvoir dire un mot, en essayant d'agencer les fragments d'information qu'on venait de lui confier. Sa mère avait été à l'école ici, une fille avec des camarades de classe, quelqu'un qui jouait à la marelle. Elle eut un pincement au cœur en pensant à ce corps fragile dans le lit d'hôpital. Et on avait assassiné quelqu'un, un peu plus loin sur la route ?

— Ils ont arrêté celui qui a fait ça ? demanda-t-elle.

Tomas Haara secoua la tête.

— Elle a peur maintenant, bien sûr, dit-il. Elle insiste pour que je reste le soir à la maison.

Il remonta sur son tracteur.

— Je vous dois combien ? dit Katrine, un peu gauche.

Il lui sourit.

— La première fois, c'est gratuit, dit-il en mettant le tracteur en marche. Il resta immobile quelques secondes, le moteur au ralenti, en regardant la maison pétrifiée dans le froid.

— Vous n'allez pas dormir là-dedans ?

— Non, dit Katrine en pensant aux mouches mortes. Et à une hache plantée dans une tête. Une trentaine de kilomètres les séparaient d'Haparanda.

— Vous connaissez un bon hôtel ?

Il fronça les sourcils en jetant un coup d'œil autour de lui, comme s'il avait une chance d'en apercevoir un. Katrine pouvait distinguer deux maisons aux lumières éteintes d'un côté et une forêt clairsemée de l'autre. Devant eux, il n'y avait que la plaine, le sol qui s'inclinait légèrement sur quelques centaines de mètres avant de déboucher sur le fleuve, invisible sous la glace. Loin, à l'horizon, elle distingua une lueur, les lumières du côté finlandais de Kivikangas.

— Palo gère un truc, des chambres d'hôtes, mais ça marche plutôt l'été je crois, dit-il finalement.

— Thore Palo ?

— Ah non, quand même pas, son fils, Åke. Il est marié avec ma cousine. Tomas Haara lui montra de la main la direction de la route 99. Ils ont mis un panneau au bord de la route.

— Tout le monde est de la même famille, ici ?

— C'est sûrement ce que vous devez imaginer, vous, là-bas, au sud, dit-il en manœuvrant le tracteur devant la maison pour faire demi-tour. Passez voir ma mère, lui cria-t-il et Katrine vit la dernière congère intacte se soulever et tomber en charpie, avant qu'il ne disparaisse derrière la maison et que le bruit du moteur ne se dissipe lentement.

Des spectateurs en noir et blanc, vêtus de casquettes et de chapeaux, attendaient impatiemment près de la ligne d'arrivée. Il y avait le préfet de Gävle en personne et aussi la femme de Nisse Karlsson qui était venue de Mora ! Et d'un coup on pouvait le voir : « Nisse Karlsson ! Nisse de Mora, numéro 74, sur la piste de ski de fond, avec son incroyable esprit de conquête et son inébranlable volonté de gagner ! » La voix du commentateur évoquait l'histoire, l'esprit suédois, les films d'archive et la nostalgie d'un pays modèle. « Une pure course d'anthologie ! Il a franchi la ligne en 51 minutes et 43 secondes : la victoire semble évidente ! »

— Mais ce n'était pas encore fini, dit Åke Palo avec enthousiasme en pointant la télécommande vers la télé.

Katrine sourit poliment en goûtant le café, chaud et léger. Dans la partie cuisine de la grande pièce, un salon avec cuisine américaine, Eva-Lena Palo faisait bruyamment la vaisselle. La pièce était décorée chaleureusement, avec amour même. Il y avait du papier peint violet-lilas et des photos de famille sur les murs. Katrine avait pu louer la chambre d'amis à l'étage. Normalement, ils louaient la dépendance d'été, dans la cour, avait expliqué

Eva-Lena, mais elle n'était pas chauffée en ce moment. « Pas au prix actuel de l'électricité », avait grommelé son mari. « Ah ! L'électricité produite par notre fleuve, ils en profitent, croyez-moi, et ils l'envoient dans le sud. C'est incroyable quand même. »

Katrine était maintenant assise devant le film d'archive, le championnat de Suède de ski de fond à Söderhamn en 1951, des images tremblotantes défilaient devant ses yeux et elle priait pour que cela ne dure pas trop longtemps. Åke Palo lui avait fièrement expliqué qu'il avait téléchargé sur Internet toutes les courses de Lars-Erik Svanberg disponibles dans les archives de la télé suédoise.

— C'était quand même une célébrité, dit Eva-Lena. Nous n'en avons pas eu beaucoup à Kivikangas.

— C'est maintenant ! Åke donna un coup de coude à Katrine en se penchant dans le canapé. Regardez bien, là.

Un deuxième skieur apparut sur la piste et les spectateurs avaient raison de s'étonner ! Le commentateur prit une voix de fausset. À ce moment-là, avait surgi Lars-Erik Svanberg, à peine âgé de vingt et un ans, comme un diable de sa boîte, et il avait franchi la ligne d'arrivée avec treize secondes d'avance sur Nisse de Mora lui-même !

— C'était un parfait inconnu, expliqua Åke pendant que le commentateur Nils Jerring parlait de la panique des photographes. Ils avaient soudain une nouvelle star du ski à se mettre sous la dent : Lars-Erik Svanberg, champion 1951 de ski de fond sur quinze kilomètres.

Katrine vit un jeune homme coiffé d'un bonnet, au visage délicat, qui regardait à gauche et à droite pendant que les flashs lui explosaient au visage.

— Fantastique, dit-elle en se servant une autre part de quatre-quarts. Quelle percée !

Elle prit une bouchée et la regretta aussitôt : la satiété lui donnait la nausée. Elle avait tendance à trop manger quand elle ne savait pas quoi dire. Quand la famille Palo avait commencé à lui poser des questions sur sa mère et sa famille, elle avait hoché la tête en désignant sa bouche pleine de soupe et de pain pour s'excuser. Åke lui confia qu'il se souvenait très clairement de sa mère, même si, aujourd'hui, il avait quarante ans et, qu'à l'époque de la mort de sa grand-mère, il devait en avoir cinq.

— Une femme très capable. Mais bon, il y avait ceux qui se demandaient pourquoi il n'y avait pas d'homme chez elle…

— Je crois que l'on ne fait que répéter ce que l'on a entendu, ajouta Eva-Lena comme pour tempérer les propos de son mari. La mémoire fonctionne souvent comme ça. On répète ce que racontent les anciens et on finit par croire qu'on y était.

Katrine aurait voulu poser davantage de questions, mais un morceau de viande lui obstruait la bouche. Sa mère ne lui avait transmis aucun souvenir. Pourquoi ?

Ensuite, ils avaient à nouveau évoqué l'assassinat de Lars-Erik Svanberg. Le village était toujours sous le choc.

— C'est mon paternel qui l'a trouvé, dit Åke Palo.

Katrine sursauta. Le vieux, celui qui lui avait indiqué le chemin, Thore Palo ?

Et il avait quand même sa porte ouverte et il l'avait laissée entrer.

— La police a interrogé tout le monde, mais si j'ai bien compris, personne n'a rien vu, dit Eva-Lena en secouant la tête. Et nous qui étions à l'opéra de Haparanda. Metropolitan y passe en direct. Ce soir-là, ils donnaient *Don Giovanni*.

— Ils n'ont pas d'indices du tout ? demanda Katrine.

— Trois jours se sont écoulés avant qu'ils ne le trouvent. Les traces étaient recouvertes à ce moment-là.

— Ce sont les Russes, dit Åke.

— Mais on ne peut être sûr de rien.

— On a déjà vécu des séries de cambriolages ici. Alors, on a commencé à fermer à clé.

— Au moins la nuit. Et les garçons qui étaient sortis en scooter ce soir-là. Ils auraient pu finir entre les mains de ces salauds.

Le simple fait d'y penser lui faisait sortir les yeux des orbites. Eva-Lena passa la main dans ses cheveux ébouriffés, des boucles rebelles qui lui tombaient sur les épaules. Elle parlait de son fils, Matti. C'était un garçon de vingt-trois ans qui habitait toujours chez eux et qui avait fait une brève apparition en emportant un bol de soupe et quelques sandwichs tout prêts. Ils avaient également une fille de dix-huit ans, qui portait des vêtements de sport, Sofia, cheveux décolorés, les yeux cerclés de khôl, qu'ils avaient renvoyée dans sa chambre faire ses devoirs.

— Je ne comprends toujours pas, reprit Eva-Lena en s'asseyant, une tasse de café et une assiette dans les mains, tandis que les images en noir et blanc du film d'archive continuaient à défiler sur l'écran du téléviseur. Il ne faisait de tort à personne. Il vivait très isolé, là-bas, à Rauhala.

— Beaucoup de gens étaient en colère, autrefois, dit Åke.

Sa femme leva les yeux au ciel.

— Typiquement masculin ça ! Penser qu'on tue quelqu'un à cause des JO de 1952.

— Que s'est-il passé aux JO de 1952 ? demanda Katrine.

— Il n'est pas allé à Oslo, dit Åke, il est resté chez lui, le salaud.

— Åke !

— Il avait été sélectionné pour disputer les Jeux olympiques avec l'équipe de Suède et à la dernière minute, il est resté à la maison. Il n'y est pas allé. Ils l'ont retrouvé deux jours plus tard, dans un refuge de chasse, au-dessus de Tossa.

Son regard passait de l'invitée à sa femme et de nouveau à Katrine, comme s'il cherchait quelqu'un qui pouvait comprendre l'importance de ce qu'il venait de dire.

— Quelle catastrophe pour la Suède ! Nos skieurs avaient tout remporté à Saint-Moritz en 1948, tout ! Mais à Oslo en 1952, Nisse de Mora avait une angine et les autres skieurs en vue commençaient à se faire vieux. Leur époque était révolue. C'était Lars-Erik Svanberg, le nouvel espoir.

Åke s'enfonça un peu dans le canapé, comme s'il s'agissait d'une défaite personnelle.

— Nous sommes rentrés sans la moindre médaille dans les épreuves nordiques, pas une seule. On a dû attendre 1956, à Cortina, pour que Sixten Jernberg sauve de nouveau l'honneur suédois.

— Après ça, il s'est retiré, dit Eva-Lena. Il est retourné dans sa forêt. Les journaux venaient de temps en temps prendre de ses nouvelles bien sûr... Attendez.

Elle se leva et se dirigea vers une vitrine. Elle y prit une pochette avec des journaux.

— J'ai presque tout conservé. On pensait peut-être que l'on pourrait organiser une exposition, un de ces jours, au musée local ou…

Elle jeta un coup d'œil à son mari.

À la télé, le relais allait commencer. Il faisait moins sept degrés et il y avait de la neige fraîche et sèche : la glisse idéale et aucun problème de fartage.

— C'était l'un des derniers, de ces skieurs à l'ancienne, dit Åke. Ceux qui passaient leur enfance au bûcheronnage. Et l'été, au fauchage de la tourbière. Ils n'avaient pas besoin de stages pour s'entraîner.

— Mais pourquoi il n'y est pas allé, demanda Katrine, aux JO je veux dire ?

Åke haussa les épaules.

— Les gens ont raconté que c'était peut-être à cause des distances. Aux JO, à l'époque, ils skiaient sur 18 kilomètres et la spécialité de Svanberg, c'était le 15 kilomètres, mais je ne sais pas. Ensuite, ça a changé en 1956, mais c'était peut-être trop tard pour lui.

Katrine baissa les yeux pour regarder le journal et rencontra le regard plein de sérieux du jeune Erik le Lapon. La photo devait avoir soixante ans. « Star du ski assassinée à Kivikangas », disait la rubrique. La police ne voulait pas commenter. On attendait les résultats de l'autopsie pour le mardi suivant, au mieux. Il n'y avait pas encore de suspect. Les gens du village décrivaient la victime comme un homme honnête qui préférait rester chez lui. Les gens prétendaient qu'il y avait de l'argent caché dans la dépendance, beaucoup d'argent. Puis une suite de photos, des gens inconnus, des informations qui ne rimaient pas à grand-chose. Les lignes se mélangeaient devant ses yeux.

— C'est sûrement un étranger qui a commis le crime, dit Eva-Lena.

Katrine tressaillit et se rendit compte que ses paupières s'étaient fermées. Elle était en train de s'endormir.

— Comment savoir, s'il n'y a pas de pistes sérieuses ?

La femme échangea un regard avec son mari, qui se redressa dans le canapé.

— Matti les a vus, dit-il, et son copain quand ils étaient en route vers la maison, vers neuf heures. Des Russes qui faisaient un tour dans le village. Très lentement, c'est pour ça qu'ils ont remarqué la voiture. Personne ne conduit à cette allure le soir, quand le village est désert.

— Mais on ne devrait peut-être pas en parler, compléta Eva-Lena, on ne sait rien de plus.

— C'est le truc maintenant, les gens viennent de partout, dit Åke. Bien sûr, ça a relancé la Tornédalie, son Ikea et tout ça, mais ça nous cause des problèmes aussi, il ne faut pas se voiler la face.

— Excusez-moi, dit Katrine en essayant de dissimuler un bâillement, je pense que je vais aller me coucher.

Avec la lumière du jour, le silence était moins effrayant.

On lui avait prêté des bottes de motoneige et une doudoune. Seul son visage n'était pas protégé du froid. Dans l'escalier, elle se débarrassa de la neige sur ses vêtements. Elle avait laissé la voiture de location chez Palo, en sécurité, branchée à un appareil de préchauffage de moteur.

Un soleil blanc, éclatant, ricochait sur la neige, une myriade de reflets qui lui irritaient les yeux. La période qui précède le printemps, lui avait expliqué Eva-Lena avec passion, la cinquième saison, *kevättalvi*, lorsque le soleil refait son apparition. « Ici, il y a huit saisons, une richesse que personne ne pourra nous enlever, pas même l'État, qui a déjà fait main basse sur les minerais, le bois et l'énergie du fleuve. » Ça, c'était Åke, le trait de rancœur qu'il lui avait servi au petit déjeuner.

Cette fois-ci, Katrine sentit moins de résistance en tournant la clé, comme si la maison avait baissé la garde et s'abandonnait à son destin.

Elle fit glisser la fermeture Éclair de la doudoune. Ne sois pas ridicule, se dit-elle en entrant dans la pièce principale. Ce ne sont que quatre murs avec un toit. Qui ne valent pas grand-chose sur le marché, selon Åke.

Peut-être pourraient-ils en tirer une centaine de mille pour le terrain avec la vue sur le fleuve, mais pour la maison, il était trop tard pour en faire quoi que ce soit. Katrine s'était gardée de parler de l'offre hallucinante. Le soir, avant de s'endormir dans des draps brodés d'un monogramme, elle avait décidé de rassembler les quelques affaires personnelles qui y restaient. Les photos et tout ça. Les souvenirs qui tiendraient dans une valise. Ensuite, elle contacterait l'agent immobilier à Luleå. Il devait y avoir un malentendu, ils s'en rendraient compte en faisant l'état des lieux. La pensée d'un acheteur plein aux as, grimpant l'escalier pourri qui menait vers le grenier lui parut à ce point grotesque qu'elle ne put s'empêcher de sourire.

Mais bon. Quelqu'un voulait peut-être construire une piscine paradisiaque avec des toboggans et avait trouvé l'emplacement idéal. Des choses plus étranges étaient déjà arrivées, comme lorsque l'échevin Bucht à Haparanda avait montré les plans de la ville au fondateur d'Ikea, Ingvar Kamprad. Un magasin de la chaîne avait fini par s'y installer. Les gens débarquaient maintenant en masse de toutes les régions arctiques, des Finlandais, des Norvégiens, des Russes, pour se fournir en bibliothèques *Billy*. La ville frontalière était entrée dans une nouvelle ère. Le monde change, pensa-t-elle. Il n'y a qu'ici qu'il est resté tel quel.

Les fenêtres brillaient à travers les cristaux de glace et diffusaient des taches de lumière sur le sol. Katrine remarqua une trappe à moitié cachée, sous une lirette, qu'elle n'avait pas vue la veille. Elle poussa le tapis du pied, se saisit de la petite poignée et tira vers le haut. Un escalier descendait dans l'obscurité. Une odeur de cave, de frais et de renfermé. Elle imagina un instant qu'elle descendait l'escalier et que la trappe se refermait sur elle. Enfermée dans le noir. Combien de temps faudrait-il avant que quelqu'un ne s'inquiète de sa disparition ? Elle referma doucement la trappe.

Dans les placards de la cuisine, il n'y avait que de la porcelaine bon marché, quelques tasses dépareillées et des verres Duralex. Elle posa un chandelier et un plat avec des motifs en forme de roses sur la table. Peut-être qu'Anders et Gunilla aimeraient récupérer ce genre de truc.

Dans un tiroir du bureau, dans la chambre qu'avait dû occuper sa mère enfant, elle trouva trois cahiers de l'école primaire, remplis d'une écriture irrégulière. Elle resta assise sur le lit, plongée dans la lecture d'une rédaction assez médiocre, une sortie scolaire à Haparanda. Il n'y avait pas de couleur, rien de personnel. Ils avaient pris le train à la gare de Karungi. Ils avaient ensuite visité l'église. Puis la mairie. Elle referma le cahier. Qui étais-tu ? pensa-t-elle en caressant le matelas sans drap, comment était ta vie ? Elle se rappela d'Ingrid dans sa blouse d'employée de pharmacie, blanche et stricte, à la fermeture le soir, un trousseau de clés à la main. Katrine lui avait posé des questions sur sa grand-mère : Était-elle sévère, gentille ? Et Ingrid, comment était-elle petite ? Que voulait-elle faire en grandissant ? Des questions d'enfant, innocentes. Elle n'avait jamais obtenu de réponses très claires, mais il y avait quelque chose de sous-entendu. « Qu'est-ce que je pourrais te dire sur ma mère ? Elle était tout simplement ma mère. Et puis, de toute façon, elle est morte maintenant. » À l'époque, Katrine avait déjà deviné que l'enfance d'Ingrid était un jardin défendu. « Le plus important, c'est le présent. Ce n'est pas pour rien que ton nez pointe vers l'avant. »

Elle croisa son propre regard, dans la glace, sur le mur. Une fêlure du miroir lui traversait la joue et la fragmentait en mille morceaux. La poussière effaçait un peu du côté anguleux et allongé de son visage.

Je lui ressemble, pensa-t-elle, je ressemble de plus en plus à ma mère. Sa gorge se serra. C'était la première fois qu'elle ne repoussait pas cette idée. Ce n'était pas que le visage. Il y avait autre chose aussi. Au-dessus du nez ? Dans son air distant et renfermé ?

Sur le secrétaire, les visages paraissaient plus nets que la veille. Elle souleva les photos, une à une. Elles étaient étonnamment bien conservées. Katrine les scruta d'un nouvel œil. Il n'y avait pas de doute, il manquait quelqu'un. Pas une image d'Ingrid et de son père. Pas de photo du mariage de Siri ou de son époux. « Il n'était pas présent », avait dit quelquefois sa mère et cela aussi était resté à l'état de mystère.

Elle caressa la joue de sa grand-mère avec le bout du doigt. C'était une photo d'elle quand elle était jeune, peut-être au moment de son baccalauréat. Elle était belle. Elle avait détaché ses cheveux pour la photo, des boucles qui lui tombaient sur les épaules, un regard facétieux, comme si elle était sur le point d'éclater de rire. Sur la photo voisine, elle était adulte : une femme aux cheveux courts, le regard terne et fuyant.

Juste deux instantanés d'une vie, pensa Katrine.

La grande villa blanche en bois de la famille Haara était située un kilomètre plus loin, à peine, à la lisière d'un petit bois de bouleaux, où l'horizon s'étirait vers le fleuve. Encore plus loin, sur la langue de terre, Katrine pouvait apercevoir Rauhala : des maisons grises avalées par la neige, une charge qui semblait les enfoncer un peu plus dans la terre. Elles penchaient, saisies par le froid. Quelques jours seulement avaient passé depuis le décès du dernier habitant, mais la propriété semblait avoir perdu toute vie bien avant sa disparition.

— *No niin ! Nyt ko sie tuleet !*

Anna Haara l'attendait sur le pas de la porte, les bras grands ouverts. C'était une petite femme toute ridée, arrivant à peine aux épaules de Katrine. Son tour de taille faisait, en revanche, trois fois le sien.

— *No voi voi… Tulee nyt sisäle että mie saan kattoa sinua.* Elle fit signe à Katrine d'entrer dans le hall. *Vai niin, siekös solet Kankaanrannan Ingridin tyäär.*

— Excusez-moi, mais je ne parle pas le finnois.

— Ah bon ? Anna Haara sembla légèrement s'affaisser. Elle regarda alentour, moins sûre d'elle, comme pour vérifier que sa maison était vraiment présentable. Sa voix se fit plus prudente.

— Mais vous prendrez bien un café quand même ?

— Merci, avec plaisir, répondit Katrine en essayant d'éviter un border collie affectueux qui tournait autour de ses jambes sur le chemin de la cuisine.

— Arrête de faire l'idiot ! hurla Tomas Haara au chien.

Tomas était assis à la table de la cuisine, le journal ouvert devant lui, vêtu d'un pantalon de travail et d'une polaire. Penaud, le chien se réfugia sous la table.

— Ne faites pas attention à lui, fit-il en se penchant et en grattant le cou de l'animal, sans quitter Katrine des yeux. Ma mère attendait votre arrivée.

— Asseyez-vous, dit Anna Haara en posant des tasses sur la table, puis des gâteaux à l'avoine et une tarte aux myrtilles. Elle en coupa d'immenses parts.

— Vous mangerez sans doute de la tarte aux myrtilles.

Elle restait plantée, la cafetière dans les mains, scrutant Katrine du regard.

— Vous êtes donc la fille de Kankanranta.

Katrine gloussa : c'était incroyable, les gens ne pouvaient s'empêcher de la traiter comme une gamine.

— Oui, dit-elle, je crois bien. Elle s'appelle Ingrid Hedstrand.

Anna Haara fronça un peu plus les sourcils.

— Je ne connais pas ce nom-là, dit-elle en regardant son fils. *Oleks sie kuullu ette soon fôrsvenskanu nimen.*

— C'est logique, maman, puisqu'elle a déménagé à Stockholm.

Il se tourna vers Katrine.

— Beaucoup de monde faisait ça à l'époque.

68

— Faisait quoi ?

— Ils prenaient un nom suédois. Ils ne voulaient pas que les gens les pensent finlandais.

— Je ne sais pas pourquoi elle a choisi Hedstrand, dit Katrine. Papa s'appelait Eriksson. Elle voulait probablement quelque chose de plus original.

— Tu ne sais pas ? Tomas Haara rit.

— Non, je devrais ?

Il glissa un morceau de sucre dans sa bouche et avala le café. Elle pensait que c'était une coutume qui avait disparu depuis plus d'un siècle.

— Kankanranta, dit-il en suçant le morceau de sucre. Hedstrand. Kankanranta. Ils ne font que traduire et d'un coup, ils sont suédois. Aux yeux des autres, en tout cas.

Katrine le dévisagea, étonnée. Elle croyait entendre parler Alastair, elle entendait la voix du thérapeute : l'occasion de s'y mettre, il est grand temps de commencer à travailler sur *the hidden traumas of your childhood*, les traumatismes enfouis de ton enfance.

— Comment va votre mère ? demanda Anna Haara.

— Bien.

Katrine s'empara d'un gâteau et sourit à la vieille dame. Il n'y avait aucune raison pour commencer à parler de démence sénile ou autre en prenant le café.

— À croire que vous vous souvenez d'elle, reprit Katrine pour donner le change. Elle a dû partir d'ici il y a au moins soixante-dix ans.

— Eh bien, eh bien, dit Anna Haara en se levant, suis pas aussi vieille. Elle prit le percolateur, remplit les tasses et se rassit enfin au bout de la table.

— C'était en 1948. Elle arrangea ses cheveux fins, argentés. Ou peut-être 49… Elle avait bien dix-sept ans ? Je me suis quand même demandé ce qu'aurait été ma vie si j'avais fait la même chose. Mais j'ai eu une bonne vie. Cinq gamins en bonne santé. Maintenant, il n'y a plus que Tomme à la maison.

Elle tapota le bras de son fils.

— Quelqu'un doit s'occuper d'elle. Il retira son bras, gêné, en pointant son pouce vers Rauhala. Surtout après les événements.

— Ah oui, mon Dieu, dit Anna Haara, mais je ne veux plus parler de ça. Ils sont venus ici pour m'interroger, la police et les journaux.

Par la fenêtre, Katrine embrassa le domaine du regard, la couverture blanche de neige en contrebas, qui masquait le fleuve. Elle essayait de mettre de l'ordre dans ses pensées. Ingrid avait dix-sept ans lorsqu'elle était partie. Ça collait avec ce que lui avait dit Thore Palo, la demande en mariage à Kankanranta. Cela ne correspondait absolument pas à l'histoire avec laquelle elle avait grandi. Pourquoi sa mère mentait-elle sur ce point, pourquoi prétendait-elle avoir déménagé encore toute petite et « avoir toujours vécu à Stockholm, ou presque » ? Parce qu'elle ne voulait pas en parler, pensa Katrine, et aussi, peut-être, pour oublier. Échapper à celle qu'elle avait été pour en devenir une autre.

— Et Siri Kankanranta est restée seule ici, continua Anna Haara. Sur l'avis de décès, il n'y avait aucune invitation à l'enterrement. Ni dans le journal *Norrländskan*, ni dans *Kuriren*, et même pas dans le journal d'Haparanda. Mais Ingrid est montée, j'imagine ?

Katrine hocha vaguement la tête.

— Des gâteaux délicieux, dit-elle en en prenant un deuxième.

— Je sais bien pourquoi elle est partie, la voix d'Anna Haara devenait triste et les mots plus pesants. Les autres gamins n'étaient pas gentils avec elle. Mais les enfants n'inventent rien. Ils répètent ce qu'ils entendent à la maison.

Elle se pinça les lèvres et baissa la voix.

— Que c'était le père de Siri qui… le vieux Kankanranta. Oh là, que les gens cancanaient, mon Dieu, mon Dieu.

Anna Haara agita sa main comme pour balayer les commérages.

— Mon Dieu.

Elle avala une mini-bouchée d'un gâteau avant de le reposer.

— Et aussi, Ingrid, elle inventait des histoires. De vrais romans. Que son père était quelqu'un d'exceptionnel… qu'il viendrait la chercher et qu'ils partiraient pour toujours, comme s'il s'agissait d'une sorte de prince charmant.

Anna Haara rit doucement, mais Katrine crut entendre quelque chose de plus dur, le rire de l'enfant derrière celui de la vieille dame, de l'enfant qui raille.

Tomas Haara s'excusa et sortit avec le chien. Katrine poussa l'assiette de gâteaux à distance suffisante.

— Et puis, il y avait cette différence entre nous, continua la femme. Elle devait manger à la « Maison du travail* »

* Une école de travaux pratiques où l'on enseignait aux enfants pauvres l'artisanat (la menuiserie, la couture, la cordonnerie, le travail

tandis que moi, je pouvais rentrer à la maison. Chez moi, il y avait assez à manger pour tout le monde. Mon grand-père paternel faisait partie de la direction de l'assistance publique et gérait, comment dire, un peu tout ça. Je ne faisais pas attention, moi, au fait que ses vêtements étaient différents de ceux des autres, mais on savait quand même d'où ils venaient.

Elle se tut. Katrine entendit le tic-tac de l'horloge et le chien qui aboyait, au dehors. Une pensée lui traversa l'esprit, que l'ambiance sonore pouvait être la même qu'à l'époque : une horloge similaire, d'autres chiens. Elle essaya de s'imaginer sa mère, petite, dans cette cuisine, vêtue de vêtements hérités de l'assistance publique. Anna Haara posa bruyamment sa tasse sur la table et referma la parenthèse temporelle.

— Siri Kankanranta était sévère. Comme ce jour où nous jouions dans une pièce du grenier chez les Kankanranta. Elle a grimpé l'escalier et a frappé avec le torchon comme ça... Anna Haara fouetta l'air avec sa main : bon, les gamines, sortez ! Vous ne pouvez pas rester ici. *Ulos !*

— Il y a donc une pièce au grenier, dit Katrine.

Elle ne s'était pas donné la peine de se risquer sur l'escalier pourri. Åke Palo lui avait laissé entendre que le grenier n'était certainement pas aménagé, qu'autrefois les greniers sans isolation servaient de réserve, d'endroit où étendre le linge, en hiver.

de tapissier, etc.) pour lutter contre le désœuvrement, la pauvreté et la mendicité. Les enfants recevaient un repas après avoir accompli leur travail.

— Oui, elle y vivait l'été, la mère, Siri, je veux dire. Ce n'était pas isolé, bien sûr. D'habitude, ce sont les jeunes qui y emménagent, avant de quitter la maison. Mais elle voulait avoir son coin à elle, quoi.

Le regard de la femme se perdit par la fenêtre, et balaya les prés, au dehors.

— J'ai toujours pensé qu'il y avait quelque chose entre eux deux.

— Qui ? dit Katrine confuse. Siri et… ?

— Non, non, Ingrid et le fils Svanberg. C'était plus tard, quand on était adolescentes. Ingrid était, comment dire, intéressée.

— Svanberg ? Vous voulez dire Erik le Lapon, le roi du ski de fond ?

Elle calcula que l'homme était mort à soixante-dix-neuf ans. Il avait dû fréquenter la classe en dessous de celle de sa mère ou peut-être la même. Il n'y avait sans doute qu'une classe à l'époque, d'ailleurs.

Anna Haara hocha lentement la tête, le sourire se prolongeant dans chacune de ses rides.

— Oui, à l'époque on disait Lars-Erik, bien sûr. Ils avaient l'habitude de s'asseoir ensemble derrière l'école. Une fois, je leur ai demandé ce qu'ils étaient en train de faire. « Il m'enseigne Dieu », a répondu Ingrid en rougissant. Je ne suis pas sûre qu'ils s'occupaient vraiment de Dieu, là, derrière. J'ai vu ce que j'ai vu.

— Qu'avez-vous vu ?

— Ben, vous savez.

La femme gloussa, en se posant la main sur le cou. Ses yeux brillaient.

— Après, il nous a été interdit de lui parler. Ingrid ne

nous a pas expliqué pourquoi, mais nous, nous avions tout compris. C'était contre Dieu et la religion. Les sœurs les avaient à l'œil, bien sûr.

Anna Haara balaya minutieusement les miettes sur la table. Elles tombèrent sur le sol. D'une voix angoissée, elle demanda :

— Votre mère a certainement dû vous raconter beaucoup de choses ?

Katrine hésitait à lui dire la vérité. Ingrid Hedstrand avait certainement refoulé tout ce qui avait trait à Kivikangas, y compris son vieux copain, qui avait peut-être été son petit ami aussi. Soudain, la porte claqua et Tomas réapparut.

Anna Haara se leva précipitamment.

— Mais je ne raconte que des bêtises.

Elle commença à débarrasser la table avec entrain, les tasses et les assiettes. Elle les lava soigneusement avant de les mettre dans la machine à laver. Katrine fit mine de se lever pour l'aider.

— Non, non, vous, restez assise.

Tomas Haara se rassit sur la banquette de la cuisine.

— Il faudra faire ramoner la cheminée, dit-il en allongeant ses jambes. Mais vous pouvez prendre des bûches chez nous. Si vous voulez faire du feu.

Une pensée lui traversa l'esprit : pourquoi je ne tombe jamais amoureuse d'hommes comme lui ? Gentils, qui ont le sens du sacrifice et qui s'occupent de leur vieille mère.

— Je pense partir demain, dit Katrine ne se levant. Merci pour le café.

— Les maisons dépérissent quand elles restent froides.
Anna Haara plaça le reste de la tarte aux myrtilles dans
une boîte en plastique.

— Regardez, quelle misère là-bas, elle hocha la tête en
direction de Rauhala. Plus personne ne voudra l'acheter maintenant.

— Non, dit Tomas Haara, et Eva-Lena et Åke ne sont
plus intéressés, depuis les événements.

— Ils voulaient acheter le domaine ? demanda Katrine
étonnée. La famille Palo ?

Anna Haara soupira.

— Ce n'est pas un endroit recommandable. Rauhala ! *Siinä saatanan talossa ei ole koskhaan ollu rauhaa
niin kauon ko minä olen elänny.*

Katrine interrogea Tomas du regard.

— Elle dit que, depuis qu'elle est née, ce satané domaine n'a jamais connu la paix.

Les nuages arrivaient par l'est, à très basse altitude. La température s'était radoucie, bien que le thermomètre semblât bloqué sous zéro. Katrine s'étonna de voir le ciel si proche. Il paraissait vouloir se baisser jusqu'aux maisons et les envelopper.

La neige craquait sous ses semelles lorsqu'elle fit le tour de Rauhala.

C'était une propriété refermée sur elle-même, comme si les maisons s'épiaient les unes les autres. Elle eut le sentiment que le gel sur les murs émanait aussi de l'intérieur, la propriété lovée dans sa propre froideur.

Une boîte aux lettres, plantée de travers, indiquait l'endroit où devait se situer l'entrée principale. La neige avait tout recouvert après que la police eut quitté l'endroit, la cour était vierge de toute trace, immaculée, encadrée par les quatre bâtiments : la maison principale avec son vestibule intégré de guingois, une réserve, une étable avec le toit affaissé et une maison beaucoup plus petite. La cuisine d'été, pensa Katrine. Eva-Lena Palo le lui avait expliqué. L'été, les familles y emménageaient quand il fallait nettoyer la maison principale. Une seule pièce avec la cuisine où tout le monde dormait, parfois des familles avec onze gamins. Ils y pendaient des draps sur des cordes à linge accrochées au plafond pour séparer les filles des garçons.

Il y avait une cinquième maison, un peu à l'écart, à une vingtaine de mètres de là. Elle semblait flotter au-dessus de la neige. Une maison étroite et haute, en bois robuste, reposant sur des poutres à un mètre du sol. Une façade mutique, sans fenêtre.

La dépendance. C'est là où ils l'avaient trouvé.

La rubalise, accrochée par la police à un bouleau pour circonscrire le périmètre de sécurité, flottait dans le vent. La porte était en bois massif, les charnières robustes. Juste sous le toit, il y avait une trappe en bois, couverte de neige. Cela devait faire bien longtemps qu'elle n'avait pas été ouverte. Katrine s'imaginait l'obscurité à l'intérieur, l'isolement. La respiration de l'homme solitaire. La peur, quelques secondes avant de mourir.

On disait que Lars-Erik Svanberg s'était installé dans la dépendance juste après la mort de sa mère, lorsqu'il s'était retrouvé seul dans la propriété. Pourquoi ? se demanda-t-elle. Pourquoi tout renier, la maison, les victoires, l'amour, pour se retirer là ?

Elle grimpa sur un monticule de neige, pour laisser passer une voiture qui s'approchait, une Mazda bleue. Arrivé à sa hauteur, le véhicule s'arrêta. La vitre se baissa et Tomas Haara la dévisagea.

— Vous me suivez ? dit Katrine.

— Je vous ai vue prendre cette direction.

Elle regarda la maison de Tomas, à environ cent cinquante mètres. Le chien avait visiblement suivi son maître et il galopait vers eux, sur la route.

— Vous vous déplacez toujours en voiture ? C'est vrai que c'est un long voyage…

— Je me suis dit que vous voudriez peut-être voir. Il bougea la tête vers la dépendance. Là-dedans.

Katrine frissonna.

— Ce n'est pas fermé à clé ?

— Si.

Il descendit de la voiture et s'approcha de la dépendance. On pouvait deviner que quelqu'un était passé par là récemment, la neige n'était épaisse que d'une dizaine de centimètres à cet endroit. Le border collie bondissait alentour, avec une prédilection pour les congères les plus épaisses. Il disparaissait et réapparaissait, comme un dauphin hérissé de poils noirs. Tomas Haara se pencha, cherchant de la main sous l'escalier. Il se releva, triomphant, en brandissant une grande clé en métal, attachée au bout d'une corde.

— Elle est planquée au même endroit depuis que je suis tout petit. Hilding Svanberg est devenu fou quand il nous a surpris à l'époque. Le diable nous habitait et nous allions brûler en enfer. Putain, on a détalé.

— Vous êtes cinglé. On ne peut pas entrer, fit Katrine, observant alentour. Elle sentait la curiosité s'éveiller, se diffuser en elle. Le goût de la transgression aussi. Comme une réminiscence de l'adolescence, du temps où il y avait encore des maisons abandonnées dans les forêts autour de Jakobsberg et qu'on pouvait s'y réfugier pour se peloter sur un matelas défoncé.

— C'est une propriété privée, dit-elle. Le lieu d'un crime.

Tomas Haara haussa les épaules.

— Bon, je m'étais dit que… se ravisa-t-il en raccrochant la clé.

Il avait l'air déçu. Elle regretta aussitôt d'avoir manifesté autant de réticence.

— La police a déjà fouillé de fond en comble, de toute façon, poursuivit-il.

— Quelque chose a été dérobé ?

— Le fusil, j'ai entendu dire. Il y a des rumeurs aussi, comme quoi il y avait de l'argent.

— Si ça avait été le cas, il n'aurait pas vécu dans ces conditions, si ?

— La famille est furieuse. Ils disent qu'il a bradé les meubles.

— Il avait de la famille ?

— Ils habitent plus au sud. Une femme est venue ici après Noël, mais Svanberg l'a chassée.

— La famille Palo est persuadée que le coupable est un étranger.

— Peut-être bien, mais je me suis quand même demandé…

Katrine attendit la suite. Maintenant je sais, pensa-t-elle, pourquoi je ne tombe jamais amoureuse d'hommes comme lui. Ils n'arrivent jamais à dire ce qu'ils pensent.

— La maison principale n'a pas été visitée, lâcha-t-il finalement, tout était encore sous clé. Comment l'assassin pouvait-il savoir qu'il logeait dans celle-ci ? Et comment pouvait-il imaginer que quelqu'un qui vit de cette manière, possède de l'argent ? Si ce n'est pas quelqu'un d'ici, je veux dire ?

Elle réfléchit pendant quelques secondes.

— Ça circule… Quelqu'un l'a peut-être écrit sur Face-book.

— Hum.

Il siffla le chien qui fouinait sous la dépendance, entre les planches, dans le bric-à-brac. Il se frappa la cuisse avec la main.

— Viens là, Poker !

À contrecœur, le chien abandonna le ski qu'il tentait d'extirper. Katrine se focalisa sur l'escalier et la cachette en dessous.

— Comment elle est revenue là ? interrogea-t-elle.

— Quoi ?

— La clé, dit-elle. C'était fermé à clé quand ils l'ont retrouvé ou… Et comment sont-ils entrés dans ce cas ?

Tomas Haara avait l'air confus.

— Je ne sais pas… c'est certainement Thore Palo qui l'a remise là.

— Il sait où se trouve la clé ? Tout le village est au courant ? Tout le monde sait où les autres cachent leurs clés ?

— Oui, répondit-il comme si c'était une évidence, pour qu'on puisse entrer s'il arrive quelque chose.

Il ouvrit la porte de la voiture et le border collie sauta à l'intérieur.

— Je vous ramène ?

Katrine sentit comme un brin d'espoir dans sa voix.

— Merci, mais je préfère marcher, répondit-elle.

La maison de Katrine semblait moins hostile, presque accueillante, comparée à la froideur de Rauhala.

Katrine secoua ses chaussures pour enlever la neige et ouvrit la fermeture Éclair de la doudoune.

... elle y habitait l'été...

L'escalier, qui menait de l'entrée au grenier. Elle s'imaginait les jambes des petites filles qui grimpaient, curieuses, pleines de vie, sans permission.

... elle voulait avoir son coin à elle...

Elle inspira profondément et posa le pied sur la première marche.

La marche craqua mais tint bon. La sixième, la septième et la huitième, les craquements s'amplifiaient au fur et à mesure de l'ascension. La neige et l'humidité avaient entamé le bois, de grands trous par lesquels Katrine pouvait apercevoir le papier fleuri qui recouvrait les étagères dans la réserve, en dessous. La dix-septième marche faillit aussi se dérober sous ses pieds. Elle se rattrapa à la rambarde branlante, enjamba trois marches et se hissa vers le haut. Elle s'assit à l'entrée du grenier et sentit le froid sur son visage. Une fenêtre du pignon faisait entrer un peu de lumière, suffisamment pour qu'elle réalise que le grenier était divisé en deux par une cloison. La porte était petite et étroite. Katrine se tint en équilibre sur une poutre, se baissa et entra.

Quelques pâles rayons s'étiraient sur le sol, recouvert d'une lirette. Le fin rideau devant la fenêtre était déchiré, des lambeaux dispersés par terre. Un animal avait dû s'introduire à l'intérieur.

Il y avait un canapé-lit, peint en bleu, et une table de chevet. Une chaise, du bric-à-brac dans un coin, un balai cassé et un seau en bois.

Elle s'assit sur le bord du canapé-lit. Il était fait, contrairement aux lits du rez-de-chaussée. Recouvert d'une couverture blanche. Elle la souleva, le cœur battant, et découvrit la literie brodée d'un monogramme, S. K., tracé en lettres élégantes avec des fleurs estivales sur le bord élavé.

Devait-elle l'emporter avec elle ? Et l'utiliser pour faire le lit de sa mère, quand elle obtiendrait la place promise dans le logement collectif ?

Arrête, pensa-t-elle. Ingrid Kankanranta a choisi de quitter les lieux et de changer de nom. Elle ne veut pas de ça. Peut-être détestait-elle sa mère. Qu'est-ce que j'en sais ?

Katrine se leva et s'approcha de la fenêtre. Son regard s'attarda sur un petit charnier de guêpes.

Le soleil de fin d'hiver avait creusé quelques trous dans le givre, sur la vitre. Par ces petits carrés, en s'approchant de la fenêtre et en plissant les yeux, elle pouvait distinguer la cime des bouleaux.

Une chambre à soi, pensa-t-elle. On n'avait pas besoin de lire Virginia Woolf pour comprendre ce que cela voulait dire : « *A woman must have money and a room of her own* », une femme doit avoir de l'argent et une chambre pour elle.

Seule avec un enfant, père inconnu. Le lit double en bas avait certainement appartenu à ses parents. Siri et sa fille avaient vécu dans les chambres contiguës : chacune son lit, de part et d'autre de la cloison. Pas si surprenant que ça que Siri n'ait pas souhaité d'enfant ici, au grenier.

Siri Kankanranta était pauvre, mais elle avait su saisir le peu de liberté que la vie lui offrait, au moins pendant l'été.

Sur la table de chevet, il y avait un petit tas de journaux. Katrine ouvrit un numéro du journal *Lyckoslanten* de 1941. Un article sur les chansons patriotiques nordiques : « Dans ces temps de grandes épreuves, la solidarité entre les peuples nordiques ne peut que se renforcer… » Elle feuilleta plus avant, en s'étonnant des visées nationalistes manifestes, qui paraissaient en harmonie avec le message numéro deux du journal : « La clé du cœur, c'est le chant et la clé du succès, c'est de réussir à faire des économies. »

Il y a forcément autre chose, pensa-t-elle en posant le journal, où l'as-tu caché Siri Kankanranta ? Un journal intime, des lettres jamais envoyées, des poèmes que tu n'as montrés à personne ? Elle rougissait en pensant à ses propres textes de jeunesse cachés sous trois couches de livres dans un carton, au fond d'une penderie à Londres.

Elle fouilla chaque recoin de la chambre. Chercha derrière les poutres et découvrit une lampe cassée. Souleva une planche branlante, y trouva les crottes d'un animal inconnu. Sous le matelas, rien. Elle jeta un œil sous le canapé-lit et bingo ! Elle y glissa sa jambe et réussit à en extirper une vieille malle : c'était un coffre américain. Katrine l'épousseta et éternua en soulevant le couvercle.

Sur le dessus, elle trouva une paire de chaussures à talons aiguilles, élégantes, en velours rouge. Elle les caressa. Elles avaient un petit air américain, des années 1920, pointure 37, à en faire baver d'envie les marchands d'objets vintages de Camden Lock. Malheureusement, elle chaussait du 40. Dessous, une robe en soie vert foncé, avec un col rond. Impossible que tout cela provienne de l'assistance publique, pensa-t-elle en soulevant un autre tissu soyeux minutieusement plié.

Un petit livre en tomba. Elle découvrit avec étonnement la couverture.

Elle s'était bien attendue à quelques surprises, en fouillant entre les robes de soie, mais sûrement pas à tomber sur le *Manifeste du Parti communiste*.

Sur la page de garde, un nom était écrit au crayon : G. Pelttari. Elle lut la première phrase, si célèbre : « Un spectre hante l'Europe et c'est le spectre du communisme... »

Elle le referma aussitôt.

C'est tout ce que tu avais à cacher, Siri Kankanranta ? Tu étudiais le communisme pendant tes soirées d'été et passais des robes en soie venant d'on ne sait où ?

Katrine se tint immobile, attendant comme une réponse, qui ne venait pas. Elle referma le coffre et redescendit du grenier avec précaution. Elle jeta un coup d'œil dans la pièce en bas. Quelques objets mutiques et le silence de ceux qui les avaient quittés. Elle essaya de s'imaginer sa mère, adolescente, à dix-sept ans, lorsqu'elle avait fui. Siri était sans doute restée seule dans la maison. Tout se réduit à une alternative finalement, pensa-t-elle : rester ou partir.

Elle sortit et referma la maison à clé. En bas, sur le fleuve, quelques motoneiges bruyantes passèrent en trombe. Elle sentit le vide l'envahir.

D'accord, pensa-t-elle. On va vendre.

Eva-Lena Palo était penchée, la tête sous le capot d'une voiture, fourrageant à la lumière d'une lampe torche. La nuit commençait à tomber.

En arrivant dans la cour, Katrine baissa la voix. La conversation téléphonique avec Alastair avait duré le temps de contourner la moitié du village : vingt minutes. Elle se sentait entre deux mondes, sans être vraiment présente dans l'un ni dans l'autre. Le froid sur son visage, la voix dans son oreille.

— Ça te fait sûrement du bien de te rapprocher de tes racines, Katie *darling*.

— Je ne suis pas en quête d'une quelconque thérapie. Je suis ici pour vendre une maison.

— Quand est-ce que tu rentres à la nôtre, de maison ?

La maison, pensa-t-elle, qu'est-ce qui définit une maison ? Elle voyait l'appartement, les murs peints en blanc, le faux feu de cheminée, décoratif.

— Je te rappelle, dit-elle.

— *Love you.*

— *Love you too.*

Lorsque la ligne fut coupée, elle ne put s'empêcher de penser qu'elle ne l'avait jamais dit à quelqu'un dans sa langue à elle, sa langue natale. « *Love you* » glissait facilement dans la bouche. Dire « *Älska* », c'était un peu plus compliqué.

Eva-Lena leva la tête du moteur.

— Je voudrais bien savoir ce qui déconne. Elle s'essuya le visage avec l'avant-bras en se traçant une marque noire sur la joue. Je vais demander à Matti de regarder.

Elle claqua violemment le capot et enleva les gants.

— Tu as mangé quelque chose aujourd'hui ?

Katrine resta longtemps sous la douche, à l'étage, en attendant que le dîner soit prêt. Elle laissa le filet chaud lui ruisseler sur le corps, ferma les yeux en essayant de penser à Alastair, d'imaginer ce qu'il faisait à cet instant précis. Était-il assis devant son bureau, ou faisait-il réchauffer quelque chose à manger, les garçons étaient-ils avec lui ? Il avait deux fils, deux grands adolescents, Eric et Elliot, qui passaient à Londres le temps d'un week-end. Alastair ne voulait plus d'enfants. Il culpabilisait de ne pas s'être suffisamment occupé de ceux qu'il avait déjà.

Il se passe trop de choses dans ma vie en ce moment, pensa-t-elle en descendant l'escalier, attirée par les odeurs de la cuisine. Rien de plus. Quand tout sera terminé, il va me manquer, de nouveau.

Les plats s'étalaient sur la table : pommes de terre à l'eau et lavaret fumé, en provenance directe du Torne, « tu ne manges jamais ce genre de choses à Londres, je parie. »

— J'ai cru comprendre que ma grand-mère était communiste, dit Katrine.

— Ben, beaucoup de monde l'était à l'époque, répondit Åke.

— Siri Kankanranta ? Eva-Lena réfléchissait. Je n'ai jamais eu vent de ça.

— Elle était peut-être discrète là-dessus.

Katrine tendit la main pour prendre un morceau de beurre et l'écrasa dans la purée, tout en racontant ce qu'elle avait trouvé dans le coffre.

— Sur la page de garde, il y avait un nom : G. Pelttari.

Tout le monde s'arrêta de mâcher.

— Pelttari… dit Eva-Lena, ce n'est pas un nom très original, mais je ne pense pas qu'il y ait quelqu'un qui s'appelle comme ça au village.

Le couple échangeait des regards, cherchant assistance. Åke secoua la tête.

— Non, pas à Kivikangas, dit-il en se remettant à manger.

Sofia, leur fille, mit de côté ses pommes de terre. Que Matti s'empressa d'avaler. Matti était leur fils et s'appelait en réalité Mattias. Katrine s'étonna de l'ambiguïté : les gens d'ici donnaient des prénoms suédois à leurs enfants, mais ils les interpellaient en finnois.

— Et Aili alors ! le visage d'Eva-Lena s'illumina et elle agita la fourchette vers son mari. Son nom de jeune fille n'était pas Pelttari ?

— Quelle Aili ? demanda Åke.

— Mais Aili Svanberg !

Katrine s'arrêta net de mastiquer.

— Svanberg ? demanda-t-elle, comme Lars-Erik Svanberg ?

— Oui, c'était sa mère. Aili était mariée avec Hilding Svanberg. Je crois me rappeler qu'elle était née Pelttari. Mais j'ai du mal à croire qu'ils étaient communistes.

— Oh mon Dieu, non, interrompit Åke. Ils étaient si pieux.

— Ils étaient laestadiens, expliqua Eva-Lena. Des laestadiens de l'Ouest, un courant luthérien du genre très strict, pas très courant par ici. Ils sont plus vers le nord ou dans la région de Kiruna.

— Allez parler avec mon père, conseilla Åke, il connaît pratiquement tout sur les gens d'ici. Mais attention, parce qu'une fois lancé…

Sofia leva les yeux au ciel.

— J'aimerais tellement vivre à Londres, soupira-t-elle, où tout le monde ne sait pas tout sur tout le monde.

— Et qu'est-ce que tu pourrais bien y foutre ? lui rétorqua son frère. Ce n'est que stress et trucs merdiques dans le même genre. Tu y serais complètement paumée.

— Tu habites à quelle station de métro ? demanda Sofia.

Katrine la dévisagea avec étonnement. De toutes les questions auxquelles elle aurait pu s'attendre d'une jeune fille de dix-huit ans sur Londres, ce n'était pas la plus évidente.

— Baker Street.

— Wouah, s'exclama Sofia. C'est sur Bakerloo Line, n'est-ce pas ?

— Tu y es déjà allée ?

— Oui, pour une compétition de natation, quand j'avais douze ans. J'aime bien les métros, toutes ces lignes qui s'entrecroisent. Elle dessina des lignes et des boucles dans l'air. On peut descendre à un endroit et remonter à un autre. Là où personne ne te connaît.

— Tu vas d'abord passer ton bac et après on verra.
Eva-Lena retourna le poisson, préleva un peu de la chair
du lavaret qu'elle déposa dans l'assiette de son fils. J'imagine que ce n'est pas très facile de trouver un travail là-
bas non plus.

— Si on avait pu mettre à profit nos ressources natu-
relles, ajouta Åke, il y aurait du travail ici. Mais voilà, on
doit laisser partir nos jeunes.

— On vit bien mieux depuis qu'Ikea s'est implanté,
dit Eva-Lena, mais c'est difficile de faire en sorte que
les gens fassent le détour par ici. Ils font leurs courses
et puis ils s'en vont. Les prix de l'immobilier ont bien
sûr augmenté près de la ville, mais ça n'arrivera pas jusqu'ici.

Si, pensa Katrine, peut-être bien.

— Moi, je n'irai nulle part, de toute façon.

Matti enfourna les restes de son repas, se leva et partit. Eva-Lena commença à débarrasser la table.

— On préfère quand même habiter là où on est né
et où on a grandi, poursuivit-elle.

Ou pas, pensa Katrine en se faisant servir le café.

— Et vous allez vous installer dans la région alors ? dit
Eva-Lena. Vous allez la garder, cette maison ?

Tous les regards se tournèrent vers elle. Katrine resta
muette. Elle sentit l'attention sur elle. Elle détestait
qu'on lui pose des questions auxquelles elle ne savait
pas répondre. Elle préférait poser les questions, en évitant de se dévoiler.

— En parlant de maison, j'ai entendu dire que vous
étiez en train d'acheter Rauhala.

Eva-Lena s'arrêta de faire la vaisselle.

— Non, ce n'est plus à l'ordre du jour, répondit Åke, assis dans le canapé.

— Super, dit Sofia, parce que je ne voudrais pas habiter dans une putain de maison de fantômes.

Elle débarrassa bruyamment son assiette et disparut dans l'escalier. En se séchant les mains, Eva-Lena regarda sa fille s'éloigner. Elle revint s'asseoir à table.

— On ne pensait pas y habiter, dit-elle, mais on était tellement tristes de voir la maison tomber en ruines. C'est un endroit si paisible. Et la famille du vieux nous avait dit qu'il voulait déménager en ville, sinon, on n'aurait jamais fait de proposition.

— Mais bon, maintenant c'est du passé, grommela Åke.

— Vous savez que Rauhala veut dire la quiétude ou la demeure de la paix ? continua Eva-Lena. On pensait l'appeler « La tranquillité », faire venir des touristes pour qu'ils puissent voir ça…

Elle fit un geste vers la fenêtre. Dehors, il faisait nuit et tout ce qu'ils pouvaient distinguer dans la vitre, c'était leurs propres reflets.

— Mais ce n'est plus possible maintenant.

Ne soyez pas si sûrs, pensa Katrine. Les morts soudaines ont tendance à attirer des paquets de touristes.

— Dis-lui la vérité, coupa son mari, sa famille en voulait beaucoup trop. On s'est fâchés, c'est tout.

Il ouvrit le journal et posa les pieds sur le canapé. Il arrangea le coussin derrière sa tête.

— Bientôt toute la région du Norrland tombera en ruine parce que les gens se disputent des maisons qui ne valent finalement rien.

Katrine se leva et prit congé de ses hôtes en les remerciant pour le repas.

— Ce serait intéressant d'en savoir plus sur ces Pelttari, dit-elle à Åke. Vous pensez que je pourrais appeler votre père pour lui demander ?

— Pourquoi appeler ? Il habite à cinq cents mètres d'ici.

La neige scintillait, prenant des reflets argentés à la lumière de la lune. Katrine dépassa quelques villas bien entretenues. Deux voitures étaient garées devant chacune. Une lumière chaleureuse émanait des fenêtres. La neige craquait sous ses pas. Il était huit heures à peine passées, mais il n'y avait personne dehors. Katrine enfonça un peu plus la toque en fourrure qu'elle portait, celle de sa mère. Elle était trop petite d'une taille et ne cessait de remonter.

Quand Anders avait appelé, elle lui avait fait croire qu'elle n'arrivait pas à joindre l'agent immobilier. La vérité, c'est qu'elle n'avait même pas essayé. Quelque chose l'en empêchait. La vieille maison se refermait sur ses secrets et bientôt ceux qui se souvenaient allaient disparaître.

Une ombre sur la route la fit sursauter. Un chat qui fila derrière un tas de neige sur le bas-côté et disparut.

Cette fois encore, la porte n'était pas fermée à clé.

— Alors, vous voulez savoir des choses sur la famille Pelttari.

Le vieux policier s'adossa à la cuisinière pendant qu'elle dénouait ses bottes. Il la regarda avec curiosité, sous ses sourcils en bataille.

— On peut vous demander pourquoi ?

— J'ai trouvé ça parmi les affaires de ma grand-mère, dit Katrine.

Elle tira le *Manifeste du Parti communiste* de son sac. Elle lui montra le nom sur la page de garde.

— C'est peut-être un peu tard pour le lui rendre.

— On peut le dire, Thore Palo éclata d'un rire toni-truant, et plus personne ne serait capable de le recon-naître.

Il apporta des tasses au salon et la moitié d'un paquet de biscuits pour accompagner le café.

— Je ne vous offrirai pas de boissons plus fortes, parce que je n'en bois plus.

— Ça me va très bien, répondit Katrine en s'asseyant dans le canapé, qui avait l'air tout neuf.

Il y avait, au mur, un portrait de Hjalmar Branting*, à côté de photos de famille. Elle reconnut Åke et Eva-Lena Palo, une photo de mariage. Il y avait aussi les photos de classe de ses petits-enfants à différents âges. La vieille chienne à moitié aveugle, avide de caresses, s'enfonça entre ses jambes pendant qu'elle écoutait.

Le nom de jeune fille d'Aili Svanberg, en effet, était Pelttari. Elle était née et avait grandi à Rauhala. Mais à l'époque, personne n'utilisait ce nom. On parlait de chez Pelttari. En Tornédalie, on se méfiait du ridicule et on ne donnait pas de nom aux domaines. On prenait le

* Karl Hjalmar Branting (1860-1925) homme politique suédois, socialiste. Leader du parti social-démocrate de 1907 jusqu'à sa mort. En 1920, il est devenu le premier Premier ministre social-démocrate de Suède.

nom de la famille qui y avait toujours habité. Si on vendait, cela ne changeait rien. Thore, par exemple, habitait dans la maison de Linna, même si le dernier Linna avait vendu et déménagé du village à la fin des années 1960.

C'était Hilding Svanberg qui avait eu l'idée de donner le nom de Rauhala au domaine. Il venait de Kiruna. Il se sentait peut-être un peu supérieur aux autres et ne voulait pas être le maître d'une maison qui portait le nom de sa femme, une famille qui avait occupé les lieux bien avant lui.

— Aili n'avait, bien sûr, pas son mot à dire. Toujours affublée d'un fichu, elle allait et venait comme un fantôme, bien qu'il s'agisse de la propriété de sa famille. Elle avait tout hérité à la disparition de son frère.

— Disparition ?

Thore but son café à petites gorgées, savourant l'attention que Katrine lui témoignait.

— Gunnar Pelttari, dit-il en pointant le livre posé sur le canapé près d'elle, j'imagine que ce livre était à lui.

Il y avait une horloge ici aussi qui rabâchait son tic-tac : un lourd et vieux joyau de famille accroché au mur.

— Que lui est-il arrivé ?

— Je ne pense pas avoir beaucoup de choses à raconter là-dessus…

Les mots lui venaient plus difficilement à présent.

— C'était avant ma naissance. Ce sont des choses dont on ne parlait pas…

— De quoi ? On ne parlait pas de quoi ?

— De ceux qui avaient émigré, répondit-il. De ceux qui étaient partis en Union soviétique.

— En Union soviétique ?

Thore hocha la tête. Katrine attendait la suite. Le vieil homme buvait son café comme une dame, par minuscules gorgées. Il s'essuya la bouche avec le revers de sa main. Katrine aurait aimé disposer de son magnétophone. Pouvoir occuper ses mains et avoir un prétexte pour poser n'importe quelle question.

— Oui, dit-il enfin, ils auraient été trois à partir pour l'est à cette époque-là, au début des années 1930. Vrai ou pas, je ne saurais le dire.

Après toutes ces années, il n'avait rien appris de plus. Quelques bribes chuchotées, des rumeurs. Rien n'était dit ouvertement. À l'époque, des gens de toute la région de Botnie du nord étaient partis, la plupart originaire des villages miniers, où des communistes finlandais les haranguaient, diffusant la propagande. À Kiruna, la commune offrait même une bourse à ceux qui voulaient émigrer en Union soviétique. Plus personne ne rêvait d'aller aux États-Unis. Wall Street s'était effondré et les gens fuyaient New York : même les économistes pensaient que le capitalisme était mort.

Dans les petits villages comme Kivikangas, le communisme n'avait pas encore vraiment percé, mais des jeunes choisissaient Staline pour fuir le chômage.

Thore en avait connu deux, les frères Björnfot. Oskar était l'aîné et Empo le cadet : il n'avait que seize ans lorsqu'il était parti. Et aussi Gunnar Pelttari.

Au début des années 1930, pensa Katrine en mettant sa main sur le manifeste : le livre de Gunnar Pelttari parmi les vêtements les plus précieux de Siri. Ingrid était née en février 1932.

Le café avait refroidi, mais elle le but tout de même.

— Ma mère m'a raconté que le vieux Pelttari ne pro-
nonçait jamais plus le prénom de son fils, continua
Thore, un bolchévique ! La plupart des fermiers étaient
de droite à l'époque. Les tensions se sont exacerbées
durant les années 1930, suite aux mouvements de grève
et aux émeutes, à Ådalen*. Les gens pensaient que c'était
la fin du monde ou que la révolution allait éclater. Il y
avait des villages, plus au nord, constitués d'un tiers de
communistes et d'un tiers de nazis.

— Et le tiers restant ?

— Laestadiens. Ou même partisans de Korpela, une
branche du laestadianisme. Ses adeptes entraient en
transe et lui prêtaient serment, attendant qu'une arche
d'argent atterrisse à Luossajärvi, pour les emporter vers
la Jérusalem céleste.

Elle éclata de rire.

— Ça a l'air plus drôle que ce que proposaient les
autres.

— On voulait croire au paradis. J'imagine qu'on en
avait besoin.

Il tendit la main pour attraper le dernier biscuit, le
brisa en deux et lécha la confiture au milieu.

* Référence aux *Tirs d'Ådalen*, en 1931. Lors d'un conflit social, consé-
cutif à des baisses de salaire dans une usine de sulfate, des ouvriers
d'autres usines gérées par le même propriétaire votèrent la grève, en
solidarité. Le propriétaire embaucha des casseurs de grève, ce qui
provoqua des émeutes. Cinq personnes furent tuées par les militaires,
alors sous les ordres de la police. Les événements divisèrent la Suède
en deux camps, gauche et droite, chacun cherchant à déterminer les
responsabilités et imposer sa version des faits.

— Mais bon, le voyage pour Jérusalem n'a bien sûr jamais eu lieu. On a dû les enfermer dans une maison de fous à Piteå.

— Et ceux qui sont allés en Union soviétique ? Qu'est-ce qu'ils sont devenus ?

— Je sais qu'Empo Björnfot est rentré quelques années plus tard. J'étais encore enfant à l'époque. Il est reparti presque aussitôt. Les gens disaient qu'il était devenu espion, ou quelque chose du même genre, mais personne n'était sûr de rien. Ceux qui ont vécu en Union soviétique et qui sont revenus ont choisi de se taire. Ils ont emporté ce qu'ils savaient dans la tombe.

— Pourquoi ?

— Je pense que personne n'était prêt à entendre la vérité. Ils sont partis pour trouver le paradis et ils sont rentrés. Et ça semblait bizarre aussi, qu'ils ne soient pas restés là-bas. Des deux côtés, on les prenait pour des espions.

Thore se saisit d'un objet en métal posé sur la table, quelque chose qui ressemblait à une araignée en acier. Il commença à se masser la tête.

— C'est bon pour la circulation sanguine, expliqua-t-il, il faut entretenir le cerveau.

D'après ce qu'il savait, Empo Björnfot n'avait jamais été officiellement accusé d'espionnage. Il avait probablement été interné pendant la guerre comme d'autres communistes, mais n'avait pas été mêlé à quoi que ce soit de criminel, en tout cas pas à Kivikangas. Thore Palo pouvait le garantir. Il avait mené des recherches sur les crimes passés, particulièrement sur ceux qui restaient non élucidés, comme le vol à la Caisse agricole en 1931. Cela l'amusait d'éplucher les archives et de passer au crible le travail de la police de l'époque, pour voir s'ils étaient passés à côté de certains indices.

— Et vous savez ce qui est arrivé à Gunnar Pelttari ?

Il secoua la tête.

— Je pense que même les gamins de Rauhala n'ont jamais pu savoir. Il était comme un *manalainen*, un fantôme.

Thore se frotta entre les yeux.

— C'est Lars-Erkki qui employait cette expression. Je lui ai demandé, il y a longtemps, pourquoi il avait déménagé de l'habitation principale. Il m'a raconté qu'il entendait des voix, quelqu'un qui s'affairait tellement au grenier qu'il ne pouvait pas dormir. Il en émanait de dessous l'escalier aussi. Je lui ai demandé à qui appartenaient ces voix, et il a mentionné celle de Gunnar parmi d'autres, mais il n'avait pas le droit d'en parler à quiconque. Son paternel le lui avait interdit. Il avait été battu enfant jusqu'à ce qu'il se taise au sujet des fantômes et autres. Selon son père, seuls Dieu et le diable existaient.

Thore Palo prit la tête de la chienne entre ses mains et la frictionna avec tendresse.

— Tu veux sortir non, petite canaille ? On sort ?

Il se leva péniblement du vieux fauteuil et la chienne le devança en bondissant joyeusement.

— Vous devriez peut-être fermer à clé ? demanda Katrine lorsqu'ils enfilèrent leur veste. Je veux dire, après ce qu'il s'est passé.

— Pourquoi ? Je n'ai jamais fermé à clé auparavant. Il n'y a rien à voler ici.

— Vous pensez que c'était un vol ? Qu'on voulait voler Erik le Lapon ?

— Pardon ?

— J'ai entendu dire que vous étiez arrivé le premier sur la scène du crime.

— C'est bien ça, oui.

Il fit une halte sur le palier, devant la maison, scrutant l'obscurité, en direction du fleuve et de Rauhala, quelque part derrière les maisons et les arbres.

— Des rumeurs circulaient, comme quoi il avait de l'argent, dit Katrine.

— Bah, c'est certainement des racontars. Ils se sont emparés du fusil. Il faudrait concentrer les recherches là-dessus, retrouver les objets volés. Sinon, je ne sais pas trop.

La chienne attendait fidèlement, en bas des marches, son maître qui descendait péniblement.

— Et puis personne ne viendrait me chercher des noises, ajouta-t-il avec un sourire, tout le monde sait que j'ai été policier.

— Votre fils et sa famille, ils avaient l'air convaincus que c'est un étranger qui a fait le coup.

— C'est ce que tout le monde veut toujours croire, que le pire vient d'ailleurs.

— Vous ne le croyez pas ?

— J'ai été policier pendant presque quarante ans. Croire, c'est ce qu'on fait à l'église.

Sur la veste du vieil homme, un des motifs des bandes réfléchissantes s'illumina au passage d'une voiture. Soudain, Katrine réalisa que personne ne pourrait la distinguer, elle, le long de cette route. Elle n'avait pas porté ce genre de plaques luminescentes depuis si long-temps, depuis celles cousues sur ses vêtements, quand elle était enfant. La chienne trottinait docilement der-rière eux.

— Il m'a parlé de votre grand-mère une fois, dit Thore.

— Qui ça ?

— Lars-Erkki.

— Erik le Lapon ?

— Il ne voulait pas qu'on l'appelle comme ça. Il n'était pas Lapon. Mais bon, pour les autres, ça n'avait pas d'importance. Pour eux, il suffisait qu'il vienne du nord.

— Qu'a-t-il dit de ma grand-mère ?

— Je ne l'ai répété à personne. J'estimais que ce n'était pas quelque chose dont on devait parler. Siri Kankan-ranta était une bonne personne, croyez-moi.

Il marchait très lentement. Peut-être que la prome-nade avec la chienne n'était qu'un prétexte pour lui par-ler de ça, profiter de la pénombre, quand elle ne pourrait plus distinguer son visage, seulement son gros nez sail-lant entre les oreillettes du chapeau.

Lars-Erkki Svanberg n'avait pas toujours vécu reclus, comme les dernières années. Quand il avait arrêté le ski, il avait repris son travail de bûcheron et pendant les années 1970, il faisait toujours partie de l'équipe de chasse.

— Un bon tireur et un sacré pisteur. Mais il ne se mêlait pas des commérages entre hommes dans le sauna, quand ils ont bu un ou deux verres de trop et qu'ils com-mencent à déblatérer sur les femmes et autres. Et puis, il y a eu cette fois où quelqu'un avait raconté qu'on allait chez Siri Kankanranta pour tremper son...

Thore jeta un œil sur Katrine.

— Parfois, le langage des hommes est un peu grossier…

— Ne vous inquiétez pas, dit-elle.

Et il continua.

— Mais merde, elle est vieille, avait rétorqué un autre. L'âge n'a pas d'importance, avait dit un troisième, au contraire, les vieilles savent comment s'y prendre. C'est à ce moment-là que je leur ai demandé d'arrêter, parce que Siri Kankanranta n'était pas une femme sur laquelle on pouvait se permettre ce genre de commérages.

Il y avait eu une dispute ce soir-là, dans le sauna. La raison pour laquelle il s'en souvenait, c'était qu'habituellement, Lars-Erkki n'y prenait jamais part. Il ne buvait pas non plus. Il restait silencieux, comme s'il vivait dans un monde à lui. « Mais alors, comment pensez-vous qu'elle a eu sa gamine, par Immaculée Conception ? », avaient poursuivi d'autres hommes.

À ce moment-là, Svanberg avait élevé la voix.

— Non ! avait-il lancé fermement. Rien à voir avec l'Immaculée Conception.

Ils l'avaient tous regardé, lui qui ne disait jamais rien. On le considérait même comme un peu attardé, un vieux garçon qui vivait toujours chez ses parents.

— Ben alors, c'est avec son père, avait lancé un autre et tout le monde avait ricané. À ce moment-là, Lars-Erkki s'était levé.

— Ce n'est pas lui. Ce n'est pas son père non plus.

— Comment tu peux le savoir ? Tu n'étais même pas né. Tu ne connais rien aux femmes. Eh, Erik le Lapon, tu as déjà été avec une femme ?

Alors, il avait pris sa veste et ses bottes et il était parti à travers la forêt.

— Il devait marcher vingt kilomètres pour rentrer chez lui, conclut Thore, mais, bon sang, je pense qu'il a fait tout le chemin à pied.

Ils étaient arrivés près de la boîte aux lettres, devant chez Åke et Eva-Lena Palo. Katrine remarqua que la petite lampe, dans la chambre d'amis, était allumée. La chienne, par habitude, avança jusqu'à la porte d'entrée, mais fit demi-tour et revint toute penaude quand elle réalisa que son maître ne la suivait pas.

— Plus tard, j'en ai parlé avec Lars-Erkki. J'étais un des rares qui conversait, de temps en temps, en tête-à-tête avec lui. Je lui posais des questions sur ses courses de ski. Il était comme une idole pour moi quand j'étais jeune. Et j'étais curieux de savoir ce qu'il avait voulu dire dans le sauna. S'il savait des choses que personne d'autre ne savait.

— Qui était le père de l'enfant de Siri Kankanranta ?

Il la fixa d'un regard inquisiteur, son chapeau enfoncé jusqu'aux sourcils.

— Ingrid savait, non ?

Katrine piétinait. Elle regrettait de ne pas avoir emprunté les bottes de motoneige. La vapeur de son souffle s'élevait entre leurs deux visages.

— Je ne pense pas, répondit-elle. Elle ne m'a rien dit en tout cas, et maintenant c'est trop tard.

— Ah bon, mais je ne savais pas... Elle est décédée ?

— Non, enfin... oui, d'une certaine façon.

Elle sentait une sorte de tendresse chez le vieil homme, une forme d'intimité qui la fit reculer. Il était parfait, dans le rôle du père. Il comblait un manque chez elle, aurait dit Alastair.

— Malheureusement, Lars-Erkki ne voulait pas en parler, poursuivit-il lentement. Il disait que les preuves étaient sous clé et qu'il brûlerait en enfer s'il devait un jour s'en ouvrir à quelqu'un. J'ai cru comprendre que c'était son père qui l'avait menacé. Le dieu du ski lui-même n'était pas vraiment croyant. Mais il nourrissait, depuis l'enfance, une peur bleue de tout ce qui touchait aux péchés, à Dieu et à l'enfer. Je pense que c'est la raison pour laquelle il n'est pas allé à Oslo en 1952. Il sentait qu'il avait le démon de l'orgueil collé aux basques. C'est comme ça que je le vois. Il devait sentir qu'il allait skier droit vers l'enfer s'il commençait à se complaire dans ses victoires.

Thore fut interrompu par un bruit assourdissant, des moteurs à proximité. Deux scooters des neiges volaient comme des insectes géants sur la route. Ils surfaient, en zigzag, sur les tas de neige des bas-côtés. Il leva la main et, en réponse, il reçut des appels de phares.

— C'est le gamin, mon petit-fils, dit-il et Katrine lut dans son sourire de la fierté. Heureusement, ils ont cette liberté, ils peuvent sortir un peu. Ce n'est pas facile pour eux de trouver du travail.

Il regarda les scooters s'éloigner, bientôt engloutis par l'obscurité de la forêt.

— Moi aussi, je me sens coincé ici, soupira-t-il lourdement.

— Merci de m'avoir consacré un peu de temps, dit-elle.

— Allez, on rentre chez nous.

Il tourna les talons et s'éloigna sans façon. La chienne comprit immédiatement et se mit en marche devant lui, du même pas lent.

Assis dans un coin du Front Room Café, l'homme se fondait dans la masse. Un fonctionnaire lambda, employé d'une administration quelconque. Le subordonné qui va au travail le matin et rentre chez lui le soir, le profil de celui qui se contente de faire ce que l'on attend de lui, sans rien espérer en retour… *ni trop gros ni trop maigre…* Un veilleur de plus parmi les hôtes du Front Room Café et dont personne ne se souviendrait, lorsqu'ils auraient tous traversé la frontière polonaise.

Il prenait son mal en patience, assis devant un bol de *solyanka*, avec un misérable petit morceau de viande qui flottait entre le chou et l'oignon. Beaucoup trop de jus de concombre, un bouillon insipide, mais il n'était pas du genre à se plaindre de la nourriture. Il lampa une petite gorgée de vodka puis la coupa avec de l'eau. Il balaya du regard le restaurant, qui ne fermait jamais. Des murs et un plafond en pin. Des peaux de prédateurs accrochées çà et là. Une lumière vive qui enveloppait le tout, l'impression d'être en plein jour malgré la nuit noire au dehors. Des odeurs de choucroute mêlées aux exhalaisons de la sueur, celle de tous ceux qui, ici, avaient de bonnes raisons de s'inquiéter.

Le poste frontière entre Shehyni et Medyka ne ressemblait plus à ce qu'il avait pu être par le passé. Avant, on pouvait faire disparaître des poids lourds en Ukraine et les faire réapparaître en Pologne. D'innombrables cargaisons de cigarettes, d'héroïne et d'armes y avaient transité depuis l'ouverture du poste dans les années 1990. Mais toutes les histoires ont une fin, même les plus belles. Un autre rideau avait fini par tomber sur la frontière.

Quand la porte du café se rouvrit, toute l'obscurité des Carpates s'y engouffra, la communauté des perdants, des Ukrainiens, des Caucasiens et autres malchanceux qui n'avaient pas réussi à traverser la frontière. Ils braillaient et buvaient pendant que leur dernier espoir s'éteignait, dilapidant le reste de leurs économies. Et les larmes coulaient.

S'il devait rester quelqu'un de sobre au lever du soleil, ce serait lui, l'homme qui s'appelait maintenant Ivan Pogrebniak.

Il répéta le procédé avec la vodka : une petite rasade, puis de l'eau. Ça n'avait quasiment aucun goût, mais ça le tenait éveillé. ça le soulageait aussi, de cette douleur derrière les yeux, et ça floutait les contours de tous ces miséreux alentour.

À sept heures, on viendrait le chercher. Mais il n'était pas encore cinq heures. À la table voisine, un Kazakh ivre tomba de sa chaise et resta allongé par terre. La serveuse l'enjamba. Elle était bien trop maquillée pour ce bled ukrainien. Elle bombait le torse pour mettre sa poitrine en valeur. Elle se frotta les hanches contre la seule table occupée par des gens de l'Ouest : trois hommes en habits de chasse, en route vers les loups sauvages, à l'est des Carpates.

Il était déjà bien loin de Saint-Pétersbourg. Et pourtant, il sentait la présence d'un fantôme parmi les ombres, derrière les visages de ces inconnus. Aucun des hommes qu'il avait tués ne l'avait encore jamais hanté. Il oubliait leurs visages et leurs noms dès qu'ils ne l'intéressaient plus. Mais Dima Rykov se leva du brouillard, entre les tables, et il sentit sa respiration dans la nuque.

Les premières années à Nevski ! Tu t'en souviens, Alexis Victorovitch ?

Tais-toi, Dimitri Olegovitch, et retourne parmi les morts.

Il abandonna ses résolutions et avala cul sec la vodka allongée.

Dima, Dima le stupide.

Ce n'était pas le coup de feu qui le hantait, ni le sang, ni l'odeur infecte des sécrétions lorsqu'il avait tiré le corps de Dimitri dans l'appartement. C'était son expression d'étonnement juste avant, comme une dernière offense à son intelligence.

Dima avait dû s'imaginer, avec sa naïveté grossière, qu'il avait de l'avance.

Comme si Alexis n'avait pas senti le fumet des chiens et le bruissement des ombres dès qu'il se retournait. Comme s'il ne s'était pas aperçu que quelqu'un vérifiait ses comptes lorsqu'il dormait ? Que Dima mentait sur ses déjeuners et ses dîners ? Qu'il rencontrait en cachette des hommes venus de l'Oural ? Alexis savait bien de quoi il était question. Il avait vécu assez longtemps pour reconnaître un mensonge, même paré pour aller au bal masqué. Les banques s'effondraient, des pays entiers faisaient faillite. Ils n'étaient pas à l'abri. Ils étaient partie prenante du système désormais. Mais au fond de lui, Dima restait le petit escroc de l'hôtel Pribaltiyskaya. Et il avait commencé à le doubler pour investir dans le commerce de l'héroïne : la croissance du marché intérieur russe était exponentielle, c'était de l'argent sûr, pouvoir et domination, qui attirait de nouveaux associés.

Pribaltiyskaya ! C'est étonnant que tu mentionnes notre vieil et cher hôtel Pribaltiyskaya ! Quels souvenirs, Alexis Victorovitch. Ah, on était beaux à l'époque.

Il posa bruyamment le verre sur la table et fit signe à la serveuse. Elle ne le vit pas. Encore une demi-heure avant le lever du soleil. La chaise lui faisait mal aux fesses et la nuit était condamnée à ne jamais finir.

Tu tenais le bar et je gérais les contacts. Les flots d'alcool qui se déversaient de ce bar... tu te souviens des putes à Pribaltiyskaya ? Ah, on ne les oubliera pas facilement. On n'en trouve plus des comme ça...

C'est moi qui avais les contacts, Dima ! Ce n'était pas toi, mon frère, qui avait été secrétaire de *Comité Komsomol* à l'université. Sans mes relations, tu serais resté dans la fange d'où tu venais.

Quelles bonnes affaires on a fait avec les putes à Pribaltiyskaya...

C'était des affaires de merde, Dima.

On lui donna finalement une tasse de thé et un autre verre de vodka. La serveuse débarrassa l'assiette et garda son sourire pour ceux qui en valaient la peine.

L'hôtel Pribaltiyskaya ! Ce monument du passé, dans la périphérie de Saint-Pétersbourg, à la pointe du lac Vasilievsky, là où logeaient les hommes d'affaires de l'Ouest à l'époque. Son premier et dernier emploi. Il avait appris à faire disparaître de l'alcool, d'abord des centilitres puis des cargaisons entières. Toutes les chambres étaient sur écoute, toutes les putes faisaient leur rapport au KGB. Mais lui et Dima avaient réussi à s'immiscer, en organisant un commerce illégal d'alcool. Alexis avait des amis, à des postes stratégiques, et Dima, le roublard, savait comment s'y prendre. Ensemble, ils avaient investi le cœur de Leningrad et le marché noir de la Bourse, dans l'ancien quartier de Gostiny Dvor : ils prospéraient, gagnant marché après marché pendant que le vieux système s'effondrait. Saint-Pétersbourg regorgeait de commerçants reconnaissants, prêts à payer pour que l'on protège leur boutique des casseurs. Et ensuite, ce furent les dockers et le pétrole. Des années où ils avaient même berné l'État, qui avait fini par se mettre à genoux, qui les avait suppliés de lui venir en aide.

— Monsieur Pogrebniak ?

Il sursauta, mit quelques secondes à recouvrer ses esprits. S'était-il endormi ? L'homme devant lui tenait son chapeau à la main, comme il convient à un chauffeur, un *shestjorka*.

— *Dobry ranjok*, articula-t-il.

Ukrainien donc. Il allait mettre sa vie entre les mains d'un Ukrainien. Il se leva et posa cinquante hryvnias sur la table. C'était plus que ne méritait cette soupe.

Un *marshrutka* l'attendait dehors : un minibus vétuste empestant la cigarette et qui transportait ses passagers sur le court trajet vers la frontière.

Des poids lourds qui faisaient la queue sur des kilomètres, un train qui grinça et freina, avant de se remettre en route, des immeubles de construction récente derrière de hautes clôtures. Des projecteurs.

Autrefois, la frontière empêchait les gens de sortir du pays. Désormais, elle les empêchait d'entrer dans l'Union Européenne. Une évolution qui se matérialisait pour eux par quelques centaines de mètres d'un *no man's land* goudronné, auxquels il pouvait maintenant accéder.

— Le troisième guichet, dit le chauffeur en pointant un pouce tremblant vers les tourniquets. Un employé avec une moustache. Il embauche à sept heures. Il porte un pin's aux couleurs du FC Karpaty Lviv sur la poitrine.

Le soleil venait à peine de se lever lorsqu'Alexis descendit de la voiture. Il donna l'enveloppe avec l'argent au chauffeur et saisit son poignet.

— Regarde derrière toi, vers l'est, chuchota-t-il dans l'oreille de l'Ukrainien, tu vois le chemin qui mène vers Lvov ?

Il insista sur le nom russe de la ville ukrainienne, pour donner du poids à ce qu'il disait.

— Il y a tes enfants là-bas, n'est-ce pas ? Si tu m'as trompé, aujourd'hui ils auront vu le soleil se lever pour la dernière fois.

La queue, devant lui, n'en était pas vraiment une : des gens qui se donnaient en spectacle, se bousculaient comme si, de cette façon, ils avaient une chance d'entrer plus vite dans l'Union Européenne. Il savait que là-bas, derrière tous ces tourniquets brillants et ce béton ciré, il y avait des systèmes sophistiqués pour repérer ceux qui essayaient de passer à travers les contrôles. Et tout ça à cause du football.

Pour que la Pologne et l'Ukraine puissent accueillir le championnat d'Europe en 2012, les dirigeants de l'UEFA avaient exigé des autoroutes en bon état et des infrastructures adaptées. Beaucoup de choses avaient été pensées et construites à la hâte. Après le stade olympique de Kiev, la sécurité frontalière avait été la priorité. Jusque-là, cette mascarade de championnat l'avait épargné. Il ne frayait plus dans le business que ce genre d'événement engendrait. Il évoluait dans les sphères où des hommes comme lui et Dima portaient des costumes, et il n'avait aucune envie que cela change.

Mais là, il lui était impossible d'échapper à la mêlée. Il se sentit bousculé. Il prit un coup de coude dans les côtes et on lui marcha sur les pieds.

Ivan Pogrebniak ne connaissait plus personne du nom de Dimitri Rykov.

Il ne connaissait personne à Saint-Pétersbourg.

Il n'était rien de plus qu'un quidam qui fixe le sol et ne pose pas de questions, qui se laisse lentement emporter vers les tourniquets dans l'espoir de passer de l'autre côté.

Le soleil n'était plus qu'un mince filet à l'horizon. Le brouillard masquait l'autre rive du fleuve. Katrine marcha lentement le long de la propriété. Une fois de plus, elle était surprise par le calme qui se dégageait du domaine abandonné. Comme si les maisons avaient été subitement saisies par la glace. Et que tout reprendrait vie avec le dégel, avec un Lars-Erik Svanberg revenu d'entre les morts.

Et si ce qu'elle subodorait était vrai : Gunnar Pelttari, l'amour secret de Siri, et même peut-être une relation charnelle entre eux : *c'était allé très loin à cette époque-là, en 1931, au mois de mai, le printemps des émeutes à Ådalen. La révolution, ardente et romantique, le soulèvement ! Et les rêves, les rêves d'une autre vie !*

Devant la dépendance, elle se tenait immobile, absorbée dans ses pensées : ils étaient peut-être de la même famille, elle et les enfants qui étaient nés ici, à Rauhala. Cette femme avec son fichu et les gamins, où pouvaient-ils bien être maintenant ? Des cousins, pensat-elle. Si son intuition était juste, sa mère et le défunt Erik le Lapon étaient cousins, ou petits-cousins au moins.

Pas une bribe de vent. L'air stagnait.

111

Katrine observa autour d'elle.

Des fermes tranquilles et des champs abandonnés. Un peu plus tôt, elle avait croisé quelques voitures, des villageois prenant la route d'Haparanda, à l'aube d'une journée de travail. Et une troupe d'enfants qui se dirigeait vers le ramassage scolaire. Mais maintenant, tout était désert.

L'idée pouvait paraître un peu folle, mais au fond, il y avait une logique.

Elle esquissa quelques pas dans la neige et s'y enfonça jusqu'aux genoux. Les traces avaient presque toutes été balayées depuis sa dernière visite. Qu'est-ce qu'elle risquait ? Être vue par Anna Haara, de derrière sa fenêtre. Et que pourrait bien lui faire la vieille dame ? La poursuivre dans la neige avec sa canne ou appeler la police, c'est-à-dire dire Thore Palo.

Il comprendrait.

Katrine se baissa, tendit le bras sous l'escalier et sentit le froid du métal dans la main. Elle regarda autour d'elle, avant de grimper les quelques marches et d'introduire la clé dans la solide serrure de la dépendance. À sa surprise, la porte s'ouvrit très facilement. Lars-Erik Svanberg avait entretenu sa maison, lubrifié les serrures. Elle perçut à peine un grincement, lorsqu'elle tira la porte massive. Elle entra rapidement et laissa la porte claquer derrière elle. Sombre comme dans une tombe, pensa-t-elle et elle eut, l'espace d'un instant, des remords. Elle sortit ensuite la lampe de poche qu'elle avait empruntée à la famille Palo. D'une main tremblante, elle laissa glisser le rayon de lumière sur les murs de la petite pièce. Elle prit plaisir à sentir l'emballement de son cœur : depuis quand n'avait-elle pas fait quelque chose d'interdit ?

Elle dirigea la lumière vers le plancher en pin massif, mais ne vit aucune trace de sang. Il avait été retrouvé allongé ici, juste derrière la porte. Dans un article, il était question de lirettes sur le sol. La police avait dû les emporter pour les analyses.

Lentement et méthodiquement, elle éclaira autour d'elle, découvrant pan par pan la maison du roi du ski.

Il y avait une sorte de poêle dans un coin et un fauteuil usé proche de la source de chaleur. Une petite table à battants avec un tabouret. Deux tableaux sur les murs, un navire sur une mer déchaînée et un portrait du roi Gustav II. Tous les deux fixés à même les rondins de bois brut. Une lampe à pétrole pendait au plafond et, sur le mur du fond, des caisses pour les céréales ou les pommes de terre. À droite de la porte, une échelle raide menait vers le grenier. Au plafond, des crochets, des barres pour le pain, pour toutes ces choses que l'on suspendait, il y a un siècle, dans une réserve.

Elle sentit sa gorge se serrer : quelle désolation. Pas seulement la manière dont sa vie avait pris fin. Mais toute cette solitude. Et le tableau qui représentait le roi Gustav II, pathétique velléité d'un homme pour recréer une atmosphère un tant soit peu civilisée entre les caisses de patates.

Elle dirigea la lampe le long de l'échelle, dont l'extrémité se perdait dans une ouverture, sombre et carrée. Les planches étaient solides. Le bois n'était pas altéré. Elle coinça la lampe sous son bras pour pouvoir se tenir à l'échelle des deux mains.

Le grenier avait servi de chambre. Elle l'éclaira lentement. Le long du mur, au fond, il y avait un lit étroit, une lampe à pétrole et quelques caisses en bois. Son regard tomba sur le mur au-dessus du lit. À cet endroit, il y avait autre chose que du bois sur les murs. La lumière de la lampe ne parvenait pas jusque-là. Elle se hissa pour marcher à quatre pattes vers le fond de la pièce. Sans savoir pourquoi, elle sentait qu'il était préférable de se déplacer de cette manière, comme sur de la glace fragile.

Elle balaya le mur avec la lampe et le motif apparut nettement : des lettres, des images, des articles, « Erik le Lapon nous surprend de nouveau », « La force de la nature du Nord », « La trahison des JO », « Scandale à Oslo ». Elle continua le long de l'autre mur. Toute la surface jusqu'au plafond était couverte de coupures de presse. Son visage d'homme sensible dans une nuée impitoyable de flashs. L'homme en noir et blanc qui avançait avec ses bâtons de ski vers un échec inéluctable. Elle eut l'impression que les murs se rapprochaient d'elle, qu'ils lui délivraient un message. Elle détourna rapidement la lumière vers les caisses à côté du lit. Des journaux et quelques livres. Surprise, lorsqu'elle en extirpa les plus accessibles : *Biggles en danger, Biggles s'en mêle, Biggles dans la jungle.* Des livres lus et relus, avec des avions dessinés en couverture et un homme avec un casque de pilote. Le dernier des ouvrages avait été publié en 1967. À l'époque, Lars-Erik Svanberg était adulte, depuis longtemps déjà. Il avait dû acheter certaines de ces publications alors que le reste de sa génération avait quitté le monde des livres pour la jeunesse depuis belle lurette. Peut-être avait-il même continué après la mort de ses parents. Katrine doutait que les fondamentalistes chrétiens aient vu les Biggles d'un bon œil. Avec compassion, elle reposa délicatement les livres et remit le coffre en place, près de la tête de lit. Elle perçut, l'espace d'une seconde, la simplicité avec laquelle elle-même pourrait se retirer du monde. Disparaître derrière des murs.

De la lampe, elle balaya une dernière fois la pièce. Elle remarqua que Svanberg avait cloué le volet avec une planche supplémentaire. Pour se sentir vraiment en sécurité. Elle descendit du grenier. Il semblait avoir gardé la plupart de ses biens dans la caisse de pommes de terre. Elle tint la lampe de poche avec sa main gauche et fouilla dans la caisse avec l'autre. Il y avait de petits clous et de vieux outils, des ustensiles en fer rouillés, une poêle à crêpes et la coupe du championnat de Söderhamn de 1951. Finalement, elle n'y trouva pas moins de trois clés différentes.

Elle s'assit un moment et soupesa les clés.

Le cousin de sa mère, ou pas. Elle était quoi, elle, dans ce cas, par rapport à l'homme décédé ? Y avait-il un nom pour leur parenté ? Elle se demanda si Ingrid savait. Si toute sa vie, elle avait tu la vérité sur son père ou si on ne lui avait rien dit. Katrine imagina sa mère : elle semblait soudain se rétrécir dans le lit à l'hôpital, presque transparente. *Tu ne peux pas mourir. Je ne sais pas si je pourrai m'en sortir, si tu pars maintenant.*

Elle fourra les clés dans sa poche.

J'ai quand même le droit de savoir, pensa-t-elle en fermant la dépendance à clé, de ses doigts gelés. Elle effaça ses traces dans la neige et remit la clé à sa place, avant de se diriger péniblement vers la bâtisse principale de Rauhala.

La serrure résista davantage. Depuis longtemps, personne n'en avait pris soin. Elle réussit tout de même à entrebâiller la porte d'une vingtaine de centimètres, avant que la neige, devant, ne la bloque. Katrine s'échina pour passer en force, sa veste se bloqua dans la serrure et se déchira avant qu'elle ne réussisse à entrer dans le vestibule : une petite pièce carrée, caractéristique des maisons de la région. La porte suivante était également fermée à clé, mais elle ne se montra pas aussi intraitable et, d'un coup d'épaule, Katrine pénétra enfin dans Rauhala.

Elle prit rapidement connaissance des lieux, elle ne souhaitait pas s'y attarder.

Deux pièces sur la gauche, une pièce juste en face et la cuisine à droite. L'humidité avait imprégné la maison au point que, même à l'intérieur, les carreaux étaient couverts de glace. La cuisine avait dû être rénovée dans les années 1950, d'après le style des placards. Elle les ouvrit méthodiquement, un à un. De la verrerie et de la porcelaine. Elle poursuivit avec le garde-manger et ouvrit même la trappe de la réserve, au sous-sol. Elle l'éclaira de la lampe et frissonna en voyant des bocaux pleins, des choses impossibles à identifier, de la nourriture stockée là depuis des lustres. La neige se détachait de ses semelles, dessinant des traces blanches sur le sol à mesure qu'elle avançait vers les chambres.

Partout, l'austérité prédominait : pas un seul rideau, nul bibelot posé au hasard d'une pièce. Seuls ces surfaces planes et ces meubles pesants. Dans une des chambres, juste un petit tableau représentant Jésus. Le matin même, tandis qu'elle remplaçait les rideaux de l'hiver par ceux du printemps, plus légers, Eva-Lena lui avait expliqué.

Les rideaux pouvaient être considérés comme le « caleçon » du diable : à l'instar de tous ces objets dont on s'entoure pour leur esthétique ou parce qu'ils procurent un certain bien-être. L'orthodoxie religieuse n'y voyait que vanités, futilités susceptibles de vous gonfler un homme au point qu'un jour, il en devienne trop gros pour passer l'étroite porte du paradis.

Sept frères et sœurs avaient grandi à Rauhala, mais Lars-Erik était le seul à y vivre encore au moment de la mort de ses parents : Hilding Svanberg en 1988 et Aili cinq ans plus tard, en 1993. Étonnamment, c'était Sofia Palo qui avait confié ces informations à Katrine. Elle avait travaillé au cimetière l'été et ratissé le gravillon et les feuilles autour de chaque tombe de Kivikangas. « Vous savez qu'à Kivikangas, il y a plus de morts que de vivants ? Qu'est-ce que ça peut bien vouloir dire sur ce village ? »

« C'est comme ça partout, non ? », avait répondu Katrine. Mais maintenant, elle commençait à comprendre ce que la jeune fille avait voulu exprimer. Les morts par ici n'étaient pas morts pour de vrai. Ils étaient toujours présents, eux et leurs fermes. Des ombres et des souvenirs, la main haute sur les vivants.

Elle s'éloigna des fenêtres, murées dans la glace et la neige, et se faufila dans l'obscurité du vestibule. Il y avait deux portes : une qui menait vers les toilettes et une autre sous l'escalier. Elle alluma la lampe de poche et éclaira dessous. C'était une petite réserve étroite. Au fond, il y avait un coffre-fort. Il était d'un bois lourd et sombre, solidement bâti. Il n'y avait pas de cadenas à code, simplement une serrure.

Elle retira sa doudoune et la laissa glisser par terre. Elle se mit à genoux et fouilla ses poches, pour trouver les clés. La dernière s'enfonça dans la serrure.

Mon Dieu, si quelqu'un entrait maintenant, pensa-t-elle.

Dans le coffre, elle trouva des tas de papiers, des cahiers et un coffret.

Elle tendit la main puis se retint, traversée par une pensée absurde, les empreintes digitales. Elle couvrit ses doigts avec la manche de son pull pour se saisir du coffret sans laisser de trace.

Qui m'en tiendra rigueur, pensa-t-elle en l'ouvrant. Ils sont tous morts et l'enfer n'existe pas.

Il y avait quelques pièces et trois billets : deux vieux billets de dix couronnes et un billet de cinquante, où figurait le roi Gustav III. Elle n'en avait pas vu depuis très longtemps, peut-être depuis les années 1970. Des billets thésaurisés jusqu'à en devenir inutilisables.

Katrine sortit les cahiers, soigneusement annotés : la Caisse agricole 1931, la Caisse agricole 1930 et aussi les cahiers de comptes du ménage, datant de plusieurs décennies. Elle les feuilleta. Quelqu'un avait, d'une écriture soignée, noté tous les frais, les aliments, les engrais et l'électricité. Il n'y avait que peu de flux par mois et les années s'écoulaient, complètement comprimées. Katrine lut un nom en passant à toute vitesse et elle dut revenir en arrière pour le retrouver. Sur une ligne, il était indiqué : S. Kankanranta, 100 couronnes, octobre 1944. Katrine chercha plus loin, mais c'était la seule mention de S. Kankanranta.

Sous les cahiers, il y avait les actes de naissance et de mariage. Hilding Albert Svanberg avait épousé Aili Lovisa

Pelttari en février 1932. Il y avait aussi un titre de propriété daté de la même année, en septembre. Carl Pelttari avait, d'une main tremblante, transféré la propriété à Aili et Hilding Svanberg.

Si tôt, pensa-t-elle. Ils devaient être très jeunes à l'époque.

Tout au fond, sous l'autre tas de cahiers, elle trouva un papier épais plié en deux. Elle le déplia et un petit paquet de lettres tomba par terre. Un ruban rouge les entourait et ce ruban brillait au milieu de toute cette austérité. Katrine sentit ses joues rougir. Ce n'était vraiment pas dans ses habitudes de fouiner dans les secrets les plus intimes des gens. Violation de domicile, cambriolage, le cerveau de la journaliste énuméra les délits et les peines correspondantes.

Ses pensées se figèrent.

Le monde cessa de tourner.

La première lettre était adressée à Mademoiselle Siri Kankanranta. Adresse postale à Kankanranta. C'était écrit au crayon, une écriture maladroite.

Elle regarda la rangée de timbres. Le dessin en noir et blanc était le même : un immense ballon dirigeable survolant une ville, et un texte composé en cyrillique, avec quatre lettres qu'elle pouvait lire distinctement : CCCP. L'Union soviétique.

Elle dégagea la première lettre avec d'infinies précautions, pour éviter qu'elle ne se délite après tout ce temps, qu'elle ne s'effrite sous ses yeux. Il y avait trois lettres en tout, toutes adressées à Mademoiselle Siri Kankanranta. Elle les replia dans le papier épais, qu'elle glissa ensuite à l'intérieur de sa ceinture.

Elle remit le reste dans le coffre et ferma à clé. Elle avait des fourmis dans les jambes quand elle sortit précipitamment de la maison. Elle poussa la porte de l'épaule.

Soudain, elle sentit un regard.

Une silhouette postée près d'un petit traîneau sur la route. Immobile, le regard posé sur elle. Un petit corps rondouillet. La voisine. Anna Haara, bien sûr, impossible de tromper sa vigilance.

Il y a un mensonge pour tout, pensa Katrine en remettant ses pas dans ceux qu'elle avait déjà laissés dans la neige. Un mensonge pour chaque situation. Une raison, même absurde, qui explique pourquoi on se trouve au mauvais endroit.

Elle s'arrêta en haletant. Elle sourit à la vieille dame.

— Je pense réaliser un documentaire, dit-elle. Sur Erik le Lapon. Avant de commencer le tournage, je dois… étudier les bruits et ressentir les ambiances.

— J'ai pensé à des voleurs, dit la vieille.

Vous mentez aussi, pensa Katrine. Parce que si ça avait été le cas, vous ne seriez pas restée plantée là. Anna Haara avait le manteau mal boutonné. Elle s'était probablement précipitée hors de chez elle. Katrine sentit les lettres frotter contre son ventre.

— Et les clés ? demanda Anna en plissant les yeux. Comment vous vous les êtes procurées ?

— Un parent.

C'était vrai, d'une certaine manière.

— C'est Gudrun qui vous les a fait passer ? Elle vous les a envoyées de Stockholm ?

Katrine sourit de nouveau.

— Quelle chance que vous soyez là pour surveiller ce qui se passe, répondit-elle, vous vous assurez que personne n'entre. C'est sécurisant.

Anna Haara scruta Katrine d'un regard vif.

— Je suis partante pour une interview, mais prévenez-moi d'abord. Qu'au moins, je puisse me coiffer.

Elle souleva son bonnet et se recoiffa.

— J'avais l'air horrible dans le journal l'autre jour, on aurait dit une vieille.

— Je fais de la radio, précisa Katrine.

— Bon, mais quand même.

Et Katrine lança un « je vous donnerai de mes nouvelles » en quittant rapidement les lieux. Les clés de Rauhala pesaient lourdement dans sa poche.

Petrozavodsk, le 7 novembre 1931

Chère Siri,

Pardonne-moi de ne pas t'avoir écrit plus tôt. J'espère que cette lettre te parviendra avant Noël. Je voulais te souhaiter de joyeuses fêtes. Je te demande de ne pas m'envoyer de cadeaux, on ne fête pas Noël en Union soviétique.

Ici à Petrozavodsk, les efforts pour mener à bien le projet quinquennal sont visibles partout. On ne manque pas de travail. On est nombreux à parler finnois, mais tout le monde veut apprendre le russe.

Oskar Björnfot a été embauché à Uhtua à côté de la frontière finlandaise. Empo et l'auteur de cette lettre cherchent à être transférés là-bas, avec l'espoir de travailler dans son équipe.

Lorsque l'on aura trouvé un logement, je demanderai l'autorisation qui te permettra de me rejoindre ici.

Je viendrai te chercher, je te le promets.

Bien à toi,

Gunnar

Thore Palo scotcha un autre morceau de papier sur le mur. Il écrivit « lacération ».

Cerveau coupé en deux.

Lars-Erkki Svanberg était mort d'un coup de hache sur le crâne. Thore n'avait pas eu besoin d'un médecin légiste pour l'attester. Il l'avait vu de ses propres yeux. L'autopsie était désormais achevée. Il avait fallu conserver le corps dans une chambre frigorifique pendant 24 heures, pour le décongeler. Lui ne pouvait se débarrasser de l'image du sang gelé dans la barbe et du visage fendu en deux.

Putains d'assassins.

Il contempla les petits bouts de papier collés sur le mur. Ce n'est pas qu'il doutait de l'unité de police de Luleå, chargée de l'enquête. Leurs agents s'appuieraient sur la police d'Haparanda et sa bonne connaissance des lieux. Ces deux unités faisaient certainement ce qu'il fallait, mais il y avait quand même un truc qui clochait, sans qu'il puisse dire exactement quoi. Il lui semblait que l'enquête officielle passait à côté de quelque chose.

Et comme, désormais, il était désœuvré le soir, et la journée aussi d'ailleurs, il ressentait une certaine agitation intérieure, une nervosité dont il n'arrivait pas à se défaire. Comme une démangeaison en dedans, là où il est impossible de se gratter. L'hiver, il avait été habitué au silence de la forêt, au train-train des skis sur la neige et au souffle des chiens derrière lui : kilomètre après kilomètre, ses muscles douloureux dans l'effort, les plaques d'acide lactique. Aujourd'hui, il souffrait avant même de quitter son lit le matin. Il se sentait prisonnier de la maison, enserré par la solitude. Tout le contraire du sentiment qu'il avait éprouvé sur la tourbière, là où le ciel bleu, étoilé, dessinait une voûte au-dessus de l'humanité, là où les poumons se dilataient : on aspirait l'espace pour ne former plus qu'un avec l'univers. Ici, il n'y avait plus que le manque, le passé, la mort de Kyllikkis, emportée par ce putain de cancer. Et une envie insatiable de quelque chose de fort dans la gorge.

Il ajouta un plan de Rauhala, en le scotchant directement sur le papier peint, qu'il voulait changer depuis des années. Mais c'était la chambre de Kyllikkis. Il ne pouvait rien changer sans son approbation.

Ensuite, il reporta les indications : 22 h 05 à 07 h 00.

Neuf heures. Neuf heures, le temps durant lequel tout Kivikangas dormait. Personne n'avait vu ni entendu quoi que ce soit d'inhabituel, dans un village où on ne pouvait généralement pas lâcher un pet sans que tout le monde soit au courant.

Une croix rouge à l'endroit où le meurtre avait été commis.

Des traits pour indiquer le dernier tour de ski de Svanberg, du sauna vers la mort.

Les enquêteurs avaient trouvé du sang sous cette couche de neige sèche, tombée pendant les rigueurs du froid, et qui s'était posée comme de la poudre sur la croûte gelée, plus ancienne.

Thore avait promené la chienne du côté de Rauhala pour, de loin, observer le travail des techniciens, les précautions prises pour dégager la couche neigeuse plus fraîche de la croûte du dessous. La manière avec laquelle ils avaient identifié les chutes de neige successives et les changements de température.

Sous une croûte très fine, ils avaient trouvé des traces de pas, pointure 44-45. À plusieurs emplacements autour de la dépendance. Peut-être avaient-ils été deux, mais on ne pouvait le déterminer avec certitude. C'était des chaussures d'hiver lourdes, le type que portent tous les hommes dans le nord de la Suède, sans parler de la Finlande, de la Russie ou de la Norvège. Ils n'avaient pas réussi à relever d'empreintes. Thore avait, lui aussi, essayé de sonder, du pied, les différentes couches de neige. Sous la croûte, la neige récente s'était transformée en une sorte de pâte grumeleuse et les traces avaient disparu.

Pour un homme, Lars-Erkki Svanberg avait de petits pieds. Ce ne pouvait donc être ses traces. Mais pour le sang, oui. C'était bien son sang. À l'intérieur comme à l'extérieur.

De même pour les fibres, la partie de son corps qui avait râpé contre les marches en bois lorsqu'on l'avait tiré à l'intérieur de la dépendance. Et de même pour le sang trouvé sur les tapis. L'analyse du moindre recoin à l'intérieur n'avait rien donné non plus. Aucune trace de l'ADN d'un autre homme.

Rien d'étonnant, se dit Thore. Qu'il s'agisse d'un fou, d'un assassin ou du quidam sain d'esprit, personne n'enlèverait ses gants par moins trente degrés.

Il n'avait pas été déçu par les résultats de l'autopsie, parce qu'il n'en attendait rien. Il n'y a que dans les séries télévisées où le médecin légiste glisse son doigt dans le cadavre et déclare : « Il est mort à 21 h 45. » Deux jours après la découverte d'un cadavre, la marge d'erreur est déjà de plusieurs heures. Dans ce cas précis, le corps était resté trois jours sur place avant qu'on ne le retrouve, puis il s'était passé encore deux jours avant qu'il ne soit transporté à Umeå pour y être décongelé et examiné.

Le courrier dans la boîte aux lettres, des restes de nourriture ou des témoignages, d'autres indices qu'on pouvait mettre à profit. Mais Lars-Erkki Svanberg n'avait pas reçu de courrier ces jours-là. Dans le sauna, on avait trouvé des restes de papier brûlé, rien d'autre.

Les techniciens avaient balayé la neige fraîche, des monceaux de congères, chaque millimètre de Rauhala, mais il n'y avait aucun autre élément indiquant de quel côté étaient venus les assassins. Les traces laissées par les skis de Svanberg et rien d'autre. Ce qui renforçait la théorie d'une arrivée en voiture. La route n'était qu'à quelques mètres de l'entrée de la dépendance.

Un fusil avait manifestement disparu. À part ça, personne ne savait ce qu'il pouvait y avoir d'autre à l'intérieur. Si ce n'est cette rumeur persistante au sujet de l'argent.

Il frappa le mur du poing. Quelle misère ! Pourquoi ne pouvait-on pas obtenir davantage d'informations de l'analyse technique ? ! Sous le sceau de la confidentialité, Anders Anttila, l'inspecteur de police d'Haparanda, avait bien voulu partager les résultats avec lui, au téléphone. Thore lui avait tout appris à l'époque et, s'il le fallait, il était bien décidé à lui coller aux basques tout le temps que durerait l'enquête. Il allait passer au crible chaque détail, au cas où le manque d'expérience puisse lui faire rater quelque chose d'important. Quarante ans au service de la police. On ne tuait pas un vieux impunément, pas dans son village en tout cas.

Il déplaça la vignette avec les renseignements sur la voiture vers le centre. Le seul indice fiable.

Une Volvo bleue 740, avec des plaques russes et un numéro d'immatriculation qui finissait par 51.

Il était fier de son petit-fils. Il avait la tête sur les épaules. C'est grâce à lui que l'on détenait l'indice le plus solide au service de l'enquête. Les garçons s'étaient rapprochés de la route, tout en ralentissant, avec les scooters, pour mieux voir. Autrefois, c'était facile d'identifier une voiture russe, mais aujourd'hui les Russes se fondaient dans le paysage. Leurs voitures, leurs vêtements, rien ne les distinguait plus des Suédois ou des Finlandais.

51, la région de Mourmansk.

Anttila lui avait promis de l'appeler dès qu'il en saurait davantage. Thore ferma la porte du bureau et se dirigea vers la cuisine. En se versant un verre d'eau, il rencontra le regard de la chienne borgne. Akka, comme son précédent chien. Au début, il l'avait appelée Akka 2, et puis c'était devenu Akka tout court. Il remplit le bol de la chienne. Il sortit des comprimés d'une boîte, ceux qui éloignaient le mal mais qui provoquaient les somnolences.

Il imaginait bien comment, en ce moment même, on devait passer au crible les fichiers des caméras de surveillance de la douane à Torneå, ainsi que ceux des postes frontières de Salla et de Raja-Jooseppi. Le trafic des dernières semaines, tous les postes frontières entre la Finlande et la Russie. Un travail minutieux, de longue haleine, mais, à un moment ou à un autre, on trouverait la voiture. La solution était là, nichée quelque part dans les observations, l'administration technique des preuves. Le travail de la police, comme il avait l'habitude de le dire aux plus jeunes, ce sont des faits. Des faits ! Tout est là, dans ce que nous voyons et dans ce que nous ne voyons pas. Aucun homme n'est invisible, aucun criminel non plus. Il y a forcément des traces.

Il avala les pilules et ouvrit la porte pour laisser sortir la chienne. Il se dit qu'il avait dû faire la même chose le soir où Svanberg avait été assassiné.

Sans rien voir ni entendre.

Le garage se trouvait à la périphérie du village, près d'une maison qui marquait la fin de Kivikangas, avec une route sans nom pour tout prolongement. Sept voitures étaient garées devant, un vieux tracteur aussi et une sorte d'engin agricole recouvert de neige.

En tournant sur le chemin qui menait vers la maison, elle vit le panneau à côté de la boîte aux lettres. Il était peint à la main et enfoncé dans le sol : « Björnfot. Garage. Café d'été. »

Drôle de mélange, pensa Katrine. Dommage que nous ne soyons pas en été. Café d'été, un nom idyllique, quelque chose du bourdonnement des abeilles et du parfum des fleurs de pommier. Elle se souvint qu'il n'y avait pas vraiment de pommiers par ici. Au nord, la nature est aride, le permafrost descend profondément dans la terre.

Le long de la route, elle avait imaginé plusieurs manières d'engager la conversation, sans réussir à déterminer laquelle était la moins mauvaise :

Je cherche quelqu'un de la famille Björnfot, j'ai quelques questions... Je suis journaliste free-lance et je fais un reportage... Je suis la fille d'Ingrid Kankanranta et je pense que l'un de mes parents a voyagé avec l'un des vôtres...

Katrine perdit complètement le fil lorsque la porte s'ouvrit. Devant elle, se dressait une femme à la peau d'un noir d'ébène, avec un bébé sur l'épaule.

— C'est ici le café d'été ? demanda-t-elle bêtement. Ça lui semblait absurde de parler de gens qui avaient vécu à Kivikangas dans les années 1930 avec une femme qui était visiblement originaire du sud du Sahara.

— Oui, mais fermé maintenant. Froid, vous savez.

— Oui, sourit Katrine, j'imagine qu'il fait trop froid.

— Mais je ouvrir.

La femme disparut dans la maison. Katrine l'entendit s'activer puis crier quelque chose. Ensuite, la femme réapparut avec le bébé enveloppé dans une couverture, une boîte en plastique à la main.

— Des gâteaux, dit-elle avec un sourire, en devançant Katrine dans la cour vers une petite maison rouge. Elle fit glisser le bébé sur son épaule pour ouvrir la porte.

— Pas terminé, son suédois était hésitant et elle parlait avec un fort accent. Autorisation… Mais j'offre et vous donnez de l'argent si vous voulez.

— D'accord, répondit Katrine en entrant dans une vieille bâtisse, une ancienne boulangerie, avec un énorme four à pain au milieu. La pièce était bien ordonnée, avec des rideaux aux fenêtres et des meubles de jardin. Il y faisait frais mais pas froid. Derrière la porte, sur un crochet en fer forgé, était accrochée une paire de ballerines dorées. Une vision pour le moins insolite.

Katrine s'assit sur une chaise bancale.

Si quelqu'un savait quelque chose au sujet de Gunnar Pelttari, ce ne pouvaient qu'être les frères Björnfot,

Oskar et Empo. Ils avaient émigré ensemble vers la Russie et au moins l'un des deux était revenu. Il avait dû parler, raconter. Des histoires qui s'étaient ensuite transmises dans la famille.

— Vous habitez ici, peut-être ? la femme posa la couverture et le bébé par terre, brancha une machine à expresso flambant neuve et la remplit d'eau.

— Ah non, non, j'habite à Londres.

Le visage de la femme s'illumina.

— *Oh, London, I'd really love to go to London someday*. J'aimerais tant aller à Londres un jour.

Elle se redressa. Son anglais était fluide. C'était un étrange mélange d'anglais pidgin et scolaire, avec un accent britannique.

— Ça vous convient si on parle anglais ? Mon suédois n'est pas terrible. J'ai dû arrêter les cours à la naissance du bébé.

— Bien sûr, dit Katrine.

— Mon mari ne parle pas très bien anglais et ses amis n'osent pas m'adresser la parole. Ils doivent penser que je ne comprendrais pas ou… je ne sais pas. Mon mari n'aime pas quand il ne comprend pas.

Elle sourit de nouveau, comme pour atténuer la dimension critique de cette dernière remarque. Elle s'essuya la main sur la jupe et la lui tendit.

— Je suis Promise. Promise Björnfot.

— Katrine Hedstrand.

Elle sourit en entendant l'étrange mélange de noms. La femme extirpa les gâteaux de la boîte plastique, les disposa sur une assiette qu'elle posa ensuite sur la table.

— Je dois m'occuper. Je n'aime pas me contenter de rester à la maison, même si c'est ce que Stig voudrait. Pour l'enfant, je veux dire.

— Vous supportez le froid ? demanda Katrine.

— Il fait chaud à l'intérieur. Du lait et du sucre ?

— Vous pouvez faire un cappuccino avec la machine ?

Katrine observait la petite pièce tandis que Promise Björnfot s'occupait du café. Le bébé essaya de se retourner sur le ventre. Accrochés au mur, des objets éclectiques : une tenture avec l'inscription « une maison douce », quelques lutins qui grimpaient sur une corde, des guirlandes de Noël et, devant les fenêtres, des fleurs en plastique.

Eva-Lena Palo y avait fait allusion lorsqu'elle lui avait demandé le chemin, sans vraiment dire les choses. C'est seulement à présent que Katrine réalisait. Ce qu'elle avait dit en parlant de Stig : il est allé « chercher » sa femme. Katrine avait cru comprendre que cela se passait comme ça depuis des siècles. De tout temps, on était allé quérir les femmes de l'autre côté du fleuve, sur la rive finlandaise. Une des raisons pour laquelle cette région n'avait jamais souffert de la consanguinité présente ailleurs. « Et puis, ça se mondialise maintenant, avec Internet et tout ça. »

Promise Björnfot lui servit une tasse de café et tendit l'assiette avec les gâteaux.

— Gâteaux au chocolat de Malla, dit-elle dans un suédois distinctement articulé.

— Qui est Malla ?

La femme tendit la main vers un petit livre de recettes sur une étagère, à côté d'un bougeoir orné de lutins.

— *Sept sortes de gâteaux*, dit-elle. Vous l'avez aussi ?

— Non.

Mais Katrine se souvint de gâteaux roulés, à un âge où elle avait été capable de mesurer la farine, précision et minutie. « Et ne mets pas les doigts dans la pâte ! »

— Ou si… peut-être.

La femme sourit.

— C'est le livre le plus populaire en Suède. Le plus vendu. Ou la deuxième vente peut-être.

— Quelle est la première ?

— La Bible. Promise Björnfot s'adossa contre le four à pain, en la dévisageant. Pourquoi vous êtes venue de Londres ? Il n'y a pas grand-chose à faire ici.

— Vous savez… Katrine se débarrassa de quelques miettes autour de la bouche. Vous êtes la première personne depuis plusieurs jours à me poser une question sur autre chose que mes origines.

Promise gloussa doucement.

— Alors, on vous l'a demandé aussi ? dit Katrine.

— Ils veulent savoir si vous êtes des leurs. Si vous êtes d'ici. Ils demandent toujours, vous êtes la fille de qui, vous êtes le fils de qui ?

— Ils vous le demandent aussi ?

Son visage s'assombrit.

— Non. Tout le monde sait qui je suis. Elle se pencha et souleva le bébé. Et lui, c'est Oskar. Dis hello à Katrine.

L'enfant babilla.

— La famille, c'est quelque chose d'important ici, continua Promise. Comme au Nigeria, c'est *same-same*, du pareil au même. Son regard glissa vers les chaussures dorées derrière la porte, comme une plongée dans un souvenir lointain.

— Mes chaussures de chance, dit-elle en souriant. Les premières que j'ai eues en Europe.

— Comment êtes-vous arrivée ici, *in the middle of nowhere*, au milieu de nulle part ?

— Il est quelqu'un de bien. Je suis bien ici. Plus de café ?

— Votre famille est toujours au Nigeria ?

— Je leur envoie de l'argent.

Promise jeta un œil vers un bocal à côté de la cuisinière où il y avait quelques billets et des pièces. Katrine comprit le message et sortit quelques pièces de son porte-monnaie.

— Vous saviez qu'il y avait un autre Oskar ici avant, dans les années 1930 ? dit-elle après avoir payé le café.

Promise secoua la tête, hésitante.

— Votre mari vous a parlé de lui ? Ou d'Empo Björnfot, un autre membre de la famille ? Vous en avez entendu parler ?

— Il vaut mieux parler avec mon mari.

— Il est à la maison ?

Promise hocha la tête en rinçant l'éponge. Elle commença à nettoyer minutieusement la machine à expresso.

— *Actually, you ain't anyones*, dit-elle. On n'est à personne. On appartient, c'est tout. Pour un petit laps de temps, comme pour un emprunt. Après, on ne peut jamais savoir ce qui va se passer.

Stig Björnfot la considéra avec méfiance en lui ouvrant la porte.

— Oui ?

C'était un homme proche de la soixantaine, un ventre bedonnant au-dessus de la ceinture. Promise était restée dans l'autre bâtisse et Katrine se retrouvait seule sur le perron.

— Je suis venue m'occuper de la maison de famille, dit-elle. Je suis la petite-fille de Siri Kankanranta.

Cela ne fit aucun effet sur Stig Björnfot.

— Très bien, dit-il tout simplement, en chaussant de grosses bottes.

— Je pense qu'elle a eu un lien avec certains membres de votre famille, Oskar et Empo Björnfot, ceux qui ont émigré en Russie, alors je me demandais si je pouvais…

Elle allait dire « entrer », mais l'homme l'interrompit.

— C'est inutile de faire des recherches.

Il sortit sur le perron et elle dut descendre en reculant.

— Mais vous avez bien nommé votre enfant Oskar…

— Oskar d'accord, *mais Empo ne mettra plus jamais ses putains de pieds dans cette maison.*

Il avança à grands pas dans la cour en direction de l'atelier. Elle fit une dernière tentative, en criant :

— Il y a peut-être une autre personne dans la famille qui…

Mais Stig Björnfot ne se retourna pas.

En cherchant sur Internet, elle recensa 488 personnes portant le nom Björnfot. Disséminées sur tout le territoire. Stig Björnfot était le seul à Kivikangas. Sa femme n'avait pas de numéro de téléphone enregistré à son nom.

Katrine, assise sur le lit avec l'ordinateur sur ses genoux, faisait défiler les noms sans y prêter beaucoup d'attention : Ellen, Elsa, Elsa, Emil, Erik, Erik, Erik, Erik, Erland, Estrid. Elle lança également une recherche sur Google et apprit qu'un certain Anton Björnfot venait de fêter ses cent ans à Lycksele. Jonas Björnfot, lui, avait obtenu la médaille d'argent aux cent mètres d'Emmaboda et Carola Björnfot proposait ses chansons sur MySpace.

Elle abandonna et inscrivit www.voyagenavion.se dans le moteur de recherche. Elle se rendit aux toilettes pendant que l'ordinateur affichait tous les vols entre Luleå et Stockholm.

En revenant dans la chambre, elle trouva Sofia assise sur le lit.

— Vous allez partir ? demanda-t-elle.

Ses grands yeux étaient cernés de khôl.

— Quoi ? Tu as regardé mon ordinateur sans me demander ?

— Excusez-moi.

Katrine prit violemment le portable et le referma.

— Vous allez retourner à Londres ? demanda Sofia.

— Oui… bientôt, pourquoi ?

— J'ai dix-huit ans et j'ai le droit de choisir, de pren-dre des décisions.

— Oui… et puis ?

Sofia se tripotait les ongles, grattant un peu le vernis.

— Ben. Je me suis dit que… vous vivez là-bas, vous pourriez entendre parler d'un job ? D'un endroit où habiter.

Katrine rit.

— Trouver un logement ? À Londres ? Oublie ça.

— Mais vous, vous vivez là-bas.

— Oui… dans l'appartement de mon compagnon. Mais la première fois que j'y suis allée, j'ai dû partager une chambre double avec trois copines dans une auberge miteuse de Bloomsbury.

— C'est la Circle Line ?

— Picadilly, dit Katrine en ouvrant de nouveau son portable.

— D'accord.

Sofia se leva sans bruit et sortit.

Le moteur de recherche avait identifié six départs de Luleå. Katrine avait du mal à se décider : 16 h 55 ou 19 h 25 ? Elle retourna sur Google, les résultats concer-nant les différents Björnfot.

Elle entendit la voix hostile de Stig Björnfot comme un écho dans sa tête : *Empo ne mettra plus jamais ses putains de pieds dans cette maison.*

Comment pouvait-on nourrir autant de colère envers un parent mort ? Ou peut-être Stig en voulait à Katrine d'avoir parlé avec sa femme ? Manifestement, Empo, seul, était tombé en disgrâce. Oskar lui avait inspiré le prénom de son fils. Était-ce parce qu'Empo était revenu ? Thore Palo lui en avait parlé, la méfiance envers ceux qui étaient revenus. Mais peut-être s'agissait-il d'une querelle de famille, un différend sur des droits de succession. Toutes les familles semblent concernées par ce genre de conflit. Elle s'efforça de ne pas penser à son propre frère, leur maison, la maison de leur mère.

Empo ne mettra plus jamais ses putains de pieds dans cette maison.

Soudain, elle comprit ce qui clochait.

Il avait parlé au futur. Comme si Empo était encore vivant. Un frisson la parcourut, lorsqu'elle se souvint de ce que Thore Palo lui avait raconté. Elle compta rapidement dans sa tête.

Empo était le cadet. Il n'avait que seize ans quand il était parti.

Empo pourrait donc avoir quatre-vingt-seize ans. Était-ce possible ? Le cœur battant, elle revint à la page trouver.se et refit défiler tous les prénoms commençant par un E. Aucun Empo.

Elle fixa l'écran un petit moment. Puis, elle se dirigea vers la chambre de l'adolescente à l'autre bout du couloir, frappa et ouvrit sans attendre de réponse.

— Excuse-moi, j'ai juste une petite question, dit-elle. Est-ce qu'Empo est un prénom ?

— Ce serait quoi, sinon ? Sofia masqua l'écran de son ordinateur de la main et lui lança un regard comme si elle parlait avec quelqu'un de complètement idiot.

— Bien sûr… je voulais dire : est-ce que c'est un vrai

prénom ou un diminutif ? Comme Matti pour Mattias, Lars-Erkki pour Lars-Erik. Comment on appellerait quelqu'un qui se prénomme Empo ?

Sofia haussa les épaules en se concentrant à nouveau sur son ordinateur.

— Ben, Emil, évidemment.

Il y avait bien un Emil Björnfot, au 52, Malmuddsvägen à Luleå.

Huit sonneries de téléphone. Avant que quelqu'un ne se saisisse du combiné, à 140 kilomètres de là. Elle entendit la voix rauque d'un homme à l'autre bout du fil.

— Allô !

Il y eut des bruits curieux, comme si le combiné était en train de lui échapper.

— Vous êtes Emil Björnfot ?

— Qui demande ?

La voix était bougonne, traînante. Le dialecte était indubitablement de Tornédalie.

— Je m'appelle Katrine…

— Vous êtes de la commune ? Il mettait l'intonation sur le « u » avec un accent de mépris qui montrait clairement qu'Empo n'avait pas beaucoup d'estime pour la « commuune ».

— Non, en fait… ma mère est de Kivikangas. Je cherche un Empo Björnfot originaire de Kivikangas.

— Et il s'agit de quoi ?

— C'est vous ?

— Elle arrête tout de suite de me vouvoyer la petite dame, elle ne me parle pas comme à un putain de bourgeois à la con.

— C'est toi qui es allé en Russie avec Gunnar Pelt-tari, dans les années 1930 ?

Il y eut du silence à l'autre bout.

Katrine inspira profondément.

— Je suis la petite-fille de Siri Kankanranta. Je pense qu'elle connaissait Gunnar. Je pense même qu'elle le connaissait très bien.

Uhtua, le 6 mai 1932

Chère Siri,

Merci pour ta lettre et pour les bonnes nouvelles qui l'accompagnent. C'est magnifique que ce soit une fille. Ici, en Union soviétique, on ne fait pas de différence entre les filles et les garçons. L'enseignement se fait en finnois, même si elle devra aussi apprendre le russe. Ici on ne prie pas. Les enfants apprennent grâce à Lénine et Staline en les remerciant pour la bonne vie dont ils peuvent jouir.

Nous construisons les nouveaux logements ouvriers pendant notre temps libre. Chaque famille se verra bientôt attribuer un deux pièces. Je t'écrirai quand le logement sera prêt.

Je viendrai te chercher.

Je te le promets.

Bien à toi,

Gunnar

PS. Ingrid est un beau prénom. Donne-lui ton nom de famille. Je ne veux pas qu'elle porte le mien. Ici, les filles

141

*portent comme nom de famille le prénom du père. Elle
s'appellera donc Gunnarovna. Elle pourra porter ce nom
lorsque nous demanderons la nationalité.*

Elle distinguait comme des raclements, quelqu'un qui traînait les pieds derrière la porte. Puis un cliquetis de clés.

Katrine s'imaginait des mains tremblantes, cherchant à tâtons.

Elle serra le sac en papier dans sa main. Elle avait acheté plusieurs sandwichs, au café de la gare routière, emprunté le viaduc qui enjambe le chemin de fer, avant que le GPS ne lui indique qu'elle était arrivée dans Malmuddsvägen.

La porte s'ouvrit enfin. Le vieil homme était courbé, une main sur le déambulateur. De ses yeux pâles, il la toisa brièvement.

— Tu n'es pas vieille, toi, commenta-t-il.

Les rides profondes dessinaient comme un labyrinthe sur son visage. Il avait une cicatrice sur la joue et une autre là où il y avait dû y avoir un sourcil autrefois. Le nez était gros, de travers comme celui d'un vieux boxeur.

— Aujourd'hui, il n'y a que des vieilles qui me rendent visite, grommela-t-il en reculant dans l'appartement et en heurtant le montant de la porte de la cuisine. Elle le suivit. Il y avait une odeur de tabac, de transpiration et de vêtements sales. Empo Björnfot tendit la main et attrapa une bouteille sur une étagère, au-dessus de la cuisinière. Sur les plaques, il y avait une casserole avec des restes de coquillettes. Le plan de travail était propre et, dans l'égouttoir à vaisselle, il n'y avait qu'une assiette et quelques verres.

— Je sais bien ce qu'ils veulent, dit-il en débouchant la bouteille avec les dents. C'est le logement qu'ils veulent.

— Je voulais te poser quelques questions, dit Katrine.

Empo Björnfot s'appuya à l'évier d'une main en versant le liquide dans un verre graisseux de l'autre.

— Ils les transforment en logement coopératif* et encaissent des millions. Ils voudraient bien me voir finir en maison de retraite. Rester planté devant la télé avec les bourgeoises ? Jamais de la vie ! Ils veulent que je crève pour faire encore des profits sur mon cadavre, ces salauds d'exploiteurs.

Il se traîna jusqu'à la table de la cuisine, verre à la main, et s'assit péniblement. Il but d'un trait et posa le verre d'un coup sec sur la table.

— Un petit verre tous les soirs, dit-il, ça conserve.

— Ce n'est pas encore le soir, remarqua Katrine en souriant.

— Ben alors, j'en prendrai un autre tout à l'heure. Il rit et fut secoué d'une quinte de toux. Il attrapa le paquet de tabac et, d'une main tremblante, commença

* Forme de mise à disposition très courante en Suède où les membres d'une association coopérative de logement se voient octroyer le droit de faire usage d'un appartement, d'un local ou d'une maison contre une rémunération et ce, pendant un temps illimité, à condition qu'ils se plient aux obligations établies par la coopérative.

à se rouler une cigarette. Des miettes de tabac tombaient sur la table en pin, couverte de marques de cigarettes.

— Alors, qu'est-ce que tu voulais déjà ?

Katrine s'assit en face de lui et respira profondément. Ensuite, elle lui raconta la vérité, ce qu'elle savait et ce qu'elle devinait de Siri Kankanranta et Gunnar Pelttari, leur enfant, leur voyage en Union soviétique.

Empo Björnfot glissa la cigarette entre ses lèvres et chercha du regard autour de lui. Katrine trouva la boîte d'allumettes dans un bol et en fit craquer une. Il lui saisit la main et approcha la flamme vers la cigarette. Il aspira de profondes bouffées avant de tousser à nouveau.

— Alors, tu es la petite-fille de Siri, conclut-il lorsque la quinte fut passée.

— Oui. Fille d'Ingrid qui, elle, est née en février 1932.

Il se retourna pour attraper la bouteille de vodka, hors de portée sur l'évier. Katrine se leva pour la prendre.

— Il ne voulait pas d'enfant ? demanda-t-elle sans le regarder. C'est pour ça qu'il l'a quittée ?

— Non, aucun rapport.

— J'ai acheté des sandwichs, dit-elle.

Elle vit une lueur dans les yeux du vieil homme lorsqu'elle sortit les sandwichs au fromage, jambon, brie, salami et thon.

— C'est beaucoup trop.

— Je voudrais simplement savoir ce qui s'est passé, reprit-elle. Je ne le raconterai à personne si c'est ce que tu souhaites.

Empo commença à manger les sandwichs. Des miettes tombaient en petit tas sur la table.

— Je comprends que ce soit difficile de se souvenir de tout, dit Katrine, mais raconte ce que tu peux.

— Bien sûr que je me souviens, la rabroua-t-il. Même si les vieilles pensent que je suis sénile.

Il renifla et souffla la fumée vers le plafond.

— Oskar est rentré de la mine… c'était au mois de mai, non, juin 1931. Une année terrible. L'année où ils ont abattu des ouvriers à Lunde. Et du côté finlandais, les fascistes du Lappo marchaient déjà au pas, on pouvait presque entendre le grondement de leurs bottes.

Il agita son bras et son visage vira au rouge.

— On pensait que c'était la fin du capitalisme. La révolution allait atteindre la Botnie du nord et on mettrait les fascistes dehors pour enfin fonder la République soviétique de la Scandinavie du Nord.

Son poing se baissa lentement vers la table.

— Mais bon, tout ça a pris un putain de temps.

Il contempla longuement le sandwich au jambon. Enleva la feuille de salade.

— Quand mon frère est rentré, il venait d'apprendre qu'il allait être licencié. Deux cents hommes allaient devoir quitter LKAB à l'automne, et en tant que célibataire, il serait dans les premiers mis à la porte. Mais ce n'était pas la seule chose qu'il avait à nous raconter. Non, crois-moi, ce n'était pas la seule chose. Oskar avait été recruté !

Il rit en s'adossant au siège, à gorge déployée. Elle pouvait voir sa bouche, ses dents jaunies et cassées, plusieurs manquantes. Katrine sourit mais ne comprit pas ce qu'il y avait de si drôle.

— Mon propre frère, avec une proposition de travail

au service de l'Union soviétique ! Rien d'aussi grandiose n'était arrivé à Kivikangas depuis belle lurette.

— Recruté ? Comment ?

— Par les Finlandais, qui travaillaient dans les gisements miniers, des communistes finlandais. Il y en avait plein. Ils avaient leurs propres pratiques culturelles, des associations de danse et tout ça.

Empo Björnfot baissa la voix et se pencha en avant, comme si les murs pouvaient entendre et rapporter ses paroles.

— Ces Finlandais avaient fui les fascistes. En Finlande, le communisme était interdit et le mouvement Lappo voulait intégrer la Tornédalie dans un état fasciste, une Grande Finlande qui s'étendrait du fleuve Kalix jusqu'à la Carélie de l'est.

— Gunnar Pelttari avait été recruté aussi ?

— Non, bon sang, comment il aurait pu ?

Empo regarda par la fenêtre : une gare de triage avec des wagons de marchandises et la silhouette noire de l'aciérie derrière le toit des maisons. Il écrasa le mégot dans le cendrier, avec une telle force que les cendres volèrent sur la table et atterrirent sur le reste des sandwichs.

— Oskar Björnfot allait aider Staline à terminer le plan quinquennal ! Mon Dieu qu'on était jaloux. On séjournait dans ce trou, Matalaniemi, près du fleuve. Moi, Gunnar Pelttari, des gars de Vestola, même s'ils n'étaient pas vraiment communistes, et aussi mon frère. « Alors, ils ont éradiqué les moustiques en Union soviétique ? », disaient les gars en rigolant. Ils se moquaient d'Oskar et de tout ce qu'il nous racontait sur l'État ouvrier, mais ils étaient jaloux. On n'avait pas besoin d'être communiste pour savoir que le chômage avait été éradiqué en Union soviétique. Même les journaux en parlaient.

Oui, il se souvenait, de tout ce qui en valait la peine.

Il y avait eu comme un feu cet été-là, qui s'était propagé à travers le monde.

Et le soir, ils contemplaient le ciel, la lumière de la nuit, la traîne des nuages, à la merci des nuées de moustiques qui venaient d'éclore dans les tourbières.

— Et puis, il y avait bien sûr Siri Kankanranta, dit-il en plissant les yeux vers Katrine. Mais bon, il n'y avait rien à espérer de ce côté-là.

— Elle était comment ?

Empo laissa de nouveau éclater son rire grossier.

— Elle était comment ? Je vais te le dire. Elle était aussi rouge que le drapeau, mais ses parents n'en savaient rien. Il gloussa et son regard devint lubrique. Ils ne savaient pas non plus que Gunnar Pelttari baisait leur fille au grenier pendant qu'ils étaient dans les champs à faucher le blé.

Katrine sourit. Elle avait deviné. La chambre au grenier, le canapé-lit bleu. Le refuge de Siri.

Quelques tranches de tomate tombèrent du sandwich dans la main du vieil homme, mais il ne remarqua rien. Il plongea plus loin encore dans ses souvenirs comme s'il était en train de rêver.

En Union soviétique, les femmes et les hommes étaient sur un pied d'égalité. Il y avait des crèches pour que les femmes puissent travailler et des cantines collectives pour les libérer des tâches domestiques. Une fille d'ouvrier sans le sou pouvait devenir ingénieure, si elle se montrait douée pour les études !

C'était ce que disait Siri Kankanranta. Elle était révolutionnaire à cent pour cent et bien plus belle que toutes les autres filles du village. Bon sang, qu'ils étaient jaloux de Gunnar Pelttari, de son histoire avec elle. La nuit, quand la lumière de l'été exacerbait les rêves les plus fous, Empo mordait son oreiller et rêvait de l'amour libre dans le paradis socialiste, qui épousait parfaitement les formes de Siri Kankanranta.

Comment ça lui brûlait dans le bas-ventre.

Katrine toussota et Empo se reprit. Il la dévisagea comme si son lien de parenté avec Siri lui revenait en mémoire. Il se passa la main sur les yeux et regarda ailleurs. Avait-il rougi ?

— Mais bon, j'ai compris que l'État ouvrier n'avait que faire de mes compétences. Ils avaient besoin de gens comme Oskar.

Il extirpa un morceau de salami avec ses doigts et le glissa dans la bouche. En mâchant, il commença à donner des détails.

Oskar avait une formation de réparateur mécanique. En Union soviétique, il y avait une grande pénurie de machines. Et le peu que l'on pouvait trouver était en mauvais état ou de mauvaise qualité. Le peuple n'avait pas encore eu le temps de construire le pays, mais le plan quinquennal mènerait l'Union soviétique vers la prospérité et l'industrialisation. C'était une promesse de Staline. Empo n'avait jamais eu que des petits boulots, il avait travaillé un peu après l'école et dans la forêt, aidé pour le fauchage. Mais il n'avait pas peur de travailler pour de vrai ! Bon sang, il allait mettre la main à la pâte si on lui en donnait l'occasion, parce qu'en Union soviétique, on travaillait pour soi et non pour le compte d'un quelconque exploiteur capitaliste.

Et puis Gunnar allait être envoyé à Småland pour travailler pour l'État suédois. Une forme d'esclavage, teintée de nationalisme. Construire des routes et creuser des fossés pour à peine la moitié d'un salaire normal. Et tout le monde savait que la Commission du chômage donnait les travaux les plus durs aux communistes, tandis que ces fascistes, ces traîtres de socialistes, devenaient chefs d'équipe. Le salaire suffisait à peine pour acheter des cigarettes. Il arrivait même que ces ouvriers de l'État soient utilisés comme « casseurs de grève ».

Il valait mieux mourir de faim.

— Et c'était son propre père qui avait tout arrangé. Empo Björnfot grinça des dents de rage. Le propre père de Gunnar qui avait fait en sorte qu'il soit choisi par la Commission du chômage, pour enfin apprendre un métier, pour qu'il arrête ses conneries de révolutionnaire.

Kivikangas l'été : Katrine essayait de se l'imaginer. Avec les bouleaux dans leur robe vert clair et les membres de sa famille, sur lesquels elle était incapable de mettre un visage.

Carl Pelttari avait géré l'agence pour l'emploi et la Caisse agricole. Il était de droite comme la plupart des agriculteurs, mais bientôt la terre appartiendrait au peuple. C'était ce que Gunnar avait dit à son père. Et c'était la raison pour laquelle il avait été mis à la porte, « parce qu'un putain de bolchevique n'avait rien à faire dans la maison d'un Pelttari ». Et il avait, du même coup, perdu le petit emploi qu'il occupait, comme assistant à la Caisse agricole. Carl Pelttari avait engagé le fiancé de sa fille à la place, le pieux Hilding Svanberg. Il ne pouvait quand même pas confier l'argent des paysans à un traître de bolchevique !

En août, un train partait vers Petrozavodsk en Carélie soviétique. Oskar en serait. Empo et Gunnar étaient dépités de savoir que des mineurs au chômage, pas même membres du Parti, avaient la possibilité de partir, grâce à leur savoir-faire, tandis qu'eux devaient rester au pays, dans la misère et le désespoir. Ils se réunissaient la nuit, en cachette, échafaudaient des projets. Après avoir été mis à la porte de chez lui, Gunnar avait pu investir le grenier de la grange des Björnfot. Il cherchait comment offrir mieux à Siri. Il devait lui offrir un vrai foyer, un foyer à elle, avec le chauffage et un lit douillet. Est-ce qu'Empo savait que l'électrification de l'Union soviétique était une grande réussite ? Ceux qui y émigraient bénéficiaient même de congés payés pour pouvoir rendre visite à leur famille. S'ils avaient le désir de rentrer, bien sûr.

Gunnar imaginait même emprunter les voies de la clandestinité, s'il ne trouvait pas d'autres solutions pour y aller. Il pourrait passer la frontière à pied vers Petsamo en Finlande du nord ou se cacher dans un bateau qui partait de Narvik. Pourtant, il savait qu'en Union soviétique, on se méfiait de ceux qui traversaient la frontière sans papiers. Ils étaient considérés comme des espions.

Empo papillonna du regard puis jeta un œil hésitant sur Katrine.

— Tu n'en parleras à personne ?

— Non, dit-elle en souriant, je te le promets.

— De toute façon, je ne me rappelle pas vraiment des détails, reprit-il en essuyant un peu de thon qui était tombé sur ses genoux.

— Je trouve que tu as une mémoire incroyable.

Il montra d'un geste sa tête en faisant une grimace. Peut-être, en vieillissant, on perd un peu par ici ou par-là, pensa-t-elle, et ça devient difficile de faire le tri. Elle voulut poser d'autres questions, en savoir un peu plus avant qu'il ne s'épuise. Mais c'était prendre le risque qu'il perde le fil et oublie ce qui lui restait encore en tête.

— Et puis nous avons réussi à embarquer sur ce cargo qui partait de Seskarö, dit-il enfin. Le 3 septembre 1931, je ne l'oublierai jamais. Oskar était stupéfait que nous quittions Kivikangas avant lui.

Elle entendit le bruit du trafic au dehors, le chuintement des tuyaux quelque part dans l'immeuble.

— Et Siri ? demanda doucement Katrine. Pourquoi n'est-elle pas venue avec vous ?

Empo tira le déambulateur à lui.

— Cette satanée vessie, dit-il en se mettant péniblement debout, bientôt je ne serai plus étanche de nulle part.

Katrine le regarda s'éloigner, traînant les pieds vers le hall d'entrée et les toilettes. Il se pencha, le pantalon descendu sur les cuisses. Elle essaya de se l'imaginer adolescent, à seize ans, en route vers l'aventure de sa vie. Cet homme qui était revenu de l'empire stalinien des années plus tard : soupçons et rumeurs le disaient espion. *Ceux qui sont revenus ont choisi de se taire. Ils ont tout emporté avec eux dans la tombe.* Katrine alla se chercher un verre d'eau.

— Putains de jambes ! Pourquoi me font-elles souffrir à ce point ? grommela Empo en revenant des toilettes.

Il resta immobile sur le pas de la porte de la cuisine. Était-elle capable d'imaginer que c'étaient ces jambes-là qui lui avaient permis de rentrer, qui l'avaient porté d'Uhtua jusqu'à la maison. À travers les forêts caréliennes et toute la Finlande. Il n'y a pas de forêt plus grande, bon sang.

— Tu veux dire que tu es rentré à pied, de Russie ?

Il lui jeta un regard furieux.

— Je devais rentrer pour aider ma mère. Pas comme ces satanés communistes du dimanche, qui sont rentrés parce qu'il n'y avait pas assez de sucre là-bas.

— Et c'était comment alors ? C'était comment en Russie ?

— Bah, en gros c'était pas mal, mais ceux qui s'attendaient à une vie de luxe ont vite déchanté.

— C'était pas mal ? En gros ? Sous le régime stalinien ?

L'homme tira le déambulateur, qui heurta les plinthes pendant qu'il avançait vers la table.

— Bah, il y a bien eu quelques erreurs de commises durant ces années-là, mais c'est parce qu'il était mal conseillé, probablement. Il balaya les dernières miettes de la table et les fit glisser dans sa main ouverte. Il les porta à la bouche. Il saisit le verre, dans lequel il restait un fond de vodka.

— *Nazdrovje*, prononça-t-il en levant son bras tordu. Puis, il s'assit lentement, en se retenant au déambulateur et à la table en même temps. Ça, c'était le deuxième mot russe qu'on apprenait.

— Et c'était quoi le premier ?

Empo se resservit, de sa main tremblante.

— *Tarakan*, dit-il. On ne l'oublie pas si facilement.

Il fit des gargouillis dans la bouche avec l'alcool, comme s'il allait se mélanger avec le mot et qu'il pourrait en déguster le souvenir.

— Ils grouillaient sur le sol, partout dans le bâtiment ! On est tous sortis du lit, comme des forcenés. En Tornédalie, on n'avait jamais vu de cafards. On se relayait la nuit pour les tuer en les piétinant.

Il rit et elle vit une lumière dans le regard du vieil homme.

— C'était difficile à croire, on arrivait dans la capitale carélienne de la République socialiste soviétique autonome et la gare était plus petite qu'à Karungis, plus petite même que celle de Vitvattnet ! Et il n'y avait pas de trottoirs à Petrozavodsk, seulement des planches posées dans la boue. On faisait de l'équilibrisme pour arriver au bâtiment où on logeait dans les premiers temps. Et puis il y avait l'odeur !

Elle ferma les yeux un instant et se laissa emporter par la litanie.

Partout, surgissaient les usines et les baraquements. Des ouvriers arrivaient en masse de toute la Russie et des États-Unis ; des émigrants finlandais et norvégiens aussi, qui fuyaient les soupes populaires des pays capitalistes et venaient bâtir l'Union du futur. Et tout ce dont ils disposaient pour faire leurs besoins, c'étaient des cabanes où les excréments tombaient dans la terre et répandaient leurs effluves sur toute la ville. C'était le fumet de l'empire des tsars qui survivait, pauvreté et sous-équipement, mais la construction des systèmes d'égout était à l'ordre du jour. Comme ils travaillaient ! Staline avait modifié les objectifs, et maintenant il fallait réaliser le plan quinquennal en quatre ans. Et ils pouvaient prendre conscience des avancées du plan en lisant *Punainen Karjala* : ceux qui parlaient finnois avaient même leur propre journal !

— Et Gunnar et moi, on y a contribué davantage que la plupart, sourit-il. Nous avions embarqué des véhicules sur le cargo qui partait de Seskarö. Un tracteur et une voiture, qui roulaient quelque part au service de l'État soviétique.

En remerciement, ils avaient obtenu leurs papiers, passeports et permis de séjour. Tout avait pu être arrangé rapidement grâce aux contacts d'Oskar, à la mine. Et ils avaient pu se mettre au travail, sans délai, dans une carrière de sable à la périphérie de Petrozavodsk. Tout ce sable qu'il fallait pour la construction !

— Mais on espérait un transfert à Uhtua. On l'avait demandé. Oskar était chef d'équipe là-bas, aux travaux routiers… route 89 entre Uhtua et Kem…

Uhtua figurait dans une des deux lettres… *Je t'écrirai quand le logement sera prêt…* Elles étaient dans la valise de Katrine, à l'arrière de la voiture de location, garée en bas sur le parking. Elle les avait lues et relues.

— Qu'est-ce qui s'est passé à Uhtua ?

Il la fixa d'un regard vide. Katrine avait cherché le nom sur Google. C'était une petite localité de Carélie russe, à cinq cents kilomètres au nord-ouest de Petrozavodsk, proche de la frontière finlandaise. Dans les années 1960, elle avait été rebaptisée Kalevala, contre la volonté des habitants. On disait que l'écrivain et ethnologue Elias

Lönnrot avait conçu une partie des versets du *Kalevala* sous un arbre, à Uhtua justement. L'épopée nationale finlandaise était en grande partie basée sur des poésies populaires de ces villages, désormais situés du côté russe de la frontière. Les guerres s'y étaient succédé et la Carélie avait été ravagée. Les gens, chassés de leur ferme, n'étaient plus jamais revenus. Le nom même de la ville évoquait la nostalgie d'une Samarcande perdue.

— Que s'est-il passé avec Gunnar, insista-t-elle, pourquoi Siri ne vous a pas suivis ?

— Gunnar, grogna Empo, il passait son temps assis dans le baraquement. Douze hommes dans une seule pièce. L'électricité n'était pas encore arrivée jusque-là. Il était assis dans le noir et rédigeait ses sempiternelles lettres. Et il ne pouvait s'empêcher de raconter comment ce serait quand Siri arriverait. C'était Siri par-ci et Siri par-là. Il ne nous accompagnait même plus au bal…

Empo changea de ton.

— Comment elle s'appelait déjà ? Il se gratta la nuque. Elle était finlandaise et rousse. Je l'avais rencontrée à la maison de la culture finlandaise. Elle s'occupait de théâtre, gérait l'association et elle savait bien embrasser. Devant le baraquement, une fois, quand je l'ai raccompagnée, elle m'a laissé toucher ses seins…

Il se moucha dans un mouchoir en tissu, puis le roula en boule dans sa main.

— Comment j'ai pu oublier son nom ?

On sonna à la porte. Une sonnerie insistante. Le regard d'Empo Björnfot sembla soudain s'éteindre. Il redevint un vieil homme sans plus la moindre ferveur révolutionnaire.

— Les satanés nettoyeurs de pisse, dit-il.

Katrine entendit une clé tourner dans la serrure et la porte s'ouvrit. Une voix énergique sembla émerger des couches du temps.

— Salut, salut. C'est nous.

Une femme les observait de la porte de la cuisine : des lunettes rouge vif et des cheveux courts, décolorés.

— Mais c'est sympa. Emil, vous avez de la visite ?

Empo se pencha vers Katrine.

— Ne dis rien sur la Russie, siffla-t-il, pas un mot.

— Je m'appelle Annbeth, dit la femme avec une voix forte. Elle entra dans la cuisine. Elle portait un tablier avec le logo d'une société multinationale de service à domicile. Elle alluma les néons au plafond. Le passé s'était enfui, désagrégé en moutons de poussière sur le sol.

— On est là pour aider Emil. Restez, si vous voulez.

— Non, elle va partir, grommela-t-il en manœuvrant le déambulateur, si vite qu'il écrasa le pied gauche de Katrine.

— Est-ce que je peux revenir plus tard ? demanda-t-elle. Pour qu'on puisse terminer notre entretien ?

— Je n'ai rien à ajouter. Il contourna Annbeth. Puis se plaça avec le déambulateur contre le mur, dans le hall d'entrée. Il évitait le regard de Katrine. Elle prit son sac et son manteau.

— Staline est mort en 1953, dit-elle. L'Union soviétique n'existe plus, tout ça a disparu. C'est oublié. Tu n'as plus besoin de te taire.

Une chose bleue entra dans son champ de vision et, d'un coup, Annbeth était dans l'entrée.

— C'est l'heure de prendre la douche.

Empo Björnfot tourna lentement le déambulateur. Il heurtait les plinthes et s'empêtrait dans ses propres chaussures. Katrine sentit la panique la gagner à mesure qu'elle comprenait que l'occasion d'en savoir plus lui échappait.

— Si tu refuses de raconter ce que tu sais, personne ne pourra le faire à ta place. Personne ne saura jamais ce qui s'est passé entre Gunnar Pelttari et ton frère.

Dans la glace, elle vit toute lueur disparaître dans le regard du vieil homme.

— Ce n'était plus mon frère.

Le soleil jouait de ses reflets sur le métal et les chromes. Une pièce haute de plafond, propre et lumineuse au point que Katrine était éblouie. L'éclat du jour au sortir d'une grotte. Rien de commun avec l'obscurité du deux pièces que Katrine venait de quitter, cette maison où le passé régnait en maître.

Le réceptionniste lui sourit, des dents d'une blancheur éclatante. Le téléphone sonna. Apparemment, la veille, les taux avaient varié à la baisse, d'une unité. Ce qui expliquait pourquoi Katrine devait patienter dans cette chaise trop basse, cuir et métal, en sirotant un expresso insipide, bien que ce rendez-vous ait été convenu plusieurs jours à l'avance.

Elle feuilleta le journal, parcourut un article, des conjectures au sujet de la voiture immatriculée en Russie. À part ça, rien de neuf sur le meurtre. Dans le parc, de l'autre côté de la rue, des enfants glissaient le long d'une sculpture de glace géante en forme d'oiseau.

— Excusez-moi de vous avoir fait attendre, dit Jerker Nyberg lorsqu'il arriva enfin. Son apparence se résumait à un camaïeu de gris. Je suis un peu perturbé par les fluctuations des taux d'intérêt, mais on peut dire que le moment est idéal pour les affaires.

— C'est au sujet de la maison de ma mère, dit Katrine en le suivant. Elle l'a héritée de sa propre mère. Et nous sommes curieux de savoir qui achète.

— Je doute que vous ayez une meilleure proposition, de qui que ce soit.

— Il ne s'agit pas uniquement d'argent.

Jerker fronça les sourcils et consulta une feuille de notes. Il se tourna vers l'ordinateur et sembla trouver ce qu'il cherchait. Il devait avoir la trentaine, à peine, mais son crâne était déjà dégarni. Autour du cou, une cravate avec un joli nœud. Sur le bureau, les photos de deux très jeunes enfants et d'une femme en tenue estivale. Le gendre idéal, pensa Katrine en s'asseyant.

— Pourquoi veulent-ils acheter cette maison-là, pré-cisément. Et pas une autre ?

— Ah ! Mais ils ont bien sûr une alternative si vous ne voulez pas vendre.

— Laquelle ?

— Ça, je ne peux malheureusement pas vous le dire. Son sourire était quelque peu condescendant.

— Nous sommes toujours intéressés, répondit Katrine.

— J'imprime les documents et on les regarde tranquil-lement. C'est toujours compliqué de vendre une maison de famille, avec toute la dimension affective.

L'agent immobilier se dirigea vers la pièce voisine pour aller chercher les sorties imprimées.

Elle se pencha pour essayer de lire sur l'écran. Peut-être qu'il y avait un nom quelque part ? Cela ressemblait à un contrat de cession type. Près du clavier, elle vit la feuille de notes qu'il avait consultée. Dans la marge, un numéro de téléphone écrit à la main, qui commençait par un 08. Elle attrapa un journal sur la table et y griffonna le numéro.

L'agent était de retour. Il poussa la porte avec son talon.

— Bien, j'aimerais que vous lisiez ceci attentivement et je répondrai ensuite à vos questions.

Katrine parcourut le document.

— Et au moment de la vente, ce serait bien si… Il chercha dans ses papiers. Si Ingrid Kristina Hedstrand pouvait être présente.

— Ingrid, dit Katrine. On l'appelle Ingrid.

— Mais on peut aussi utiliser une procuration.

Katrine se demanda si l'acquéreur savait vraiment ce qu'il était en train d'acheter. Devait-elle dire quelque chose ? Est-ce qu'elle avait l'obligation d'informer ? Si on l'avait vue une fois, on ne pouvait plus qualifier la petite bâtisse décrépite de Kankanranta de « maison de famille ». Est-ce que sa mère serait encore capable d'écrire son nom ?

— Je dois discuter de tout ça avec mon frère.

— Bien sûr. Ce sont des décisions importantes.

— Maman voudra sûrement savoir qui achète.

Son sourire se crispa.

— Je garantis que c'est quelqu'un de sérieux. Nous correspondons via son avocat et je peux vous dire que c'est un cabinet de renom.

Il feuilletait nerveusement dans ses papiers et parlait maintenant légèrement trop vite.

— Comme je vous l'ai dit, il y a d'autres maisons qui intéressent mon client. Mais prenez votre temps.

Et revenez vers moi. Je serai joignable sur mon portable toute la journée. Vous pouvez aussi laisser un message à ma secrétaire.

— Il se peut que je ne puisse pas vous répondre aujourd'hui.

Elle roula le journal dans sa main, en espérant qu'il ne se rende compte de rien.

Jerker Nyberg baissa la voix en regardant autour de lui.

— Je n'ai pas l'habitude de presser mes clients, mais je vais vous donner un conseil.

Kiss my ass, pensa-t-elle. Va te faire foutre. Tu mets la pression sur tous tes clients. C'est ton boulot de pousser les gens à acheter ou à vendre. Et de leur faire désirer des maisons de plus en plus grandes.

— Ne vous posez pas trop de questions, finit-il par conclure. Vendez maintenant, tant que vous pouvez.

— Rien ? Thore, dubitatif, dévisageait son successeur qui secouait la tête.

— Rien.

Anttila s'assit sur la banquette de la cuisine sans quitter sa veste. Il n'avait pas encore quarante ans, mais sa calvitie précoce le vieillissait. Il n'avait pas sacrifié à la mode, il ne s'était pas encore passé la boule à zéro. De petites mèches se battaient en duel çà et là sur son crâne.

— Vous avez vérifié là-haut aussi, vers Petsamo ?

Anttila hocha la tête.

— Et tout le long de la frontière en allant vers le sud.

— Et la Norvège ?

L'inspecteur secoua la tête.

— C'est trop tôt pour tirer des conclusions. Il y a un paquet de fichiers à vérifier, toutes les semaines qui ont précédé l'affaire.

— Ils ont pu aussi changer les plaques.

— Ou les garçons ont mal vu.

Thore retira la cafetière du feu sans faire de commentaires. Son petit-fils s'y connaissait en marques de voitures. Il savait les reconnaître avant même de pouvoir parler : les « Vovos » et les « Merquedes ».

— Et personne d'autre n'a rien vu ?

— Personne. Anttila regarda par la fenêtre. On imagine que, dans les villages, les gens se surveillent, mais
c'est faux. On n'a rien, à part les deux garçons. Personne
n'a rien vu ni entendu. Les gens sont scotchés devant la
télé. Quelle misère !

Thore versa le café, hésitant. Il scruta le marc et re-
versa le café dans la cafetière. Lui aussi avait regardé
la télévision ce soir-là et il était incapable de se souvenir du programme. Peut-être s'était-il endormi sur le
canapé.

— Mais j'imagine que tu ne serais pas venu jusqu'ici,
si tu n'avais rien de nouveau à me raconter.

Anttila replia le journal étalé sur la table. Thore l'avait
déjà lu six fois depuis qu'il était allé le chercher à la boîte
aux lettres, vers six heures. Une seule information nouvelle : les analyses des cendres du poêle du sauna n'avaient
rien donné.

Son collègue repoussa le journal.

— Tu le connaissais bien, au fait ?

— Svanberg ? Thore essaya à nouveau le café. Mieux
que la plupart, pour ce que l'on pouvait en connaître.
Tu prends du lait ?

— Non, noir.

Il posa la tasse devant Anttila et lui tendit le sucrier.
Son collègue le regarda tristement.

— Diabète, dit-il, une saleté, ça aussi.

— Qu'est-ce que tu veux savoir ?

— Il vivait de quoi ?

— Sa retraite, j'imagine. Thore s'assit en face d'Anttila. Pourquoi ?

164

— Les gens disaient qu'il y avait de l'argent dans la dépendance, beaucoup d'argent…

— Bah ! Des sornettes ! Il y a toujours des rumeurs sur les solitaires. On s'escrime à penser qu'ils ont quelque chose d'exceptionnel, qu'ils ne sont pas tout simplement seuls.

Un sourire éclaira le visage de l'inspecteur.

— Eh ben pourtant, il en avait de l'argent !

Il sortit une feuille de papier de sa poche et la déplia sur la table.

— Plus de deux millions de couronnes sur son compte. C'est ce que j'appelle faire des économies.

— Ce n'est pas possible. Thore essaya de voir, mais les lignes sur la feuille se brouillaient. D'où aurait-il pu sortir autant d'argent ?

— L'État ! Anttila s'esclaffa. Incroyable. Dans ce pays, les gens s'enrichissent avec leur retraite. Mais ne le dis pas à Reinfeldt*, sinon ils vont de nouveau baisser les pensions.

— Mon Dieu.

— Il n'a quasiment pas touché à sa retraite depuis que l'État la lui verse.

— Ça doit faire au moins quinze ans.

— Et demi. Regarde ici. Anttila tourna le document vers Thore qui tentait de lire les alignements de chiffres en plissant le front. Il essaya de se rappeler où il avait posé ses lunettes.

— Le lendemain de chaque versement, dit Anttila en montrant avec le doigt, le seize de chaque mois, il

* Fredrik Reinfeldt, responsable du parti conservateur Moderaterna entre 2003 et 2015 et Premier ministre suédois entre 2006 et 2014.

prenait le bus du matin pour Haparanda. Quelques jours après, si ça tombait un week-end. Il allait à la banque et retirait six cents couronnes, en espèces. Pas un centime de plus, une seule fois par mois. Il n'a jamais demandé de carte bancaire ni de code pour les virements Internet.

— Six cents couronnes ? Par mois ?

— Nous avons enquêté au supermarché où il faisait ses courses, continua Anttila, et c'était la même liste tous les mois. Des céréales, du beurre, du pain dur, du fromage et des pommes de terre. De temps en temps, il achetait du gasoil pour le poêle. C'est tout. Pas de taxe de ramassage pour les ordures ménagères, pas d'électricité, pas de téléphone portable.

Il se passa la main sur le crâne et quelques mèches se redressèrent.

— Ça paraît incroyable, de nos jours.

Le silence retomba. Thore devait se lever.

— Donc, pas d'argent dans la dépendance, dit Anttila. Sauf s'il s'en procurait par ailleurs.

Thore s'adossa à la cuisinière et sentit une chaleur se diffuser dans tout le corps. Ce n'était pas la chaleur d'une plaque de cuisson mal éteinte. Les commissions d'enquête, les discussions, ça lui manquait vraiment.

Putain que ça lui manquait.

— Il chassait et pêchait, reprit-il. Il cueillait les airelles et les mûres. Je le rencontrais de temps à autre dans la forêt. Il devait en vivre.

Anttila replia le relevé de comptes et le remit dans la poche de sa chemise violette. C'était certainement sa femme qui l'habillait.

— Qui c'était, Thore ? Quel genre de vie il menait ? Personne, parmi ceux que nous avons interrogés, ne semblait le connaître vraiment.

— Tu aurais dû venir me voir tout de suite.

— Je ne voulais pas te déranger.

Thore se pencha vers le bol de la chienne. L'animal s'approchait lentement, ses griffes crissant sur le sol. Il remplit le bol et le posa par terre en se tenant pour ne pas renverser.

Déranger ? Mais de quoi parlait-il ?

— Est-ce que Svanberg avait des ennemis ? Un vieux rival amoureux, une querelle au sujet de la limite de ses terres ? Que s'est-il passé après cette histoire de Jeux olympiques ? Que faisait-il pendant la guerre froide, quand la tension était au plus haut ? On a vérifié avec la Sûreté nationale et ils n'ont rien sur lui, s'ils nous disent la vérité.

Thore croisa les bras. Il scruta le plafond. Il savourait le temps qu'il mettait avant de répondre. Qu'avait bien pu faire Erik le Lapon pendant la guerre froide ?

— La même chose qu'à la veille de sa mort, je pense. Il faisait du ski, tous les jours, dès les premières neiges. Thore pointa le doigt vers l'extérieur. Il faisait du ski là-bas dans les champs, autour des rives du fleuve et dans les forêts de Tossa. Jour après jour, année après année. Lars-Erkki devait connaître ces forêts mieux que personne. Il y passait tout son temps, même l'été. Il a travaillé des années à la sylviculture, jusqu'à ce qu'ils licencient au milieu des années 1970. Il me semble que, les derniers temps, ils lui avaient confié une sorte de travail d'intérêt public, du défrichement ou autre. C'est comme s'il n'avait jamais pris sa retraite. Il continuait à sortir dans la forêt, tous les matins, il faisait un tour et ramassait du bois mort… Certains propriétaires terriens n'aimaient pas ça, évidemment. On ne s'approprie pas du bois en bon état sans demander au propriétaire. Mais ennemis ? Espionnage ? Je ne vois pas.

Anttila suivit son regard à travers la fenêtre, comme si Svanberg s'était matérialisé, là, dehors, comme si son esprit sévissait dans les champs.

— Et la famille ? Peut-être qu'il y avait de vieilles histoires, quelque chose qui ne visait pas directement Erik le Lapon, mais la famille, la propriété ?

— Non, je ne sais pas. Il réfléchit un instant. Le voisin était nazi pendant la guerre, le père d'Anna Haara.

— La femme qui a donné l'alerte ?

— Personne n'en a jamais parlé après. Tu sais comment c'est. Et je n'ai jamais entendu dire que les habitants de Rauhala se seraient occupés de politique. Sauf le frère d'Aili Svanberg qui est allé en Russie, mais personne ne l'a jamais revu après.

Anttila resta silencieux un moment. Thore sentit des douleurs en bas du dos : rester debout était pire que de marcher. Il n'y avait rien d'autre à dire de toute une vie ? pensa-t-il, une heure, seulement, un après-midi ? Que diraient les gens de lui lorsqu'il ne serait plus là ? Il pensa que, parmi le nombre de célibataires masculins âgés victimes d'une mort violente, beaucoup étaient originaires de cette région de la Suède : les frères à Rosvik, assassinés lors d'un cambriolage, les frères à Kalamark, Svanberg… Lui-même était veuf. Mais ça n'avait évidemment rien à voir. Et puis, une dizaine d'années s'était écoulée entre chacun de ces meurtres.

— Je me demande si Lars-Erkki avait une femme, dit-il en se rasseyant.

— On dit qu'il ne les aimait pas, dit Anttila.

— Je pense qu'il était trop timide ou c'était peut-être la peur du châtiment, du péché qui l'effrayait. Vous avez interrogé la famille ?

— Personne n'habite vraiment à proximité de Kivikangas. Anttila soupira et posa sa tasse dans l'évier. C'est quand même incroyable que personne n'ait rien vu.

Il fit un signe de la tête puis se dirigea vers le vestibule. Dans son sillage, la chaleur disparut de la pièce. Thore saisit la chienne à la nuque pour la retenir.

— Tiens-moi au courant, s'il y a du nouveau, cria-t-il.

Anttila réapparut sur le pas de la porte, le bonnet sur la tête.

— Si tu changes d'avis, tout est arrangé avec le psychologue. Si tu as besoin de parler à quelqu'un.

Thore fourra les mains dans la fourrure épaisse. Il gratta vigoureusement la nuque de la bête.

— Hm. Au revoir.

Ils avaient tout arrangé. À son insu. Avec la cellule de crise de la police, même s'il n'y travaillait plus. Thore avait écouté le message sur le répondeur de son téléphone portable, mais il n'avait pas rappelé.

Un policier qui ne supportait pas d'être confronté à un crime ? Il était à la retraite mais pas plus impressionnable pour autant.

— Je n'ai pas besoin de ce putain de psychologue, grommela-t-il.

Mais la porte d'entrée était déjà refermée.

— Qu'est-ce que c'est encore ? !

Empo se dressait dans le hall d'entrée, les cheveux en bataille, la chemise pendant négligemment sur son pantalon.

— J'ai apporté ça, dit Katrine, brandissant une bouteille de vodka Absolut. Et aussi ça.

Il examina les lettres qu'elle avait apportées. Les timbres attirèrent son attention : la rangée de ballons dirigeables au-dessus des lettres CCCP.

— Ma chère, chère Siri, je viendrai te chercher, je te le promets. C'est ce qu'il a écrit, lettre après lettre, et elle l'a attendu. Qu'est-ce que tu as raconté à Siri quand tu es revenu ? Pourquoi es-tu rentré seul ?

— On ne se souvient pas toujours de ce qu'on dit.

Empo regardait fixement le mur. La lumière de la cage d'escalier s'éteignit. Son visage disparut dans l'obscurité. L'ombre de ce qu'il avait été autrefois, pensa-t-elle en glissant discrètement un pied dans l'embrasure de la porte, au cas où il aurait voulu la refermer. Est-il possible, après tout ce temps, de faire la part de la vérité et du mensonge ? Est-ce que les souvenirs s'estompent comme les photographies ? Et qu'est-ce qui reste, en réalité, consigné dans la mémoire, le souvenir d'un souvenir ? Une grossière impression de ce que l'on a vécu, sans les sons, sans les odeurs, sans la peur ? Peut-être Empo errait-il à nouveau dans d'immenses forêts, condamné à y demeurer le restant de ses jours ?

— Et Ingrid, poursuivit-elle, quel âge avait-elle quand tu es revenu ? Tu lui as passé le bonjour de son père ? Tu lui as rapporté quelque chose de sa part ?

Quelqu'un ralluma la lumière dans la cage d'escalier. L'homme cligna des yeux, plusieurs fois. Elle n'avait, jusque-là, pas remarqué à quel point il était maigre. Les mains sur le déambulateur, constellées de taches de vieillesse, et seulement la peau sur les os.

— Gunnar avait accroché la photo d'Ingrid au-dessus de son lit… mais quand je suis revenu de Kondopoga, elle n'y était plus. C'est ce qui m'est venu à l'esprit immédiatement, la petite n'y est plus… Il regarda autour de lui, inquiet. Je ne pouvais pas lui raconter ça. Qu'est-ce que j'aurais bien pu lui dire, à Siri ?

— Siri est morte, dit Katrine, qu'importe ce que tu aurais pu lui dire, ça ne fera plus de mal à personne.

— Et la fille ? Est-ce que la fille de Siri est toujours vivante ?

Empo recula d'un pas avec le déambulateur et heurta la commode.

— Elle est vivante, répondit Katrine, mais peut-être plus pour longtemps.

Il renifla et s'essuya avec le revers de la main.

— Je l'ai vue à l'enterrement. Je l'ai tout de suite reconnue. Elles avaient le même pli autour de la bouche… Il montra le visage de Katrine. Et les yeux, dit-il, mais ils ne brillaient pas comme ceux de Siri… Et elle avait une coiffure de vieille. Son ventre était rond, au moins comme ça.

Il fit un geste ample autour de la taille, plusieurs fois, pour souligner ce qu'il venait de dire.

— Tu veux dire l'enterrement de Siri Kankanranta ? Tu étais invité ?

— J'étais assis au dernier rang, près de la porte, alors, bon sang, je ne dérangeais personne ! Suis parti juste avant qu'ils ne commencent à faire la quête. Le curé y allait un peu fort avec ses bondieuseries, comme si Siri avait mangé de ce pain-là. Quand la Révolution est arrivée, la religion n'était plus qu'un mauvais souvenir.

— C'était moi dans son ventre, dit Katrine. Maman était enceinte de moi à l'époque.

Empo regarda son visage de plus près. Elle se demanda si, dans ses yeux, il voyait Ingrid, ou peut-être même quelque chose de Siri.

— Ce sont les mêmes que la dernière fois ?

Il désignait le papier de la boulangerie qui dépassait du sac à main.

— Non, répondit Katrine, ceux-ci sont aux boulettes de viande et à la betterave.

Elle fit un détour par la cuisine et prit deux verres et une assiette. La vaisselle était propre, bien rangée, mais l'aide à domicile ne pouvait sans doute rien faire pour éradiquer l'odeur de tabac et de vêtements sales qui imprégnait l'appartement.

Dans l'obscurité du salon, Empo était déjà installé dans un fauteuil. La lumière blanche des lampadaires, au dehors, donnait à son visage un ton verdâtre.

Elle posa les lettres sur l'assiette, devant lui.

— Les deux dernières viennent d'Uhtua. Je ne sais pas s'il y en a d'autres. C'est tout ce que j'ai trouvé.

Il approcha la main et les fit glisser jusqu'à ce que celle du dessous soit visible, avec les timbres qui représentaient un Lénine géant invitant le peuple au rassemblement.

— Route 89, un projet important pour toute l'union, 180 kilomètres, des forêts d'Uhtua à Kem… Il ouvrit l'enveloppe de ses mains tremblantes. Il extirpa une des deux lettres et fixa le texte sans mot dire.

Katrine s'assit dans le canapé.

— Gunnar écrit que Siri pourra venir dès que les logements seront prêts. C'était en 1932.

— Et Oskar avait reçu notre message. Il est venu nous chercher à la gare, dit Empo en tripotant la lettre. Ses ongles étaient jaunes, mal entretenus. La voix se fit plus ferme au fil du récit.

— On a eu du mal à le reconnaître. Il nous paraissait plus fort… il était devenu plus… adulte. On avait fait le serment de rester ensemble tant que durerait l'édification de l'État socialiste. C'est la raison pour laquelle nous l'avons rejoint à Uhtua…

Calée dans le canapé, elle l'écouta parler.

Elle se releva seulement trois heures plus tard, lorsque les yeux d'Empo se fermèrent, la tête dodelinant, un filet de salive lui coulant de la bouche. Elle le secoua et prononça son nom assez fort. Il sursauta, regardant autour de lui, les yeux paniqués.

— Je ne sais rien, je vous ai dit, je n'ai rien fait.

— Ne t'inquiète pas. Tu es chez toi à Luleå. Tu t'es assoupi.

Elle l'aida à marcher jusqu'aux toilettes puis l'accompagna jusqu'à son lit. Il refusa d'ôter ses vêtements : il s'allongea et s'endormit aussitôt. Les ronflements se coinçaient dans la gorge, donnant l'impression que chaque respiration serait la dernière. Elle tira sur lui une couverture avec des motifs d'élans et quitta l'appartement.

Une nuit froide et claire, calme et sereine. Après la vodka, elle ne pouvait guère reprendre la voiture et elle marcha dans la ville endormie. Elle ne croisa que les yeux rougis de l'aciérie et un cycliste solitaire qui faillit chuter en la dépassant. De l'autre côté de la gare, il y avait un hôtel.

En arrivant dans la chambre, Katrine jeta ses chaussures par terre, ouvrit l'ordinateur portable et se mit à écrire. Elle nota tout ce dont elle se souvenait. Elle regrettait de ne pas avoir dissimulé un magnétophone dans son sac. Elle pouvait toutefois compter sur sa mémoire : en général, elle était capable de rapporter fidèlement ce que les gens disaient. Elle ne se trompait que rarement. C'était beaucoup plus difficile avec les noms et les visages.

Lorsqu'elle se coucha enfin entre les draps élimés, parfumés à l'assouplissant, la voix d'Empo résonnait encore en elle comme un écho. Et se mélangeait avec d'autres. Elle sombra dans un sommeil agité.

Des noms, Emil Helmerovitch, Des noms…

Ils avaient été mutés à Uhtua en mai 1932.

La semaine qui avait suivi le dix-septième anniversaire d'Empo. Presque un an après leur arrivée en Union soviétique.

Des rues boueuses, des maisons ternes. Un pas de plus au pays de la grisaille. Au moins, c'est un gris franc, authentique, avait fait remarquer Gunnar. Quel besoin les maisons avaient-elles d'être peinturlurées en rouge ? Elles ressemblaient à ce qu'elles étaient censées être : des logements ouvriers, les mêmes pour tout le monde. Ensuite, ils s'étaient mis au travail. Ils construisaient leurs propres logements pendant leur temps libre, en essayant d'échapper à l'esthétique misérable des baraquements alentour. Ils voulaient bâtir une maison suédoise où chacun aurait eu sa propre chambre, où chaque famille aurait disposé au minimum de deux pièces. Les mineurs suédois s'étaient tous installés à Uhtua : ils avaient fait le même voyage qu'Oskar, une dizaine d'hommes avec épouses et enfants. Ils formaient une colonie parmi les Américano-Finlandais, les Russes de Carélie et les Finlandais qui avaient traversé la frontière illégalement. Oskar avait fait la connaissance d'une jeune Finlandaise, Hilja, qui travaillait dans l'éducation.

Et il avait changé.

L'hiver de l'année suivante, Empo prit vraiment conscience de ce qui leur arrivait : peut-être tout cela préexistait-il à l'état de germe mais ça empira vraiment cet hiver-là. Ils étaient allés là-bas ensemble, avec l'objectif de construire la route 89 et le socialisme. Mais Oskar s'éloignait d'eux, de son propre frère et de Gunnar, de ceux qu'il connaissait depuis toujours. Le titre de chef de chantier lui était monté à la tête. Il les traitait comme des esclaves et accusait même son frère de négligence. Ils se bagarraient dès qu'ils étaient ivres et Gunnar était contraint de les séparer. Et puis Oskar commençait à se plaindre de tout et de rien. Un jour, c'était au sujet des livraisons qui n'arrivaient pas. Comment, dans ces conditions, pouvait-on espérer atteindre ces putains d'objectifs ? Une autre fois, c'était à cause de la fermeture des *inostrannoe snabzjenie*, ces épiceries étrangères où on pouvait acheter du beurre et de la farine, tous les produits introuvables dans les magasins coopératifs. Ils survivaient en mangeant du pain au levain, cent grammes par jour. Un pain sacrément acide et qui leur donnait des aphtes. Mais Empo ne comprenait pas de quel droit il se plaignait : pourquoi jouiraient-ils de privilèges dont les camarades russes et les autres immigrés politiques seraient privés ?

La nuit, Gunnar et lui empruntaient une barque pour pêcher sur le lac Kuittijärvi. Ils chassaient aussi tout ce qui se présentait, pour agrémenter les rations. Mais ils rentraient souvent bredouilles. Et bientôt, ils durent se rendre à l'évidence : les poissons du lac comme le gibier de la forêt étaient propriété de l'État. Un habitant de Kiruna, une de leurs connaissances, avait été arrêté et déporté en camp de travail, condamné pour ce genre de forfait.

En septembre 1934, Hilja donna naissance à l'enfant d'Oskar : un petit garçon qui ne survivrait pas plus de trois mois. Le médecin avait prescrit des frictions dorsales, mais la fièvre continua à grimper et bientôt il rendit son dernier souffle. On l'inhuma dans un linceul en papier. Empo ne se rappelait pas avoir entendu Oskar mentionner le prénom du garçon. Mais en avait-il porté un ? Probablement, mais sans avoir été baptisé, avec le patronyme d'Oskarovitch, comme son père.

Ce n'était pas le seul enfant qui devait trouver la mort dans la colonie suédoise. Une femme de Kiruna en perdit deux. Et il y eut sûrement d'autres décès dont il ne se souvenait plus. En revanche, il se rappelait les pleurs, tout ce désespoir qui se répandait au travers des murs, des maisons de la colonie. C'était devenu une habitude d'écouter aux portes.

Étrangement, la mort du garçon coïncida avec l'assassinat de Kirov, le secrétaire du Parti à Leningrad. Comme si tout le malheur s'était concentré cet hiver-là.

L'assassinat de Kirov faisait partie d'un projet plus vaste : un complot contre Staline lui-même. Les conspirateurs étaient partout. Des ennemis de l'État qui s'ingéniaient à détruire ce qui avait été construit. À Petrozavodsk, on arrêta le président Gylling et le reste de la direction du Parti carélien. On les disait vendus aux nationalistes finlandais. *Punainen Karjala*, le journal des Finlandais, était accusé de soutenir la Garde blanche. Le journal cessa de paraître. L'école finlandaise fut fermée et l'enseignement donné exclusivement en russe. Hilja dut partir. Ils ne surent jamais quelle direction elle avait prise. Oskar se referma sur lui-même et commença à boire, chaque jour davantage. On déplaça les ouvriers finlandais, remplacés par des Russes. Uhtua était située dans une zone frontalière, avec d'importantes installations militaires. On se méfiait des contacts possibles avec le service d'espionnage de la Finlande fasciste.

Impossible de faire venir Siri et la petite dans ces conditions.

Ensuite, on les sépara. Empo fut muté aux papeteries de Kondopoga, à plusieurs centaines de kilomètres au nord de Petrozavodsk.

Ce fut un soulagement. Pas parce qu'il voulait s'éloigner d'Oskar. Mais parce qu'il n'arrêtait pas d'y penser. À cette fille qu'il avait embrassée, l'employée de la maison de la culture finlandaise. La douceur de sa poitrine au creux des mains.

Toini, c'était son prénom ! Le simple fait de parler d'elle, après toutes ces années, avait ravivé le souvenir, et le prénom s'était cristallisé. Toini.

Quelque temps après leur première rencontre, il avait pris le train pour rejoindre la capitale de la Carélie. Il rendrait visite à Gunnar et il essaierait de retrouver la jeune fille. Dans le compartiment, il regardait ses mains. Ces derniers mois, elles étaient devenues rugueuses. Plus fermes. Il se demandait si elle allait sentir la différence.

Il retrouva le chemin de la maison de la culture, mais elle était fermée. Remplacée par une administration régionale. Dans la maison où elle avait vécu, habitait maintenant un Russe.

Personne ne connaissait de Toini.

(À ce moment du récit, la voix d'Empo se brisa et Katrine alla aux toilettes. Elle s'aspergea le visage d'eau froide en se demandant s'il y aurait une fin. S'il allait être capable de raconter toute l'histoire avant de mourir. Lorsqu'elle revint au salon, elle eut peur que ce ne fût trop tard. Il était affalé sur la table. Mais il se redressa en entendant la vodka couler dans le verre.)

La vodka ! Les gens disent qu'elle noie le chagrin, mais c'est tout le contraire. Sinon pourquoi les peuples avec

un penchant pour la vodka deviendraient-ils mélanco-
liques ? Où que l'on aille, impossible de trouver davantage de nostalgie ou de peine, que celle qui imprègne
les chansons caréliennes. C'était en tout cas ce qu'affirmait Gunnar, lorsqu'il avait bu quelques verres de trop
et qu'il se mettait à chanter.

Gunnar travaillait alors à l'usine d'Onega à Petrozavodsk. Il se vantait de participer à la construction des
canons de l'Armée rouge. Mais il ne parlait plus de Siri,
de l'idée de la faire venir. Il est vrai que le baraquement
où il logeait n'aurait pu convenir pour elle et l'enfant.
Elle devait s'attendre à mieux, après quatre ans d'Union
soviétique. Il lui avait promis autre chose.

Dans une de ses lettres, elle avait joint une photo
de la fillette. La petite Ingrid, avec ses cheveux blonds,
veillait comme un ange sur la partie de la pièce qu'occupait Gunnar : un petit chez-soi de neuf mètres carrés. Le plus souvent, ils partageaient une bouteille sur
le lit, avec les cafards qui bruissaient autour. Plus personne ne prenait la peine de les chasser. Une fois, lors
d'une de ces visites, ils avaient évoqué les questions de
nationalité. Des Suédois qui avaient conservé leur nationalité d'origine commençaient à obtenir des permis de
sortie. Empo, lui, avait opté pour la nationalité russe.
Gunnar hésitait encore.

— Ce serait comme m'éloigner encore d'elles, avait-il
sangloté, un soir d'ébriété. Et il avait sorti la photo frois-
sée, décolorée, de Siri. Il lui avoua qu'il dormait parfois
avec. Quand le désir s'emparait de lui. Il pleurait parce
qu'il commençait à oublier son visage. Il oubliait la vraie
Siri. Il ne lui restait que celle de la photo. C'était mal vu

de pleurer comme ça, en chantant des airs finnois, une langue prohibée. Si quelqu'un était entré à l'improviste dans la baraque, il aurait pu s'imaginer qu'on y célébrait la fin de l'État soviétique.

— Qu'importe la nationalité ! Je ne pourrais plus jamais rentrer chez moi, quoi qu'il arrive, avait fini par crier Gunnar.

Et c'était la dernière fois, ou peut-être l'avant-dernière ? C'était en tout cas les derniers mots de Gunnar dont il se rappelait.

Une de ces nuits d'été parmi les plus courtes (est-ce qu'elle a entendu parler des nuits sur les plages du lac Onega ? Presque aussi courtes que celles de Tornédalie. Imagine ! La même lumière estivale ! À peine plus à l'est, juste un peu plus près de là où le soleil se lève), pendant l'été 1937, ils sont venus frapper à la porte de la chambre d'Empo, à Kondopoga. Il était déjà réveillé. Tout le monde se réveillait quand les voitures noires stoppaient devant les baraques. Comment auraient-ils pu dormir ? Ils restaient silencieux, au fond de leurs lits, en attendant de savoir où se dirigeraient les bottes : vers un autre baraquement ou le leur ? Passant devant leur chambre ou y marquant l'arrêt ? Empo estimait qu'ils en étaient tous réduits au même point. Attendre, tremblants comme des froussards, sous la couverture. Tous ceux qui avaient quelque chose à se reprocher. Lui, il n'avait jamais dit du mal de Staline. Il n'avait jamais conspiré ou été en contact avec des éléments antisoviétiques. Il n'avait aucune raison d'avoir peur. Mais il était réveillé et écoutait le bruit des bottes, en essayant de deviner qui serait le prochain, lequel de ses camarades avait troqué ses idéaux contre un morceau de pain supplémentaire. Misères de la condition humaine.

Il n'avait pas perdu son sang-froid quand ils avaient ouvert sa porte, quand ils lui avaient intimé l'ordre de se lever pendant que deux de leurs sbires fouillaient dans ses affaires (le sac qu'il avait rapporté de Kivikangas, les assiettes, les tasses, tout ce que sa mère y avait glissé quand elle avait entendu dire qu'on y manquait de tout. Il avait protesté, bien sûr qu'ils avaient des assiettes au royaume de Staline), ni même quand ils soulevèrent son matelas. Il savait qu'ils ne trouveraient rien. Et un peu plus tard, quand ils le poussèrent vers la voiture, laissant derrière lui les assiettes cassées, quand il comprit où ils l'emmenaient, il était sûr encore que tout allait s'arranger. Quelques formalités, rien de plus, lui avait-on assuré.

Ensuite, il fut conduit dans une salle d'interrogatoire, avec une feuille de papier posée devant lui. Et c'était comme si une partie de sa vie prenait fin. Une déflagration dont il ne percevait que le souffle lointain. Tout ce qui avait constitué l'identité d'Empo Björnfot jusqu'à cet instant précis, se délitait. On l'extirpait de son propre corps : l'enfance, la maison de ses parents et les nuits d'été à Matalaniemi. Parce qu'Oskar était intimement lié à tout ça. Avec toujours quelques pas d'avance, qu'Empo s'empressait de combler.

Oskar Björnfot avait été arrêté trois semaines plus tôt, accusé de crime selon l'article 58, paragraphe 6 et 14, du code pénal.

Conspiration contre l'Union soviétique et activités contre-révolutionnaires.

Empo connaissait assez de russe pour être à même de lire le document. Mais pour le comprendre, il n'aurait jamais le temps. Il y avait ce grondement dans sa tête. Les policiers du NKVD qui le dévisageaient. Et ses mains qui tremblaient (quand est-ce que les tremblements avaient commencé, l'hiver particulièrement rigoureux de 1934 ? Quand il attendait dans la forêt enneigée près d'Uhtua, à l'affût d'un lièvre, d'un rat, d'un quelconque gibier à se mettre sous la dent ?). Ses mains se tenaient l'une l'autre pour qu'ils ne s'imaginent pas qu'il tremblait de peur. Seuls les coupables ont des raisons d'avoir peur.

Vous avez conspiré contre l'Union soviétique, avec votre frère ? Pourquoi Oskar Helmerovitch a-t-il demandé un permis de sortie ? Pour contacter les milices du côté finlandais ? Qui d'autre est affilié à son groupe contre-révolutionnaire ?

Empo fixait le document à charge sur la table, rédigé dans ce satané alphabet russe. Ils le lui avaient pourtant rabâché à Uhtua, et maintenant les lettres se mélangeaient sous ses yeux.

Oskar ? Il ne pouvait y croire.

Il n'y a aucun doute, disaient les policiers. Nous avons des documents qui le prouvent, des témoignages aussi.

Non, avait dit Empo. Il avait dit non, non en russe et en finnois : *njet*, *ei*, il ne savait rien, absolument rien. Il était fidèle à l'État soviétique. Il avait perdu tout contact avec son frère, il y avait plusieurs années déjà. Il ne participait d'aucune façon à l'activité contre-révolutionnaire de son frère.

Ah ! Donc Oskar Helmerovitch mène une activité contre-révolutionnaire ?

C'est pour cela que vous vous êtes éloigné de lui ?

Parle russe !

Les policiers du NKVD disparaissaient. Il en arrivait d'autres. Mêmes questions.

Dans un coin de sa mémoire, il entendait Oskar, en état d'ivresse, dégoiser sur les dysfonctionnements de cette saloperie de pays.

Des noms, Emil Helmerovitch, des noms ! Vous qui êtes citoyen soviétique. Des noms.

Après sept jours de détention, ils l'avaient relâché.

En quittant la prison, il interrogeait du regard les passants, les gens qu'il croisait dans la rue. Était-ce visible ? La honte, Emil Helmerovitch, la honte ! Il s'était précipité vers la gare en empruntant des rues fraîchement goudronnées. Le progrès était en marche, c'était indéniable.

À Kondopoga, on l'avait relégué au nettoyage de l'usine. Il avait les plus grandes difficultés pour obtenir des congés. On lui retira son passeport. Il n'avait plus le droit de voyager. Il patienta jusqu'au mois d'octobre pour oser enfin prendre le train, en direction de Petrozavodsk : une fois le contrôleur monté dans le wagon et la porte refermée, il bondit sur la marche. Il fit tout le trajet à l'extérieur.

En arrivant au baraquement de l'usine d'Onega, il découvrit que le lit de Gunnar était occupé par quelqu'un d'autre. La photo d'Ingrid avait disparu. Dans la cour, une femme ukrainienne lui expliqua que le Suédois avait déménagé depuis longtemps. Il avait obtenu une vraie chambre dans un baraquement, un peu plus loin, mais ce n'était pas la peine de le chercher là-bas non plus. Tant de monde avait été déplacé. Elle se rappelait du Suédois parce qu'il l'avait soutenue quand elle cherchait à obtenir sa ration, l'hiver dernier, au magasin. La vendeuse prétendait que quelqu'un d'autre était déjà venu la réclamer. La vendeuse avait ensuite été arrêtée pour vol de rations de nourriture. Ce n'était que justice. L'Ukrainienne ne savait pas où ils avaient emmené le Suédois. Peut-être à la prison d'État ou à Oleni Ostrov, l'île sur le lac Onega, là où les péniches charriaient les déportés vers les carrières de calcaire. Ou peut-être ailleurs. Le pays était grand.

Empo était rentré à Kondopoga.

Il n'avait plus jamais posé de questions sur Gunnar. Avec un frère en prison, sous le coup de l'article 58, on l'avait déjà à l'œil.

(À cet instant du récit, Empo haussa la voix, tellement fort que Katrine sursauta dans le canapé. « Elle peut comprendre, je ne pouvais pas continuer à poser des questions sur Gunnar ? Siri peut comprendre ça, non ? » On était d'un coup revenu dans le passé : pensait-il vraiment qu'il avait Siri en face de lui ? Qu'il venait de rentrer d'Union soviétique et qu'on le sommait de s'expliquer ? Alors, dans ce cas, ne valait-il pas mieux qu'il continue à le croire ?)

Et puis, il avait reçu la lettre de Kivikangas. Elle avait été expédiée trois semaines plus tôt. Son père était décédé et sa mère avait besoin d'aide. Elle souhaitait qu'Oskar ou Emil revienne. Elle ajoutait que, suite à une poliomyélite, leur sœur restait d'une santé fragile.

Il sentait l'angoisse derrière les mots.

Si sa mère quémandait quelque chose, à quelqu'un ou même à Dieu, elle ne demandait jamais plus que le strict minimum.

« Si l'un de vous deux pouvait rentrer. »

Les mois passaient sans qu'il n'obtienne de réponse à sa demande de visa de sortie. Il avait expliqué qu'il devait retourner dans son pays natal pour des raisons familiales, qu'il reviendrait ensuite en Union soviétique, aussi vite que possible.

En février, il fut congédié des papeteries pour incapacité.

Était-ce lié à Oskar, ou à sa demande de visa ? Rien à voir en tout cas avec ses capacités. Il avait travaillé dur, tous les jours. Mais c'était écrit noir sur blanc, sur tous les documents, si on se donnait la peine de lire. Et tout le monde savait ce que cela signifiait. Il ne serait plus embauché nulle part, « incapable » rimait avec « traître ».

Le jour suivant, il prit le train à Uhtua. Il monta à la station après Petrozavodsk. Il fit semblant de dormir et, encore une fois, il échappa aux contrôles. D'Uhtua, il s'enfonça droit devant, dans la forêt. Toutes ces années de chasse lui avaient appris à s'orienter en pleine nature. Pendant quarante-huit heures, il joua à cache-cache avec la police frontalière. Il se nourrissait d'écorces, de feuilles et de neige.

La troisième nuit, il traversa la frontière.

Thore Palo se réveilla avec une belle érection : l'occasion de saluer un ami qu'il n'avait pas croisé depuis longtemps.

Son quotidien n'en fut pas pour autant bouleversé. Il s'extirpa avec peine du lit pour aller jusqu'aux toilettes.

Arrivé là, le spectacle était déjà terminé : son sexe se balançait à nouveau entre ses jambes, flasque comme un ballon dégonflé.

Il mit la cafetière en route, s'habilla avec difficulté et jeta les vêtements de la veille dans la corbeille à linge. Il laissa la chienne sortir et la suivit jusqu'aux marches, devant la maison. Il savoura cet instant, le froid matinal qui lui mordait les joues. Il contemplait la naissance d'un nouveau cycle. Le soleil se levait à l'horizon.

La voix de la femme qu'il avait eue au téléphone la veille avait ravivé le souvenir d'une passion, l'image d'une chevelure brune et ondulée. Un brun qui, caressé par le soleil, tirait vers l'or.

Saga Björklund.

Des années qu'il n'avait pas pensé à son ancienne petite amie, en tout cas pas de cette manière-là. Et maintenant, la chanson revenait aussi : *oi jospa kerran sinne satumaahan käydä vois…* Il chantonna en se dirigeant vers la boîte aux lettres. Il salua de la main Niska, son voisin, qui déblayait devant chez lui, même s'il n'avait pas neigé. Il était déjà six heures et quart. Si les héritiers d'Erik le Lapon avaient habité en Tornédalie, il aurait pu les appeler pour leur demander des comptes. Mais pour un Stockholmois, il fallait patienter au moins jusqu'à dix heures.

... Lennä laulu sinne missä siintää satumaa... sinne missä mua oma armain odottaa...

L'air de ce vinyle rayé d'Henry Theel ne lui sortait plus de la tête. Peut-être que la chanson datait de cette époque-là, celle de sa demande en mariage à Kukkola ? Il avait toujours pensé que « Le pays des contes », dans la version suédoise, avait tout d'une destination où l'on emmène les enfants en vacances. La traduction avait gommé la souffrance, cette mélancolie douloureuse qu'évoque le mot finnois *satumaa*.

Il avait croisé Saga Björklund au supermarché d'Haparanda six mois plus tôt et ça l'avait ébranlé. Les gens de sa génération lui semblaient tellement vieux.

Thore mélangea des morceaux de pain dur avec son yaourt, tout en parcourant les articles. Rien de neuf sur le meurtre, aucun indice susceptible de faire l'objet d'une note, de rejoindre le grand puzzle sur le mur. Du délayage, « la police suit plusieurs pistes ». Du remplissage alimenté par des extrapolations hasardeuses au sujet de la plaque d'immatriculation russe, « la mafia russe s'implante en Suède ». On reparlait de cette histoire de commerce de femmes russes à Kapernaum, un camping à Kemi transformé en bordel après la chute du Mur. Fermé depuis plusieurs années déjà.

— Mafia russe, marmonna-t-il, assez fort pour que la
chienne sursaute et s'approche de lui, la queue dressée.
Elle s'était peut-être imaginé qu'il s'agissait de quelque
chose de comestible.

Bon sang ! Erik le Lapon ! Qu'est-ce que le crime
organisé pouvait bien en avoir à faire ? S'il en avait l'occasion, il dirait ses quatre vérités au quatrième pouvoir.
Les journalistes mélangent tout. C'est pourtant à l'État
qu'échoit le troisième pouvoir, celui de juger, comme
l'a si bien montré Montesquieu. Thore trouvait à la fois
inquiétant et symptomatique que les fonctions d'informer et de juger se trouvent imbriquées de la sorte. Les
médias prenaient le pouvoir en s'arrogeant le droit de
juger.

Il referma le journal et s'attarda sur la météo : les
nuages de l'ouest annonçaient le redoux.

Quelque chose clochait avec cette histoire de voiture
russe, il en avait l'intuition. Pourquoi personne d'autre
ne l'avait vue ? Une voiture n'apparaît pas comme ça
pour disparaître aussitôt.

Il prit une douche et se prépara un deuxième café.

À huit heures pile, le téléphone sonna.

Et la mélodie dans sa tête reprit de plus belle.

— Tu as certainement raison, dit Saga Björklund, qui
n'était plus qu'à dix kilomètres à peine, un peu au sud du
fleuve. Mais ne me dis pas où tu es allé fouiner.

La voix ressemblait étrangement à celle d'autrefois,
quand elle s'appelait encore Satu. Ensuite, elle s'était
mariée et elle avait déménagé. Elle avait abandonné son
nom suédois, et même son prénom. Puis, elle avait perdu
son mari et était revenue à Kukkola. La vie comme une

boucle, l'éternel retour, à l'automne, des oiseaux qui ont migré au printemps.

— Alors ? demanda-t-il.

— Tu dois garder ça pour toi. Maria avait pensé à en parler à la police, mais avant, ils s'informent en interne, pour s'assurer que ce n'est pas une violation de la loi sur le secret.

— Pas s'il s'agit d'une enquête pour meurtre, lui assura Thore.

Maria était la fille de Saga. Elle travaillait pour la commune comme assistante sociale. C'est ce qui avait donné à Thore l'idée d'appeler sa vieille copine. Il lui avait demandé si elle pouvait glaner des informations au sujet de la famille Svanberg, la rumeur comme quoi ils avaient essayé de chasser le vieux du domaine. Les rumeurs n'ont pas leur place dans une investigation. Il fallait en avoir le cœur net pour trancher, simples calomnies ou faits avérés.

— Ils ont affirmé qu'Erik était dément, continua Saga Björklund, qu'il était dans l'incapacité de se prendre en charge. Ils voulaient le placer en maison de retraite ou dans un service de gériatrie. Ils ont écrit qu'il vivait dans la misère, sans toilettes ni eau courante, qu'il ne savait plus quel jour on était.

Eau courante, pensa Thore, avec le fleuve à deux pas de chez lui !

— Comment ça s'est passé ?

— Il a mis l'assistante sociale à la porte. Avant d'être congédiée, elle a réussi à lui faire dire quelle année et quel mois on était. Son dossier est redescendu en bas de la pile.

— Ta fille a pu te dire qui avait signé la demande ?

— Comme je l'ai dit…

— Je ne répéterai rien.

— C'est terrible, ce qu'ils sont capables de faire à des membres de leur propre famille. Ils voulaient récupérer la maison, bien sûr.

— Je ne sais pas, dit Thore. Rauhala ne vaut pas grand-chose.

Quatre-vingt-dix mille. C'était ce qu'Åke et Eva-Lena avaient proposé pour racheter Rauhala. Il s'était fâché contre Åke quand il l'avait appris : ils commençaient à marchander alors que Lars-Erkki y vivait encore ! Il aurait bien sûr dû parler de tout ça à la police, mais c'est compliqué quand il s'agit de sa propre famille. La famille de Lars-Erkki avait décliné la proposition, un peu avant Noël. Il s'en souvenait, il était assis à côté du sapin lorsqu'Åke le lui avait annoncé.

— Ce n'est pas toujours des histoires d'argent, poursuivit Saga Björklund, il y a aussi des conflits, des jalousies. On devrait régler la succession de sa propre maison tant qu'on est encore en vie, pour éviter que cela ne devienne un sujet de discorde entre les enfants.

— Tu ne vas quand même pas vendre la tienne ? rétorqua Thore en pensant à la maison de famille de Saga : un magnifique domaine, une maison de style, dans cette région du fleuve où l'eau bouillonne et tourbillonne, un peu en amont des rapides. Il l'y avait embrassée une fois, au bord du fleuve. Est-ce qu'elle s'en souvenait ? Et est-ce que dans ce souvenir, il était toujours aussi élégant. Il sentit le désir comme un élan dans le bas-ventre, malgré toutes ces années.

— Non, répondit-elle, bien sûr que je ne vais pas vendre.

Ils raccrochèrent.

Troublant, se dit Thore en laissant infuser ses sentiments : le désir qui revenait pour cette femme était-il bien réel ou n'était-ce qu'un succédané de ses souvenirs ?

Il s'extirpa du fauteuil avec une force qu'il n'avait pas ressentie depuis bien longtemps et s'avança vers le mur pour consulter les notes prises sur les membres du clan Svanberg.

Sept frères et sœurs à Rauhala. Mais aucune indication précise sur le nombre de petits-enfants. Est-ce que ses jeunes collègues avaient pris le temps de les interroger. Ou avaient-ils envoyé un débutant poser les questions d'usage, sans aller plus avant ?

Faire le strict minimum.

Boucler le rapport.

Et s'en contenter.

En tant que policier, il n'avait pas toujours été exemplaire, mais il ne s'était jamais laissé aller à bâcler une enquête. Il ferma la porte et esquissa quelques pas de tango, sur un air du célèbre Unto Mononen.

Katrine avançait dans d'interminables couloirs, en suivant le fléchage au sol. Les archives étaient installées dans les locaux d'un ancien centre de soins, situé dans une zone pavillonnaire. Elle avait la gueule de bois et déambulait dans un dédale sans fin.

Elle s'était tournée et retournée dans son lit, toute la nuit, avec des images qui défilaient. Des rues boueuses en Carélie. Deux jeunes hommes qui avançaient en équilibre sur des planches pour rejoindre leur baraquement. En passant d'une planche à l'autre, insouciants, invincibles, ils s'amusaient à se pousser dans la gadoue. Et puis l'un des deux hommes qui abandonne le baraquement de l'usine d'Onega et qui disparaît : un fantôme sans visage, un *manalainen*. L'incohérence des détails la tracassait. Il y avait quelque chose qui clochait : des lacunes et des points d'interrogation, tout ce qu'Empo taisait ou avait oublié. Pouvait-elle lui faire confiance : quelqu'un qui vénérait encore Staline ? Un homme de quatre-vingt-seize ans qui buvait tous les jours. Combien de verres avait-il vidés la veille ?

En prenant son petit déjeuner à l'hôtel, elle avait parcouru le journal. La police n'avait toujours aucun élément sur l'assassinat de Lars-Erik Svanberg. Le porte-parole n'était bien sûr pas aussi explicite. Il disait : « on travaille sans relâche » et « toute information sera la bienvenue », ce qui signifiait qu'ils n'avaient rien. Il y avait une phrase récurrente dans le journal concurrent : « La police suit plusieurs pistes ».

En continuant à feuilleter le journal, elle s'était étonnée des informations qui y étaient relatées. La moindre broutille faisait l'objet d'un entrefilet : un conflit au sujet de quelques réverbères à Svanstein, une querelle dans un appartement à Luleå, le jubilé de l'association du village de Tväråsel. Il y avait quelque chose de réconfortant à l'idée que de si petites affaires suscitent encore l'attention. Et elle avait imaginé que ça avait dû être la même chose quatre-vingt ans plus tôt. Elle avait emporté le journal dans sa chambre et avait appelé la rédaction. Le standardiste l'avait informée que les archives du journal avaient été délocalisées dans l'ancien centre de soins, sur Björkgatan. Dix minutes plus tard, elle réglait sa note et se dirigeait vers sa voiture. Ce coup de fil avait suffi à réveiller son instinct professionnel. Elle se sentait plus lucide, moins à la merci de ses sentiments. Se remettre au travail, c'était comme une vague qui la traversait et lui rafraîchissait les neurones.

Des faits, pensa-t-elle. Je ne dois pas me perdre dans les interprétations et des détails insignifiants.

Le lourd dossier atterrit devant elle, dans un bruit assourdissant. Un gros carton marron. Le deuxième semestre de l'année 1931.

Combien de temps consacrait-on à une actualité à cette époque-là ?

Elle ouvrit le dossier à la date du 10 septembre, une semaine après le départ d'Empo Björnfot et Gunnar Pelttari de Seskarö, et chercha ensuite patiemment, jour après jour, en remontant dans le temps. Elle voyageait à travers les articles d'un lointain passé.

La cour martiale délibérait au sujet du capitaine Mesterton, qui avait ouvert le feu contre les manifestants à Ådalen. Trois voleurs et assassins d'Älmhult couraient toujours dans la nature : des Roms, à ce qu'on racontait, qui changeaient sans cesse de plaques d'immatriculation. On avait reçu des signaux du *Nautilus* au Spitzberg et un pasteur avait été condamné pour fraude comptable. En Chine, le Yang Tse Kiang débordait.

Pas une ligne au sujet d'un bateau qui aurait pris la mer vers l'Union soviétique, le 3 septembre. Peut-être la mémoire d'Empo Björnfot était-elle défaillante. Il aurait confondu avec la date d'arrivée ? Elle continua à remonter le temps, jusqu'au mois d'août. En arrivant au quatorze, elle retint son souffle : « Train pour l'Union soviétique parti de Gällivare. »

La veille, onze ouvriers étaient partis vers l'Union soviétique. Plusieurs d'entre eux émigraient avec leur famille. Il y avait une photo avec des visages flous, grisâtres. Des enfants raides et sérieux au premier plan. Elle chercha parmi les noms. Le quatrième en partant de la gauche, au dernier rang : Oskar Björnfot. La photo était trop petite pour se faire une idée de son allure. Elle s'était étonnée que, dans l'appartement d'Empo, il n'y ait aucune photo du frère. Seulement ses parents et une petite fille, peut-être la sœur malade.

Ce n'était plus mon frère.

Selon le journaliste, tout le monde débordait d'enthousiasme, les voyageurs, mais aussi ceux qui s'étaient attroupés sur le quai pour les adieux. « Si vous rentrez, on vous abat ! » criaient des gens dans la foule. Ceux originaires de Kiruna avaient reçu une allocation de la commune : cent couronnes par adulte et cinquante par enfant. Empo n'avait pas dit où Oskar avait trouvé l'argent pour payer le voyage. Cent couronnes de l'époque, cela devait équivaloir maintenant à plusieurs milliers. Une lacune de plus dans cette histoire, qui ne serait sans doute jamais comblée. Mais cela n'avait peut-être aucune importance.

Derrière les émigrants, sur la photo, on distinguait ceux qui étaient venus dire au revoir. Certains étaient-ils là pour Oskar ? Ses parents peut-être ? Son frère et Gunnar Pelttari avaient déjà embarqué à ce moment-là. Ils avaient réussi à quitter Kivikangas avant Oskar, à la plus grande satisfaction d'Empo.

À l'instant même où cette pensée lui traversa l'esprit, elle comprit que c'était impossible. Le bateau de Seskarö avait largué les amarres le 3 septembre, cela ne collait pas du tout. Si on se fiait aux informations du journal, Oskar était parti plusieurs semaines avant eux. Empo avait dû se mélanger les pinceaux. Elle ne comprenait pas comment on pouvait se méprendre à ce point sur des choses aussi simples. Qu'avait-il encore confondu ?

Elle abandonna les émigrants à leur joie et refit un saut de quelques jours dans le temps. Peut-être y avait-il, malgré tout, des renseignements sur le départ de Seskarö, mais à une autre date ? Ses yeux parcouraient le texte et elle sursauta à la mention de Kivikangas. Le onze août.

Il n'était plus question des émigrants, mais d'un vol dans le village. Elle s'apprêtait à tourner la page quand elle vit le nom : Pelttari. Pas Gunnar Pelttari, mais Carl Pelttari. Le père, l'exploitant agricole de droite, qui avait mis son fils à la porte !

Elle lut et son pouls s'accéléra.

La Caisse agricole de Kivikangas avait été dévalisée. Carl Pelttari, le gérant, avait été brutalement battu. Les voleurs avaient ouvert le coffre-fort avec les clés. (Coffre-fort ? Le même qu'elle avait fouillé il y a deux jours ? Le coffre-fort de Rauhala ?) La direction de la Caisse agricole était sous le choc. Carl Pelttari n'avait pu être entendu, il était hospitalisé à Haparanda. Mais hors de danger.

Katrine poursuivait sa lecture le cœur battant et se figea lorsqu'elle reconnut un autre nom : Oskar Björn-fot, un habitant de Kivikangas, avait témoigné. Il était venu faire un dépôt ce même soir et il avait également été battu.

Elle se redressa et se frotta les tempes.

N'en avait-elle pas déjà entendu parler ? Thore Palo n'avait-il pas fait le lien avec autre chose ?

Elle se leva et arpenta la pièce silencieuse. Elle se servit une tasse de café : les archives en offraient aux visiteurs. Il y avait des gâteaux aussi.

Empo aurait dû lui en parler, non ? L'incident était suffisamment marquant pour une ville de la taille de Kivikangas. Il s'était passé beaucoup de choses en l'espace d'un mois, celui où ils étaient partis pour l'Union soviétique. Avait-il pu effacer cet événement de sa mémoire ? Tout s'était déroulé quatre-vingts ans plus tôt. Elle avait du mal à se représenter un tel laps de temps. Mais quand même.

Qu'avait dit Anna Haara ? *Depuis que je suis née, ce satané domaine n'a jamais connu la paix.*

Katrine demanda une copie des deux articles. Puis, elle prit sa veste et quitta le bâtiment.

Katrine achetait toujours des billets d'avion échangeables.

Alastair aimait à qualifier son comportement de maladif : payer mille couronnes de plus pour disposer d'une liberté dont elle ne tirait presque jamais profit. C'était jeter de l'argent par les fenêtres. Mais elle le faisait quand même, chaque fois. Et à présent, dans la voiture, alors que le GPS la guidait vers l'autoroute et qu'elle appelait la compagnie aérienne, elle était fière de ne pas avoir soigné ce que d'aucuns assimilaient à un comportement névrotique. C'était pour ça qu'elle avait payé pendant toutes ces années. Pour un jour, prendre la file de gauche et tracer à toute vitesse droit devant elle. Se moquer du qu'en-dira-t-on, de ce qui semble faire sens ou non. Conduire en solitaire à travers l'immensité du paysage, à la dérive, en fuite. Et c'est ce qu'elle fit, jusqu'à ce qu'un fou du volant vienne se coller derrière elle, feux de route allumés, et la force à se rabattre dans la file de droite, derrière un poids lourd.

Elle ralentit, et appela le premier numéro qu'elle avait enregistré dans son téléphone portable.

— *Going back ?*

Alastair n'avait pas l'air content. À vrai dire, il était furieux, ce qui ne lui ressemblait pas. Il se calma.

— Excuse-moi, Katie, mais tu n'exagères pas un peu, là ?

— Ça ne prendra que quelques jours.

— Et ensuite ? Que va-t-il se passer ensuite ?

— Je ne sais pas.

— Tu ne sais pas.

— Tout ça doit être lié d'une façon ou d'une autre. Elle rata la sortie de Björkfors et continua tout droit. Elle ferait un détour par Haparanda. L'assassinat du vieil homme dont je t'ai parlé et ce crime au même endroit en 1931… Je ne crois pas que ce soit un hasard.

Il laissa échapper un léger soupir.

— On cherche toujours la cohérence, n'est-ce pas ? Mais le plus souvent, il ne s'agit que de coïncidences. Et puis on finit par découvrir qu'il n'y a pas de complot, pas plus que de puissances transcendantes qui donnent sens à l'univers.

— C'est vrai, tu as sûrement raison.

Elle était trop près de la voiture de devant. Une épave rouillée qui roulait à soixante kilomètres heures. En la dépassant, en apercevant la plaque d'immatriculation qui se terminait par 51, elle eut un flash, elle n'entendit pas Alastair disserter sur les velléités du cerveau humain, occupé à mettre de l'ordre dans le chaos.

Katrine regarda dans le rétroviseur. Ce n'était pas une Volvo, mais une Lada. Il y avait toujours des Lada en circulation ?

— Quand reprendras-tu une vie normale ? demanda-t-il.

— Bientôt, très bientôt.

— D'accord, je t'attends.

— Il ne s'agit que de quelques jours.

— Sans doute, j'ai hâte que tu me racontes toute l'histoire quand tu rentreras à la maison.

La maison, pensa-t-elle en regardant le paysage s'aplanir devant elle et les panneaux libellés maintenant en finnois. Est-ce que je sais vraiment ce que c'est ?

Un homme seul, avec un chien, marchait devant elle, longeant les congères sur le bord de la route. Elle ralentit, ce n'était pas Thore Palo. Katrine esquissa tout de même un salut de la main et l'homme lui répondit. Il la suivit du regard jusqu'à ce qu'elle tourne vers la maison de la famille Palo.

Il sait que je suis la fille de Kankanranta, pensa-t-elle. Tout le monde le sait.

Personne ne lui ouvrit lorsqu'elle sonna à la porte.

Elle sonna de nouveau, puis actionna la poignée. C'était ouvert. Eva-Lena lui avait dit qu'elle pouvait revenir quand elle voulait.

Katrine monta la valise dans la chambre au premier, où le lit l'attendait, tout fait. Elle s'assit et se souvint du journal qu'elle avait subtilisé à l'agence immobilière. Elle y avait griffonné le numéro de téléphone et avait oublié d'appeler.

Elle tomba directement sur un répondeur.

— Vous êtes chez l'avocate Hélène Miele d'Averbach & Miele. Je ne peux pas vous répondre pour l'instant, mais laissez-moi un message et je vous rappellerai. Pour toute urgence, merci d'appeler notre secrétariat au…

Suivait une version anglaise du message. Katrine laissa un court message en demandant que l'avocate la rappelle. Il n'était pas évident que le numéro ait un lien avec l'acheteur de sa maison. Peut-être s'agissait-il d'un numéro que l'agent immobilier avait griffonné au hasard... *Depuis quand avait-elle commencé à y penser comme sa maison ?*

Elle prit une serviette propre dans le placard et se dirigea vers la salle de bains. Elle ouvrit la porte et poussa un cri en découvrant l'homme qui s'y trouvait.

— Mince, la peur que tu m'as faite, dit-elle en reculant dans le hall, essayant de sourire à Matti Palo. Je pensais être seule dans la maison.

— Ah bon.

— Je pensais rester encore une nuit. Ta maman était d'accord.

Le jeune homme la dévisagea. Le garçon plutôt. Le jean tombant sur le bas des hanches comme n'importe quel citadin et la polaire ouverte sur un t-shirt Metallica délavé. Un jeune homme de vingt-trois ans, qui traînait encore chez ses parents. Il avait l'air beaucoup trop grand pour ces combles aménagés.

— Alors ? Vous allez écrire quoi ? dit-il. Traîner dans la boue les habitants de Tornédalie ?

— Je ne vais rien écrire du tout.

— Ils disent que vous êtes journaliste.

— Je suis venue pour vendre une maison. Et j'aimerais en savoir plus sur ma famille. Ton grand-père sait beaucoup de choses sur les gens d'ici.

Il s'essuya les mains. Katrine fit un pas de côté pour le laisser passer.

— Ne dites pas trop de conneries à Sofia, dit-il.

— Quoi, qu'est-ce que tu veux dire ?

— Ce truc de vivre à Londres et tout le tralala. Londres ou Stockholm, c'est du pareil au même. Les gens ne pensent qu'à gagner de l'argent et à devenir célèbres. Ils ne se parlent même plus.

Matti tourna les talons et disparut dans l'escalier.

— À plus tard, lança Katrine, mais elle ne reçut aucune réponse.

Thore Palo n'était pas chez lui. Elle remonta dans la voiture et prit la direction du fleuve. Elle se gara devant la maison de sa mère.

Ce n'était peut-être qu'une illusion, mais il lui sembla qu'il faisait moins froid. La neige, plus lourde, était tombée du rebord des fenêtres. Avec la disparition du givre, les vitres s'assombrissaient. Elle resta un long moment dans la voiture en essayant d'imaginer Siri dans cette maison. Une vie à attendre. Des lettres qui ne venaient plus. Des réponses qu'elle n'aurait jamais.

Empo Björnfot s'était montré laconique quand il avait évoqué son retour à Kivikangas. C'était au printemps 1938, au moment où le fleuve dégelait, jetant d'immenses blocs de glace vers la rive. Il s'était posté ici derrière les bouleaux, dans la cour de Kankanranta, et il avait épié Siri. La fille, Ingrid, était sortie en courant pour aller à la rencontre de ce monsieur inconnu. Siri l'avait suivie. Le souvenir de la première vision était plus fort que tout le reste : la manière dont elle s'essuyait les mains sur son tablier en le fixant comme un fantôme. Elle était toujours belle, mais ils avaient vieilli tous les deux. La flamme révolutionnaire avait peut-être aussi perdu de son intensité. Et elle éprouvait sans doute de la colère parce que c'était Empo qui était revenu et non Gunnar. À son retour, de nombreux villageois l'avaient méprisé : ils lui claquaient la porte au nez, comme s'il avait contracté une maladie honteuse. Mais Siri le laissa entrer et lui offrit à boire. Elle espérait obtenir des informations sur Gunnar, l'Union soviétique et la Révolution. Enfin Empo, la Révolution est-elle arrivée à son terme là-bas ? *Mais qu'est-ce que je pouvais bien lui raconter ? Je ne pouvais rien lui dire. À part qu'elle avait de la chance d'avoir reçu quelques lettres de Gunnar, parce que le courrier ne passait pas facilement les frontières. Ils craignaient les espions, tous ces gens malintentionnés qui avaient réussi à entrer sous des motifs fallacieux : des déserteurs, des contre-révolutionnaires. Les temps étaient troubles et Siri devait comprendre qu'il était dangereux d'essayer de venir la chercher, elle et l'enfant. Mais à la fin de la guerre, si la guerre arrivait, Gunnar ferait certainement ce qu'il avait promis.*

Le froid s'insinua dans la voiture. Elle avait perçu de la douleur dans la voix d'Empo lorsqu'elle l'avait interrogé sur cette période de sa vie. Elle avait dû extirper les mots, un à un, de sa mémoire.

Un soir, peu de temps après le retour d'Empo à Kivikangas, deux membres du parti avaient débarqué. Ils avaient frappé à sa porte et Empo avait demandé à sa mère de rester dans sa chambre. Les deux hommes lui avaient signifié qu'ils l'avaient à l'œil. Si d'aventure il diffusait de fausses rumeurs, de la propagande antisoviétique, le parti là-bas serait vite informé et ses proches auraient des raisons de s'inquiéter. Et puis, de toutes les façons, personne ne donnerait foi à tels bruits, sauf évidemment s'il se trouvait instrumentalisé par les facho-socialistes ou les renseignements généraux. D'autres s'étaient déjà engagés sur cette voie. Ils sillonnaient le pays et animaient des débats en répandant leurs mensonges sur la société soviétique, contre rétribution. Empo choisit de se taire. Pendant la guerre, il fut interné dans le camp de Storsien, comme beaucoup d'autres communistes. Ensuite, il ne revint jamais à Kivikangas. Pour l'État suédois, il était un communiste, une menace contre la sûreté nationale. Pour ses anciens camarades, c'était un lâche. Et c'est sûrement de cela dont il souffrit le plus. Katrine l'avait compris à la cassure dans la voix et aux tremblements de ses mains.

Elle démarra pour faire remonter la température. Elle laissa le moteur tourner au ralenti et contempla la maison de Kankanranta : elle était fidèle au poste, dans un sommeil éternel. Il y avait davantage d'occurrences pour le mot chagrin ici que dans la langue suédoise, avait dit Eva-Lena Palo. Comme pour les mots neige ou nostalgie.

Au fond de son sac, se languissait le contrat de l'agence immobilière. Dans un jour ou deux, elle verrait Anders à Stockholm pour préparer la transaction. Il était ravi qu'elle ait pris sa décision. Katrine essaya d'imaginer quelqu'un emménager dans la maison, la rénover, y installer une cuisine high-tech en Inox ou simplement tout raser.

En entendant le bruit d'un moteur qui vrombissait derrière elle, elle prit soudain conscience qu'elle était en larmes.

Elle s'essuya le visage avec son écharpe et fit un signe à Tomas Haara, sur le tracteur. Il s'arrêta à sa hauteur.

— Alors, vous êtes de retour, cria-t-il. Maman a fait un gâteau.

Katrine s'inspecta le visage dans le rétroviseur, nettoya le mascara sous ses yeux, avant de suivre lentement le tracteur vers la maison de la famille Haara.

— Alors, ça va passer dans quelle émission ?

Anna l'accueillit comme apprêtée pour le bal : un chemisier fleuri et une mise en plis impeccable.

Katrine sortit le magnétophone bon marché et le posa sur la table. Elle avait fait un crochet par Haparanda et l'avait acheté dans un gigantesque magasin dédié aux appareils électroniques, installé dans un des nombreux centres commerciaux qui avaient poussé autour d'Ikea.

Anna Haara s'affairait dans la cuisine avec les tasses, le café et le gâteau.

— J'écoute toujours « Le poème du jour » et aussi, bien sûr, « Le quart d'heure de la culture ».

— Elle s'est mise aux fourneaux tout de suite après ton appel, dit Tomas.

— Eh bien, je ne sais pas exactement quand ils vont le diffuser, dit Katrine. Elle avait honte en voyant l'enthousiasme de la vieille dame, qui s'appliquerait à étudier le programme radio pendant des mois : Katrine serait alors loin d'ici et le mensonge dont elle s'était servie pour s'introduire à Rauhala n'aurait plus d'importance.

— Que voudriez-vous savoir ?

Katrine prit une inspiration. Il fallait profiter de l'occasion.

— J'aurais aimé commencer par un événement qui a eu lieu avant même votre naissance. Il y a eu un vol chez les voisins et les auteurs ont disparu avec l'argent de la Caisse agricole. Vous en avez entendu parler ?

— Bien sûr, Anna Haara arrangeait ses boucles de la main et fixait le magnétophone pendant qu'elle parlait. Le vieux Pelttari a perdu la gestion de la Caisse après ça. Les gens allaient jusqu'à dire qu'il était personnellement impliqué, d'une façon ou d'une autre. Mais se voler soi-même, ça n'a pas de sens. Elle secoua la tête et trempa le gâteau dans le café. Ensuite, le vieux Pelttari est devenu un peu étrange, plus farouche en quelque sorte. Il habitait toujours Rauhala avec sa femme Hilma, mais plutôt comme locataire et Svanberg a dû reprendre l'exploitation agricole. Plus tard, ils ont été placés dans une maison de retraite. C'était quand d'ailleurs ? Dans les années 1960 ?

Elle regarda son fils, qui haussa les épaules.

— Je ne pense pas que ce soit très important, maman.

— Ben, il faut dire la vérité quand même ? Son regard vogua de son fils à Katrine. Elle poussa l'assiette de gâteaux. Mais vous ne trempez pas ?

Katrine sourit et prit un morceau.

— Vous voyez Rauhala d'ici, de votre fenêtre. Vous avez dû voir bien des choses qui se sont passées là-bas ?

— Ben oui, c'est sûr. Elle secoua la tête et se pinça la bouche. Mais ce n'était pas toujours beau à voir. Il avait le don pour se mettre les gens à dos. Il n'a même pas laissé entrer Gudrun lorsqu'elle est montée de Stockholm. Vous imaginez, chasser sa propre nièce avec un fusil ?

— Il a menacé maman aussi, dit Tomas du canapé.

— Mais bon, ça n'explique pas qu'une chose aussi atroce ait été commise. Tuer un vieil homme, oh là là, on se demande qui vient traîner par ici de nos jours. On en voit tout un tas. Et ils viennent vider nos forêts des baies aussi. Directement de Thaïlande, jusqu'ici. Pour des salaires de misère.

Tomas esquissa un sourire à l'attention de Katrine.

— Bon, il n'y a pas tant que ça de gens qui cueillent des baies au mois de mars, non plus, railla-t-il.

— Des gens qui en voulaient à son argent. Le ton de sa voix se fit plus dur, à l'attention de son fils, pour montrer qui, malgré tout, décidait dans la maison. Et ils sont probablement loin maintenant.

— S'il y avait de l'argent.

Anna Haara renifla et lui jeta un regard noir.

— Tu as entendu aussi bien que moi ce qu'elle disait. Il a vendu le mobilier de Rauhala et épargné l'argent. Il avait mis de côté des centaines de milliers de couronnes là-dedans. Et la famille qui ne pouvait même pas toucher l'argent de la maison.

— Qui a raconté ça ? demanda Katrine.

— Gudrun bien sûr. Elle est venue ici quand il l'a mise à la porte. Il y a deux mois, à peine, un peu après le week-end de la Toussaint. Elle voulait lui parler du logement à Haparanda et il aurait sûrement été mieux là-bas.

— On n'est sûrs de rien, coupa le fils. Ce ne sont que des rumeurs.

Anna Haara se pinça à nouveau les lèvres et se tourna vers Katrine.

— Il y a ceux qui me croient. Même si mon propre fils me traite de menteuse.

Ils se jaugèrent du regard jusqu'à ce que Tomas se lève. En sortant, il haussa les sourcils vers Katrine. Le chien prit gaiement les devants en bondissant vers la porte.

— Savez-vous pourquoi il a renoncé ? demanda Katrine lorsqu'elles furent seules. Pourquoi il n'est pas allé aux Jeux olympiques ? Pourquoi il a tiré un trait sur sa carrière ?

— Bah, il ne pouvait pas se prévaloir de cette sorte de gloire, dit Anna Haara. Ni devant Dieu ni devant Hilding Svanberg, qui fouettait ses gamins jusqu'à ce qu'ils retiennent les règles et les exhortations rituelles. Elle tourna le regard vers la fenêtre et les bâtiments gris de Rauhala. Un Dieu à qui rien n'échappe, qui voit tous les péchés, et qui aurait aussi vu les Jeux olympiques. L'être humain se doit à la plus grande humilité devant ce Dieu-là.

Elle s'interrompit pour remplir les tasses de café et Katrine ne protesta pas, même si elle commençait à avoir mal au ventre.

— Chez nous, on n'était pas aussi croyants, continua Anna Haara, mais bon, c'était un peu pareil pour tout le monde. On avait une peur bleue de faire quelque chose qui aurait un tant soit peu le goût du péché.

Katrine crut voir un grain d'espièglerie dans son regard, comme s'il y avait bien quelques péchés qu'elle confesserait avec plaisir.

— Comme lorsque vous êtes montées au grenier chez Kankanranta, dit-elle en souriant, vous et maman, même si vous n'aviez pas le droit ?

— On faisait bien quelques petites bêtises.

Les rides abondaient sur le visage de la vieille dame lorsqu'elle souriait.

— Vous avez essayé les vêtements aussi là-haut, ceux qui étaient dans le coffre américain ?

Il y eut quelques secondes de silence, comme si Anna Haara s'entretenait avec le Dieu de son enfance pour savoir si elle serait punie ou pas. Puis, l'envie de raconter prit le dessus : remonter le fil des souvenirs de l'enfance, revivre sa vie de jeune femme.

Bien sûr qu'elles avaient essayé les vêtements, les robes en soie, et joué aux belles dames d'Amérique. Elles n'avaient guère plus de douze ou treize ans à l'époque. Cela devait être au début des années 1940, pendant la guerre.

Les vêtements avaient appartenu à une tante de Siri, de retour des États-Unis après l'effondrement de la Bourse. La famille pour laquelle elle travaillait avait tout perdu, mais ils avaient offert quelques robes de la maîtresse de maison à la tante, avant qu'elle ne reparte pour la Suède, pour solde de tout compte. Elle avait habité le grenier quelque temps avant de trouver un emploi de cuisinière chez un fermier. Qu'est-ce qu'elle aurait bien pu faire de ces robes en soie là-bas ?

Faire son intéressante peut-être.

— Vous avez vu les lettres aussi ? Katrine crut percevoir un changement de posture chez la vieille dame. Une vigilance renouvelée qui indiquait qu'elle avait vu juste. Parce qu'il y avait bien quelques lettres dans le coffre ?

— On ne les a pas lues, bien sûr. La vieille femme se leva et commença à ranger les tasses et les assiettes.

Mais c'était probablement ce que Siri a cru et elle en est devenue complètement folle. Elle nous a crié dessus et nous a chassées. Comme si nous nous intéressions à ces lettres. On voulait juste essayer les chaussures à talons !

Katrine l'observait pendant qu'elle enveloppait les restes du gâteau dans un film plastique. De la minutie inquiète : il ne fallait pas en perdre une miette.

— Et je n'ai pas vraiment compris ce que Siri comptait faire de ces beaux vêtements, poursuivit-elle d'un ton boudeur, comme si elle était toujours vexée de s'être fait gronder. Elle ne les portait pas, elle s'habillait avec des fripes. Elle dépendait de l'assistance publique, il ne faut pas oublier ! Les gens commençaient à jaser, à penser qu'elle n'était pas si pauvre. Et prétentieuse avec ça. Elle osait la ramener.

— Parce qu'elle avait quelques beaux vêtements dans son grenier ?

La vieille dame agita le bras comme pour se débarrasser d'un poids en suspens dans l'air, un remords qui pourrait bien reprendre consistance.

— Bon, ils auraient pu se voir retirer les allocations pour d'autres raisons aussi. C'était pendant la guerre : on ne savait pas de quoi serait fait le jour suivant…

Katrine comprit où elle voulait en venir à l'instant même où le lave-vaisselle se mit en branle. Anna Haara s'immobilisa, désœuvrée, fixant le magnétophone qui tournait toujours.

— Ce que je viens de dire ne passera pas à la radio ? dit-elle inquiète. Cela n'a rien à voir avec Lars-Erik Svanberg.

Katrine éteignit le magnétophone.

— Vous parlez des allocations de l'assistance publique ? dit-elle lentement. Où votre grand-père siégeait, parce que c'était bien votre grand-père ? Il n'y a qu'à lui que vous avez raconté ce que vous saviez sur Siri Kankanranta, ou bien vous en avez parlé à tout le village ?

La vieille dame se tenait près de l'évier. Son regard se perdait au loin, vers le fleuve, en bas.

— C'était n'importe quoi à l'époque. C'était la guerre et les fermes brûlaient…

Katrine se leva et la remercia pour le café.

— Je ne sais pas quand ça passera à la radio, dit-elle, je ne suis même pas sûre qu'ils le diffusent.

Avec le crépuscule, le fond de l'air se faisait plus frais et elle frissonna en s'approchant de Rauhala. C'était le seul moyen, pensa-t-elle, agir ouvertement. Laisser croire à la personne qui l'observait que cela faisait partie intégrante du documentaire radio, qu'elle était habilitée à agir de la sorte. Se pencher sous l'escalier et décrocher la clé, ouvrir la dépendance et entrer à nouveau dans la maison d'un homme décédé.

Quelques minutes plus tard, un peu honteuse, elle laissa tomber les clés de Rauhala dans la caisse de pommes de terre, là où elle les avait trouvées. Elle referma derrière elle et raccrocha la clé de la dépendance à sa place.

Elle s'immobilisa devant la bâtisse principale.

À l'automne 1944, Siri Kankanranta s'était présentée à Rauhala. Ces nuits-là, le ciel ne fut jamais aussi écarlate, embrasé par les flammes des fermes en feu du côté finlandais. La vengeance des Allemands quand la Finlande vira de bord, en signant un accord avec les Russes. La guerre était à moins d'un kilomètre.

C'est cette année-là que le nom de Siri apparut dans le livret à Rauhala. L'année où Siri, seule avec un enfant à nourrir, avait perdu l'allocation de l'assistance publique. Les lettres de Gunnar avaient cessé d'arriver bien avant, lorsque la terreur stalinienne avait atteint son apogée. Mais Siri n'en savait rien et ne voulait rien savoir. Elle lisait *Norrskensflamman*, l'organe du parti communiste et elle croyait toujours au progrès. Et puis, n'importe comment, même les journalistes les plus critiques auraient été incapables de s'imaginer l'ampleur de ce qui se passait là-bas. Et la route pour y accéder était coupée : il y avait une guerre entre les deux.

Siri avait marché jusqu'à Rauhala à la rencontre de Hilding Svanberg ou d'Aili. Elle avait probablement essayé de parler à Aili. D'abord pour lui dire qu'Ingrid était la fille de son frère, et ensuite pour lui demander de l'aide. En lui montrant les lettres, pour qu'Aili ne puisse douter de sa parole. Mais Aili n'avait pas d'argent. Elle ne pouvait pas prendre de décision sans le maître de la maison. C'est alors qu'Hilding Svanberg entra en scène. Il s'enferma avec Siri dans son bureau et ouvrit le coffre.

Le prix du silence. Afin qu'Ingrid ne puisse jamais revendiquer un quelconque héritage. Pour purifier les pieux habitants de Rauhala et se débarrasser des enfants conçus dans le péché, engendrés par des prostituées. Pour que Gunnar Pelttari soit définitivement oublié, effacé, comme s'il n'avait jamais existé.

Cent couronnes.

— Mais voilà, c'est ça, reste là maintenant. Merde ! hurla Åke Palo du premier étage.

Il descendit l'escalier d'un pas lourd et, l'air déterminé, passa devant Katrine qui venait juste d'entrer. Il la toisa d'un regard et claqua la porte sans la gratifier d'un quelconque salut.

Dans la cuisine, Eva-Lena fouillait dans le congélateur.

— On sera obligés de décongeler de la pizza pour le dîner. Je suis désolée, mais je n'ai pas eu le temps.

Il y avait quelque chose de cassé dans sa voix. Des larmes dans la gorge, elle était sur le point de craquer.

— Qu'est-ce qui s'est passé ?

Le visage de la femme se métamorphosa et les larmes jaillirent. Elle claqua la porte du congélateur.

— Pardon. Je me comporte mal. Elle s'affaissa sur une chaise et fit un geste avec le torchon. Vous pouvez faire du café si vous voulez. Je n'ai pas eu le temps d'en préparer.

— Vous en voulez aussi ?

Eva-Lena hocha la tête en reniflant. Katrine s'approcha du placard où se trouvait le café et en versa dans le percolateur. Le rituel semblait avoir un effet calmant sur Eva-Lena.

— J'aurais dû comprendre dès ce matin, dit-elle, quand elle est partie avec ce gros sac à l'école, mais je n'ai pas fait le rapprochement, je pensais que c'était pour l'entraînement. Pourtant elle avait arrêté l'entraînement, sans aucun doute. Cet hiver, on n'a même pas réussi à la faire sortir une seule fois à skis. Elle qui a toujours adoré ça.

Eva-Lena réussit finalement à dire qu'un chauffeur de bus les avait appelés. Il était marié avec une collègue d'Åke. Il avait percuté quand Sofia lui avait acheté un ticket pour Luleå. Elle fixait le sol en murmurant. Ils avaient ensuite téléphoné à un cousin à Luleå pour qu'il attende Sofia à la gare routière. Puis Åke était allé la chercher en voiture. Katrine pouvait imaginer l'humiliation qu'avait dû éprouver la jeune fille : être bloquée dans son élan, si près de la liberté, et ramenée à la maison, l'endroit qu'elle voulait fuir coûte que coûte.

Eva-Lena regarda ses mains, les réchauffa autour de la tasse de café.

— Åke s'est mis en colère et lui a crié dessus. C'est pire que tout, mais je ne sais pas quoi faire. Je voudrais juste qu'elle ait son bac, sinon, elle ne trouvera jamais de travail. Et elle ne pourra pas aller à la fac non plus. Les larmes menaçaient à nouveau et la voix se brisa. On ne peut s'empêcher de penser que c'est de notre faute, quand les enfants veulent s'en aller.

Katrine ne trouva rien à répondre. Elle était partie de chez elle dès qu'elle avait pu.

— Ça va, si je reste encore une nuit ? dit-elle enfin.

— Oui, oui. Eva-Lena se leva et alluma le four. Elle sortit les pizzas de leur emballage. Il y en a assez pour vous aussi.

Lorsque Katrine arriva en haut de l'escalier, elle hésita quelques secondes devant la porte de sa chambre. Elle s'approcha de celle de Sofia et toqua. La jeune fille déverrouilla.

— Qu'est-ce que vous faites ici ? dit-elle. Vous n'êtes pas partie ?

— J'ai encore des choses à régler.

— Ah bon.

— Est-ce que je peux entrer ?

Sofia haussa les épaules et se cala dans un coin de son lit avec une peluche. Katrine s'assit sur la chaise du bureau. Elle remarqua que l'ordinateur était allumé.

— Où voulais-tu aller ?

— Ailleurs.

Les yeux de Sofia étaient cernés d'un noir épais, qui ne semblait pas avoir coulé : elle n'avait donc pas pleuré.

— Est-ce que je peux venir avec vous, demanda-t-elle, quand vous partirez ?

— Tu comprends bien que c'est impossible.

Sofia rongea ses ongles.

— Vous avez vu comment ils sont, les gars ici, Matti et ses copains. Je ne peux pas rester. J'ai l'impression de perdre mon temps, de me perdre moi-même, vous comprenez ?

Katrine ne pouvait que hocher la tête.

— Qu'est-ce que tu écris ? Je peux lire ?

Elle se tourna vers l'écran. C'était un poème, rédigé avec une calligraphie ancienne. Sur un thème morbide.

Dans le rêve, je vole, je vole loin au-dessus de vous tous
Je n'entends que le vent, et la mort, qui crie dans vos
oreilles lorsque je tombe.

Pale Rider

— Tu écris régulièrement ?

— De temps en temps, oui.

— Pourquoi Pale Rider ?

Sofia fit un sourire un peu gêné.

— J'aime Clint Eastwood. Il est vraiment très beau.

Katrine rit.

— Il a plus de quatre-vingts ans. Tu ne devrais pas plutôt t'intéresser aux vampires américains ou des trucs de ce genre ?

— Pourquoi tout le monde croit savoir mieux que moi ce que je devrais aimer ou pas ?

Katrine ne riait plus.

— Je pensais simplement que les jeunes gens de ton âge ne s'intéressaient pas aux films de Clint Eastwood.

Sofia lui montra sa bibliothèque. Des étagères pleines de cassette VHS et une petite télé.

— Matti pense que je suis cinglée. Lui, il a un grand écran dans sa chambre. Mais je n'ai pas besoin d'une image haute définition.

Katrine fouina dans la bibliothèque et trouva le film. *Pale Rider*, un étranger qui arrive à cheval dans un village, il incarne la mort, même si c'est un homme bon, quelque chose dans ce genre-là. Une route de village, poussiéreuse. Elle en avait un vague souvenir.

— Pourquoi celui-là ?

— Parce que personne ne sait qui il est et personne ne le saura jamais.

— Bon, ça sonne comme dans un rêve.

— C'est maman qui vous a demandé de m'interroger ?

Katrine remit le film à sa place.

— Je voulais te demander si tu serais d'accord pour m'aider.

Voilà, ils étaient tous là, scotchés sur le mur devant lui.

Les noms de tous les héritiers de Hilding et Aili Svanberg. Tous ceux susceptibles de vouloir récupérer plus de deux millions de couronnes et un domaine en ruine.

Des oiseaux migrateurs, dispersés par le vent.

Il se demanda si c'était le fouet de Hilding Svanberg qui était resté gravé dans leur mémoire ou si, simplement, ils s'en étaient allés là où il y avait du travail.

Stockholm, Bollnäs, Filipstad, Helsingborg et Södertälje : l'arbre généalogique de la famille Svanberg aurait pu structurer une leçon de géographie sur les villes suédoises.

Parmi les sept frères et sœurs nés à Rauhala entre 1931 et 1946, Maja était la seule toujours en vie.

Thore se rappelait d'elle comme d'une personne assez insignifiante, de deux ans son aînée. Une bonne élève devenue institutrice. Son nom de mariage était Berg. Elle vivait aujourd'hui en maison de retraite et ne s'était jamais vraiment remise de son dernier AVC.

Il fallait donc se pencher sur la génération suivante. Thore avait dénombré dix-neuf petits-enfants de Hilding et Aili, dont aucun n'avait gardé le nom de Svanberg.

Il se saisit du téléphone, mais hésita, soupesant l'appareil.

Obtenir ces informations avait nécessité quelques allers-retours parmi les fermes du village. Boire un certain nombre de cafés chez des gens qui tenaient des comptes sur qui était marié avec qui et qui avait ensuite divorcé, même si ces personnes avaient déménagé et habitaient à plus de cent kilomètres au sud. Thore n'arrivait pas à comprendre comment marchait ce système d'information, mais ce dont il était sûr, c'est qu'il fonctionnait à merveille.

Maja avait donné naissance à deux enfants.

Robert Berg qui habitait à Bollnäs et Gudrun qui vivait à Stockholm. Son premier nom de mariage était Lundin, ensuite elle avait divorcé puis s'était remariée pour prendre le nom de Petterson.

La seule héritière, depuis des lustres, à s'être déplacée jusqu'à Kivikangas. Une visite toute récente, qui datait du mois de janvier. La rumeur voulait qu'Erik le Lapon l'avait menacée avec un fusil.

Thore tripota les touches du téléphone. C'était un combiné sans fil, qu'il égarait souvent dans la maison.

Le numéro de quelqu'un à Stockholm, une personne qu'il n'avait jamais rencontrée. C'était autre chose que d'appeler son ancienne petite amie. Il s'aventurait sur un terrain glissant. Les enquêteurs pourraient se rendre compte qu'il menait ses propres investigations. Et alors ? Il pourrait aussi se vautrer sur son canapé en se foutant complètement du fait qu'on assassine les gens. Il ne savait pas pourquoi, mais ça lui faisait penser au tracteur qui était passé au travers de la glace sur le fleuve, quelques hivers plus tôt. Le chauffeur finlandais avait eu le courage de rester dans l'habitacle jusqu'à ce que le véhicule touche le fond, avant d'ouvrir la portière de la cabine et de rejoindre la surface. Grâce à quoi il avait survécu.

Thore composa le numéro. Elle devait être à proximité du téléphone ou peut-être le gardait-elle sur elle, elle décrocha presque immédiatement.

— Oui ? C'est Gudrun.

Il n'y avait, dans sa voix, aucune trace du dialecte de Tornédalie. Une voix distinguée parlant un suédois standard, sans accent particulier. Que pouvait-elle savoir de la vie de Svanberg, de ses secrets et de ses désirs ?

Thore se racla la gorge et se présenta.

— Toutes mes condoléances. Je suis désolé de vous déranger en plein deuil.

— Pardon ?

— Ben, c'est moi qui ai trouvé le cadavre de votre oncle.

— Ah, d'accord, fit Gudrun étonnée, peut-être un brin sur la défensive. Il comprit qu'elle ne savait pas à quel deuil il faisait allusion. Il s'imaginait une dame avec un petit chien propret sur les genoux. Mais il ne pouvait évidemment pas en être sûr. Il avait lu que le chihuahua était devenu, avant même le berger allemand et le golden retriever, le chien le plus populaire du pays. Il en concluait que ce devait être de petites dames comme celle-là qui y avait contribué, avec des chiens dans leur sac à main.

— Je connaissais assez bien Lars-Erik, dit-il, on se parlait pas mal.

— Ah oui ?

Elle avait l'air inquiète. Thore avait interrogé suffisamment de témoins dans sa vie pour être capable d'interpréter le sens caché de ce genre de « ah oui ».

— Et j'aurais aimé savoir ce que vous aviez prévu pour l'enterrement, poursuivit-il.

— Pardon ?

— J'aurais voulu y assister.

C'était l'excuse qu'il avait trouvée pour l'appeler, une très bonne excuse. Parce qu'il souhaitait vraiment savoir. Est-ce que l'un des oiseaux migrateurs allait s'enquiquiner à faire revenir le cercueil avec le corps de Lars-Erik à Rauhala, pour le dernier adieu devant la maison principale, ou plutôt devant la dépendance, là où ça devrait réellement avoir lieu ? Afin que, pour son dernier voyage, il puisse rejoindre le ciel de là où il avait vécu, comme le voulait le rituel ?

— J'imagine que ce sera annoncé dans le journal.

— Ce n'est donc pas vous qui l'organisez ? C'est ce que je m'étais laissé dire, comme votre mère est la parente la plus proche.

— Ma mère est malade. Il lui est impossible d'organiser un enterrement.

Thore sourit. C'était assez amusant finalement. De la sentir se tordre comme un ver de terre sur l'hameçon, à l'autre bout de la ligne. Il était bientôt temps pour lui de ferrer.

— Mais c'est quand même Maja qui va hériter, non ?

— Que voulez-vous dire ?

— Tu, tu peux me tutoyer. Je suis un vieil ami de la famille, mais je suis aussi un ancien policier. Je sais qu'il y a des choses à démêler avant de pouvoir faire l'inventaire et le partage des biens, surtout dans votre cas, mais j'imagine que les enquêteurs de la police t'ont déjà posé la question.

— Quoi ? Quel genre de question ?

— Ben, par exemple pourquoi tu pensais qu'il fallait interner Lars-Erik ?

— Il fallait bien l'aider, le pauvre homme.

— C'est donc pour cela que tu es venue lui rendre visite au mois de janvier, pour l'aider ?

Thore fit un effort pour rester poli. Comme si Erik le Lapon eut été plus heureux enfermé dans une institution.

Gudrun Petterson reprit son souffle.

— J'ai fait le voyage, mille kilomètres en train et ensuite le bus, pour arriver dans ce trou perdu. Je ne prends plus l'avion, vous comprenez, après ces horribles crises cardiaques et puis on me chasse comme… comme une délinquante. Avec un fusil. Il était complètement fou.

— Tu voulais le mettre sous tutelle ?

— Son logement n'était pas digne d'un être humain. Il n'y avait même pas de sanitaires. Dieu seul sait où il faisait ses besoins.

— Donc, tu as quand même eu le temps de jeter un œil à l'intérieur ? Pour voir les toilettes, je veux dire.

Il y eut un moment de silence dans le combiné. De la friture sur la ligne. Embarras et honte à l'autre bout. C'est ce qu'il espérait. Et il nota sur un bout de papier devant lui : elle ment.

Gudrun Petterson n'était jamais entrée dans la dépendance. Elle ne pouvait rien savoir de la manière dont il vivait. Et les lettres envoyées à la commune étaient bien arrivées entre Noël et le nouvel an, si l'on s'en tenait à ce qu'avait dit Maria.

— La propriété tombait en ruine, continua-t-elle, larmoyante à présent. C'est notre bien, à tous, mais c'était comme s'il n'y avait qu'une personne dans la famille, seulement une, qui avait droit à l'héritage paternel.

— Il y avait pas mal d'argent aussi, commenta Thore. C'était un peu inespéré, que le vieux soit si riche.

Silence de nouveau.

— Ah, d'accord ! s'écria-t-elle. Je comprends maintenant. C'est cette vipère de voisine qui colporte ces commérages.

Elle semblait d'un coup soulagée mais elle en faisait un peu trop.

— J'ai dû me laisser aller à dire des choses que je ne pensais pas vraiment, mais j'étais sous le choc, comme vous pouvez l'imaginer. Il m'avait menacée avec son fusil. Je pensais que ce fou furieux allait me tuer.

Thore comprima le téléphone dans sa main. Elle ne parlait pas de l'argent à la banque. Elle parlait des rumeurs qui laissaient entendre qu'il y avait de l'argent caché chez lui, dans la dépendance. Gudrun Petterson ignorait qu'il détenait une fortune sur le compte bancaire. Les chiffres notés en rouge sur le mur scintillaient : deux millions. Ou pour être plus exact : deux millions cent quarante-sept mille trois cent et des brouettes. Il avait eu du mal à les distinguer, des chiffres minuscules sur le relevé de compte.

— Et que va devenir le domaine maintenant, interrogea gentiment Thore, quelqu'un de la famille va le reprendre ?

— Qu'est-ce qu'on pourrait bien faire là-bas ?

— Bon, tu semblais pressée que Lars-Erik quitte le domaine…

Il entendit sa respiration dans le téléphone, une respiration saccadée, comme si elle était en train de s'étrangler.

— Pourquoi vous m'appelez ? dit-elle d'une voix tremblante. Il n'y a pas que moi qui ai reçu ces lettres.

— Quelles lettres ?

— Qui êtes-vous ? De quel droit vous m'accusez ? Ce n'est pas nous qui l'avons fait. Nous n'avons rien à voir avec ça, ce n'est pas nous.

— Mais ce n'est vraiment pas ce que j'ai…

Il parlait maintenant tout seul. Gudrun Petterson avait raccroché. La voix tournait en boucle dans sa tête. Thore laissa choir la main qui tenait le combiné et fixa le nom de cette femme parmi les autres sur le mur. Qui étaient ces gens ?

Un bruit violent le fit sursauter. La porte d'entrée ! La chienne se mit debout et commença à aboyer.

— Oui ? cria-t-il en essayant de se relever, prenant appui sur les accoudoirs. Merde, il avait oublié de prendre les analgésiques et il n'arrivait pas à sortir du fauteuil. Qui est-ce ?

Katrine ôta ses chaussures et se tint à distance de la chienne, qui tournait autour d'elle. Elle trouva Thore Palo dans la chambre, derrière le salon, une porte qui était fermée lors de sa dernière visite.

— Je me suis permis d'entrer. J'espère que ça va, dit-elle.

— Oui, oui et vous, ça va ?

Elle nota qu'on avait enlevé le seuil de la porte et élargi démesurément l'accès, si l'on tenait compte de la taille effective de la pièce.

— C'était la chambre de Kyllikkis, précisa-t-il avec une note nostalgique dans la voix, des années de complicité amoureuse. Elle était soignée à domicile les derniers temps. C'est ce qu'elle avait souhaité.

Il était assis au centre de la pièce, les muscles tendus et le visage crispé.

— Vous vous sentez bien ? demanda-t-elle.

— C'est juste le dos, je crois qu'il est coincé.

Il agita sa main pour détourner l'attention.

— Cela ne m'est jamais arrivé avant, mais il y a un problème avec ce fauteuil…

— Vous voulez de l'aide ?

Thore serra les dents et détourna le regard. Katrine s'approcha et poussa sous le bras, le dos droit et les genoux fléchis. Il était lourd mais son corps se souvenait de la prise, son premier job d'été dans un service de gériatrie.

— Les recherches avancent ? demanda-t-il une fois debout.

— Pas mal je crois, mais je me posais une question. Vous aviez mentionné un vol, et vous m'avez parlé des investigations entreprises sur les vieux délits… le vol de la Caisse agricole à Kivikangas.

Thore se raccrochait au montant de la porte.

— Ça, c'était dans les années 1930…

— Août 1931.

— Si vous preniez le classeur bleu là-bas. Il le montra et Katrine s'approcha de la bibliothèque. Elle sursauta lorsqu'elle se retourna. Le mur en face était couvert de grandes feuilles de papier avec des Post-it colorés, scotchés directement sur le papier peint. Un magma avec des notes entourées, des flèches et des traits. Dans un cercle du milieu étaient notés en noir le mot « Rauhala » et au-dessus le nom « Svanberg ». Autour, il y avait des dates, des noms et celui d'une certaine « Gudrun Petterson », entouré deux fois.

— Vous menez votre propre enquête sur le meurtre ?

— Non, bien sûr que non. Ce sont juste des choses qui me passent par la tête, il fit un geste avec la main comme pour chasser ce qu'elle venait de dire. Ce sont mes collègues qui s'occupent des enquêtes à présent.

— J'ai vu qu'ils émettent des hypothèses sur des liens avec la Russie.

Katrine suivit du regard les lignes et le morceau de papier « Volvo 740 bleue ».

— Ils aiment jouer avec la peur du Russe, répondit Thore et il sortit de la chambre.

Elle le suivit, soulagée : il y avait quelque chose de pesant, en suspens dans cette pièce, qui faisait penser à la mort ou au chagrin. Elle ignorait lequel des deux pouvait être le plus douloureux.

— Si vous voulez bien m'excuser une seconde…

Il traînait ses jambes raides vers la cuisine et Katrine entendit l'eau couler et l'homme marmonner quelque chose à la chienne. Dehors, le soleil matinal était déjà assez haut dans le ciel. Elle remarqua que les vitres avaient été nettoyées. Une autre fois, elle lui parlerait des baraquements des usines à Onega et de la prison à Petrozavodsk, mais pas maintenant. Sinon, la journée allait y passer et elle serait obligée de rester encore une nuit dans la chambre d'amis, chez Palo, où elle commençait à se sentir à l'étroit. Un endroit qui lui rappelait sa chambre d'adolescente.

— Alors, voyons, le vol de la Caisse agricole.

Thore s'assit à côté d'elle sur le canapé, en ouvrant le classeur. Katrine essaya de lire par-dessus son épaule. Un texte tapé à la machine sur une feuille A4.

— Il y avait des suspects ?

— Selon l'enquête non. À un moment donné, ils ont imaginé que Carl Pelttari aurait lui-même planifié le vol. Regardez ici. Ils l'ont interrogé plusieurs fois à la fin du mois d'août 1931, avant de le relâcher, Thore lui tendit le classeur. Vous pouvez lire vous-même.

Le vol était résumé sur deux pages. Certains passages semblaient sortir tout droit du rapport de police, d'autres étaient narrés avec davantage de verve. Comme si Thore avait voulu lier différentes histoires pour en faire un livre. Katrine parcourut rapidement la description du vol et s'attarda sur l'interrogatoire d'Oskar Björnfot.

Un peu après vingt heures, il s'était rendu chez Carl Pelttari pour effectuer un dépôt sur le compte de ses parents. C'était en cas de besoin, avait-il raconté, puisqu'il se mettrait en route quelques jours plus tard, qu'il irait travailler en Union soviétique. Et que son frère était déjà parti.

Cela pouvait coller, nota-t-elle, en poursuivant la lecture.

Il n'était pas rare que les dépôts ou les retraits aient lieu le soir. Les fermiers étaient trop occupés dans la journée. Carl Pelttari avait pris la clé du coffre et emmené

Oskar Björnfot de la cuisine d'été vers la cour de la maison principale, où se trouvait l'entrée du bureau. Les voleurs devaient les attendre derrière la porte. Oskar Björnfot n'avait pas eu le temps de les voir. Ses blessures étaient consignées : un coup de poing au visage et une bosse derrière le crâne. La police ne voyait aucune raison de le retenir.

Et quatre jours plus tard, il était parti en Russie, pensa-t-elle.

— Alors, vous vous intéressez à l'histoire du village ? demanda Thore.

Katrine lui sourit et continua de lire. Elle reprit son souffle lorsque le nom Kankanranta apparut. Il était question d'un certain Seth Kankanranta. Peut-être l'homme qui figurait sur la photo de mariage posée sur le secrétaire ?

— Le grand-père maternel de votre mère, dit Thore.

Quelqu'un avait volé le bateau de Seth Kankanranta juste avant le cambriolage. On l'avait retrouvé deux jours après, vers Heinäsaari.

— Heinäsaari est un îlot, expliqua-t-il. L'été, on y amenait les vaches paître. Il appartient à la Suède, mais là-bas on est tout près de la côte finlandaise, alors ils ont imaginé que les voleurs avaient pris la fuite en Finlande.

Ils avaient contacté la police à Torneå, sans résultat.

Katrine referma le classeur.

— Deux crimes non résolus sur le même domaine, dit-elle, est-ce que vous pensez que c'est un hasard ?

— Il ne peut guère être question du même malfaiteur.

Son regard perçant la força à détourner les yeux. Un peu comme si elle commettait elle-même un crime en omettant de lui dire ce qu'elle savait. Comme s'il était encore en service. Elle avait le sentiment que ce qui s'était passé il y a si longtemps n'avait pas encore trouvé son terme. Le présent, comme une fine couche sur le passé : de la glace fragile, on y marche sur la pointe des pieds, en dissimulant et en se taisant. Ce n'était pas encore terminé.

— De toute façon, on ne saura jamais, dit-il en claquant la paume de sa main sur le classeur. Sauf si on met en chantier une route ou si on retrouve par hasard le butin dans une tourbière.

— Ou sur l'îlot, dit Katrine.

— Vous n'avez pas lu jusqu'à la fin ? Ils ont cherché des jours et des jours là-bas.

Dans l'entrée, elle le remercia avant de lui dire au revoir.

— On peut se demander si on se donnera un jour la peine de construire de nouvelles routes par ici, ajouta Thore Palo.

Une neige immaculée recouvrait les tombes. À peine quelques traces de vie, çà et là, des monticules colorés en forme de fleur, et des bougies éteintes enfoncées dans la neige.

— J'aime bien me balader ici, dit Sofia qui précédait Katrine sur le chemin déblayé. C'est si calme. Ils sont à l'abri de ceux qui voudraient leur faire du mal.

Elle s'immobilisa un instant entre deux énormes bouleaux, en désignant un caveau.

— La seule chose effrayante, c'est ceux qui ne sont pas encore morts, même si leur nom est déjà inscrit là.

Katrine se pencha pour lire l'inscription. Le mari était mort depuis dix ans, mais pour la femme, Helga Mäkitalo, il n'y avait encore rien. Juste un espace vide où serait, un jour, gravée une date. Elle voulait comprendre. Était-ce moins cher de faire graver les deux noms en même temps ? Ou s'agissait-il d'une marque d'amour au-delà du mariage, plus loin encore que la promesse de s'aimer l'un l'autre jusqu'à ce que la mort les sépare, Amen ? Même la mort ne séparerait pas le couple Mäkitalo : un peu comme si le mari mettait un pied hors de la tombe pour inciter sa femme à le rejoindre. Quelle

pensée morbide ! L'affirmation sans fioritures de la fini-
tude de toute vie.

— Qu'est-ce qui se passera, tu penses, si elle rencontre
quelqu'un d'autre ? dit Katrine.

— Ici ? À Kivikangas ?

Sofia fit la grimace et se dirigea vers le mur en pierre,
de l'autre côté de l'église. Une bâtisse blanche en bois,
sans clocher. Lorsqu'elles en firent le tour, Katrine découvrit que le clocher était derrière, posé à même le sol,
comme si Dieu avait ôté son chapeau.

— Voilà, c'est là, fit Sofia.

Une petite pierre tombale à l'ombre de deux énormes
caveaux familiaux. Simple et discrète. La pierre n'était
pas aussi polie que celle de tombes plus cossues alentour. Presque brute, avec un texte court et informatif :
Siri Kankanranta, née le 18 janvier 1911 et morte le
3 mai 1974.

C'était tout.

Katrine sortit une bougie achetée chez Ikea et la
déposa dans la neige. Elle se gela les doigts en essayant
de craquer l'allumette.

Soixante-trois ans, pensa-t-elle. Elle a seulement vécu
soixante-trois ans.

Le vent s'obstinait à éteindre la bougie. Ce n'est qu'au
quatrième essai qu'elle arriva à allumer la mèche. La
flamme vacilla.

— Elle va s'éteindre, dit Sofia.

Katrine rapprocha la bougie de la pierre tombale.
Elle creusa un petit trou pour la mettre à l'abri. Elle
voulait laisser s'installer un sentiment de sérénité et de
calme, comme pour percevoir une présence. Mais elle

ne sentait que le froid du sol traverser ses semelles. Elle posa la main sur la neige immaculée de la tombe, laissa une empreinte et se releva.

Une femme âgée s'agenouilla et disparut derrière une pierre tombale un peu plus loin.

— Tu sais où se trouve le caveau de la famille Pelttari ? demanda Katrine.

— Je vous ai dit que je les connais tous.

— Incroyable.

Le caveau familial de Carl et Hilma était situé tout près de l'église. Un bel endroit, à l'ombre des bouleaux, avec une vue dégagée sur le fleuve.

— Je m'en étais fait un défi quand j'y travaillais, dit Sofia. Je me forçais à en apprendre dix par jour et j'inventais des mélodies pour chaque nom que je chantais ensuite dans ma tête.

La pierre avait une tout autre allure que celle de Siri : du granit poli avec une croix gravée. Ils s'étaient suivis dans la mort, Hilma n'avait survécu que trois mois à son mari. Les arrière-grands-parents du côté maternel : l'homme qui avait mis son fils à la porte et la femme qui avait laissé faire. Katrine ne perçut aucune présence à cet endroit-là non plus. Une pierre muette et de la neige d'une épaisseur de plus d'un mètre. Si c'était là qu'elle devait trouver ses racines, c'était de toute façon trop tard. Elle ne pourrait pas les déterrer. Ses ancêtres étaient morts et décomposés, perdus quelque part dans les profondeurs du permafrost. Mais après tout, il n'y a que les arbres qui ne peuvent pas vivre sans racines.

— Je me demande s'ils vont enterrer Erik le Lapon ici, dit Sofia en désignant de la tête la pierre d'à côté. Elle faisait au moins le double de celle de Pelttari et projetait une ombre derrière elle. Les noms y étaient gravés avec une dorure légère. Si Hilding Svanberg avait prêché, de son vivant, l'humilité, il avait changé d'idée en ce qui concerne la mort. Le nom de sa femme, Aili, était également gravé, mais dans des caractères plus petits. Un petit Arne y reposait aussi. Il était né en juin 1941 et mort trois semaines plus tard.

— Vous pensez qu'ils vont les retrouver ? dit Sofia.

— Les assassins d'Erik le Lapon ? Je n'en ai pas l'impression. Katrine lui jeta un regard furtif. Enfin, s'ils étaient plusieurs.

— Cela ne peut pas être l'œuvre d'un seul homme. Sofia regardait fixement le granit. De la neige se détacha de l'arbre, lorsque quelques corneilles s'y posèrent.

— Pourquoi tu dis ça ? demanda Katrine. La police ignore toujours combien ils étaient, si on en croit les journaux.

Sofia tourna les talons et se mit à marcher vers la grille. Elle avait les jambes minces, un dos bombé par la doudoune et les mains fourrées dans les poches.

Katrine la rattrapa.

— Que disent les gens ? Tu as entendu autre chose que ce qu'écrivent les journaux ?

Sofia s'enfonça le bonnet sur la tête, se masquant presque entièrement les yeux.

— Je dois rentrer maintenant, dit-elle avant de s'éloigner.

Uhtua, le 4 mars 1933

Chère Siri,

L'hiver est rude, mais on peut voir des progrès partout. Le travail sur la route 89 avance, même si on manque de matériel. Des saboteurs cherchent à nous retarder. L'Union soviétique a de nombreux ennemis. Nous avons appris dans le journal qu'en Europe les gens en sont à se nourrir de leurs morts. Comment vous vous en tirez avec la famine ? Beaucoup d'enfants sont décédés ici, à Uhtua, cet hiver, même des enfants suédois. Les médecins restent impuissants bien qu'en Union soviétique, nous ayons un des meilleurs services médicaux. Je pense souvent à vous, à la maison. J'ai peur que la petite vienne à tomber malade.

L'été prochain, les objectifs du plan quinquennal seront atteints, avec un an d'avance ! Je viendrai alors vous chercher, toi et la petite.

Je te le promets.
Ton Gunnar

Elle ne voulait pas s'encombrer de la porcelaine dans l'armoire. Elle fit glisser dans son sac à main la photographie de Siri et Ingrid, les lettres et le manifeste. Rien d'autre. Elle hésita longtemps devant le coffre aux vêtements. La robe verte était trop courte, mais peut-être aurait-elle pu l'utiliser comme tunique. Elle la déplia. La tante de la grand-mère, celle qui avait tout perdu aux États-Unis, devait être plutôt large d'épaules. Elle replia la robe et la laissa dans le coffre, qu'elle repoussa sous le canapé-lit.

Elle embrassa du regard une dernière fois la pièce du bas.

Est-ce qu'il en resterait quelque chose une fois que le nouveau propriétaire l'aurait rénovée. Les murs peut-être ? Ne valait-il pas mieux recommencer en faisant table rase de toute cette misère, de tout ce chagrin ?

Elle ferma la porte à clé et s'immobilisa dans l'escalier. Elle jeta un œil vers le fleuve et respira profondément, un air pur et glacial. Les motoneiges, au loin, vrombissaient, survolant la glace vers la rive finlandaise.

Elle pensa à Ingrid. Enceinte de Katrine quand elle enterra sa mère en mai 1974. Le printemps devait déjà être là. Elle avait peut-être fait une pause ici, sur la même marche. Qu'est-ce qu'elle avait pu ressentir ? Le regard de Katrine se perdit dans l'immensité devant elle. Le sentiment d'une solitude infinie qui la submergeait. Laisser là l'enfance, derrière soi, et arriver à se dire que, sur cette terre, plus personne ne vous connaissait vraiment.

Est-ce cela, la liberté ?

Elle se pencha, tâtonna pour trouver le petit clou sous l'escalier. Elle y accrocha la clé.

Dans le rétroviseur en s'éloignant, elle vit la maison de Kankanranta s'effacer, se fondre derrière les arbres. Et puis plus rien.

— Quelle merde, pouah ! s'écria Empo en assenant un coup de poing sur la radio, qui se tut pour de bon. Les ouvriers se prostituent pour quelques billets de plus et le fouet siffle en permanence au-dessus de la tête des chômeurs. C'est la même politique de droite qu'autrefois, ils ont simplement changé de déguisements.

— En parlant de chômage, dit Katrine, comment vous avez fait pour réunir l'argent nécessaire à l'achat des billets, pour le voyage en Russie ?

Empo traînait les pieds en avançant vers l'évier. Il remplit une casserole d'eau.

— Je n'ai plus que ce café soluble. Un goût de merde, ils m'ont pris la cafetière électrique, sous le prétexte qu'elle pouvait prendre feu si j'oubliais de l'éteindre.

— C'était vous, n'est-ce pas ? Toi et Gunnar, qui avez volé la Caisse agricole.

Le vieil homme vacilla. Puis, elle eut le sentiment qu'il se redressait, s'emplissant d'une force qu'il n'avait plus mais dont son corps se souvenait encore. Pendant quelques secondes, elle s'imagina le jeune homme indomptable de seize ans, celui qui n'avait jamais obéi aux mots d'ordre, qui avait défié les autorités, qui avait osé rêver grand et dangereusement.

— Ben, diable, c'est vrai, dit-il en transportant jusqu'à la table la casserole d'eau chaude, en équilibre précaire sur le déambulateur.

Elle résista à l'envie de se lever pour l'aider. Laisse-le au moins servir le café à la seule femme qui ne vient pas chez lui pour lui torcher le cul, pensa-t-elle.

— Tu n'es pas de la police, par hasard ? demanda-t-il en plissant les yeux vers elle, au moment où il se rasseyait à table.

— Non, dit-elle, et je promets de ne rien raconter à personne, si c'est ce que tu souhaites.

— Tu pourrais écrire un livre, dit-il, un… comment dit-on déjà, un roman policier.

Ses yeux brillaient, amusés.

Elle n'aurait jamais cru qu'il avouerait aussi facilement. Comme s'il avait attendu ce moment, enfin ! Comme si on lui enlevait le poids d'un secret enfoui au fond de lui pendant quatre-vingts ans. Quatre-vingts ans. Empo Björnfot touilla le café mais oublia de le boire.

Le destin se moquait d'eux en ce maudit mois d'août 1931. Il semblait que même Oskar ne puisse pas partir, finalement. Alors qu'il était invité par l'Union soviétique ! La direction de l'assistance publique de la commune Karl-Gustav, où se trouvait Kivikangas, n'en avait cure : elle ne subventionnait pas de voyage vers la Russie. Les habitants de Kiruna, même pauvres et sans carte du parti, pouvaient émigrer, tandis que les communistes orthodoxes et les révolutionnaires convaincus de Kivikangas étaient obligés de rester dans ce putain de village.

Au début, c'était une idée parmi d'autres, une idée qui avait germé dans la tête de Gunnar, un soir où les frères Björnfot avaient volé un quart de litre à leur père. Ils avaient pêché et grillé le lavaret, et ils le mangèrent avec les doigts.

C'étaient les riches, expliquait Gunnar, ces satanés paysans qui empêchaient la révolution de prendre racine. En ce moment même, ils constituaient des réserves. En Union soviétique, c'étaient les paysans qui avaient formé des unités contre-révolutionnaires. Ils brûlaient même les récoltes pour éviter d'avoir à partager avec le peuple. Et, ici, le jour où la crise se ferait sentir, où la nourriture viendrait à manquer, on pouvait être sûr qu'ils surveilleraient de près leurs domaines. Et ils tireraient sur les ouvriers comme on avait tiré à Ådalen. Jamais un paysan de droite ne partagerait sa nourriture avec un révolutionnaire affamé.

Gunnar l'avait appris à ses dépens.

Et pourtant ils en avaient de l'argent. Il les avait vus, les paysans du village venir faire des dépôts, des billets de cent et parfois plus, du temps où il avait fait l'apprenti à la Caisse agricole. Avant que son père ne le mette à la porte.

Ils en avaient discuté de nombreuses nuits. Oskar était celui qui doutait le plus. C'était quand même la chair de sa chair à Gunnar. Ils pourraient brûler en enfer pour un pareil forfait et puis, s'ils se faisaient prendre ?

L'enfer n'existe pas, disait Gunnar. L'enfer, c'est ici, sur terre. En Union soviétique, ils sont en train de raser les églises, en ce moment même.

— On les a tous bien eus, ah, bon sang, on les a eus.

Empo riait à gorge déployée, en faisant voler la cendre hors du cendrier.

Déjà le sept août, ils avaient fait leurs adieux à la famille Björnfot et à d'autres personnes dans le village. Quant à Gunnar, il ne disait pas au revoir à sa famille, mais à Siri. Il était très en retard quand il arriva enfin au point de rendez-vous, sur la rive du fleuve. Empo avait cru un moment qu'il avait changé d'avis. C'est long-temps après leur arrivée en Carélie soviétique, qu'il avait su pourquoi Gunnar avait été si long. Siri avait confié à Gunnar qu'elle était enceinte de lui, elle en était sûre. Empo avait dû jurer de ne le raconter à personne. Si jamais Seth Kankanranta apprenait qui était le père de l'enfant, il ne laisserait jamais partir Siri. Plutôt la laisser se noyer dans le fleuve que de la voir se marier avec un communiste et émigrer en Russie. Gunnar avait hésité, bien sûr qu'il avait hésité à laisser sa femme enceinte et Siri voulait absolument venir, aussi. Elle était prête à quitter le village sur-le-champ, mais il ne pouvait pas emmener une femme enceinte dans un tel voyage. Pas de cette manière-là en tout cas.

Ils s'étaient cachés pendant deux jours sur un des plus petits îlots. La nuit du neuf août, ils atteignirent la côte à la nage, juste à l'extérieur du village. Ils firent sécher leurs habits au vent, dans la forêt proche de la tourbière, à l'ouest de Rauhala. Ils subsistaient grâce aux provi-sions que la mère d'Empo avait quémandées au reste de la famille, en pensant qu'ils partiraient sans délai pour l'Union soviétique. Siri avait volé du lard chez elle et l'avait donné à Gunnar.

— Bientôt, on mangera du lard comme ça tous les jours, avait dit Empo, allongé sur le sol, à la lisière de la forêt, les yeux plantés dans le ciel, là où les cimes des pins se touchaient.

Le lendemain matin, pendant que tout le monde travaillait aux champs à enlever les fanoirs, ils étaient retournés en cachette au village. Ils s'étaient cachés dans un réduit, sous l'escalier, à Rauhala, en attendant le soir et l'ouverture de la porte. Oskar leur donnerait l'alerte.

C'est Gunnar qui avait porté le coup, avec le manche d'une pelle, sur la tête de Carl Pelttari. Il s'était écroulé immédiatement. Ils lui bandèrent les yeux avec une écharpe et lui ligotèrent les mains. Ensuite, Empo monta la garde pendant que les deux autres vidaient le coffre.

Avant de quitter Rauhala, ils assénèrent un coup de poing à Oskar. Il réclama aussi un coup avec le manche de la pelle, histoire de pouvoir se prévaloir d'une bosse bien visible. C'est Gunnar qui l'avait frappé, au grand dam d'Empo, qui se serait fait une joie de battre son frère, pour se venger de tous les coups qu'il avait reçus.

Quand Carl Pelttari commencerait à geindre et à remuer, Oskar l'aiderait à se libérer de ses liens et irait prévenir le reste de la famille.

Empo et Gunnar avaient galopé jusqu'au point de rendez-vous, un kilomètre plus au sud sur le fleuve. Ils n'avaient jamais su le nom du capitaine, mais son prénom était Jussi. Il les avait conduits jusqu'à la rivière Kukkola. Là, il les avait débarqués un peu avant les rapides. Puis, ils avaient avancé vers l'intérieur du pays, à travers la forêt, vers Nikkala. Pendant trois semaines, ils s'étaient cachés, louvoyant prudemment entre mer et forêt. Personne ne pensait à les chercher de ce côté-là, tout le monde était convaincu que c'étaient les voleurs qui avaient laissé le bateau de Seth Kankanranta sur l'îlot Heinäsaari.

— Et c'était vrai, dit Empo en gloussant, mais on l'y avait laissé avant le vol.

Leur contact s'était occupé de l'achat d'un tracteur d'occasion et d'une voiture, qu'ils payèrent avec l'argent du vol. Ils réglèrent d'avance le billet d'Oskar. Empo et Gunnar reçurent les autorisations d'entrée dans le pays, les billets et les passeports, juste avant d'embarquer clandestinement sur le bateau. De vrais passeports, pas ceux qui circulaient à l'époque et qui servaient à faire entrer un peu tout le monde dans le pays. Bien plus tard, Oskar leur avait raconté que personne n'avait pensé à les soupçonner. Tout le monde les imaginait déjà loin lorsque le vol avait été commis.

Leur départ avait eu lieu pendant la nuit. Mais, après qu'ils eurent changé de bateau à Stockholm, le voyage s'était poursuivi en plein jour, à bord du *Proletarni*, vers Leningrad. Personne ne pourrait jamais deviner comment ils s'y étaient pris.

— Sur le bateau, la nuit où l'on a quitté le port, il m'a affirmé que, quoi qu'il arrive durant le voyage, il ne reviendrait jamais. Pas après tout ce qui s'était passé.

Katrine s'excusa pour aller aux toilettes. Elle s'était retenue pour ne pas perturber la fin du récit. Elle urina sans s'asseoir, pour éviter tout contact avec les taches marron sur la lunette des toilettes.

Il ne restait qu'une petite heure avant le départ de l'avion. Elle alla chercher sa veste et l'enfila dans la cuisine.

— Vous n'avez pas envie de savoir ce qui est arrivé à votre frère ? demanda-t-elle.

— J'sais pas… Empo fixa un petit moment les motifs sur le rideau. Le silence se fit pesant. Lorsqu'il se retourna, toute trace d'aventure avait disparu de ses yeux. Plus aucune étincelle du jeune homme. Chagrin, vieillesse et paupières lourdes.

— J'imagine que c'est trop tard pour savoir, dit-il.

On avait déplacé Ingrid Hedstrand dans un autre service, trois étages plus haut. Sa chambre donnait sur des champs et, de l'autre côté, sur d'immenses immeubles modernes. Katrine patienta dans la salle de jour pendant que le personnel aidait sa mère, aux toilettes. Elle était étonnée de voir à quelle vitesse les bâtiments étaient sortis de terre, avaient émergé des champs et de la boue : un complexe architectural au milieu de nulle part.

Elle abandonna hauteurs et vertiges pour s'asseoir près de sa mère.

Lors du rendez-vous avec la personne en charge d'Ingrid, ils étaient tombés d'accord sur le fait qu'elle serait placée dans un logement collectif. Il fallait maintenant attendre un décès, pour qu'un logement se libère.

Katrine essaya de capter son regard.

— J'ai quelques papiers que tu dois signer pour qu'Anders et moi nous puissions nous occuper du reste.

Elle voyait bien qu'Ingrid comprenait mieux ce qu'elle lui montrait. C'était lisible dans son regard, ça se sentait dans sa façon d'être. Katrine resta avec elle pendant un long moment, lui parlant de Kivikangas, de la neige qui lui arrivait jusqu'à la taille et d'Anna, son ancienne camarade de classe. Elle raconta qu'elle avait allumé une bougie sur la tombe de sa grand-mère et qu'elle avait trouvé des vêtements au grenier. Elle avait posé la photographie de Siri et d'Ingrid sur la table de chevet et Ingrid l'avait gardée longtemps dans les mains, en murmurant quelques mots, en finnois de Tornédalie.

Katrine enleva la tasse de café et posa la procuration devant sa mère.

— Tu n'as qu'à signer ici, dit-elle, en indiquant l'endroit sur le papier. C'est pour que l'on puisse vendre la maison.

Ingrid ne réagit pas.

— Maman, la maison va tomber en ruine si personne ne s'en occupe.

Sa mère se pinça les lèvres. Elle tenait le stylo de sa main tremblante.

— Il faut qu'on puisse payer tes factures aussi.

Katrine lui guida la main jusqu'au bon endroit. Lentement, elle signa, une écriture fébrile, qui n'avait plus grand-chose à voir avec celle que Katrine lui connaissait. Après le prénom, elle commença à former une majuscule, dessina lentement un K, et il y eut comme un frémissement dans la chambre : elle écrivit Kankanranta, Ingrid Kankanranta.

— Non, maman, tu ne peux pas signer Kankanranta.

Heureusement, Anders avait imprimé trois copies du document, par précaution.

— Il faut que tu signes Ingrid Hedstrand. Kankanranta, c'est ton nom de jeune fille, et c'était il y a longtemps.

La main frêle se posa de nouveau sur le papier. Katrine répéta le nom à l'oreille, aussi bas que possible, afin que les autres vieux, dans le canapé, ne l'entendent pas, ne s'imaginent pas qu'elle était en train d'escroquer sa propre mère.

— Et il ne reste qu'un document.

Ingrid ne sembla pas s'apercevoir que ce document était différent de l'autre, et ne fit que répéter ce qu'elle venait de faire, en tremblant un peu moins, cette fois-là. Elle avait retenu la leçon.

Katrine rangea les deux documents dans la pochette. Elle poussa la chaise pour être en face de sa mère. Elle reprit sa main dans la sienne.

— Je sais qui était ton père.

Le regard d'Ingrid se fit interrogateur, inquiet, hésitant.

— *Sinun isä*, répéta Katrine. C'était la dernière chose qu'elle avait demandée à Eva-Lena Palo, comment le prononcer. *Oli Gunnar, Gunnar Pelttari.*

Sa main se contracta rapidement, ou était-ce l'effet réflexe ? Elle se mit à la serrer un peu plus fort. Katrine posa l'autre main contre sa joue, des rides profondes et le froid de la peau. Une petite étincelle dans les pupilles blêmes et la mère pressa un peu plus la tête contre la main de la fille, comme si elle voulait se rapprocher et profiter encore de la caresse.

— Maman, tu reconnais son nom ? Tu savais où était parti ton père ?

Ingrid lui serra très fort la main, encore plus fort, à lui en faire mal presque.

— *Se lupasi tulla mutta se ei tullu. Meän piti mennä sinne ihanaan maahan.*

Katrine desserra doucement l'étreinte et nota, une retranscription phonétique de ce qu'elle entendait.

— *Mutta se oli vaan Sirin höpötyksiä…*

Elle accompagna Ingrid jusqu'au lit et se tint près d'elle jusqu'à ce qu'elle s'endorme. Ensuite, elle attendit l'infirmière, celle qui venait d'Helsinki, et qui travaillait à l'étage au-dessous.

— Qu'est-ce que cela veut dire ? Katrine lut ses notes. Je ne sais pas si je prononce comme il faut.

L'infirmière gloussa.

— Je ne sais pas si c'est cohérent.

— Qu'est-ce qu'elle dit ?

— Elle parle d'un voyage, qu'ils allaient faire vers un pays merveilleux. Et puis, il y a un homme, qui avait promis de venir, mais qui n'est jamais venu.

La femme lui jeta un regard professionnel, plein de compassion.

— Ça peut évoluer au fil des jours. Parfois, vous savez, ils régressent jusqu'en enfance. C'est comme ça. Elle parle peut-être d'un conte qu'elle a entendu toute petite, ou du voyage vers le paradis, peut-être pense-t-elle que c'est Dieu lui-même qui va venir la chercher…

— Elle sait de quoi elle parle. Qu'est-ce qu'elle a dit d'autre ?

L'infirmière traduisit la dernière phrase et Katrine la remercia.

Un vent humide l'accueillit devant la sortie, de la pluie mélangée à de la neige. Elle se rappela l'étreinte de la main de sa mère : « Mais Siri racontait n'importe quoi. »

Il ne s'habituerait jamais aux changements à la périphérie d'Haparanda. Ikea trônait tel un géant bleu planté sur le côté gauche de la route, flanqué de Candyworld et de tous les autres.

En arrivant à proximité du nouveau rond-point, Thore Palo ralentit pour ne pas rater l'embranchement.

La Tornédalie vivait un nouvel essor économique. Étrange époque. La Botnie du nord et son industrie minière, après une longue agonie, redonnaient des signes de prospérité et tournaient même à plein régime. Incroyable. Et pourtant. Pourtant les jeunes ne trouvaient pas d'emploi. Il avait des amis dont les enfants n'avaient jamais travaillé, même à vingt-sept ans.

Pour les filles, c'était différent. Elles aspiraient à autre chose. Il ne savait pas à quoi exactement, ni si elles trouvaient ce qu'elles cherchaient sur le chemin de l'exode.

Pour lui, le paradis sur terre avait toujours été ici, le seul endroit au monde où il désirait vivre. Une fois ses études achevées, il n'avait jamais plus quitté la Tornédalie.

Haparanda, cette ville qu'il connaissait si bien, lui sembla plus petite qu'autrefois, comme si l'arrivée d'Ikea en avait modifié les perspectives. Le château d'eau n'était plus aussi majestueux et le Grand Hôtel avait quelque chose d'une pièce de musée. Il tourna dans Strandga-tan, vers l'immeuble en briques jaunes où il avait passé quarante ans de sa vie.

— Anttila ne va pas tarder, merci de patienter.

La jeune femme de la réception, une nouvelle, ne le reconnaissait pas. Le temps passe si vite. On consacre sa vie à un travail et on finit par attendre sur la chaise des visiteurs. Comme un livre dont on arracherait toutes les pages pour ne garder que la couverture.

— Salut Thore ! Anttila s'avança et le gratifia d'une tape amicale dans le dos. On revient sur le lieu du crime ? Entre, entre. Tu veux du café ?

— Bon, je passais par là et…

L'inspecteur actionna les boutons de la machine à café et lui fit l'article, toutes les boissons qui s'offraient à lui. Il était un peu trop cordial et joyeux à son goût. Thore choisit un cappuccino et se souvint de la vieille cafetière, le goût amer du café de l'après-midi, celui qui avait stagné dans la cafetière allumée. Parfois, le café cra-mait au fond.

— Vous avez trouvé l'arme ? demanda-t-il, comme ils marchaient dans les couloirs.

— Elle est probablement loin à présent.

— Je ne miserais pas tout sur les Russes, à votre place. Thore salua la femme de ménage d'un signe de la main. Elle lui rendit son salut de l'autre bout du couloir. Tu sais ce que j'ai l'habitude de dire ?

— Oui, mais tu as l'habitude de dire tellement de choses que là, je ne vois pas où tu veux en venir. Anttila s'assit à son bureau en riant.

Thore se posa péniblement sur une chaise à côté de la porte.

— De ne pas perdre de vue ce qui est là, sous nos yeux. La réponse est quelquefois plus évidente qu'il n'y paraît à première vue.

— C'est-à-dire ?

Anttila saisit sa tasse et se balança sur la chaise.

— La famille de Svanberg, dit Thore en se redressant, l'autorité d'autrefois revenait, je sais qu'ils mentent. Ou au moins un des membres de la famille. Une certaine Gudrun Petterson, nièce et héritière de Svanberg. Domiciliée à Stockholm.

Tout en parlant, il réalisa que Mourmansk était plus proche de Kivikangas que Stockholm.

— Et donc ?

Thore le mit au courant en quelques mots, lui confia les informations qu'il avait pu glaner sur les héritiers de Svanberg, la malveillance et les mensonges, en tournant les choses comme s'il était tombé dessus par hasard. Malgré ses doutes sur les capacités de ses anciens collègues, il considérait que c'était quand même à eux de s'occuper du dossier. Au fond de son vieux moi d'inspecteur, les détectives privés étaient à mettre sur le même plan que la peste ou le choléra. Il se garda de parler en détail de la requête auprès de la commune, pour ne pas s'appesantir sur les indiscrétions de la fille de Saga (Qui n'avait jamais violé le secret professionnel ? ! Ce n'est pas lui qui allait jeter la première pierre !). Il raconta l'entretien avec Gudrun, comme s'il avait appelé en ami, pour évoquer l'enterrement, une discussion qui avait dégénéré, envenimée par les médisances de Gudrun.

— Les gens sont avides, commenta Anttila lorsqu'il eut fini, mais l'avidité n'est malheureusement pas un crime.

Thore se passa la main dans les cheveux : il lui en restait bien plus que son collègue.

— Je ne suis pas en train de dire que Gudrun Petterson a fendu le crâne de Svanberg à la hache, mais il est clair qu'elle ment. Un enquêteur au fait du dossier devrait lui rendre visite et la mettre un peu sous pression.

Anttila griffonna quelque chose sur le papier devant lui.

— Nous avons trois voitures, dit-il.

Thore mit quelques secondes à comprendre, son cerveau était tellement focalisé sur la famille, la manière détestable dont ils avaient essayé de déloger Lars-Erkki. Chez lui, ses conjectures lui avaient paru si pertinentes.

— Trois ? Des Volvo 740 ?

Anttila donnait des petits coups sur le clavier pour que l'écran s'allume.

— Certes, une des trois est noire, mais peut-être qu'ils ont mal vu : il faisait nuit.

Thore ressentait un mélange de déception et d'excitation.

— Vous les avez identifiées ?

— Presque, oui.

De quelques clics, Anttila ouvrit le document en question et Thore vit un petit sourire se dessiner au coin des lèvres de son ex-collègue. Il y avait maintenant de la suffisance dans sa voix, ce qui lui donnait un air plus âgé, une fatuité que Thore ne lui connaissait pas.

— On peut oublier l'une des voitures. Des retraités de Mourmansk venus acheter des meubles *Lack*

chez Ikea, tu sais les petites tables qu'ils font en différents coloris…

Anttila poursuivit la lecture du document : «… des
fauteuils *Tullsta,* des serviettes, des macaronis en forme
d'élan et des bougeoirs, presque une centaine de ces
petits bougeoirs en verre. On pense qu'ils les revendent
pour payer l'essence du voyage, c'est du moins ce que
l'on peut leur souhaiter. Ils sont passés par Raja-Jooseppi
deux jours avant le meurtre et sont rentrés en passant
par Torneå, à 23 h 47, le soir du crime. En théorie, ils
auraient eu le temps de tuer Svanberg et de passer ensuite
devant les caméras de la douane avant minuit, mais je
ne vois pas bien pourquoi ils auraient pris la peine de
rapporter un fauteuil *Tullsta* d'une telle expédition. Et
puis ils ont un casier judiciaire vierge, ce qui doit être
un exploit là-bas. Même Staline, à l'époque, ne semble
avoir rien eu à leur reprocher. »

Thore sourit poliment.

— Et les autres ?

— Ensuite, il y a la Volvo noire. Elle est passée par
Petsamo neuf jours avant, et elle est restée trois jours à
Rovaniemi, ce qui a été confirmé par l'hôtel. Un homme
d'affaires, quarante-deux ans, qui est descendu à Sokos,
avant de passer du côté suédois à Pello. Il prétend nouer
des contacts commerciaux dans la région de Barents.

— Quel genre de contacts ?

— Des sociétés d'intérim, des salaires suédois et finnois, de la main-d'œuvre russe, et beaucoup de profit
pour les intermédiaires. Ça pourrait bien sûr constituer
un délit, mais il n'a pas encore démarré son activité,
donc difficile de prouver quoi que ce soit. Il est entré en

Norvège quatre jours après le meurtre, avec l'ambition d'ouvrir boutique à Narvik et Tromsö.

— Sans casier judiciaire ?

— Quelques infractions fiscales. Pas de violence notable, selon Mourmansk.

Thore regarda par la fenêtre : les bouleaux le long du front de mer, les magasins qui poussaient autour de la frontière. Le temps de sa vie professionnelle, il avait traversé la guerre froide. Il avait du mal à s'habituer à l'idée que l'on puisse communiquer avec les collègues à Mourmansk comme… comme avec des collègues justement.

— Et puis, on a ces gars-là. Anttila toucha du doigt un coin de l'écran. Ils étaient deux dans la voiture, mais on n'en a identifié qu'un pour l'instant. Il croisa les bras sur la poitrine et tendit les jambes sous le bureau. Un homme d'une trentaine d'années, condamné pour divers coups et blessures et plusieurs petits vols sur des chantiers, entre autres. Il a déjà passé un an en prison.

— Fichtre !

— Tu l'as dit, répondit Anttila. Ce voyou a emprunté la Volvo de son oncle sans permission et a probablement produit un faux. Sinon, il aurait certainement été arrêté en passant la frontière entre la Russie et la Finlande, à Salla, il y a vingt-deux jours, c'est-à-dire à peu près une semaine avant le meurtre. Il semblerait qu'ils soient ensuite allés tout droit à Torneå. Autant dire qu'ils ont bien eu tout le temps de se balader par là-bas.

— Qu'est-ce qu'ils racontent ?

— On ne leur a pas encore mis la main dessus.

Thore termina son cappuccino, qui avait refroidi. Il avait meilleur goût qu'à son époque.

— Et quand sont-ils rentrés chez eux ?

— Jamais, dit Anttila, en tout cas pas par un passage surveillé par la douane. Il tapota avec le stylo sur le bord du bureau, un petit roulement de tambour. Peut-être sont-ils toujours dans le coin.

Rodia Nasaïev ne croyait ni à la chance ni à la provi-
dence.

Il pouvait se féliciter de sa perspicacité. Il avait fait
immédiatement le lien quand on avait retrouvé le cadavre
dans la Neva. Il ne laisserait plus rien lui échapper, jamais.

Pendant que ses hommes discutaient ce soir-là des
résultats du Zénith Saint-Pétersbourg en coupe de l'UEFA,
son regard balayait la salle pour vérifier qu'aucun des invités ne chuchotait ou ne leur jetait des regards de travers.
S'il y avait le moindre haussement de sourcil, il en serait
le premier informé. C'est à ce moment-là qu'il aperçut
le nom du comédien à la télé, au-dessus du bar.

— Montez le son, dit-il d'une voix forte et il se leva.

Le propriétaire du restaurant accourut vers la télécommande. Il s'empressait de faire tout ce que Rodia
Nasaïev et ses hommes lui ordonnaient. Il payait ce
qu'il fallait, quand il le fallait, ce qui lui avait permis de
faire vivre, sans trop de complications, son restaurant
depuis vingt ans.

Le présentateur du journal arrangeait sa cravate.

— Aujourd'hui, Saint-Pétersbourg pleure un immense
comédien, qui restera à jamais dans les souvenirs pour

son interprétation grandiose d'*Oncle Vania* au théâtre Alexandrinsky, il y a vingt ans de cela. À en juger par l'état du corps, la police suppose que le cadavre est probablement resté dans le fleuve plusieurs semaines.

Rodia s'approcha de l'écran et fixa les yeux du comédien : une image en noir et blanc. Il portait une moustache et arborait une cape.

— Quelle histoire tragique, murmura le propriétaire en lustrant le bar, jusqu'à le faire briller, pendant que la caméra zoomait sur un immeuble délabré, côté Petrograd de la Neva.

L'acteur avait vécu seul dans une location. Le propriétaire de l'immeuble ne se rappelait pas la dernière fois qu'il l'avait vu. Selon la police, il s'agissait probablement d'un accident.

Rodia Nasaïev jurait en rejoignant les tables : toutes les insultes des prisons russes, qui s'apparentaient pour lui à une langue maternelle. Il frappa du poing sur la table, si fort que les verres tremblèrent.

— Cet homme ne vivait pas à l'adresse qu'ils indiquent.

Les hommes autour de la table se dévisageaient : quel homme ? Le propriétaire se retira derrière la porte. Le reste des invités se boucha les oreilles et concentra son attention sur la nourriture.

Rodia pointa du doigt la télé où un dernier portrait du comédien s'afficha avant de disparaître.

— Cet homme habitait un appartement sur Ulitsa Rubinsteina.

Il vida son verre, cul sec et se dirigea vers la sortie. Ses acolytes trouvèrent bon de le suivre.

Ils montèrent dans la Rolls-Royce Phantom Coupé du patron. Ils continuaient à l'utiliser, bien qu'ils n'aient plus revu Dimitri Rykov depuis plusieurs semaines, depuis le jour maudit où il était entré dans l'immeuble sur Ulitsa Rubinsteina et y avait disparu.

— L'appartement, au deuxième étage. Le nouveau propriétaire, toujours absent.

Rodia tourna la clé du démarreur et les 1 600 diodes lumineuses s'allumèrent pour former une constellation au-dessus de leurs têtes.

— Là où personne ne nous a ouvert ?

Il hocha la tête dans le rétroviseur intérieur et savoura la qualité de la suspension en tournant dans la Nevski. Il garderait bien cette voiture, elle lui plaisait. Après le fleuve, il prit sur la droite et se gara devant l'immeuble sur Ulitsa Rubinsteina. Il leva la tête vers la façade silencieuse. Il entendait à nouveau la voix qui se moquait de lui, qui le traitait de *jeune coq ridicule et impotent*, la voix du patron.

Un garde du corps ne doit pas s'assoupir pendant le service, mais Rodia Nasaïev s'était endormi ce soir-là et ne s'était réveillé qu'avec les premières morsures du froid. Il dirigeait une force de sécurité et il avait laissé l'homme qu'il protégeait disparaître. La seule chose qui lui tenait à cœur désormais c'était de retrouver le corps de Dimitri Olegovitch Rykov et de mettre la main sur ceux qui l'avaient éliminé, qui faisaient de lui la risée de tout Saint-Pétersbourg. Ils riaient maintenant, de Ieka-terinbourg à Moscou, sans parler de ces foutus étrangers, les Tchétchènes, qui se préparaient à prendre le pouvoir. Même le bâtiment le toisait avec dédain de tous ses orne-ments prétentieux, ses couronnes d'oliviers à la mémoire des victoires russes d'antan. Il sentait des regards sur lui, tous ces gens qui se cachaient derrière d'épais rideaux, priant pour qu'on les oublie.

La maîtresse n'habitait plus au cinquième étage. Ils avaient interrogé cette pute puis jeté ses restes dans une ancienne déchetterie à l'autre bout de Saint-Pétersbourg. La poitrine découpée en rondelles, les doigts brisés un à un et les jolies jambes de ballerine fracturées à quatre endroits. Personne ne reconnaîtrait son visage. Et malgré tout, elle avait maintenu que Dimitri Olegovitch n'était jamais venu la voir ce jour-là. Sur la fin, elle était prête à dénoncer le concierge ou l'homme du bureau de tabac et même son ancien responsable au Théâtre Mariinsky. Mais Rodia n'était pas dupe de ce genre d'aveux, ceux qui crient n'importe quoi uniquement parce qu'ils ont encore la force de le faire.

Et puis, il n'y avait pas de concierge. Il était mort quatorze ans plus tôt et n'avait jamais été remplacé. Ils avaient visité tous les appartements et avaient interrogé les voisins sur ce qu'ils avaient vu et entendu, d'où ils étaient originaires, quels types de relations ils entretenaient. Ils avaient été plus durs avec un couple qui venait de l'Oural. Rodia et ses hommes savaient que des groupes de Iekaterinbourg s'infiltraient à Saint-Pétersbourg pour prendre le contrôle des ports et des voies maritimes. Cela pouvait être aussi un coup de la bande de Tambov, qui revenait aux affaires bien que le groupe ait été décapité, les leaders interpellés à Moscou et sur la Costa del Sol, quelques années plus tôt. On ne pouvait plus être sûr de rien. L'argent se volatilisait et les entreprises changeaient de propriétaire. Elles faisaient faillite, sans que l'on sache pourquoi. Des forces hors de contrôle, plus rien à voir avec les armes lourdes ni avec les vieux systèmes d'alliance, et personne ne savait vraiment avec qui les Tchétchènes négociaient en secret. Si on se fiait à Rodia Nasaïev, les guerres entre bandes rivales ne tarderaient pas à éclater dans les rues de Saint-Pétersbourg.

Ils y allèrent franchement avec la porte. Une petite dame apeurée, une voisine, leur avait raconté qu'un comédien devait s'installer là. Elle avait entendu son nom quand les ouvriers avaient installé la porte de sécurité, mais elle n'avait jamais eu le plaisir de le rencontrer.

Rodia imaginait bien le genre de type que cela pouvait être, plus âgé qu'il ne paraissait sur les écrans de télé. Un comédien qui rêvait de signer à nouveau des autographes, plus très regardant sur les contrats qui se présentaient, tant qu'il pouvait se payer de la vodka. Et maintenant, son corps était remonté à la surface de la Neva.

La porte céda et il eut confirmation de son intuition.

Il tendit le bras pour empêcher les autres d'entrer. Il voulait d'abord s'imprégner de la scène.

Le corps gras du patron était étendu sur le sol de l'entrée. Les cicatrices, là où il avait effacé ses tatouages. Un sac en plastique sur la tête, un seul impact de balle. Près de lui, se trouvaient un pistolet neuf millimètres et son téléphone portable éteint.

Rodia fit le signe de croix orthodoxe au-dessus du mort. Les autres l'imitèrent et ils improvisèrent une minute de silence à la mémoire de leur chef.

Sûrement pas les Tchétchènes, pensa Rodia en inhalant l'odeur du cadavre, qui commençait à se décomposer. Du bon boulot. Pas de brutalité inutile. La marque de celui qui ne veut pas laisser de marque, justement. Pas leur façon de faire, pas du tout. Et si c'était l'œuvre d'une bande de Moscou ou de l'Oural, pourquoi dissimuler un meurtre qui aurait pu constituer l'affirmation de leur pouvoir croissant ?

Il se baissa pour ramasser un objet par terre, même s'il savait que ce faisant, il transgressait la loi des voleurs. Chacun se doit de conserver son honneur et le sol est infâme. Il est réservé au *petuh*, le plus bas échelon de la hiérarchie carcérale, ceux qu'il n'effleurerait même pas de la main, mais il avait besoin du téléphone du patron. Il s'avança ensuite lentement dans l'appartement. Aucun mobilier. Personne n'y avait encore emménagé. L'appartement n'avait connu qu'une seule destination : chambre mortuaire. C'était très bien organisé.

Il jeta un œil dans la rue où le trafic de l'après-midi s'étirait par à-coups.

Le partenaire du patron avait disparu, Alexis Saporin. Quelques hommes de Saporin, des membres de son *krysha*, l'avaient contacté il y a une semaine environ, pour lui poser des questions. Comme s'il était au courant de quoi que ce soit. Il remonterait probablement aussi de la Neva un de ces jours.

Rodia embrassa la pièce du regard. Ce meurtre sans signature le déconcertait. Pas un visage, pas un tatouage, pas un nom. Aucune piste qu'il aurait pu suivre.

Des services de sécurité ? Mais lesquels ? Un département de la police ? Avec quelle mission exactement et à la solde de qui ?

Il remit le téléphone en service et tapa le code, sans hésiter. C'était lui qui s'occupait habituellement du téléphone du patron, un incapable pour tout ce qui touchait de près ou de loin à la technique ou aux femmes. Et voilà où ça l'avait mené. Rodia n'avait jamais voulu s'astreindre à des relations stables mais ne se vantait pas pour autant de ses aventures sexuelles. Mais Dimitri Rykov, le bavard, depuis combien de temps entretenait-il la petite ballerine, depuis six mois ?

Tout le monde était au courant, tout le monde savait.

Rodia tapa le premier numéro court, le contact le plus important dans le *krysha* du patron, son protecteur. Un appel qui le menait droit à l'homme dont on ne prononce jamais le nom, un homme qui avait accès à toutes les informations et qui était le mieux rémunéré de tous, dont la vie respectable se nourrissait depuis des années des transferts de fonds liés aux activités de Dimitri Rykov. Rodia sourit en entendant l'homme répondre. Il allait devoir mériter son salaire et trouver celui qui avait mis une balle dans la tête du patron, celui qui se moquait de Rodia. Qui que ce fut, il les forcerait à quitter l'ombre. Il faudrait qu'ils rampent à ses pieds pour qu'il puisse de nouveau trouver le sommeil.

DEUXIÈME PARTIE

En sortant de Saint-Pétersbourg, ce n'était plus que forêts de bouleaux et plaines immenses : un plat pays qui s'étendait vers l'horizon. Par endroits, la neige avait fondu et on distinguait les marais et les marécages.

Katrine se tenait debout dans le couloir du wagon-lit numéro neuf. Elle contemplait le soleil levant tandis que le train roulait lentement vers le nord, laissant derrière lui quelques maisons bleu clair et vert criard. Plus loin, au-delà des confins de la ville, il n'y avait plus que du gris, des bâtiments délabrés, des constructions anciennes, sans doute trop vieilles pour être rénovées. Des villages apparaissaient et disparaissaient aussitôt. Les ruines d'une usine fermée. Des jardins et des champs de pommes de terre. Une vache seule, au milieu de quelques maisons.

Tout ça ne devait pas trop avoir changé, pensa-t-elle. Ils avaient dû emprunter ce même chemin, ces mêmes rails, en septembre 1931. La ligne conçue pour rallier la forêt, la ressource naturelle, la richesse de Carélie.

— La Russie ? ! avait soupiré Anders.

Elle avait dormi chez lui les quelques jours qu'avait duré l'attente à Stockholm. Elle avait été déçue par le manque d'intérêt manifesté par son frère. Il avait de la famille du côté de Gunilla, sa femme. Ses enfants avaient déjà une grand-mère et un grand-père. C'était suffisant pour lui : « Ceux qui comptent, ce sont les vivants et ceux qui sont là quand on en a besoin. »

Et surtout, ce voyage risquait encore de retarder la vente de la maison.

— Une semaine en plus ou en moins, ça n'a pas d'importance, avait argumenté Katrine, on a accepté l'offre, c'est bien ce que tu voulais.

Pour la troisième fois, le contrôleur se frayait avec peine un chemin dans le couloir. Il ouvrit la porte du compartiment et, déterminé, y déplaça la valise de Katrine. Trois hommes dormaient sur les couchettes. Elle murmura une excuse en anglais. Dix minutes plus tard, les trois hommes avaient plié draps et couvertures, enfilé leurs chaussons et transformé les couchettes en sièges. Elle s'étonna du confort, quand même mieux qu'une seconde classe en Suède : télévision au plafond et un samovar au bout du couloir, où une femme de type caucasien lui tendit un verre dans un support métallique plutôt élégant, en lui désignant les sachets de thé.

Sans ouvrir la bouche, les hommes lui indiquèrent la place côté fenêtre.

Les sapins et les pins succédaient aux bouleaux, la forêt devenait plus dense, plus obscure. Ça ressemble à la Suède, pensa-t-elle. Mêmes latitudes, mêmes essences d'arbres. Si on l'avait réveillée à l'instant en lui disant qu'ils se trouvaient au nord de Gävle, elle l'aurait cru : tant qu'elle ne voyait pas les maisons, ces masures délabrées tombant en ruines, avec pourtant de la fumée qui s'échappait des cheminées.

Elle fouilla dans son sac à la recherche de la salade de pâtes qu'elle avait achetée la veille, à l'aéroport de Stockholm. Elle avait pris un vol pour Saint-Pétersbourg et passé une nuit à l'hôtel avant de monter dans ce train pour Petrozavodsk : huit heures de voyage entre Moscou et Mourmansk. Il y avait aussi des trains de nuit, mais elle préférait voyager de jour : elle voulait voir ce qu'ils avaient vu eux, les paysages qu'ils avaient découverts en arrivant.

Alastair avait vite analysé la situation.

— Tu veux mettre de plus en plus de distance entre nous. C'est bien ça dont il s'agit.

— Euh, on ne reçoit pas bien ici… en Russie, tu sais…

— Tout ça est insensé. Tu vas te faire voler ou tuer.

— Cela peut arriver à Londres aussi.

— Rentre à la maison, avait-il dit. On va réfléchir ensemble au problème. Si quelque chose dans notre relation ne te convient pas, on peut en parler.

Je ne veux pas parler avec toi, pensa-t-elle, parce que tu as déjà toutes les réponses et que c'est toujours moi le problème.

Comme il ne lui dit pas « *love you* » en raccrochant, elle n'eut pas besoin de lui répondre.

Soudain, de nulle part, surgit un quai flanqué d'un abri rouillé, sans toit. De grands oiseaux qui prenaient leur envol d'une déchetterie. Des pins courbés comme après une tempête et, tout le long, il y avait des arbres déracinés. Le train ralentit à l'approche d'une autre gare, une petite ville où des wagons abandonnés avaient été annexés aux maisons. Des logements ouvriers vétustes mêlaient leur grisaille désespérée à celle du ciel. Des vieilles dames voûtées arpentaient le quai, vendant des poissons fumés qui dépassaient d'imposants paniers.

Le compartiment sentait la saucisse. Le plus jeune de ses voisins sortit un couteau et se coupa une tranche de pain en guise de repas. Les deux autres avaient des sandwichs tout prêts et de la saucisse tranchée dans des boîtes en plastique. Préparée par leur femme, pensa Katrine. Elle aurait voulu pouvoir converser, savoir qui ils étaient et où ils allaient, mais ils ne répondaient pas aux questions qu'elle formulait en anglais. Ils se contentaient de sourire pour s'excuser ou de faire non de la tête. Ils tournèrent le regard vers la télé et elle se sentit encore plus seule.

On approchait les cinq heures de l'après-midi quand les squelettes des usines abandonnées, à la périphérie de Petrozavodsk, firent leur apparition. Katrine sursauta en découvrant que, même là, de la fumée sortait d'une cheminée. Quelqu'un continuait donc à y travailler, malgré les carreaux cassés et les façades défoncées. S'ensuivaient les sempiternels logements ouvriers, quelques zones pavillonnaires avec les chemins boueux. Puis elle aperçut le lac Onega qui bordait les rails du côté droit. La capitale carélienne s'étendait sur la rive du lac.

Qu'est-ce que je suis venue faire ici ? se demanda-t-elle lorsque le contrôleur plaça à ses pieds une marche, afin qu'elle puisse descendre. Le bitume du quai était perforé à de nombreux endroits. Elle enjamba des tas de sable et emprunta un tunnel sous la voie ferrée. Des pans de carrelage s'étaient détachés du mur et l'humidité avait creusé d'énormes cavités au plafond.

À Stockholm, elle débordait d'enthousiasme mal-gré tout ce qu'elle avait eu à régler, les documents et les appels téléphoniques, le voyage et le visa. Elle avait été très occupée. Mais là, elle sentait le désespoir la gagner. Elle ne comprenait pas les panneaux, encore moins les gens. Gunnar Pelttari et Empo Björnfot avaient dû se sentir comme de parfaits étrangers, une fois projetés dans ce monde, pensa-t-elle en traversant le hall de la gare. Mais elle se souvint qu'à l'époque, le finnois était la langue officielle de la République socialiste soviétique autonome de Carélie. Le carélien était, par ailleurs, très proche du finnois : un même peuple, la même terre, avec les mêmes légendes du *Kalevala*.

Un léger brouillard flottait sur la ville. Tout a disparu, pensa-t-elle, la boue et les baraquements, les toilettes en plein air où les excréments tombaient dans une fosse, en même temps que les rêves de grandeur. En sortant de la gare, elle contempla une immense place où tournaient les voitures et les trolleybus dans une sorte de ballet au ralenti. Une large avenue traversait la ville, rectiligne, de la gare jusqu'au lac Onega. L'avenue portait toujours le nom de Perspective Lénine.

Elle tira sa valise tandis que le vent lui mordait les joues.

« Il y a bien un dossier, c'est sûr », lui dit l'interprète en venant la chercher à l'hôtel Severnaya, le lendemain matin. Elle avait obtenu son contact grâce une organisation œuvrant pour des échanges commerciaux entre la Carélie russe et les pays scandinaves.

Lorsqu'il lui tint la porte, elle nota qu'il était assez beau, des traits slaves, une sorte de virilité mélancolique.

— Je ne sais pas ce que vous pourrez trouver, dit-il. Ça change souvent. Il y a quelque temps, on ne pouvait pas consulter directement les documents, mais un employé du FSB vous lisait des morceaux choisis.

Le Service fédéral de sécurité de la Fédération de Russie, qu'on appelait maintenant FSB, était situé à deux pas de l'hôtel. Un héritier du KGB ou du NKVD, comme on l'appelait à l'époque, lorsqu'ils avaient arrêté Empo.

— Je croyais qu'ils avaient ouvert les archives au public après la perestroïka, dit Katrine.

— Ça dépend de ce qui s'y trouve, répondit Ilya Petrov. Certaines informations sont classées « secret » pour soixante-quinze ans, d'autres pour l'éternité. Pas mal de choses ont aussi été brûlées par les employés du NKVD à la mort de Staline.

Katrine leva la tête vers l'imposant bâtiment en pierre, avec ses fenêtres grillagées. L'entrée était condamnée pour rénovation. Des ouvriers grimpaient le long de la façade pour ajuster des plaques en granit noir autour de l'immense porte. Ils leur indiquèrent une petite entrée sur le côté.

— Vous êtes déjà venu ? demanda-t-elle.

— J'y ai servi quelquefois d'interprète.

Ils entrèrent dans une salle haute de plafond, qui résonnait. Deux hommes en uniforme, assis derrière un bureau, s'ennuyaient ferme.

— Nous devons patienter ici, dit Ilya Petrov en désignant une rangée de chaises en plastique.

Le doigt du gardien faisait tourner le cadran mobile du téléphone. Katrine ne se rappelait pas quand elle avait vu une telle antiquité pour la dernière fois.

Elle tripotait nerveusement l'épaisse chemise de documents dans son sac. Il lui en avait fallu des mails et des coups de fil pour trouver le moyen d'accéder aux archives des services de la Sûreté russe.

En premier lieu, elle avait dû faire la preuve de son lien de parenté : un lien qui n'avait jamais été enregistré nulle part et dont très peu de gens étaient informés. Seul un descendant en ligne directe avait le droit de demander à consulter la fiche personnelle d'un aïeul de l'époque stalinienne.

Elle avait écumé les cafés à Stockholm et travaillé comme si elle approchait d'une *deadline* à la radio : elle avait appelé des hauts fonctionnaires, les uns après les autres et, pour les amadouer, s'était servie de sa qualité de journaliste.

Elle avait réuni les actes de naissance de toute la lignée : elle, Ingrid, Siri et Gunnar Pelttari. Cela s'était avéré plus facile qu'elle l'avait d'abord cru. Eva-Lena Palo avait un cousin qui travaillait aux services fiscaux d'Haparanda. Elle avait également demandé un extrait de l'Office suédois des brevets et des enregistrements pour prouver qu'Ingrid avait changé de nom à sa majorité. Un traducteur, qui travaillait régulièrement en free-lance pour la radio, l'avait aidée à rédiger une lettre en russe où Ingrid Hedstrand affirmait que Gunnar Pelttari était son père, qu'elle n'avait pas connu. Katrine lui avait demandé d'y apposer sa signature tremblante. Elle avait également faxé une traduction en russe de la lettre que Gunnar avait écrite à Siri, avec une copie de la lettre originale, où il affirmait être le père de l'enfant.

Et puis la cerise sur le gâteau, le tampon officiel du ministère suédois des Affaires étrangères. La « magicienne » qui avait contribué à faire apparaître le sceau du ministère s'appelait Ulrika. Une ancienne collègue qu'elle avait rencontrée lors d'un remplacement d'été à la radio locale de Gävle, au milieu des années 1990. Depuis, Ulrika avait connu une ascension fulgurante. Elle était responsable de l'unité en charge de la sécurité au ministère des Affaires étrangères.

Dans la lettre, le ministère recommandait vivement Katrine et demandait la plus grande attention des services russes pour tout ce qui tournait autour de ses recherches. Selon Ilya Petrov, c'était sans doute cela qui avait alerté le FSB et accéléré la procédure.

Des pas résonnèrent dans l'escalier en pierre et l'interprète se leva. Deux femmes en talons hauts et jupes moulantes descendaient en trottinant. La première arborait un chemisier vert émeraude et l'autre un gilet en laine rose. Elle portait un classeur coincé sous le bras. Un agent en uniforme du FSB leur emboîtait le pas. Ils les guidèrent vers une petite pièce.

Les grillages des fenêtres, qu'elle avait pu observer au dehors, s'étiraient du centre vers l'extérieur, comme les rayons d'un soleil. Au milieu de la pièce, une simple table en bois et deux chaises. Le classeur était posé sur la table, le carton couvert de chiffres et de lettres en alphabet cyrillique, avec une multitude de tampons à l'encre noire.

Elle ressentait le besoin d'aller aux toilettes mais comprit que ce n'était pas vraiment le moment.

— Nous avons le droit de lire et de prendre des notes, mais pas d'en faire une copie, expliqua Ilya Petrov.

Katrine s'assit et caressa le classeur du bout des doigts.

— Le numéro du dossier, dit l'interprète en montrant une rangée de chiffres en haut du classeur : 511 372.

L'homme en uniforme se plaça à côté de la porte, les mains derrière le dos. La femme en vert quitta la pièce. Le gilet rose s'assit sur une chaise, le long du mur. Aucun bruit ne filtrait de l'extérieur. Le gardien respirait par le nez.

— Ils vont rester là tout le temps à nous regarder ? chuchota Katrine.

— Ils veillent à ce qu'on suive les règles.

— Deux personnes ?

— On ne sait jamais comment réagissent ceux qui découvrent la vérité sur un parent. Parfois, il y a des émotions fortes.

Pendant une seconde, ses yeux rencontrèrent les siens. Elle s'imagina la portée de cette phrase : ce que certaines personnes avaient appris ici.

— Gunnar Carlovitch Pelttari… lut-il.

— Carlovitch ?

— Son patronyme. Le prénom du père.

Carl, pensa Katrine, Carl Pelttari. Conformément à la tradition russe, le NKVD l'avait forcé à prendre le nom d'un père qui l'avait mis à la porte et dont il s'était vengé en le volant. Il est difficile de renier ses origines.

— Il a été arrêté et placé à la prison de Petrozavodsk le 9 juillet 1937.

— Pourquoi ?

Elle retint son souffle. Ilya Petrov lui jeta un regard.

— À peine un mois après, le sept août 1937, il a été condamné.

— Pour quel délit ?

L'interprète rapprocha le dossier de Katrine, comme si elle pouvait comprendre le russe.

— Vous voyez ici les paragraphes du code pénal, 58:6 et 58:10.

Les chiffres, elle pouvait les lire. Il lui semblait en avoir entendu parler. Quelque chose qu'Empo Björnfot lui avait raconté en lien avec ses sept jours d'interrogatoire par des agents du NKVD. C'était bien au terme du paragraphe 58 quelque chose qu'Oskar avait été accusé ?

— Crime contre l'État, expliqua Ilya Petrov, crimes contre-révolutionnaires. Le paragraphe 58 était utilisé pour tout et n'importe quoi pendant les épurations. Il se frottait le menton en réfléchissant. Il me semble que le paragraphe 58:10 concernait plus particulièrement la propagande contre-révolutionnaire. La peine encourue était de huit à dix ans, souvent davantage et s'effectuait en camp de travail. S'il s'agissait du seul motif d'accusation.

L'interprète se tut et ouvrit lentement le classeur.

Katrine était sur le point de demander ce que signifiait le 58:6, lorsqu'elle rencontra pour la première fois le regard de Gunnar Pelttari. Sur la première page, il y avait une photo de la taille de celle d'un passeport. Un jeune homme on ne peut plus sérieux. Quelle beauté ! Des cheveux épais, brossés en arrière, un nez droit et un visage ovale, anguleux, une bouche charnue avec des lèvres effilées et un regard plein de dureté. Elle ne pouvait distinguer la couleur de ses yeux sur la vieille photo en noir et blanc. Les battements de son cœur s'accélérèrent, elle en avait la bouche sèche. Le vertige, comme un tourbillon et les pièces du puzzle qui trouvaient leur place. Je lui ressemble, pensa-t-elle. C'est de lui que je tiens.

— Gunnar Carlovitch Pelttari, lut l'interprète, né le neuf juin 1912 à Kivikangas, dans la commune de Karl-Gustav, en Suède. Suivaient son adresse de naissance et celle de l'époque, dans sa commune de résidence. Niveau d'éducation primaire, membre de la fédération de la jeunesse du parti communiste depuis 1929. Immigré en Russie en 1931. Employé dans la carrière de sable Solazjgora à Petrozavodsk. Puis transféré à la construction de la route 89 entre Uhtua et Kem… ensuite, employé aux usines d'Onega à Petrozavodsk. Obtention de la nationalité russe le dix octobre 1936.

— Il avait donc obtenu la nationalité russe, commenta Katrine.

Le gardien toussota tout bas derrière elle. Elle se demanda de combien de temps ils disposaient. Qu'avait-il fait ? On l'accusait de quoi ?

Ilya Petrov feuilleta le dossier.

— Les transcriptions des interrogatoires sont là, dit-il, ou au moins une des séances.

Tout bas et d'une voix monotone, il lut ce qui s'était dit à la prison de Petrozavodsk. D'abord le nom, ensuite la réplique, comme s'il s'agissait d'une pièce de théâtre :

LE POLICIER : Vous avez conspiré contre l'État soviétique, avouez.

GUNNAR CARLOVITCH PELTTARI : Je n'ai rien à avouer.

LE POLICIER : Mais vous êtes membre d'une organisation contre-révolutionnaire qui a mené propagande contre l'État. Qui étaient les autres membres de l'organisation ?

GUNNAR CARLOVITCH PELTTARI : Je n'ai pas connaissance d'une telle organisation.

LE POLICIER : Vous niez aussi connaître Oskar Helmerovitch Björnfot ?

GUNNAR CARLOVITCH PELTTARI : Non, je ne le nie pas.

LE POLICIER : Vous savez donc qu'il est reconnu coupable de sabotage contre l'État soviétique ?

GUNNAR CARLOVITCH PELTTARI : J'ai du mal à le croire. Oskar Björnfot est un bon communiste.

LE POLICIER : Vous êtes donc solidaire de la mission qu'il s'est donnée ?

GUNNAR CARLOVITCH PELTTARI : Je ne suis au courant de rien, d'aucune mission quelle qu'elle soit. Ça fait deux ans que je ne l'ai pas vu.

LE POLICIER : Nous avons des preuves qu'ensemble vous avez conspiré contre l'État soviétique. Des preuves, Gunnar Carlovitch. Qui étaient les autres membres de l'organisation ?

GUNNAR CARLOVITCH PELTTARI : Je ne sais pas. Je vous dis que je n'ai pas connaissance d'une telle organisation.

LE POLICIER : Vous refusez de nous livrer des noms ? Est-ce que vous comprenez que vous dissimulez des informations capitales sur une activité qui nuit à l'État ? Vous connaissez le châtiment pour un tel crime ?

L'interprète se tut et releva la tête. L'interrogatoire était terminé. Ou au moins sa transcription.

— Quoi, c'est tout ? demanda Katrine.

Il feuilleta le dossier.

— Ça ne nous donne aucune information, continua-t-elle, qu'est-ce qu'il avait fait ? Quelles sont les preuves ?

— C'est certainement retranscrit à la lettre, dit Ilya Petrov, ils étaient consciencieux. Mais les accusations mêmes n'étaient peut-être que calomnies, quelqu'un qui l'a donné parce qu'il convoitait son logement ou voulait sauver sa peau.

— Mais il doit y avoir autre chose ? Ils ne pouvaient pas uniquement le condamner sur cette base-là.

— Ce n'est pas le dossier complet, dit Ilya Petrov en feuilletant çà et là. Un classeur tout simple avec des feuilles perforées, des photocopies.

— Bon sang ! Demandez-leur d'aller chercher l'original. J'ai l'autorisation de lire l'intégralité du dossier.

Elle se retourna. Le gardien du FSB se raidit, soudain tendu, préoccupé.

— Le dossier contient peut-être des informations secrètes et qui le resteront encore longtemps, répliqua Ilya Petrov.

— Quel genre d'informations ?

— Des noms, essentiellement. Ceux qui menaient les interrogatoires, ceux qui exécutaient les sentences.

Katrine ferma les yeux et s'adossa au dossier raide. Quand elle les rouvrit, elle vit de grandes taches au plafond et la peinture écaillée.

— N'était-il pas question de régler les comptes du passé, de poursuivre les responsables en justice ? demanda-t-elle, Glasnost et perestroïka et tout ça ?

— Ce n'est pas comme en Allemagne où tout a été ouvert au public, répondit Ilya Petrov avec calme. Il n'y a pas de raison pour que les enfants et les petits-enfants souffrent de tout ça.

— Alors, on peut savoir ce qui est arrivé aux victimes mais sans connaître l'identité des bourreaux ?

— C'est une petite ville. Il y aurait des problèmes.

Du coin de l'œil, Katrine nota que la femme au gilet rose se limait les ongles.

— D'accord, dit-elle. Que peut-on apprendre de plus dans les documents qui ne sont pas classés « secret » ?

Ilya Petrov se racla la gorge et poursuivit la lecture.

— Il a avoué après treize jours.

— Avoué quoi ?

C'était inscrit noir sur blanc, un texte dactylographié : Gunnar CARLOVITCH Pelttari s'était reconnu coupable de propagande contre-révolutionnaire et d'espionnage pour le compte de la Finlande bourgeoise. Il avait affirmé avoir divulgué des secrets d'État à l'étranger. Il désignait le leader du groupe contre-révolutionnaire, Oskar Helmerovitch Björnfot, dont la mission consistait à favoriser un soulèvement en usant de propagande contre-révolutionnaire et de sabotage. Avec, pour ultime objectif, le rattachement de l'est de la Carélie à la Finlande.

— Et ça, ce serait la signature de Gunnar Pelttari ?

Une écriture tremblante, à peine lisible. Qui lui faisait penser à celle de la procuration qu'Ingrid avait péniblement signée. Si on comparait cette écriture avec celle de la correspondance qu'elle avait retrouvée, en admettant qu'il ait pu apprendre le russe pendant les six années passées dans le pays, on ne pouvait conclure que d'une seule manière : ce n'était pas lui qui avait signé. Il n'y avait là rien de commun avec le tracé soigné des lettres, dans les courriers destinés à Siri.

— Le NKVD a-t-il pu signer à sa place ?

— Peut-être qu'ils lui tenaient la main, dit Ilya Petrov, si nécessaire. Mais après deux semaines… tout le monde signait.

Katrine se protégea des visions qui l'assaillaient, torture et caves sombres.

— Vous pensez qu'il était coupable de certains chefs d'accusation ?

— Difficile à savoir, répondit Ilya Petrov, des centaines de victimes condamnées à tort ont été réhabilitées après 1989.

— Il était temps, dit Katrine en croisant les jambes, contenant du mieux qu'elle pouvait l'envie pressante d'aller aux toilettes.

— Que dit le procès-verbal ?

— Il n'y avait pas à proprement parler de procès, répondit Ilya Petrov. C'était une troïka qui jugeait, c'est-à-dire trois personnes, souvent des individus haut placés du NKVD ou du parti.

— Alors, le NKVD dirigeait tout ? Ils arrêtaient, interrogeaient et condamnaient…

— Et ils géraient le transport des prisonniers, les camps de travail… et les exécutions.

Katrine sentit sa gorge se serrer.

— Et à quoi a-t-il été condamné ?

— Accusé d'espionnage selon le paragraphe 58:6… Ilya Petrov rapprocha sa main de celle de Katrine, comme s'il voulait la lui tenir, sans oser vraiment. Il a été condamné à mort.

La résonance d'un mot.

Et un sentiment de vide.

Qu'elle était bête.

Mort. Bien sûr qu'il était mort. Toutes ces années. Siri qui l'avait attendu.

— Alors, ils l'ont exécuté ? Les mots glissaient vers le sol, comme dénués de sens.

Ilya Petrov lut, sans lever les yeux.

— Le huit août 1937.

— Le lendemain de sa condamnation ?

— Les prisons étaient surchargées. Au point que les interrogatoires se déroulaient dans les maisons de la culture ou dans les théâtres.

Elle entendait maintenant le vrombissement d'un ventilateur auquel elle n'avait pas fait attention jusqu'alors. Deuil n'était pas le mot approprié. Il y a quelques semaines, cet homme n'existait pas pour elle. Il n'était qu'un dossier dans un classeur en carton.

— Où ? Je veux dire, comment… ?

— À Krasni Bor, la forêt rouge. Ils étaient abattus, et c'est tout. Souvent en groupe. Je pense qu'ils exécutaient en masse. C'est une forêt tout près de la ville.

Point final, pensa-t-elle. Pour Gunnar Pelttari oui, mais pas pour Siri Kankanranta ni pour Ingrid. Ce coup de feu, un événement qui avait eu lieu bien avant sa naissance, faisait partie intégrante de son histoire, même si elle ne savait pas encore comment. Et sa pensée suivante fut : Je ne pourrai jamais raconter ça à maman.

Elle entendit le gardien bouger, danser d'un pied sur l'autre, un soupir, de l'impatience dans l'air. Mais elle n'avait pas l'intention de quitter la pièce avant d'avoir pris connaissance de tous les documents. Son regard s'arrêta sur un nom qui avait l'air familier, malgré l'alphabet cyrillique.

— Qu'est-ce qui est écrit là ?

— Ça ressemble à un autre nom suédois. L'interprète avait l'air soulagé maintenant qu'il avait annoncé la mort de Gunnar. Emil Helmerovitch Björnfot, il doit être de la même famille que l'autre. Vous le connaissez ?

— C'est son frère. Ils venaient tous les trois du même village.

— Il est cité en tant que témoin.

— Témoin de quoi ?

Ilya Petrov enleva son écharpe. Elle n'avait pas remarqué qu'il l'avait gardée jusque-là, comme s'il avait craint le froid, même à l'intérieur.

— Comme je vous l'ai dit, il est impossible de connaître la vérité. Est-ce que l'on a forcé les gens à avouer ? C'est difficile de se faire une idée à partir d'informations comme celles-là…

Elle faillit s'affaisser, plombée d'un coup par ce qu'elle venait d'entendre, une charge au moins comme le poids de ce satané bâtiment. Ils sont venus chercher Empo Björnfot et ils l'ont interné dans la même prison, le même été. Et ensuite, ils l'ont libéré.

— C'est lui, le délateur ? C'est Emil Björnfot qui l'a dénoncé ?

— En général, on demande aux visiteurs d'oublier ce genre d'information en quittant cette pièce.

Elle repensa au vieil homme. La dernière question qu'elle lui avait posée, ne voulait-il pas savoir ce qui s'était passé pour son frère ? Mais Empo Björnfot avait refusé de signer une procuration, il ne tenait pas à ce qu'elle fasse des recherches sur Oskar, qu'elle aille fouiller dans les archives : « C'est trop tard pour ça », avait-il dit, et ensuite « ça servirait à quoi maintenant ? »

— Peut-être qu'ils l'ont forcé, dit Ilya Petrov, qu'ils lui ont dit qu'il allait sauver son frère en donnant quelques noms. Il y avait des quotas dans chaque région, le nombre d'ennemis de l'État qu'ils étaient censés trouver et condamner. Ils avaient besoin de suspects. Peut-être a-t-il simplement mentionné le nom de quelques connaissances. Peut-être se sont-ils tous dénoncés mutuellement.

Il a probablement été torturé. Ils étaient tous victimes. Il n'y a là aucune vérité.

La femme au gilet rose murmura quelque chose et regarda sa montre.

— Elle nous demande si on a fini. C'est bientôt l'heure du déjeuner.

— Ma mère a attendu toute une vie, répliqua Katrine, ils nous doivent encore un peu de temps.

— Là, ce sont les affaires qu'ils ont saisies lors des perquisitions, dit Ilya Petrov en feuilletant dans les papiers.

Katrine examina les copies de quelques photographies, minuscules, en noir et blanc. Une femme avec les cheveux détachés. Une image fatiguée, comme si on avait passé l'original à la machine à laver. Elle l'avait déjà vue, dans la maison à Kivikangas, les photos sur le secrétaire. Le portrait de Siri Kankanranta, alors jeune et rebelle. Empo avait raconté que Gunnar mettait la photo sous son oreiller. Usée par l'amour. Suivait ensuite une photo d'Ingrid petite. Certainement la photo qu'il avait accrochée au mur au-dessus de son lit, dans les baraquements près de l'usine d'Onega : « Elle veillait sur lui comme un ange. » Katrine sentit de nouveau les larmes monter : le père et la fille ne s'étaient jamais connus. Le visage d'une enfant photographiée de profil, des boucles blondes. Ingrid avait peut-être un an et demi ou deux.

Katrine rapprocha le classeur pour examiner les photos de plus près. Il y avait un autre portrait d'Ingrid bébé : un visage tout en rondeur, un regard étonné fixant le photographe. Elle voyait sans doute un appareil photo pour la première fois.

— C'est votre mère ? demanda l'interprète en montrant la petite fille aux cheveux bouclés. Ingrid Gunnarova, quelle enfant splendide. Aussi belle que sa sœur.

— Qu'est-ce que vous dites ? Elle n'a pas de sœur.

— Là, il montra le bébé, Hilma Jelena Gunnarova Pelttari.

Katrine ne comprenait plus rien. De quoi parlait-il ?

— Née le trois novembre 1936, à Petrozavodsk.

Katrine dévisagea l'interprète. Puis scruta l'enfant. Les enfants ! Elle vit immédiatement ce qui clochait. Une petite fossette au menton. Sa mère n'avait jamais eu de fossette. Son sang ne fit qu'un tour, elle avait des sueurs froides. Il y avait un enfant ! Gunnar Pelttari avait eu une deuxième fille. Elle était ici, quelque part dans les forêts, au sud de Petrozavodsk. Une demi-sœur de sa mère, sortie de nulle part, comme dans un conte où les jumeaux disparus se cachent derrière les rosiers.

— Vous pensez que je peux aller aux toilettes ? demanda Katrine.

Le gardien l'y accompagna, au bout d'un autre couloir, et lui désigna la porte. La lunette des toilettes était gelée, le carrelage du mur craquelé. Son visage dans la glace, blafard. Impossible de se tromper quand il s'agit de la famille : un visage allongé et anguleux, un nez droit. Le salaud ! Siri l'avait attendu, toute sa putain de vie. Pendant qu'il batifolait quelque part chez les soviets !

Elle se rinça le visage, se passa du papier mouillé sous les bras pour éponger la sueur. Dans les couloirs, au retour des toilettes, ils croisèrent un groupe d'hommes en uniforme qui bavardaient et plaisantaient entre collègues.

Que recèlent encore ces murs, pensa-t-elle, quel niveau de conscience ont ces gens ? Comment peut-on passer sa vie à dissimuler l'identité des bourreaux et faire comme si de rien n'était ?

Ilya Petrov se tenait debout quand elle entra dans la pièce, en pleine discussion avec la femme au gilet rose. Il se tourna vers Katrine et traduit.

— Théoriquement, il y a un deuxième dossier, dit-il, j'essaie de lui faire comprendre que vous y avez accès, aussi.

— Quel dossier ?

— Celui de la fille.

Katrine le dévisagea, confuse.

— Celui de Hilma Jelena ? Ils ont des dossiers sur les enfants aussi ?

Il pointa du doigt une note en cyrillique dans le classeur, avec les sempiternels tampons.

— Il y a une référence ici, dossier numéro 683 441.

— Qu'est-ce que cela veut dire ?

— Simplement que la dernière personne à avoir consulté le dossier avait aussi l'autorisation de prendre connaissance du dossier numéro 683 441, relatif à une personne qui figure également dans ce dossier.

— Hilma Jelena.

L'interprète parla de nouveau en russe. Katrine avait en tête la mélodie d'une langue rugueuse, mais dans la bouche d'Ilya Petrov, c'était quelque chose de délicat, de chaleureux et de musical. La femme tourna les talons et disparut.

— Comment avez-vous réussi ?

— J'ai expliqué que la fille en question était la descendante directe de l'un de vos aïeux et que le gouvernement suédois apprécierait leurs efforts.

Katrine sourit. Quel type providentiel ! S'ensuivit ensuite une pensée confuse : « Est-il marié ? » Son regard glissa subrepticement vers sa main gauche. Pas d'anneau. Est-ce que cela signifiait la même chose ici qu'en Suède ?

— Est-il mentionné le nom de la mère de l'enfant ? demanda-t-elle. Qu'est-elle devenue ?

Ilya Petrov parcourait les feuillets. Il semblait plus nerveux. Il avait dû sentir la même chose qu'elle : une attirance soudaine. Il était certainement marié. Serein, sûr de lui, il ne devait pas éprouver le besoin d'être en permanence dans la séduction.

— Helvi Kariova Mäkelä, domiciliée à Petrozavodsk, née à Björneborg en Finlande. La famille a immigré en Union soviétique en 1918, suite à la défaite des communistes, à la fin de la guerre civile finlandaise. Employée à l'usine d'Onega.

— Où est-elle allée ensuite ?

Ilya Petrova fit la grimace, avec un regard plein de compassion.

— Elle a été arrêtée en même temps que Gunnar Pelttari.

— Elle a aussi été exécutée ?

— Transférée à Kem. Camp de travail.

— Et l'enfant ?

Il chercha du regard et secoua la tête.

— Il n'y a rien d'indiqué.

Ils patientèrent vingt minutes, le temps pour Katrine d'imaginer les cris du bébé lorsqu'ils vinrent arrêter Gunnar et Helvi, mais peut-être que l'enfant était trop jeune pour comprendre ? La vie arrachée d'un coup au moment de la séparation d'avec ses parents.

Le bruit de la porte la fit sursauter. Elle entendit les talons marteler le sol en pierre.

La femme au gilet rose posa une seule et unique page photocopiée sur la table, laissa flotter des effluves de parfum avant de reprendre sa place, le long du mur.

Katrine examina la photo. La même Hilma Jelena, quelque temps après. Les cheveux avaient poussé. Des boucles claires. Elle avait peut-être un an de plus. Le regard triste, elle ne souriait pas.

— Elle a, semble-t-il, été transférée à l'orphelinat de Ladva. Il leva les yeux pour croiser le regard de Katrine. C'est plus à l'ouest, quelques dizaines de kilomètres de Petrozavodsk. Les parents sont déclarés morts.

Il fit une pause.

— Ils ont sûrement les registres de l'orphelinat, dit Katrine. Il doit être possible de la retrouver.

— Il est indiqué qu'elle a été adoptée. Il examina le document de plus près puis le retourna, le verso était blanc. Adoptée par une certaine Julia Anatolievna Morozova. Citoyenne soviétique, née en 1912 à Leningrad. Il y a là un extrait de son dossier.

Il fronça les sourcils, lut encore une fois.

— Et que s'est-il passé ensuite ? Où ont-ils emmené l'enfant ?

Ilya Petrov se tourna de nouveau vers l'archiviste restée près de la porte, qui manifestait ostensiblement son impatience. L'interprète lui montra le document. Ils échangèrent quelques mots. La femme croisa les bras sur le rose de son gilet.

Ilya Petrov traduisit.

— Nous n'avons pas accès aux informations concernant la famille d'adoption, puisqu'ils ne sont descendants directs ni de votre famille ni de la mienne.

Katrine scrutait le texte qu'elle ne pouvait déchiffrer, à la recherche d'une information qu'elle aurait manquée.

— Pourquoi c'est masqué, là ? demanda-t-elle en touchant du doigt une tache sombre à côté du nom de la fille où, logiquement, aurait dû se trouver le nom du père adoptif.

— Pour que cela reste secret, j'imagine. Ilya Petrov jeta un œil vers le gardien posté près de la porte. Il leva le document vers la lumière provenant de la fenêtre avant de le reposer.

— Il ne s'agit que d'une histoire d'adoption. Qu'y a-t-il de si secret ?

La femme prononça quelques mots. Puis s'avança vers eux pour récupérer l'ensemble des documents.

— Je pense qu'il est temps de partir, dit Ilya Petrov.

Katrine avait la sensation de flotter, comme si les pavés, et la terre en dessous, s'étaient soudain dérobés sous ses pas.

On les raccompagna à travers le dédale de couloirs jusqu'à l'entrée provisoire, sur le côté de l'immeuble. C'est là qu'elle arriva à formuler la question.

— Vous pensez que c'est une information classée secrète pour combien de temps ? Soixante-quinze ans ? L'éternité ?

Ilya Petrov se dirigeait déjà vers la perspective Lénine. Un trolleybus crasseux les dépassa. Katrine s'arrêta net au coin de la rue.

— C'était un employé du NKVD, c'est ça ? L'homme qui a adopté ma tante ?

Thore Palo s'apprêtait à sortir le chien lorsque la voiture stoppa devant sa maison. Il plissa les yeux, le regard face au soleil : c'était une Audi peinture métallisée.

— Salut, cria Anttila en sortant de la voiture.

Thore se fraya un chemin dans la neige pour aller à sa rencontre. Il n'était pas encore sorti déblayer ce matin.

— Vous avez eu le courage de venir jusqu'ici, dit-il.

— Belle journée, répondit Anttila en chaussant ses lunettes de soleil.

Thore ne s'était pas donné la peine de s'en acheter de nouvelles. Cette lumière de fin d'hiver rasante, éblouissante, le ravissait. Il sentait son vieux corps se réveiller.

Sur la route, un bus vrombissait, s'en allant vers Övertorneå. L'inspecteur de police semblait plein d'assurance.

— Je me suis dit que j'allais faire une halte sur le chemin. Je viens d'Ylitornio.

Thore regarda le bus disparaître dans un nuage de neige.

— Ça progresse, dit Anttila, des avancées significatives.

— À Ylitornio ? À la prison ?

— Pas seulement. À Stockholm, ils ont mis la main sur les deux types de la voiture.

— La Volvo ?

Anttila sourit, toutes ses dents brillaient au soleil. Étrangement, tout le monde semblait désormais avoir les dents blanches, comme les stars de cinéma.

— Ils travaillaient au noir sur un chantier à Täby, à deux rues du domicile de Fredrik Reinfeldt*. Ce sont les voisins qui ont donné l'alerte. Ils devaient trouver ces ouvriers un peu louches. L'un des gars s'est apparemment fait tatouer en prison.

— Je pensais que Reinfeldt habitait au palais Sager ?

— Plus maintenant.

— Qu'est-ce qu'ils vous ont raconté ?

— Qu'ils sont innocents bien sûr. Anttila enleva son chapeau et tourna le visage vers le soleil. Ils sont venus en Suède pour travailler. Ils sont allés directement d'Haparanda à Täby, il y a trois semaines. Ils affirment avoir dormi dans la voiture donc on ne peut rien vérifier.

— Mais leur employeur doit savoir.

— Lequel ? Anttila soupira en remettant son chapeau dès que le soleil eut disparu derrière un nuage. C'est le sous-traitant d'un sous-traitant d'une entreprise de bâtiment et ils sont tous agréés par le syndicat et l'administration. Tout le monde ignorait qu'il y avait des salariés payés au noir et le propriétaire est très remonté. Il prétend qu'il s'est fait arnaquer. Mais on les aura. Luleå envoie un de nos gars aujourd'hui. Il doit déjà y être.

* Premier ministre suédois entre 2006 et 2014.

— Et qu'est-ce que tu as appris à Ylitornio ? Thore bifurqua sur la petite route qui descendait vers le fleuve. La prison du côté finlandais d'Övertorneå, une plaque tournante de l'information criminelle, bien connue dans toute la région arctique : il y avait des prisonniers finlandais, des Suédois et des Russes. Si une quelconque rumeur sur la fortune cachée de Lars-Erkki y avait circulé, il était évident que tous les voleurs de Narvik à Mourmansk étaient au courant.

— Un de nos contacts y est condamné à un an de prison pour coups et blessures et cambriolage, du côté finlandais. Il jeta un regard sur Thore. Je ne peux évidemment pas en dire plus.

Coups et blessures, pensa Thore, et cambriolage du côté finlandais ?

— Härkkönen ? demanda-t-il.

— Qu'est-ce que j'étais en train de dire déjà…

Hoikka-Pertti, le maigre Pertti Härkkönen. Il voyait bien de qui il s'agissait, il devait avoir la cinquantaine maintenant. Un petit voleur récidiviste : il était né et avait grandi à Torneå, mais était domicilié à Vojakkala. Thore se rappelait toutes les fois où il l'avait interpellé : toujours innocent, même au volant d'une voiture pleine d'objets volés, venant des deux côtés de la frontière.

— Le fait est, dit Anttila, que ce prisonnier a fréquenté un certain Russe et a entendu des choses.

Thore l'écoutait pendant qu'Akka flairait les traces jaunes sur les gros tas de neige, au bord de la route. Encore les Russes, qui revenaient hanter les lieux. Il était chagriné que son instinct lui ait fait faux bond, ou peut-être que le groupe d'enquête tirait des conclusions trop rapidement ? Le responsable des opérations à Luleå avait peut-être besoin d'affecter ses hommes ailleurs et la police judiciaire de même pour ses analystes ? Il avait connu des cas où l'assassin n'avait jamais été arrêté parce que les différents services ne savaient plus où donner de la tête : les meurtres à Appojaure par exemple. Pas un policier de la région de Botnie du nord ne croyait à la culpabilité de Thomas Quick, mais il avait tout de même été condamné. Et dix-sept ans plus tard, il alimentait toujours un blog où il écrivait qu'il ne comprenait pas comment le tribunal avait pu se laisser convaincre par de telles aberrations.

— Il a commencé à entreprendre les gardiens hier soir, poursuivit Anttila, en alléguant connaître ceux qui ont fait le coup pour Erik le Lapon, mais avant de se mettre à table, il voulait des garanties, une protection en tant que témoin, *witness protection* il a dit.

Ils rirent tous les deux.

— Ils parlent bien de nos jours, commenta Thore.

Finalement, le prisonnier était disposé à parler lorsqu'Anttila était arrivé à la prison, même sans *witness protection*.

— Il dit que c'est l'œuvre de la mafia. Un Russe avec des tatouages sur tout le corps, des églises et plein d'autres trucs, de vraies œuvres d'art. Tu sais, on peut calculer le nombre d'années passées en taule rien qu'en comptant les coupoles sur leur peau. Et là, c'était impressionnant. Le gars tremblait de peur en racontant.

Ou peut-être était-il en manque, se dit Thore.

— D'après ses dires, ils voulaient faire main basse sur l'argent d'Erik le Lapon et comme c'est lui qui a raconté à tout le monde que le roi du ski de Kivikangas gardait un tas d'or sous son matelas, il culpabilise.

Anttila se mit à parler finnois pour singer le prisonnier, en imitant sa voix rauque. Thore n'en doutait plus, Hoikka-Pertti était devenu bavard : « Mais jamais je n'aurais imaginé qu'ils allaient le tuer », se lamentait-il, « et maintenant ils vont venir me chercher, ils trouvent toujours. On ne peut pas se cacher de ces gars-là, vous devez me sortir d'ici. » Thore stoppa net sur le chemin.

— Ça fait combien de temps qu'il est incarcéré ?

— Quatre mois.

— Il commence à s'ennuyer alors.

Ils arrivèrent au bout du chemin, à proximité de la propriété du pasteur. Akka fit spontanément demi-tour pour retourner vers la maison. C'était leur promenade habituelle : trois cents mètres dans un sens et autant dans l'autre.

— C'est pourtant crédible, dit Anttila. Il a bien partagé une cellule avec un Russe, d'une bande de Saint-Pétersbourg. On nous l'a confirmé. Et ces gars font la loi là-haut en Carélie et à Kola aussi, ils contrôlent tous les ports, ça semble coller.

— Mais en quoi l'argent d'Erik le Lapon pouvait les intéresser ?

— La crise les a frappés là-haut aussi, ils prennent ce qu'ils peuvent.

Anttila accéléra le pas, il pensait très certainement que la promenade avait suffisamment duré.

— Et le lien avec les ouvriers à Täby ?

— Nous n'en sommes pas encore là.

Au passage, Thore ouvrit la boîte aux lettres. Pas de courrier.

En faisant marche arrière, laissant des traces de pneus profondes dans la neige fraîche, Anttila leva la main en guise d'au revoir. Thore avait honte de ne pas avoir déblayé avant de recevoir de la visite. Il suivit l'Audi du regard jusqu'à ce qu'elle disparaisse sur la route vers Haparanda. Peut-être les Russes finalement, des étrangers, et il se demandait si cette information pouvait procurer un quelconque soulagement à son corps. Il attrapa la pelle et commença à déblayer méthodiquement la neige de l'escalier.

Witness protection, grommela-t-il, qu'est-ce qu'ils vont bien pouvoir inventer la prochaine fois ?

Devant elle, se dressait une énorme statue de Lénine. Katrine s'arrêta pour contempler Vladimir Ilitch. Elle s'était imaginé que tous les monuments du communisme avaient été déboulonnés et mis au rancart, mais celui-ci était toujours solidement planté sur son socle, le regard fixé vers un futur immuable. En fait, ses yeux étaient tournés vers les usines d'Onega, de l'autre côté du parc, la vieille fabrique de canons. Une immense ruine qui s'étendait sur près d'un kilomètre carré en plein centre de la ville. Non loin de là, avaient dû se trouver les baraquements où Empo Björnfot avait rencontré une dernière fois Gunnar Pelttari.

Sans doute savait-il que Gunnar fréquentait une autre femme ? Est-ce qu'il mentait aussi à ce sujet ou cela faisait-il partie des choses qu'il avait oubliées ?

Elle longea le mur en laissant errer son regard. Le délabrement semblait total : de la rouille et des câbles tombés sur le sol, des toits effondrés et les fenêtres cassées. Tout se délite dans ce pays, pensa-t-elle, érosion et éboulis. De l'herbe et des arbustes avaient percé la neige entre les maisons. Sur un des murs, il y avait un tag, on pouvait lire *Beware of the invaders, Prenez garde aux envahisseurs.*

Comment Empo Björnfot avait-il pu vivre avec ce poids pendant toutes ces années ? S'il avait dénoncé Gunnar, il avait certainement aussi fini par témoigner contre son frère. *Des noms, Emil Helmerovitch, des noms !*

Katrine tourna les talons et traversa le parc vers le café où l'attendait Ilya Petrov.

Entrer dans ce café, c'était un peu comme faire un bref séjour à Paris : des lustres à pendeloques au plafond et des photographies de la tour Eiffel sur les murs.

L'interprète la débarrassa de sa veste. Il y avait un vieil homme à sa table, très petit, qui lui parut à peine plus grand quand il se leva pour la saluer.

— Je vous présente Valery Laine. Il connaît des choses susceptibles de vous intéresser.

— Sur Hilma Jelena ?

Ça lui mettait du baume au cœur de prononcer le nom, c'était comme un air de fête.

— Non, sur Oskar Björnfot. Il sortit un ordinateur portable de son sac et se connecta au réseau Wifi. Je lui ai demandé de jeter un coup d'œil sur les listes et il y figure.

— Les listes ?

— Les victimes du stalinisme. Des individus qui ont disparu ou qui sont morts dans des circonstances très éloignées de ce qui est consigné dans les documents officiels. Tous ceux que leurs familles ont pu retrouver dans les archives. Son père a aussi été exécuté à Krasni Bor. Il a pu lire le dossier en 1989. Jusque-là, sa famille pensait qu'il était mort de la grippe. C'est ce qu'on leur avait dit, un message qu'ils avaient reçu après la guerre.

Valery Laine lui sourit.

— On fait son deuil en plusieurs fois.

Il tourna l'ordinateur pour qu'elle puisse voir.

— Oskar Helmerovitch Björnfot, dit-il, en lui montrant l'écran.

Katrine se pencha pour examiner de plus près une myriade de lettres en cyrillique, des lignes interminables avec une succession de noms. La voix mélodieuse de Valery Laine dans une oreille et celle de l'interprète dans l'autre.

— Il a été condamné à mort à Petrozavodsk le 14 août 1937. Accusé selon le code pénal, les paragraphes 58:6 et 58:14, exécuté le jour même à Solazjgora.

Katrine suivit le doigt de l'homme sur l'écran. Le quatorze août. C'était six ans jour pour jour après qu'Oskar Björnfot eut quitté la gare de Gällivare.

— Espionnage, dit-elle, même motif que Gunnar Pelttari.

— Et sabotage, Ilya Petrov lisait par-dessus son épaule, il aurait oublié de remplir un trou avec des graviers sur la route 89 entre Uhtua et Kem.

— Et il a été condamné à mort pour ça ?

— Non, pour espionnage. Il s'en serait sinon tiré avec une condamnation en camp de travail.

— Pas assez de gravier ?

— S'il n'y avait plus de gravier, ce qui était probablement le cas puisque tout venait à manquer, il fallait trouver un coupable, une raison pour laquelle les objectifs n'avaient pas été atteints. Sans coupable, il aurait fallu remettre en question le plan quinquennal mais ça, c'était impossible. Le plan quinquennal était un succès. Et s'il était coupable de sabotage, il devait également entretenir quelques activités contre-révolutionnaires :

pourquoi saboter le plan quinquennal, sinon pour renverser l'État soviétique ?

— Logique, en effet, dit Katrine.

— Comment vous le trouvez ? demanda Ilya Petrov en désignant la tasse de café d'un mouvement de tête. Ils font le meilleur expresso de la ville.

Katrine jeta un œil sur l'addition que l'on venait de poser sur la table. Les prix n'avaient rien à envier à ceux de Stockholm ou de Londres.

— Mais pourquoi eux ? C'étaient des communistes convaincus. Oskar avait même été promu.

— C'étaient des étrangers.

Valery Laine parlait bas et rapidement. L'interprète n'arrivait qu'à traduire des bribes.

— Il suffisait d'être étranger pour devenir suspect. Des cibles commodes pour les délateurs. Et puis il faisait probablement l'amalgame entre Suédois et Finlandais, ce qui n'arrangeait rien, évidemment. Staline cherchait des boucs émissaires. Par le passé, la Finlande s'était vue impliquer dans des incursions sur le territoire russe et la guerre approchait.

— Gunnar Pelttari figure aussi sur ces listes ?

— Non, répondit Valery Laine.

Bon sang ! Inutile de se déplacer en Russie si tout est déjà sur Internet, réalisa Katrine.

Bien sûr, toutes les victimes n'ont pas pu être recensées, expliquaient Valery Laine et Ilya Petrov. Quinze mille exécutions en Carélie, mais cela pouvait tout aussi bien être dix-sept mille et même davantage. Impossible de le savoir. Et ils étaient allés aussi loin que possible dans les recherches.

— Pourquoi ne continuez-vous pas, si vous pensez qu'il en reste à découvrir ?

— Les temps changent en Russie, comme souvent, traduisit Ilya Petrov en lui offrant un sourire des plus chaleureux, irrésistible même qui, pendant un court instant, lui fit penser à tout autre chose. Elle tourna son regard vers Valery Laine.

C'en était fini de la folle liberté des années 1990. Toutes les associations devaient désormais se conformer à des règles strictes, on soupçonnait des activités d'espionnage financées par de l'argent venu de l'étranger. Le FSB avait probablement infiltré toutes les organisations à but non lucratif. Pendant les années 2000, on avait même commencé à réhabiliter Staline.

— La victoire contre les fascistes, à l'issue de la grande guerre patriotique, est peut-être la seule chose qui unisse le peuple russe. Malheureusement, c'est Staline qui dirigeait le pays à cette époque-là. Ilya Petrov éteignit son portable et le rangea dans son sac. Bien sûr, Medvedev parle d'en finir une bonne fois pour toutes avec Staline. Il ne nous reste qu'à assister à la manière dont Poutine va s'y prendre pour éviter le débat et ne rien faire.

Le soleil avait percé les nuages et se reflétait dans les éclats de vitres, les fenêtres de l'usine d'Onega, de l'autre côté du parc.

Valery Laine leur indiqua la direction à suivre avant de leur dire au revoir. Ils dépassèrent le théâtre finnois avant de prendre sur la gauche, vers la place Kirov, juste avant le lac.

Les archives principales occupaient une grande villa en pierre, bardée à l'intérieur de bois clair : le bois des bouleaux caréliens. Un homme vêtu d'un bleu de chauffe se tenait derrière un bureau. Il avait largement dépassé l'âge de la retraite.

La Russie ne possède pas de registre national d'état civil, lui expliquait l'interprète, mais tout le monde était enregistré quelque part. La question est de savoir où et dans quelles divisions des archives chercher. Il connaissait des gens qui, pendant des années, avaient fouillé dans les dossiers et les registres poussiéreux. Chaque information glanée suscitait une nouvelle question dont la réponse était à chercher dans d'autres archives encore.

Katrine s'assit sur un banc pour patienter.

Ce bâtiment abritait des archives civiles, qui n'avaient jamais rien eu à faire avec les exécutions ou les déportations, et ça se sentait dans l'air, l'atmosphère était plus chaleureuse. Les portes étaient vitrées et il y avait des panneaux d'affichage couverts d'annonces. Quelque chose de comparable à l'ambiance des bibliothèques publiques en Suède. Des archives avec des adresses, des dates de déménagement, des naissances et des mariages, du papier et de la poussière. Ils y trouveraient peut-être la trace de Julia Anatolievna Morozova, de son mari secret et d'Hilma Jelena.

— Il va consulter l'archiviste en chef, lui dit Ilya Petrov en s'asseyant près d'elle.

Le vieil homme se déplaçait avec une extrême lenteur vers la table où se trouvait le téléphone.

— Jusqu'à quel âge les gens travaillent dans ce pays ?

— Mon père travaillait encore à soixante-dix-huit ans,

au moment où il a eu une attaque. Personne ne peut survivre avec une retraite russe.

Katrine sentait la proximité de sa cuisse tout près de
la sienne.

— Il y a beaucoup d'échanges commerciaux ? demanda-t-elle.

— Pardon ?

— Je veux dire entre la Suède et Petrozavodsk.

— Non, pas vraiment.

— Ce qui veut dire que vous n'avez pas beaucoup de
missions d'interprétariat ?

— Il y a aussi des échanges culturels, dit-il en se levant.
Le vieil homme sortit un formulaire d'un tiroir. L'interprète le passa à Katrine.

— Il faut indiquer ici les informations que vous
recherchez. Ils vous aideront ensuite à les trouver.

— C'est fantastique.

— Mais ce n'est pas gratuit.

— Combien ça coûte ?

— Ça dépend du temps que prendront les recherches.
On ne sait pas toujours où trouver l'information et parfois les recherches n'aboutissent jamais. 2 000 roubles
environ, peut-être plus.

Katrine fit un rapide calcul. Cela équivalait à 50 euros,
500 couronnes suédoises. Ce n'était rien. Ilya Petrov se
passa la main dans les cheveux.

— Mais ils sont très occupés. Il y a beaucoup d'attente.

— D'accord, combien de temps ? Elle avait réservé
le train de nuit du lendemain vers Saint-Pétersbourg et
elle espérait bien pouvoir le prendre.

— Deux ans et demi.

Rodia Nasaïev éternua en ouvrant l'enveloppe pleine de poussière. Devoir lire un document aussi épais, rien que l'idée le mettait d'une humeur exécrable. Il détestait ce genre de boulot, avait en horreur toutes ces lettres qui sautaient sur le papier, tous ces mots qui lui échappaient.

Il s'allongea dans le fauteuil du patron, design italien, qui se courba jusqu'au sol. Une fois installé, il était quasiment impossible de se relever.

Le Grand Homme n'avait trouvé que ça ?

Des pages et des pages de foutaises.

Il avait espéré obtenir un nom. Pourquoi sinon rémunérer ces gens-là ? Des noms, pour ça il y en avait, les maîtresses du patron, les procureurs qui s'étaient intéressés à son cas, tous les hommes politiques à qui Dimitri Rykov avait graissé la patte. Même son nom à lui y figurait : les condamnations, toutes les prisons où il avait croupi, les dates d'incarcération, la date où il avait commencé à travailler pour Dimitri Rykov, etc.

Il jeta le rapport. Que pouvait-il bien faire d'informations de la sorte ? Retrouver, une à une, toutes les personnes citées et les mettre sous pression jusqu'à ce qu'elles crachent le morceau ?

Ça lui prendrait des semaines, des mois peut-être, et la police de Saint-Pétersbourg aurait tout le temps de le devancer, d'arrêter le meurtrier.

Rodia s'extirpa du fauteuil et se mit à faire les cent pas devant la rangée de fenêtres. Que pouvaient bien penser de lui ses hommes en ce moment même, dans la cuisine. De quoi parlaient-ils quand il était absent ? Cherchaient-ils à remettre en question son leadership ? Lui donnaient-ils des noms d'oiseaux ?

Au dehors, sur la place Saint-Isaac, il pleuvait des cordes et la pluie commençait à former des ruisseaux autour des voitures. Il vit les limousines arriver devant l'hôtel Astoria, les chauffeurs qui s'affairaient avec des parapluies, pour escorter les invités. Il avait quelquefois dû porter Dimitri Olegovitch pour l'aider à sortir de l'hôtel. Rodia se souvenait de certains soirs, qui remontaient par fragments entremêlés. Il avait du mal à faire la part des choses. Le patron qui buvait chaque soir un peu plus, des affaires qui avaient mal tourné, une femme qui l'avait quitté pour un autre. Ces derniers temps, il devenait paranoïaque, quelqu'un le volait, tapait dans la caisse : un jour c'était la banque, le lendemain, les politiques, un complot au sommet de l'État ou même son associé. Comment l'argent pouvait-il disparaître de ses comptes ? Aucun expert-comptable n'avait été capable de lui fournir une quelconque explication. La nuit tombait sur la place Saint-Isaac, le bar de l'Astoria était sur le point de fermer et Rodia avait le sentiment d'assister à un défilé d'escrocs.

Il se saisit du téléphone du patron et appela l'homme dont on ne prononce jamais le nom, celui qui se cache sous le premier numéro dans le répertoire du portable :

— On a retrouvé Alexis Saporin ?

— Il a disparu.

— Oui, je sais. Rodia fit une halte devant le miroir serti d'or, qui se dressait du sol au plafond. Il était torse nu, en bas de pyjama. Se regarder dans la glace lui donnait du courage. Savoir qu'il était toujours capable d'inspirer la peur. Ils n'ont pas retrouvé le corps ?

— Comment savez-vous qu'il est mort ?

— Où pourrait-il bien être, sinon ?

— Vous avez lu le rapport ?

— Bien sûr. Le rapport ? Un rapport de merde. Totalement inutile. Hormis l'homme à l'autre bout de la ligne téléphonique, il n'y avait qu'une seule personne qui savait plus de choses sur les ennemis du patron que lui, Rodia : Alexis Saporin. Il caressa son tatouage, celui avec la madone à l'enfant : il irait jusqu'à prier pour retrouver Saporin vivant.

— Dans ce cas, vous savez qu'il a disparu parce qu'il a choisi de disparaître, poursuivit l'homme. Vous devriez être en train de vous demander pourquoi il a disparu et pourquoi il avait organisé la surveillance de Dimitri.

— Comment savez-vous qu'il le surveillait ?

L'homme rit.

— Il y a toujours quelqu'un qui surveille, et un autre qui surveille celui qui surveille. Souvenez-vous en, monsieur Nasaïev. Et il raccrocha.

Rodia jeta le téléphone par terre.

Il se demanda combien de temps cette ligne resterait encore active. Très peu, sans doute, à moins que les paiements continuent à être versés d'un compte dont il ignorait l'existence.

Alexis Saporin.

Le partenaire arrogant de son patron. Le grand chef bien éduqué. Dimitri Olegovitch était fier de leur collaboration. Ils avaient gravi ensemble les échelons, du marché noir à la Bourse. Ils se connaissaient depuis longtemps, leur rencontre datait de bien avant l'effondrement de l'empire.

Il a disparu parce qu'il a choisi de disparaître.

Le rire de l'homme au téléphone résonnait encore à l'oreille de Rodia : il détestait les gens qui parlent par énigmes et qui restent dans l'ombre.

Il entra dans la chambre du patron et récupéra ses vêtements, jetés sur une chaise, tout près de l'immense lit. Il enfila sa veste en cuir, en se dirigeant vers la cuisine.

— On va rendre visite à quelques collègues, dit-il.

Son regard rencontra ceux de ses hommes, leurs visages fatigués. Les cartes dans les mains et du cognac sur la table, le plus cher du patron.

Rodia donna un coup de pied dans une des chaises. Ils se levèrent.

Beaucoup trop lentement.

Il comprit que c'était la fin de quelque chose, que tout ça allait s'arrêter bientôt.

Dans la forêt, il n'y avait aucun bruit, aucun vent. Un silence glacial, comme si le monde avait cessé de respirer. Les gens racontaient que les oiseaux ne chantaient plus à Krasni Bor.

La place était située à proximité d'un chemin oublié, qui menait de Petrozavodsk vers le sud, en longeant le lac Onega. Une forêt de pins clairsemés. En s'exprimant avec les mains, Katrine avait demandé au chauffeur de patienter pendant qu'elle descendait sur la chaussée, en glissant sur la neige verglacée.

Krasni Bor, baptisée la forêt rouge, la couleur du sang. Et voilà les croix. Elles brillaient parmi les troncs, des croix à n'en plus finir.

Sur la plus proche, on pouvait distinguer l'image d'un homme. Une fleur, une photo et un nom. C'était une croix toute simple, en bois, mais qui ne ressemblait à aucune de celles qu'elle connaissait : un bâton peint en blanc, à peine deux mètres de haut, coiffé d'un triangle.

Elle continua à marcher entre les arbres, suivant un chemin qu'elle imaginait serpenter sous la neige, vers la croix suivante et celle d'après, et ainsi de suite. Des noms finlandais, des noms russes. Sur certaines étaient fixées des planches en travers, sur lesquelles on pouvait lire des noms : Toivo, Paavo, Hilmer. Il y avait aussi des troncs où l'on avait fixé les photos des défunts, sur l'écorce ou à même le lichen. Elle s'arrêta un long moment pour contempler une belle femme en col de dentelle, les cheveux soigneusement mis en plis : Lydia Mikkola, morte le 3 octobre 1938. Il y avait aussi des roses, dans une petite couronne en plastique.

Au début des années 1990, on avait déterré les restes des corps. Puis, on avait vite remblayé, tellement ils étaient nombreux.

Je marche sur eux, pensa-t-elle, il n'y a pas un endroit où je pose mes pieds sans piétiner des os.

Pas surprenant que les oiseaux se taisent. Le sol s'en souvient et les arbres aussi. C'est sûrement pour cette raison que la vie a fui le lieu.

Soudain, un appel rompit le silence. Son téléphone portable claironnait dans son sac. Katrine le saisit rapidement, par peur de troubler l'atmosphère, comme si quelqu'un pouvait être dérangé, comme si le respect du silence était, ici, une loi tacite à observer.

C'était Ilya Petrov.

— Attendez un instant, dit-elle à voix basse, par discrétion. Elle traça tout droit vers la route, à travers les tas de neige, pour s'éloigner le plus vite possible des sépultures.

— Vous souhaitiez aussi voir la prison ? dit-il.

Non, pensa Katrine, après ça, je crois que je ne veux plus rien voir.

— Oui, répondit-elle.

— Ça vous conviendrait, cet après-midi ? J'aurais quelques informations supplémentaires aussi à vous communiquer.

Une fois le téléphone raccroché, elle retourna vers la forêt de pins. Elle choisit une des croix, parmi les plus anonymes, sans photos ni fleurs, simplement quelques noms russes. Elle regarda alentour, il n'y avait personne. Le taxi était garé cent mètres plus loin, masqué par les arbres. Katrine retira son gant et sortit un trousseau de clés. Elle s'essaya en grattant la planche blanche avec la clé. Ensuite, elle y grava rapidement les lettres : G. Pelt-tari.

De nouveau un bruit et elle chercha à tâtons son téléphone, mais il était silencieux. Et puis un pépiement, plus loin, quelque part dans la forêt.

Un oiseau.

Katrine, immobile, tendit l'oreille pour l'entendre à nouveau. Peut-être n'était-ce qu'un produit de son imagination, mais non, le gazouillis revint, plus proche cette fois et elle regretta de ne pas savoir reconnaître les oiseaux à leur chant. Elle scruta la cime des arbres, en vain.

Elle réveilla le chauffeur en grimpant dans le taxi. « Hôtel ? »

La voiture cahotait, au rythme des trous dans la route. Par la lunette arrière, elle voyait les croix blanches disparaître derrière les arbres.

— Il s'appelait Arkaditch Ivanovitch Morozov, né à Leningrad.

— Comment l'avez-vous appris ?

— J'ai des relations.

Ilya Petrov retint Katrine du bras alors qu'elle s'apprêtait à traverser la perspective Lénine. C'était l'heure de pointe. Les voitures ne s'arrêtaient pas forcément aux passages piétons : certains automobilistes vous cédaient le passage tandis que d'autres tentaient de le forcer. À part ça, elle pouvait se sentir en sécurité dans les rues de Petrozavodsk, poursuivit Ilya Petrov. Même dans les grandes villes russes, il y a probablement moins de délinquance urbaine qu'à Londres. La plupart des petits malfrats sont déjà sous les verrous et le grand banditisme opère à un autre niveau.

— Vous avez pu savoir s'il travaillait pour le NKVD ? demanda Katrine, lorsqu'ils eurent traversé le boulevard.

— Nous savons en tout cas qu'il était soldat dans l'Armée rouge et qu'il est tombé au combat en octobre 1941. Probablement lors de la grande bataille finno-russe. La date correspond à celle où l'armée finlandaise a pris Petrozavodsk.

Ilya Petrov tourna à droite dans une rue perpendiculaire.

— Et le reste de la famille ?

— Internée en camp pendant l'occupation finlandaise.

— L'enfant aussi ?

— Oui, comme toute la population civile russe. La ville a été rebaptisée du nom d'Äänislinna, ils ont changé le nom de toutes les rues et ils ont essayé d'introduire le protestantisme. Ça n'a pas très bien marché. Les Russes sont têtus lorsqu'il s'agit de religion.

Katrine prit conscience qu'Hilma Jelena, née de mère finlandaise et de père suédois, avait été internée en tant que Russe par les Finlandais. Elle se demanda si quelqu'un lui avait, un jour, révélé qui étaient ses parents biologiques.

— Ça ressemble à une purification ethnique.

— *Lebensraum*, commenta Ilya Petrov. Mannerheim voulait créer la Grande Finlande et l'étendre jusqu'à la mer Blanche.

Il montra un bâtiment couleur ocre, de l'autre côté de la rue.

— Voici la vieille prison d'État, dit-il, on l'utilise toujours en tant que maison d'arrêt.

Katrine observa le bâtiment en pierre, tout à fait ordinaire. Ça aurait pu être une école ou un centre de soins, s'il n'y avait eu ce barbelé en spirale le long des murs et les grillages renforcés aux fenêtres. Il n'était situé qu'à quelques mètres de l'immeuble le plus proche. Les voisins avaient dû tout voir lorsqu'on était venu chercher Gunnar Pelttari. Ou peut-être avaient-ils préféré tourner le regard ailleurs, soupiré de soulagement, entrechoqué les verres de kvas pour fêter le départ des ennemis de l'État ? Et une semaine plus tard, ce fut le tour d'Oskar Björnfot, interpellé dans un lieu nommé Solazjgora.

— Solazjgora, demanda-t-elle, de quoi s'agit-il ?

— C'est une carrière de sable à la périphérie de la ville. Au début des années 1990, on y a trouvé des ossements. Alors, on a fouillé la zone, rassemblé les restes puis on les a enfouis en terre chrétienne, dans un cimetière à proximité.

D'un coup, elle se rappela où elle avait entendu ce nom. Ils avaient travaillé dans une carrière de sable les premiers temps, en arrivant à Petrozavodsk. Un temps encore gonflé d'espoirs et de vie, quand Empo était tombé amoureux d'une jeune fille à la maison de la culture finlandaise.

— Les voisins ont témoigné. Ils affirment avoir entendu le bal des voitures le soir, puis des coups de feu. C'est le sable de Solazjgora qui a servi à fabriquer le goudron des rues de Petrozavodsk, dans les années 1950.

Lentement, elle comprenait ce qu'il voulait dire. Le crépuscule tirait vers le jaune à présent et il faisait plus froid.

— Vous avez appris d'autres choses sur Julia Morozova et l'enfant ?

— Après la guerre, elle a demandé une mutation à Leningrad, répondit Ilya Petrov. J'imagine qu'elle voulait se rapprocher de sa famille. Si elle en avait encore.

— Et la fille ?

— Hilma Jelena Arkadievna Morozova. Elle est également mentionnée dans la demande.

Katrine stoppa net d'un coup. Son cœur bondissait de joie dans sa poitrine : Hilma Jelena avait survécu au camp et à la guerre, et elle avait conservé ses prénoms ! Puis une autre pensée, vertigineuse : peut-être est-elle toujours en vie. Son esprit avait été à ce point obnubilé par les morts et les exécutions. Elle n'avait pas imaginé une seconde que quelqu'un avait pu en réchapper.

Ilya Petrov sortit un bout de papier de sa poche et le déplia.

— Il y a une adresse aussi.

— Une adresse ? À Leningrad ?

Il lui tendit le papier. Le nom de la rue était écrit dans les alphabets russe et latin.

— Ça date de quand ?

— 1946, répondit-il. Ils ont mis du temps pour traiter sa demande.

— Mon Dieu, ça fait plus de soixante ans. Ils ont eu le temps de déménager plus d'une fois.

— C'est la même adresse que celle déclarée en 1935, lorsqu'ils ont déménagé ici, à Petrozavodsk. Si l'immeuble y était toujours après la guerre, s'il n'était pas en ruines, pour quelles raisons auraient-ils déménagé ?

— Pour habiter dans quelque chose de mieux ?

Il sourit.

— On est en Russie, dit-il. Nous tenons à ce que nous avons, la famille, les traditions, tout ce que Staline a essayé de détruire, les filiations, la religion. Le peuple russe tient à tout ce qu'il possède. Nous ne changeons pas de maison comme vous autres. Les appartements se transmettent de génération en génération. J'habite chez mes beaux-parents avec ma femme et mes enfants, dans leur trois pièces et quand viendra l'heure, nous leur succéderons. Nous n'avons pas l'habitude de vivre seuls.

Katrine fixait le papier dans sa main. Elle arriverait à Leningrad, Saint-Pétersbourg plutôt, à l'aube le lendemain matin. Son avion pour Stockholm ne partait que dans l'après-midi. Et elle pouvait échanger ce billet s'il le fallait.

— S'il y a autre chose… dit-il.

— Vous pensez qu'il est possible de trouver d'autres informations ?

— Non… il mit du temps à formuler sa réponse. Il faudrait probablement aller aux archives à Saint-Pétersbourg.

— Vous semblez avoir beaucoup de relations, dit Katrine.

— Pas à Saint-Pétersbourg.

— Je parle d'ici. Vous avez pu obtenir cette information malgré le délai d'attente de deux ans et demi.

— C'est une petite ville, répondit-il. Tout le monde connaît tout le monde.

Arrivé entre les colonnes blanches à l'entrée de l'hôtel Severnaya, il lui tendit la main et lui souhaita bonne chance.

Katrine lui passa le rouleau de billets de mille roubles, la somme sur laquelle ils étaient tombés d'accord. Ilya Petrov fourra l'argent dans sa poche, sans vérifier.

— Soyez prudente… la circulation à Saint-Pétersbourg, lança-t-il en s'éloignant vers le parking de l'hôtel. Les phares d'une Toyota pratiquement neuve s'allumèrent lorsqu'il mit les clés sur le contact. Il y avait encore quelques décorations de Noël dans les arbres, même si la plupart des lampions étaient éteints.

Comment a-t-il pu se la payer, pensa-t-elle. Interprète du suédois pour quelques milliers de roubles, avec si peu de Scandinaves à faire le voyage jusqu'ici ? Avec quoi nourrit-il ses enfants ? Comment les gens peuvent-ils conduire des voitures japonaises quand ils gagnent moins qu'un chômeur suédois en fin de droits ?

Elle suivit du regard la voiture, qui sortait du parking en reculant. Il leva la main en guise d'au revoir avant de prendre vers le sud, l'avenue vers la place Lénine. Et d'un coup les pièces du puzzle trouvèrent leur place : des bribes d'information auxquelles elle n'avait pas prêté attention, qu'elle avait négligées, pendant que son esprit était focalisé ailleurs.

Ilya Petrov s'était procuré l'information aux archives en un après-midi quand d'autres devaient attendre deux ans et demi. Ou peut-être était-il tout simplement retourné au FSB ? Et il avait pu y consulter l'original du dossier numéro 683 441, celui où les noms ne sont pas masqués, où l'on peut tout connaître du destin d'une famille ?

Son goût pour les expressos dans des cafés chics. L'ordinateur portable, la Toyota presque neuve.

Katrine prit soudain conscience des menaces de l'ombre, dans les petites rues alentour, des hommes qui la dépassaient en la dévisageant. Elle franchit rapidement les portes de l'hôtel. Bien sûr qu'elle pouvait se sentir en sécurité dans la rue, tant qu'elle était en sa compagnie.

Elle demanda sa clé, chambre numéro 234. La réceptionniste resta de marbre, sans expression, comme à son habitude. Elle se tenait raide, habillée d'un chemisier, avec une collerette d'un autre temps. Katrine grimpa les marches quatre à quatre.

Ilya Petrov travaillait pour le FSB. Évidemment ! Comme collaborateur indépendant, ou peut-être même plus directement, comme interprète œuvrant sous une fausse identité. Avait-elle prononcé des paroles inappropriées ? Son cœur battait à tout rompre, les halètements de la peur.

Peut-être n'avait-il pas pris la route de l'appartement de ses beaux-parents ? Il pouvait très bien avoir simplement fait le tour de la statue de Lénine pour ensuite prendre à gauche dans une rue parallèle jusqu'au FSB où, en ce moment même, on montait un dossier contre elle.

Arrivée dans la chambre, elle se laissa tomber sur le lit. Je ne suis personne, essaya-t-elle de se persuader, pourquoi s'intéresseraient-ils à moi ? C'est à peine si on pouvait encore la qualifier de journaliste. Ilya Petrov avait toujours été très aimable. Aurait-il traduit la phrase au sujet du renforcement des contrôles du FSB, s'il y avait travaillé lui-même ? Était-ce un avertissement ou, au contraire, avait-il agi de la sorte pour afficher son indépendance ?

Ce n'est que de l'angoisse, de la paranoïa, pensa-t-elle. Elle avait trop gambergé ces derniers temps, avec tout ce qu'elle avait appris.

Il fallait revenir à la réalité : les vêtements éparpillés, les billets de train, le passeport et le téléphone portable.

Peut-être bien qu'Ilya Petrov était membre du FSB, et que c'était pour cela qu'il avait réussi à se procurer l'adresse à Leningrad.

— Et dans ce cas, tant mieux pour moi, prononça-t-elle à voix haute, en commençant à faire ses bagages.

Quelques heures plus tard, après avoir avalé une soupe de betteraves dans le café en face de l'hôtel, elle remontait la perspective Lénine, sans plus craindre pour sa sécurité, en direction de la gare où l'attendait le train de nuit vers Saint-Pétersbourg. Elle se retourna une dernière fois en jetant un regard sur la place devant la gare. Le goudron fabriqué avec le sable de Solazjgora.

Les morts se fondaient dans le revêtement des rues, partout dans la ville. Et pourtant, les gens continuaient à y marcher.

Dans son rêve, Hoikka-Pertti lui riait au nez, ses petites dents comme autant de protubérances répugnantes, ses cheveux longs flottant au vent. Il s'était libéré de ses liens et prenait la fuite.

Thore courait. Il courait avec le vent qui lui sifflait aux oreilles, il allait le rattraper, le salaud, avant qu'il ne traverse la frontière finlandaise. Il courait dans la rue verglacée et il réussit à lui saisir le bras. Il portait un fusil. Le petit voyou vit volte-face. À la place de son visage, il vit celui de Lars-Erkki, la figure aspirée dans un trou béant.

Thore se redressa brusquement dans le lit.

Il le regretta aussitôt.

Le dos, ce dos maudit. D'abord quelques décharges, puis une douleur sourde. Est-ce qu'il avait pris ses cachets avant de se coucher ?

Il appuya sur le bouton du réveil et vit les chiffres digitaux s'allumer : deux heures et demie. La lumière de la nuit, amplifiée par le reflet de la lune sur la neige, pénétrait dans la chambre, passant au travers des rideaux. L'hiver, il ne baissait jamais le store.

Son cœur battait encore la chamade, au rythme de la course effrénée dans le rêve. Il s'extirpa du lit et se dirigea, en traînant les pieds, vers les toilettes.

Hoikka-Pertti le tourmentait. Quelque chose clochait dans cette histoire, un détail qui le titillait et le tracassait jusque dans son sommeil. Un pan de l'histoire que personne ne voyait parce que personne ne voulait le voir.

Après toutes ces années, il se souvenait encore du vieil escroc. Les insultes qu'il déversait en finnois, à chaque interpellation.

Thore stoppa net, la main sur la poignée de la porte de la salle de bains.

Le petit Pertti Härkkönen, avait-il vraiment fait la causette avec un bandit russe de Saint-Pétersbourg ? Et si c'était le cas, en quelle langue avait-il bavardé ?

La mafia russe ne s'inscrit pas aux cours de finnois dispensés en prison.

Il se mit à rire tout seul, s'affaissa sur les toilettes et se laissa aller.

Hoikka-Pertti avait connu l'école primaire finlandaise de l'ancien temps et n'avait guère poursuivi sa scolarité au-delà. À l'époque, sa carrière de délinquant semblait déjà toute tracée. Et Thore connaissait des élèves bien plus talentueux qui, au sortir de l'école primaire, étaient incapables de prononcer ne serait-ce qu'un mot de suédois ou d'anglais. Il avait lui-même été marié pendant plus de quarante ans avec une femme originaire de la partie finlandaise de Pello : il avait dû demander la main de Kyllikkis en finnois !

Witness protection !

C'était probablement le seul mot étranger qu'Härkkönen avait appris de toute sa vie.

Thore eut le sentiment de voir les présupposés de l'enquête s'effondrer comme un château de cartes.

En y réfléchissant, est-ce qu'il y avait encore un élément qui tenait debout ?

Deux jeunes Russes qui débarquent en Suède pour
carreler le sol d'une salle de bains ?

Il se tint immobile, assis sur les toilettes. Les pensées
se faisaient curieusement fluides cette nuit-là. Son esprit
était plus lucide que d'habitude, peut-être tout simplement parce qu'il avait oublié de prendre ses cachets. Il ne
se sentait plus dans cet état de somnolence perpétuelle,
ce coton qui l'enveloppait constamment, jour et nuit.

Y avait-il vraiment autre chose dans le dossier que ces
quelques rumeurs sans fondement ? De l'argent qui semblait n'avoir jamais existé, un fusil introuvable ? Des
témoins qui n'avaient vu ni entendu quoi que ce soit de
particulier ? Il connaissait le mécanisme : on réfléchissait, on faisait les cent pas chez soi en ressassant les événements du soir du meurtre, encore et encore, et
soudain, on se souvenait de quelque chose et, hésitant,
on appelait la police. Mais personne ne se rappelait avoir
vu des Russes, ni même une voiture étrangère, rien du
tout.

Il fut brusquement tiré de ses spéculations par un
mouvement de la porte. Son cœur s'emballa, puis il
vit le museau apparaître. C'était la chienne, bien sûr. Il
était soulagé. Il ne l'avait pas entendue arriver. Il était
tellement habitué au bruit des pattes sur le sol : il avait
toujours vécu avec un chien. Elle était là, haletante, sur

le seuil de la porte, toute heureuse d'avoir retrouvé son maître.

L'idée le frappa avec la force d'un coup de poing : des bruits à ce point ordinaires qu'on n'y prête plus attention. Personne n'avait rien remarqué d'inhabituel.

Du quotidien alors ? Les bruits qui nous bercent les oreilles tous les jours. Comme le vent ou un chien qui aboie, le grondement sourd du chemin de fer du côté finlandais, qui se fond dans le silence, les scooters des neiges sur le fleuve, les engins chargés de bois qui s'en vont vers l'autoroute du sud.

Ils avaient focalisé sur la voiture de Mourmansk. Il ne pouvait pas les blâmer, il aurait fait de même. Ça semblait tellement évident.

Et s'il n'y avait jamais eu de voiture.

Si la présence de la voiture russe du côté de Täby n'était que le fruit du hasard. Et si les garçons avaient mal vu, après tout. La pensée lui fendait le cœur. Il aurait dû poser lui-même la question à Matti, mais il n'avait pas voulu faire le premier pas. Ça faisait un petit moment que le garçon ne lui avait pas rendu visite. Ils n'allaient plus à la pêche ensemble, il ne s'asseyait plus derrière lui sur le scooter pour rejoindre la cabane de chasse. Cette complicité qu'ils avaient, un temps, partagée. Thore l'avait accueillie comme une loi de la nature : le fils rejette son père et se rapproche de son grand-père. L'amour a parfois besoin d'une génération de distance.

Et s'ils avaient vu ce qu'ils avaient décidé de voir ?

Il se remémora une nouvelle fois cette soirée-là, il avait laissé sortir la chienne comme d'habitude. Vers onze heures, minuit. Il avait attendu, près de la porte, qu'elle fasse ses besoins. Comme tous les soirs, rien à signaler.

Cette pensée l'effrayait, obscurcissait encore la nuit. La lune disparut derrière quelques nuages. Il percevait distinctement les bruits dans l'ombre, aux alentours. Le bruissement dans les branches, le mouvement soudain d'un animal. Un camion sur la route 99. Des bourdonnements dans les conduits, les craquements du vieux plancher.

Ils avaient tablé sur l'hypothèse que les criminels avaient circulé à travers le village en voiture, mais peut-être faisaient-ils fausse route…

Merde.

Il se servit un verre de lait et s'assit sur le banc dans la cuisine. Il ne pourrait plus trouver le sommeil, maintenant que les pièces du puzzle commençaient à trouver leur place.

Les traces de skis, en provenance du sauna. Se pouvait-il que le meurtrier ait skié dans les traces de Lars-Erkki ?

Ils se seraient garés sur le fleuve, sur la glace déblayée. Pour prendre ensuite la fuite, en voiture, vers la Finlande. Ou peut-être en scooter des neiges, en emportant les skis, se dit-il. Il y avait des traces de scooters partout aux alentours du fleuve, dans toutes les directions, et même sur la rive, près du sauna.

Ça collait bien. Son instinct, aguerri par l'expérience accumulée au fil de toutes ces années, lui indiquait qu'il était sur la bonne voie. Il commençait à avoir une idée claire du scénario. Putain de merde. Il allait devoir se bouger le cul.

Les objets qui avaient disparu, clamait la partie de son cerveau qui raisonnait encore comme le policier qu'il avait été autrefois, les seuls éléments susceptibles de constituer une preuve. Des faits. Du tangible. Le reste n'était qu'illusions et confusions. Conjectures fallacieuses. Un fusil ne disparaît pas comme ça. Il faut s'en débarrasser, le cacher. Où ? Si ce qu'il échafaudait reposait sur quelques fondements, l'horreur était à son comble. Le policier tirait les conclusions et il commençait à suffoquer. Un endroit où l'on ne passe pas par hasard, un lieu que plus personne ne fréquente. Pas trop près mais pas trop loin non plus. Quand on dérobe un fusil, on a probablement l'intention de s'en servir. Et si c'était le cas ?

Il fallait qu'il se dépêche.

Il lui restait suffisamment de présence d'esprit pour penser à se préparer deux sandwichs et remplir un Thermos de café. Ses mains tremblaient au point qu'il en versa la moitié à côté. Ensuite, il s'habilla. Enfiler la combinaison lui prit un temps infini, rien que plier les jambes pour enfiler le pantalon de ski s'avérait un exercice des plus fastidieux. Il avait oublié que la fermeture Éclair était cassée. Il trouva les chaussures de ski au fond du cellier. La chienne le suivit dans la cour. Les skis étaient adossés au mur, dans la remise. Depuis combien de temps ne les avait-il pas fartés ? Il n'avait pas besoin d'aller vite. Il n'était pas encore quatre heures, il avait plus d'une heure devant lui, avant qu'il ne commence à faire jour. Il n'avait, de toutes les manières, de compte à rendre à personne.

Il dut se tenir au mur lorsqu'il se pencha pour attacher les skis. Il sentait comme une boule dans le ventre.

Il pourrait toujours se soulager dans la forêt si cela s'avérait nécessaire. Il saisit les bâtons et sortit de la cour. Il
traversa lentement la route sur les skis et coupa par le
terrain de Niska pour s'éloigner le plus vite possible des
remblais sur les bas-côtés. La lune refit son apparition.
Cette lumière lui suffirait, il connaissait par cœur chaque
tournant, chaque fossé. Il poussa sur les bâtons pour traverser les champs jusqu'aux traces de scooters qu'il n'avait
ensuite qu'à suivre pour rejoindre la forêt.

Il n'entendit bientôt plus que le frottement des skis
glissant lentement sur la neige et la respiration sourde
d'Akka qui se frayait un chemin derrière lui.

L'immeuble ressemblait à un vaisseau fantôme dans le brouillard échoué au coin de la rue, les fenêtres comme autant de béances ouvertes sur l'obscurité, à l'intérieur. Un filet déchiré pendait sur la façade, flottait au vent, voilant les contours de l'édifice.

Ça ne peut pas être là, pensa-t-elle. Ses mains tremblaient lorsqu'elle déplia le plan pour essayer d'y déchiffrer les minuscules inscriptions. Elle compara l'adresse avec celle du bout de papier. Elle se trouvait à moins de quinze minutes de marche du cœur historique de Saint-Pétersbourg et de la perspective Nevski, là où elle avait petit-déjeuné pour un prix exorbitant. Le quartier où elle était ne semblait pas avoir profité de l'essor économique de la ville, contrairement à d'autres : des façades marronnasses, crasseuses, couvertes de graffitis, sans doute là depuis le dernier ravalement, quelques décennies plus tôt.

Ulitsa Voronezhkaya, le numéro 3, une voie qui faisait l'angle avec la rue Konstantina Zazlova.

Katrine se rapprocha et découvrit une plaque avec le nom de la rue, elle en avait vu très peu dans la ville. Une petite plaque bleue, accrochée à la façade.

C'étaient les mêmes lettres. Il n'y avait aucun doute.

Elle avança lentement sur le trottoir. Les portes étaient murées. Le ciment n'était pas encore rongé par la pollution, la condamnation des entrées semblait récente. Autour, un crépi hors d'âge tombait en lambeaux, dessinant de grandes lézardes sur les murs. Des tags partout. Elle ne comprenait pas la raison de la présence d'un filet de protection sur la façade. C'était comme si on avait commencé des rénovations, que l'on avait abandonnées aussitôt. De l'argent un jour investi, et volatilisé le lendemain.

Elle contourna l'immeuble. Derrière, il y avait une cour où étaient garées quelques voitures couvertes de saletés et de poussière, devant une rangée de containers. Quelques arbres étaient plantés le long du mur. Il y avait un lopin de terre avec des amas de neige et quelques cailloux. Des enfants ont dû jouer là, pensa Katrine.

Lorsque Hilma Jelena était arrivée à Leningrad, elle devait avoir dix ans. C'était peut-être un très bel immeuble à l'époque.

Elle essayait d'évaluer l'ampleur des dégâts et se demanda quand les derniers locataires étaient partis. Cela faisait certainement plusieurs années. Dans n'importe quelle autre grande ville, cet immeuble aurait été rasé, mais l'argent manquait peut-être pour ça aussi.

C'est à ce moment-là qu'elle aperçut le trou, derrière des buissons touffus. Une fenêtre autrefois condamnée, d'où on avait retiré les briques et le ciment pour y aménager une ouverture, suffisamment large pour s'y faufiler.

Elle fit à nouveau le tour du bâtiment pour revenir dans la rue. Elle rencontra un homme qui promenait son chien. Elle évita de croiser son regard. De ce côté-là, les fenêtres et les portes étaient toutes condamnées par des planches et du grillage. Il n'y avait pas d'autres ouvertures.

Elle observa à nouveau le trou derrière l'immeuble. La brèche se trouvait dans la partie la plus retirée de l'édifice, vers le numéro trois.

Elle regarda alentour et ne vit personne. Elle enjamba des tas de briques, du ciment et du verre brisé. Elle s'égratigna en passant à travers un buisson et se pencha pour voir à l'intérieur. Elle pouvait y distinguer une pièce totalement dévastée. Elle saisit une brique et la jeta à l'intérieur. Le fracas qu'elle causa en tombant sur le sol la fit sursauter, rien d'autre, aucun signe de vie. Elle patienta encore quelques secondes avant de passer une jambe à l'intérieur et força le passage par le trou dans la fenêtre. Elle glissa sur une plaque de glace et tomba à genoux. Il y avait une légère odeur d'excréments. Cet endroit servait probablement de refuge aux chiens sauvages et aux chats de gouttière.

Elle sortit son téléphone portable et éclaira le sol avec la lumière de l'écran. Au fond de la pièce une porte, qui permettait l'accès au-delà. Elle se releva. Que pouvait-il lui arriver ? Si le lieu avait été squatté, tous les locataires avaient dû abandonner l'endroit : il y faisait trop froid.

Elle ne distinguait toujours aucun bruit à l'intérieur. Seulement l'éclat du verre qui se brisait sous ses bottes et sa propre respiration lorsqu'elle fit quelques pas de plus dans la pièce. Elle se pencha pour ramasser une barre de fer par terre, toute rouillée et trouée. Cela ferait l'affaire si elle avait à se défendre.

Elle pénétra dans une cage d'escalier. Il y faisait plus sombre, mais elle put tout de même distinguer l'escalier qui montait. Elle pointa le portable vers le sol pour voir où elle mettait les pieds et se heurta l'épaule à quelque chose qui dépassait du mur.

Une boîte en fer. Elle retint son souffle lorsqu'elle vit les casiers étroits.

Des boîtes aux lettres. Huit casiers. Elle approcha l'écran du téléphone, le plus près possible. Elle dut se pencher pour lire l'écriture délavée, presque indéchiffrable sur les petits bouts de papier. Une vague de chaleur lui traversa le corps lorsqu'elle reconnut le nom. Elle l'avait vu dans le dossier de la FSB à Petrozavodsk et ensuite sous sa forme masculine sur le bout de papier qu'Ilya Petrov lui avait glissé.

Morozov.

Un frisson lui parcourut l'échine et elle sentit ses jambes flageoler. Ils avaient probablement habité ici, jusqu'à ce que l'immeuble soit évacué. Une présence tangible, une ombre qui prenait forme, un esprit qui flottait dans les recoins.

C'était le patronyme du père qui avait été inscrit, sans le « a », l'indication du féminin à la fin du mot, bien qu'il fut tombé au champ de bataille. Peut-être que Julia Morozova y avait emménagé avec les beaux-parents, ou peut-être n'avait-elle pas souhaité s'afficher comme veuve. Katrine essaya de comprendre comment les boîtes aux lettres étaient agencées et si on pouvait en déduire une correspondance quant à l'emplacement des appartements. La boîte aux lettres des Morozov était placée en bas à gauche. La porte de gauche, vue de la rue, semblait entrouverte. Elle la poussa d'un petit coup de main et elle s'ouvrit avec une étonnante facilité.

L'odeur d'excréments était plus forte ici. Elle se couvrit le bas du visage avec son écharpe. Le sol de l'appartement était défoncé, des lames du plancher éparpillées un peu partout. Dans un coin, elles étaient même recouvertes de suie, brûlées, en cendre. En face, il y avait la cuisine, une sorte de réduit étroit. Le plafond aussi était en bien mauvais état. Dans l'obscurité, elle arriva à distinguer les restes d'un plan de travail. Il faisait presque aussi froid à l'intérieur qu'à l'extérieur, un peu en dessous de zéro, un air glacé et humide.

Il n'y a plus rien ici, pensa-t-elle, c'est beaucoup trop tard.

Katrine se retourna lentement en direction de la sortie, avançant doucement pour éviter les faux pas, lorsqu'elle aperçut quelque chose en mouvement. Elle poussa un cri. Elle leva instinctivement la barre et frappa sur le mur.

La chose se faufila sous le plan de travail affaissé.

Elle retenait sa respiration. Elle voulait fuir, sans y parvenir. Elle inspira profondément et avança de deux pas, jusqu'au seuil de la cuisine. Elle voulait s'assurer qu'elle n'avait pas rêvé, qu'elle avait bien vu quelque chose. Avec le téléphone, elle éclaira sous le plan de travail mais la lumière ne parvenait pas jusqu'au fond.

Un chien sauvage aurait grogné, mais il n'y avait que le silence. C'est alors qu'elle vit des yeux briller dans le noir.

— *Hello*, dit Katrine à voix basse.

Elle cherchait désespérément quelques mots de russe.

— *Dobry den*, chuchota-t-elle, et elle eut l'impression que sa voix résonnait dans la pièce. Ses yeux s'habituaient enfin à l'obscurité.

C'était un enfant, accroupi, immobile. Des vêtements sombres. Un bonnet sur les yeux. Katrine tentait de maîtriser sa peur, on n'est pas censé être effrayé par un enfant.

— *Don't be afraid. Okay, it's okay.* N'aie pas peur. Tout va bien.

Les yeux la fixaient sans vraiment voir. Elle eut du mal à déterminer si c'était un garçon ou une fille, les cheveux ternes, mi-longs, sous le bonnet. Maigre, peut-être une dizaine d'années, le poing fermé devant la bouche.

— *My name is Katrine*, dit-elle en essayant de garder une voix douce et calme. *My relatives used to live here.* Des gens de ma famille vivaient ici.

Elle savait bien que le gamin ne comprenait pas l'anglais, mais il pourrait déduire du ton de sa voix qu'elle ne lui voulait pas de mal.

Le gamin mit sa main devant sa bouche et elle vit le sachet en plastique. Elle savait ce que c'était, de la colle qu'on sniffe dans un sac. Avec le solvant et l'essence, par contre, il faut imbiber un chiffon. Elle avait pratiqué ce genre d'expédient et elle se souvenait encore du goût âpre, des hallucinations, de l'impression de grimper à l'intérieur de sa propre bouche.

Puis, elle vit les aiguilles par terre.

Il en avait partout, entourées de papier, parmi les planches, la cendre et les petits tas de terre. Elle eut un haut-le-cœur quand elle comprit que ce qu'elle prenait pour de la terre s'avérait être des excréments.

Elle se releva d'un coup, regarda alentour. Elle avait marché sur quoi exactement ? Elle recula lentement, d'un pas, son cerveau tournait maintenant à plein régime. Elle ne savait plus quelle attitude adopter.

Le regard vide et figé la dévisageait.

La seule idée qui lui vint à l'esprit fut d'attraper le paquet de chewing-gum, dans son sac. Elle prit aussi une barre de Snickers qu'elle avait achetée à un kiosque sur la perspective Lénine à Petrozavodsk, ainsi qu'une petite bouteille d'eau, pour le train. Elle s'accroupit et tendit la barre chocolatée.

— *You want ?*

L'enfant restait immobile, ne semblant ni voir ni comprendre. Elle entendit un bruit, qui provenait de la pièce d'à côté. Elle se redressa et faillit tomber lorsque son pied passa au travers du plancher. Elle était paralysée par la peur, les aiguilles ! Elle perçut alors des mouvements un peu partout dans la pièce. Des yeux qui brillaient. Elle se cramponna au montant de la porte.

Dans un coin de la pièce, qui donnait sur la rue, quelqu'un se leva, un grand garçon dégingandé. Il la fixa du regard. Et autour de lui, ça remuait. Des cartons tombaient sur le sol, dévoilant plusieurs autres enfants. Katrine se tint immobile. Deux garçons, une fille, plus âgés que celui dans la cuisine, peut-être douze ou treize ans, avec aussi le poing serré devant la bouche, des sacs en plastique pendouillant comme des doudous. Le plus grand s'approcha d'elle. Il lui dit quelque chose qu'elle ne comprit pas. Il répéta le même mot, plusieurs fois, en tendant la main. Le chocolat ! Elle vit dans son regard que la colle n'avait pas encore fait son effet. Les enfants venaient probablement de se réveiller et avaient à peine commencé à sniffer. Bientôt, le froid ne serait plus qu'un souvenir désagréable, tout comme la faim et le reste de la réalité.

Le regard de l'adolescent était très différent de celui de la cuisine : sauvage, dur, un peu fou. Un enfant qui avait appris à survivre seul. Katrine sentit le vide dans sa main, elle avait posé la barre de fer en cherchant les sucreries. Qu'aurait-elle pu en faire, de toutes les façons, frapper un enfant ?

— Est-ce que tu parles anglais ? *Do you speak English ?* dit-elle en faisant tomber le chocolat dans la main du garçon. Il répondit en russe, des phrases courtes et plusieurs enfants se mirent à parler, les mots virevoltaient autour d'elle comme des mouches. Ça ressemblait à des questions et devenait de plus en plus pressant.

— *It's okay, I'm just looking, I'm going now.* Ça va, je suis juste venue jeter un coup d'œil, je m'en vais maintenant. Elle espérait que la barrière de la langue les empêcherait de déceler la peur dans sa voix. Elle sortit un rouleau de billets de sa poche et le posa par terre. Elle se souvint du mot : *Davidsdania.* Au revoir. Puis, elle recula lentement vers la sortie. Avant de quitter la pièce, elle vit le garçon qui se baissait pour ramasser l'argent et les ombres alentour qui avançaient vers lui.

Une fois sortie, elle pressa le pas : il fallait impérative-
ment qu'elle rentre se réchauffer quelque part, elle avait
besoin de s'asseoir.

Un panneau sur l'immeuble voisin indiquait l'emplacement d'un café. Il n'y avait aucun signe extérieur qui
le distinguait d'un autre bâtiment : de petites fenêtres,
une porte anodine.

Katrine frappa à la porte et ne reçut aucune réponse.
Elle tira la poignée et la porte s'ouvrit. Ses jambes tremblaient et elle sentait la honte lui irriguer les veines.

Cela ressemblait vraiment à un café. Et, au moins, il
y faisait chaud. Les fenêtres étaient couvertes de poussière au point que la lumière du jour ne perçait plus au
travers. Le mobilier en bois massif aurait pu se trouver
là depuis le siège de Leningrad.

Katrine s'affaissa sur un tabouret.

Elle avait honte d'avoir eu peur, honte de s'être enfuie.

Un homme en pantoufles sortit d'une pièce de derrière. Il était petit, arrivait juste au niveau du comptoir.
Son visage était creusé et le peu de cheveux qui lui restaient sur le crâne poussaient en touffes au-dessus des
oreilles. Il devait avoir dans les quatre-vingts ans.

— *Dobry den*, dit-elle et il murmura la même chose en réponse.

— *Do you serve coffee ?* Avez-vous du café ?

Il fit non de la tête.

— *Tea ?* Du thé ?

L'homme se retourna sans un mot et fit couler de l'eau chaude d'un samovar. Il plaça la tasse sur le comptoir et posa deux petits biscuits fatigués sur une serviette. Katrine réussit à se lever bien qu'elle eût cru la chose impossible quelques instants plus tôt.

— *Spasiba*, remercia-t-elle en s'adossant au bar et en se réchauffant les mains autour de la tasse. Sur le mur, il y avait une photo encadrée de Poutine et Medvedev. Les tons étaient forcés. Ce qui donnait aux dirigeants russes un petit côté vieilles stars de cinéma en Technicolor.

— Parlez-vous anglais ? *Do you speak English ?* demanda-t-elle.

Le vieil homme fit non de la tête, indifférent. Il respirait fort. Il essuya quelques tasses avec le torchon qui lui pendait à la ceinture. Quelque part alentour, on distinguait un bruissement, les canalisations qui chuintaient.

— Quelqu'un parle-t-il anglais ici ? *Is there anybody here who speaks English ?* elle montra le plafond, la porte, Quelqu'un ? Dans cette maison ? Anglais ? Français ? *Anybody ? In this house ? English ?* Français ?

Elle sortit un rouleau de billets et en posa un de mille sur le comptoir.

Il le prit et la dévisagea. Il avait l'air de mastiquer sa propre mâchoire. C'est trop, pensa-t-elle, cela devait représenter, pour certains, l'équivalent d'un salaire hebdomadaire. Il rangea le torchon et disparut derrière la porte par laquelle il était entré, en traînant les pieds.

Dans l'appartement du dessus, elle entendit des pas et des voix lui parvenaient à travers les murs. Lorsque le gérant revint, il y avait une femme dans son sillage : un peu plus jeune, sa fille peut-être, mais il se pouvait aussi que sa forte corpulence lissât ses traits et dissimulât son âge. La femme prononça quelques phrases de politesse et commença à nettoyer les tables. Katrine essaya, sans conviction, de la questionner en anglais. Elle n'obtint que des réponses en russe. Au moins, cela ressemblait à des réponses. Personne ne parlait une autre langue que le russe dans ce foutu pays ? Le thé était fade et les biscuits avaient un goût de papier. Elle était sur le point de partir, sans en trouver la force.

— *Student*, dit l'homme avec un accent allemand, en pointant un doigt vers le plafond.

Au moment même, une jeune femme d'une vingtaine d'années fit son apparition dans la pièce. Elle avait les cheveux longs, blonds, portait des bottes élégantes et un jean H&M. Elle lui tendit une main fine et se présenta, Sofia Jakova.

— Monsieur Busuev m'a fait comprendre que vous souhaitiez discuter avec quelqu'un qui parle anglais, dit-elle dans un anglais britannique correct mais visiblement limité. J'étudie à l'université. Monsieur Busuev cherchait mon frère, mais il n'y avait que moi à la maison. Et ma mère. Qui va descendre aussi.

— Je souhaitais poser quelques questions sur l'immeuble d'à côté, dit Katrine. J'ai cru voir qu'il y avait quelqu'un à l'intérieur.

Sofia eut à peine le temps de traduire que le vieil homme élevait déjà la voix.

— Ils sont de retour, ces satanés rats.

— Non, ce n'était pas des rats, répliqua Katrine.

Monsieur Busuev faisait des moulinets avec les bras, exaspéré. Sofia Jakova traduit d'une voix mécanique en cherchant les mots.

— La Ville a muré les portes, mais ils trouvent quand même le moyen d'entrer, pareils à des cafards.

Katrine reconnut le mot avant d'entendre la traduction, *tarakan*, mais elle mit plusieurs minutes avant de comprendre qu'il parlait des enfants.

— Nous avons appelé la police et l'administration, mais ils reviennent quand même. Nous ne voulons pas d'eux ici. Vous voyez bien comment c'est. Des tags partout. Avant c'était un beau quartier ici. Nous ne sommes pas riches mais nous sommes des gens travailleurs.

— Ce ne sont que des enfants, dit-elle, *they're just kids*.

— Ils salissent et détruisent, comme des rats, vous comprenez ? L'homme chassa les rats imaginaires avec ses mains. Ils entrent en masse, ils viennent de partout, comme des rats.

Sofia Jakova avait l'air inquiète. Du regard, elle supplia Katrine de faire un effort pour comprendre.

— La police tente de les appréhender, mais ils s'enfuient, ils ne veulent pas se laisser enfermer.

Une autre porte s'ouvrit et une dame d'une cinquantaine d'années, les cheveux impeccablement mis en plis, fit son entrée dans un nuage de parfum. La discussion en russe monta d'un ton.

Katrine ne savait plus quoi dire, elle avait déjà trop parlé. Les enfants seraient à nouveau chassés et elle en serait responsable.

— Depuis combien de temps l'immeuble est abandonné ? demanda-t-elle. Vous savez où sont partis les gens qui habitaient ici ?

Les réponses fusaient autour d'elle, peuplant la pièce vide, une soudaine chaleur les enveloppait, dans le bruissement des tasses de thé. La pauvre étudiante transpirait en cherchant ses mots.

Le dernier locataire avait quitté l'immeuble depuis des années. Dix ou onze ans peut-être. Un pauvre homme, Voloda Fadeïev, mort de froid dans son appartement durant l'hiver glacial de 2002. Ils avaient dû le décoller du sol à la pioche.

— Non, c'était Pola le dernier, la femme parfumée prit soudain la parole, vous vous souvenez de Pola Orlova, l'appartement de l'angle ! Qui se vantait tout le temps parce que ses fils avaient étudié à l'Institut de technologie. Mais ils ne venaient pas pour autant lui rendre visite. Ils n'étaient pas d'une grande aide quand il fallait s'occuper des fuites dans les tuyaux.

Elle scruta ses ongles vernis.

— Mon fils étudie aussi, et j'ai une fille qui parle anglais, qui pourrait très certainement trouver un emploi dans une boutique sur la perspective Nevski !

Sofia Jakova rougit : c'était elle la fille.

— Non, c'était en 2003, affirma la femme forte qui gérait le café. C'était l'année où Saint-Pétersbourg fêtait son trois centième anniversaire. On avait repeint les façades du palais. Poutine a reçu des présidents, des rois. Le président Bush lui-même est venu à Saint-Pétersbourg !

— Mais non, pas du tout, protesta la mère de Sofia. Bush est venu au printemps.

— Notre pauvre Voloda n'est quand même pas mort de froid au printemps ? Même à Saint-Pétersbourg, les gens ne meurent pas de froid au printemps ! Le propriétaire du café renifla tellement fort que la morve gicla. Sa femme sortit un mouchoir et l'essuya rapidement pendant qu'il continuait à parler.

— Je ne parle pas des présidents, je parle de l'hiver, cet hiver froid-là. Il n'avait pas fait aussi froid à Saint-Pétersbourg depuis soixante-dix ans, depuis le siège.

— On a quand même connu d'autres hivers très froids.

— Peut-être, mais ces hivers-là, l'électricité fonctionnait encore.

Katrine n'arrivait plus à suivre le fil de la conversation. Les uns finissaient les phrases des autres et deux curieux, des voisins, firent leur entrée par une porte dans le fond de la pièce, histoire de voir ce qui pouvait bien se tramer par là. Ce qui obligea les autres protagonistes à leur faire un résumé des débats. Le propriétaire du café disparut derrière le comptoir en traînant les pieds et revint avec une bouteille de vodka et quelques verres d'une propreté douteuse. Sofia Jakova rougissait de plus en plus.

— Maman se souvient que les locataires se plaignaient parce que le gaz avait été coupé. Au temps des privatisations, l'immeuble a été acheté par un inconnu, une histoire de pot-de-vin. Puis, le nouveau propriétaire a disparu.

— Eh oui, c'était cet hiver-là.

Ils trinquèrent. Katrine but sa vodka cul sec. Elle ne savait pas à quoi ils trinquaient, mais elle avait ouï dire que si on vidait son verre d'un coup, le vœu se réalisait.

— Si Alexandre Delibas avait été encore là, rien de tout cela ne serait jamais arrivé, ajouta une femme qui venait d'arriver. Elle était toute fluette, avec d'énormes lunettes.

— Il était médecin, un veuf. Ce qui est assez rare à Saint-Pétersbourg. Ici, il n'y a que des veuves. Sa femme est décédée d'un cancer. Autrefois, personne ne mourait du cancer. Est-ce que l'on parlait du cancer à l'époque ? Jamais !

— Non, on n'avait pas le temps d'attraper le cancer avant que… la mère de Sofia Jakova esquissa un geste rapide sur la tempe, un coup de feu imaginaire.

— Et vous vous souvenez des sœurs Golova qui travaillaient dans le magasin de prêt-à-porter pour femmes ? Elles habitaient dans l'appartement au-dessus, à côté de celui du docteur.

— Ah oui, le docteur Alexandre Delibas, il rendait visite aux veuves. Dès qu'elles tombaient malades, elles l'appelaient, mais elles ne l'appelaient pas que pour ça.

L'assemblée éclata de rire. Sofia Jakova rougit de nouveau en traduisant.

— Et si par hasard, il transmettait des maladies à quelques-uns des locataires de l'immeuble, ce n'était pas grave, il n'avait qu'à rédiger les ordonnances nécessaires.

La femme qui avait commencé à parler du docteur prit soudain un air rêveur.

— Demandez-leur s'ils se souviennent de Julia Morozova, dit Katrine.

À peine eut-elle prononcé le nom que l'ambiance s'en trouva radicalement modifiée. Les visages amicaux et rieurs se fermèrent. Le propriétaire du café stoppa net derrière le comptoir, avec la bouteille à moitié vide dans la main. C'est sa femme qui reprit la parole, en chuchotant.

— Elle demande pourquoi vous voulez savoir, dit Sofia d'une voix encore plus basse. Elle se demande pourquoi vous êtes là, à vrai dire.

Ils évitèrent ensuite de croiser son regard et chuchotèrent entre eux. Katrine se souvint d'une anecdote qu'elle avait lue sur l'époque stalinienne. Il y avait deux mots pour dire « chuchoter » en langue russe : chuchoter par souci de discrétion, pour que les murs ne puissent entendre ou chuchoter à l'oreille de quelqu'un, pour en dénoncer un autre. Personne dans la pièce, hormis elle et Sofia Jakova, n'avait moins de cinquante ans. C'étaient tous des enfants de la société soviétique. Les plus âgés avaient peut-être même vécu le siège de Leningrad et ces fameux neuf cents jours de famine où la population avait dû se résoudre à se nourrir de chair humaine. La confiance bienveillante en son prochain restait fragile, la courtoisie entre voisins n'était que chimère, du théâtre. Comment savoir qui avait dénoncé qui, et même si on l'apprenait, on vivait avec en restant sur le qui-vive, pour la bonne raison que personne ne savait à quelle sauce il serait mangé le lendemain. En l'espace d'une seconde, ils avaient compris qu'elle n'était pas celle pour laquelle elle se faisait passer. Elle avait une mission inavouée, elle en savait plus qu'elle n'en laissait paraître.

Katrine retint son souffle.

— Julia Morozova est une parente de ma mère, dit-elle. C'est pour cela que je suis ici. J'aimerais savoir où elle s'en est allée.

Et de nouveau, l'ambiance se modifia dans la pièce, plus lentement cette fois-ci : une bienveillance retrouvée, même s'ils restaient toujours sur leurs gardes. Petit à petit, ils recommencèrent à parler, l'un après l'autre, hochant la tête, en cherchant l'approbation des uns avant que les autres n'enchaînent. Ils semblaient peser maintenant chacun de leurs mots avant de parler, c'était à mille lieues du laisser-aller qu'elle avait pu observer plus tôt.

— Bien sûr que je connais Julia Morozova, traduisit Sofia Jakova. Elle a toujours habité par ici. Elle parlait beaucoup de son mari, comme d'un homme important, tombé à la guerre. Comme si chacun d'entre nous n'avait pas eu un membre de la famille fauché sur le champ de bataille. Galina, qui gère le café ici, pense qu'elle est morte en 1993 ou peut-être en 1992. C'était après la chute du Mur, elle en est sûre, Julia Morozova se plaignait alors beaucoup.

La femme replète soupira avec force et commença à geindre.

— C'étaient des années dures, l'argent s'était volatilisé, tout ce qu'on avait pu économiser. Julia Morozova n'avait pas confiance en Eltsine. Elle disait qu'on ne pouvait pas faire confiance à quelqu'un qui venait de Sverdlovsk, que c'étaient tous des bandits et puis, à l'époque, Alosa n'était déjà plus.

— Et sa fille, demanda Katrine à voix basse. Demandez-leur s'ils savent ce qu'est devenue Hilma Jelena Morozova ?

Les voisins se dévisagèrent en fronçant les sourcils.

— C'était ce même hiver, non, lorsqu'ils sont venus la chercher ? 2002 ? C'était avant que le vieux Voloda…

— Que voulez-vous dire ? interrompit Katrine. Quelqu'un sait où elle est partie ?

Ils firent non de la tête, les uns après les autres, avec regret, mais la propriétaire du café reprit la parole. En écoutant son interminable réponse, Katrine comprit que la femme savait quelque chose et que, quoi que ce fût, cela la mettait en colère.

— Quelque temps après, il y a eu des problèmes avec la distribution du courrier, traduisit Sofia Jakova, et les gens avaient pris l'habitude de déposer les lettres ici. Parce que quand on tient un café, les gens pensent que l'on est corvéable à merci, que l'on doit s'occuper de tout. Elle avait attendu le facteur pour lui signifier que Jelena Morozova avait déménagé et que c'était à l'administration postale de s'assurer que les gens reçoivent bien leur courrier. Le facteur avait passé un coup de fil. Puis, il avait pris les lettres en disant que si par hasard il y en avait d'autres, elle pouvait les envoyer directement à la maison Gogol à Tsarskoïe Selo, parce que ce n'était pas non plus son boulot de gérer le courrier des gens qui déménagent sans faire de changement d'adresse.

— Ça s'appelle comment, vous avez dit ?

— Tsarskoïe Selo, la ville du tsar. Une nouvelle discussion, très vive, éclata et Sofia Jakova dut parler plus vite pour suivre le fil. Le gérant dit que la ville s'appelle maintenant Pouchkine. Ils ont changé le nom en 1937, à l'occasion du centenaire de la mort de Pouchkine, mais sa femme n'est pas d'accord, elle pense que la ville a repris son nom d'origine. Les plus âgés et les plus jeunes disent Tsarskoïe Selo et il est possible que les autres l'appellent Pouchkine. Ils veulent savoir si vous connaissez Pouchkine ?

— C'est dans quelle région ?

— Le poète. Ils veulent savoir si vous connaissez notre grand poète.

— Oui, je connais le poète, répondit Katrine, mais j'aimerais savoir où se situe la ville.

Et elle but cul sec le verre qu'on venait à nouveau de lui remplir.

— … et Alastair n'a pas l'air non plus de comprendre ce que tu fabriques.

— Tu l'as appelé ? Vous avez parlé de moi ?

Katrine retint son souffle. L'air était pur et clair, rien à voir avec l'humidité et les nappes de brouillard des gaz d'échappement de Saint-Pétersbourg.

— C'est lui qui m'a appelé, figure-toi, répondit Anders.

— Il t'a appelé ? Mais pourquoi ? Vous ne vous connaissez pas.

— Il dit que ton portable est éteint depuis plusieurs jours. Il s'inquiète pour toi, Katta, c'est pour ça qu'il voulait me parler. Il est inquiet, il se demande comment tu vas.

— Comment je vais ?

— Il a posé quelques questions sur papa aussi. Sur ce qui s'est vraiment passé.

Elle se tapa le front. Sofia Jakova l'attendait trente mètres plus loin, près d'un pont orné de sculptures en forme de dragons, flanqué de petits palais chinois couleur pastel. Le parc des Tsars à Pouchkine était une institution grotesque, une sorte de Disneyland créé il y a trois cents ans, émaillé de coupoles scintillantes et d'arbustes soigneusement taillés. Katrine donna un coup de pied dans le gravier sous la neige pour reprendre pied avec le réel.

— Et qu'est-ce que notre père a à faire avec ça ?

— Alastair est psychologue, Katta…

— Il est psychothérapeute.

— Tu ne peux pas partir au loin et éteindre ton téléphone portable comme quand tu avais vingt ans.

— J'ai passé du temps dans les archives d'un service de sûreté. C'est pour cela que j'ai éteint mon téléphone.

— Mais, qu'est-ce qu'il est allé faire là-bas, en l'Union soviétique ?

— Ils l'ont exécuté, Anders, dans une forêt.

— Moi, je le trouve quand même sympathique.

— Qui ? Staline ?

Anders soupira.

— Alastair. Il y a des problèmes entre vous ?

Katrine observait le palais d'été que Pierre le Grand avait fait construire pour sa femme. Une espèce de meringue, longue d'un kilomètre, bleu et or, qui la mettait mal à l'aise. Elle lui faisait penser à une prison.

— Non, répondit-elle, nous n'avons pas de problème.

— Gunilla demande si tu rentres pour le dîner. Elle a noté que ton vol partait à 16 h 45 de Saint-Pétersbourg.

— J'ai changé mes billets, Katrine déglutit. Elle n'aurait pas imaginé qu'ils comptaient sur elle pour le dîner, qu'ils connaissaient ses horaires aussi précisément. Je vous fais signe quand je rentre.

Elle rattrapa Sofia Jakova de l'autre côté du pont aux dragons. Katrine lui avait offert mille cinq cents roubles

343

pour qu'elle accepte de sécher son séminaire de littérature anglaise et qu'elle l'accompagne à Pouchkine.

Au fur et à mesure qu'elles avançaient, les arbres se faisaient plus hauts et plus denses. Elles se trouvaient du côté ombragé du parc, là où l'argent dévolu à la rénovation n'était jamais arrivé. Un peu plus loin, entre les troncs, elles pouvaient distinguer une ruine grisâtre et massive.

— Pendant la guerre patriotique, le front arrivait jusqu'ici, lut Sofia, le regard plongé dans le guide. Les Allemands se postaient dans la tour là-bas pour surveiller Leningrad.

— Vous êtes sûre qu'il faut aller par-là ?

Sofia indiqua du menton un grand bâtiment, cinquante mètres plus loin, à l'endroit où la cime des arbres formait une voûte au-dessus du chemin. C'était un vieux château délabré, plus sobre, comme au garde-à-vous entre les arbres.

— Le foyer Gogol, dit-elle.

Katrine frissonna devant la façade austère. Elle s'était intéressée à Gogol au lycée, ainsi qu'à Stig Dagerman et à Sylvia Plath, des auteurs dépressifs qui s'étaient tous les trois donné la mort. Gogol avait brûlé ses manuscrits et cessé de se nourrir. Il était mort neuf jours plus tard.

— On l'a fait construire pour les gardes du tsar, expliqua Sofia en arrivant devant le panneau et la grille, mais après la guerre il a été transformé en foyer pour enfants handicapés.

— Et maintenant ? À quoi sert-il ?

— Quelque chose comme un foyer pour veuves, lut-elle sur le panneau, un institut privé.

Katrine se posta derrière Sofia quand celle-ci sonna à la porte.

Une femme en tenue bleu clair, les cheveux coupés au carré, ouvrit la porte. Katrine jeta un coup d'œil derrière elle : l'entrée était étrangement haute de plafond et le sol en marbre. Pendant que l'interprète donnait le motif de leur présence, elle étira le cou pour mieux voir : une vieille femme en fauteuil roulant traversa son champ de vision.

— Que dit-elle ? Elle est ici ?

— On va l'accompagner jusqu'au bureau, répondit Sofia Jakova.

Un dossier ! Sa première pensée en franchissant le seuil du bâtiment fut : il y a un dossier.

Alors, elle existe.

La directrice prit le dossier dans un placard et s'assit derrière un bureau en bois massif, qui occupait presque entièrement la pièce.

Elle chaussa les lunettes, qui lui pendaient autour du cou, sur une chaîne en or, tout en scrutant Katrine avec méfiance.

— Elle dit qu'il n'y a aucune mention de parents vivant à l'étranger, expliqua Sofia Jakova.

— Elle se trouve donc ici ?

— Elle est bien là.

Katrine prit ses aises dans le fauteuil, tout en fixant le plafond. Elle entendait Sofia poser les questions et la directrice répondre en fouillant dans les papiers. Le tout lui était traduit en anglais.

— Hilma Jelena Arkadievna Morozova. Employée de bureau. Née en 1936 à Petrozavodsk. Domiciliée à

Saint-Pétersbourg. Arrivée au foyer Gogol en novembre 2002.

Katrine pressait les accoudoirs tout en essayant d'incarner l'humilité et la patience.

— Lui ont-ils dit qu'elle a été adoptée ? Savent-ils que, peut-être, elle l'ignore encore ?

Sofia secoua la tête mais posa tout de même la question. La directrice examinait scrupuleusement les papiers que Katrine lui avait confiés, sans se presser. C'étaient ces mêmes papiers qui avaient permis de convaincre le FSB que Gunnar Pelttari était bien son grand-père. Brève et concise comme un télégramme, elle expliqua la situation et Sofia traduisit : l'enfant, l'adoption et la maison dans Ulitsa Voronezhkaya.

— Elle dit qu'elle se doit de protéger ses patients. Sa mission est de veiller sur eux. Elle prétend que c'est contre le règlement. Le nom des membres de la famille qui ont un droit de visite doit figurer dans le dossier d'inscription.

— Et il y a quelqu'un d'inscrit ?

Sofia Jakova n'eut pas besoin de traduire le « niet » : Katrine avait compris sans avoir besoin davantage d'explication.

— Et y a-t-il quelqu'un qui lui rend quelquefois visite ?

La directrice secoua la tête.

— Non, jamais.

— Dans ce cas, qui se charge des frais ?

Le foyer Gogol était un institut pour veuves financé par des fonds privés et des cotisations, la directrice l'avait déjà expliqué dans sa longue présentation. Le docteur passait deux fois par semaine et le personnel avait les qualifications requises. Katrine sentait une odeur de ragoût et de pain qui provenait de l'autre côté du bâtiment. Ce n'était pas vraiment un établissement pour quelqu'un qui devait survivre avec une misérable retraite d'employée de bureau.

— Un fonds, répondit la directrice en se référant aux papiers. Le Fonds pour la protection et l'aide aux anciens fonctionnaires.

— Qu'est-ce que c'est ?

Elle ferma le dossier.

— Comme je vous l'ai expliqué, nous sommes là pour prendre soin et pour protéger nos patients. Le foyer Gogol subvient à tous leurs besoins.

Katrine la dévisagea froidement, soutenant son regard d'airain. Ses lunettes avaient la forme des yeux d'un chat, une monture curieusement ornée.

— Vous ne pensez pas qu'Hilma Jelena ait envie de rencontrer sa nièce ? Vous pouvez le lui demander directement, si vous en doutez ?

Sofia Jakova traduisit. La directrice bascula en arrière sur son siège en scrutant Katrine. Il était difficile de lire dans ses pensées. Enfin, elle prit un trousseau de clés et referma le tiroir avec soin. Elle se leva.

— Il ne faut rien dire qui serait susceptible de l'émouvoir. Nous n'amènerons personne d'autre avec nous dans la pièce. Il est interdit de prendre des photos. Sofia Jakova fit une pause puis fixa Katrine. Elle précise que vous ne devez pas parler de ses parents, ni quoi que ce soit relatif à l'adoption. Nous n'avons pas le droit de perturber la patiente. La directrice sera présente pendant toute la durée de la visite.

— *Spasiba*, fit Katrine avec soulagement.

La chambre était située au deuxième étage. La porte sculptée, en bois massif, était entrouverte. Le soleil entrait dans la pièce par de larges fenêtres. La femme, enveloppée dans des couvertures, était assise dans un fauteuil roulant tourné vers les fenêtres. Les cheveux blancs lui tombaient sur les épaules. Le soleil les faisait scintiller comme de l'argent. La directrice entra dans la pièce d'un pas décidé et s'approcha du fauteuil roulant.

— Jelena Arkadievna, dit-elle d'une voix forte. Sofia Jakova se tenait derrière Katrine et lui chuchotait à l'oreille. Nous avons de la visite, une femme venue de l'étranger. Elle souhaite voir du pays, savoir comment on vit par chez nous.

Katrine entra lentement dans la pièce, elle avait du mal à respirer et à réfléchir, le regard obnubilé par la femme dans le fauteuil roulant. Elle contourna le fauteuil et s'arrêta sur le côté. Elle inspecta scrupuleusement le profil de la vieille femme : le nez légèrement arrondi et le menton qui pointait vers le haut. Le regard se perdait dans le vague, les yeux marron, un regard étincelant. Katrine chancela et c'est la voix de sa mère qui se fit entendre dans sa tête : *Katrine, arrête de rêver, cesse de mentir et de me contredire, cesse ces caprices stupides.*

Ce n'est pas possible, se dit-elle. Je ne l'ai pas vécu, je l'ai inventé, je deviens folle.

Hilma Jelena était pratiquement le sosie de sa mère : elle avait le même nez, la même bouche, les mêmes lèvres finement dessinées, qu'Ingrid teintait toujours de rouge. Il n'y avait que la fossette au menton qui les différenciait. Peut-être était-elle plus maigre aussi.

— *Dobry den*, fit Katrine à voix basse en ignorant le regard mordant de la directrice. *Dobry den, Hilma Jelena Arkadievna.* Et elle lui toucha la main. Une main fine et frêle comme du papier. La vieille dame ne réagissait pas.

Ce n'est qu'à ce moment-là qu'elle prit conscience de l'immobilité complète de la vieille dame. Hilma Jelena n'avait pas l'air de se rendre compte de leur présence. Son regard fixait le parc et au-delà, sans vraiment voir. Le visage était inexpressif, aucun signe de vie, hormis les veines bleues sous sa peau, un battement faible sur les tempes. Hilma Jelena était ailleurs, seul son corps était réellement présent parmi eux.

Katrine dut tendre tous les muscles de son visage pour ne pas pleurer.

Tout près et pourtant comme dans une autre dimension, elle distinguait le murmure des voix :

— Elle est muette. Depuis qu'elle est arrivée ici, elle n'a pas prononcé un mot. Les premiers temps, elle était autonome, mais maintenant elle s'est retirée dans son monde, un univers auquel nous n'avons pas accès. On ignore si ce monde lui est agréable.

Katrine leva les yeux et fut surprise de croiser le regard plein de compassion de la directrice, par ailleurs si sévère.

— Nous avons le devoir de veiller sur nos patients afin qu'ils restent propres et soient correctement nourris. Si certains ont fait le choix de vivre dans le passé, cela ne nous regarde pas.

Ensuite elle se retourna et s'éloigna, laissant Katrine seule avec la vieille dame. Elle était manifestement rassurée, convaincue que la visiteuse n'était pas un escroc, ne constituait pas une menace pour la sécurité de l'établissement.

Katrine s'accroupit devant le fauteuil roulant en essayant de croiser le regard de la vieille dame. Elle lui parlait en anglais, lui racontait qu'elle avait une sœur, que le nom de son père biologique était Gunnar Pelttari et qu'il avait quitté Kivikangas pour réaliser son rêve. Qu'elle ressemblait tellement à sa grande sœur qu'elles auraient pu être jumelles. Ingrid travaillait dans une pharmacie, dit-elle en essayant de déceler un signe de vie dans son regard, d'entrevoir la personnalité qui était là, au dedans.

Puis elle abandonna et se releva. Elle se tint debout en essayant de voir le parc avec les yeux d'Hilma Jelena. Les rayons de soleil entre les branches. D'ici elle avait dû voir défiler les saisons, mille fois mieux que depuis cet immeuble horrible de la rue Ulitsa Voronezhkaya où tout tombait en ruine et gelait. Le soleil du printemps, à Pouchkine, n'avait pas besoin de percer la pollution. Ici il brillait fort dans un ciel sans nuage et couvrait son visage de lumière. Pendant un court instant, Katrine crut percevoir de la sérénité.

Que s'est-il passé avec votre mari, pensa-t-elle, comment s'est déroulée votre vie ?

Vivez-vous maintenant dans un monde meilleur ?

Katrine observa le reste de la chambre comme si soudain elle le découvrait : un grand lit au cadre sculpté, une armoire qui semblait très ancienne et pourtant anodine. Pas de photo, ni bibelot hormis un vase avec des fleurs en plastique. Aucun objet personnel.

C'est ici la fin, pensa-t-elle, il n'y a rien d'autre à découvrir.

Et puis une autre pensée surgit : personne ne me croira.

Katrine attrapa son téléphone portable dans la poche intérieure de la veste. Elle tendit l'oreille, elle distinguait des pas mais bien plus loin. Elle toussa avec force pour masquer le son du déclenchement de l'appareil photo du portable. Elle prit plusieurs photos en se rapprochant progressivement du visage. Hilma Jelena restait indifférente, murée dans le silence. Katrine jeta un coup d'œil sur l'écran : elle n'aurait pas été surprise de n'y voir qu'une image blanche.

— On doit partir maintenant, dit Sofia Jakova.

— *Dasvidania*, chuchota Katrine.

Rodia Nasaïev bloquait la porte pendant que ses aco-lytes asticotaient le banquier.

Il s'amusa à chronométrer : cela prit exactement vingt-trois minutes avant qu'ils n'obtiennent l'accès aux comptes qu'ils avaient besoin d'examiner.

Vingt-trois minutes ! Le peuple russe était vraiment sur une très mauvaise pente.

Pendant que l'expert-comptable allumait les ordi-nateurs, Rodia sortit fumer une cigarette. Les bureaux aseptisés, ces gars en costume, ces types qui se pensaient au-dessus de gens comme lui, le mettaient mal à l'aise.

Sur le trottoir, les passants pressaient le pas, faisant mine de ne pas le remarquer. Tous ces parasites avec des serviettes sous le bras, des iPhone dans les mains, ceux qui déambulaient désormais toute la journée sur Nev-ski. Des agents immobiliers, des avocats et des investis-seurs qui se pensaient les maîtres de Saint-Pétersbourg. Ce n'étaient pourtant que des hommes qui, comme Dimitri Rykov, avaient bâti leur fortune sur les restes de l'empire corrompu.

Rodia jeta son mégot avant de monter dans la voi-ture. Même si le patron n'était plus de ce monde, il respectait l'interdiction de fumer. Il baissa le dossier du siège et sortit, à contrecœur, les documents. À ses yeux, tous ces dossiers se ressemblaient : les mêmes tampons, le même charabia.

Celui-là concernait Alexis Saporin : ils se l'étaient procuré en s'introduisant la veille dans son appartement, près de la Neva. Il l'avait trouvé posé sur une table. Les deux gardes ne leur avaient pas causé trop de problèmes. Le troisième était sorti acheter des pizzas. Les sévices s'étaient apparentés à une sorte de bizutage. Et personne n'était mort. Les gardes en question œuvraient habituellement pour la sécurité civile et n'avaient jamais mis les pieds en prison. Des hommes qui travaillaient pour de l'argent, à la loyauté versatile.

Le jour où Rykov était mort, Alexis Saporin avait prétendu qu'il était malade et qu'il allait se mettre au lit. Ensuite, plus personne ne l'avait jamais revu. Un des membres du service de sécurité, dont le nom ne leur disait rien, avait mené des recherches et rédigé un rapport. D'après lui, Alexis Saporin n'avait pas quitté le pays, il n'avait pas retiré d'argent, à aucun distributeur et pas un informateur ne l'avait vu. « Il soupçonnait Dimitri Rykov de le surveiller », avait confié un des gardes du corps, « mais ça vous le savez certainement mieux que nous ». Ensuite, il s'était servi dans le bar du disparu et leur avait offert à boire.

Rodia Nasaïev surveillait la porte du palace bancaire pour être sûr de ne pas rater l'expert-comptable. Il s'énervait tout seul en énumérant les questions qui restaient sans réponse. Qui surveillait qui ? Pourquoi un homme décide de disparaître ? Parce qu'il sait des choses ? Parce que celui qui a abattu Dimitri Olegovitch en avait aussi après lui ? Pour échapper à la mort ? Mais dans ce cas, pourquoi ne s'est-il pas confié à son partenaire ? Parce qu'il avait tapé dans la caisse ? Parce que ce n'était qu'un chien galeux, un traître déguisé en *avtoritet* ?

Il ouvrit le dossier au hasard.

Il trouva l'habituelle litanie : un père qui avait perdu son poste à l'université avant d'être muté dans un bled à Pétaouchnock pour y pelleter du charbon. Une mère qui n'avait pas obtenu de promotion en raison de la disgrâce de son mari. Le dossier l'ennuyait. Les histoires de famille ne l'intéressaient pas. Rodia s'était toujours conformé à la règle numéro deux de la loi des voleurs, et même s'il n'était pas un *vor*, il croyait à leur mode de vie : renoncez à votre famille, vos père, mère, frères et sœurs. Rodia ignorait qui était son père, mais sa mère, il l'avait effectivement reniée.

Il bâilla. Depuis la disparition du patron, il n'avait pas connu une nuit complète de sommeil. Il tendit la main vers les sièges arrière et sortit un soda du bar. Il se demandait s'il fallait titiller davantage l'expert-comptable pour obtenir des résultats.

Pour la troisième fois de la journée, il essaya de composer le premier numéro du répertoire téléphonique. La ligne était coupée.

Il continua à feuilleter.

Dans sa jeunesse, Saporin avait été membre du parti. Il avait étudié la littérature à l'université. Ben oui merci, ça Rodia l'avait bien compris quand bien même Saporin ne lui eût jamais adressé directement la parole. C'était un homme qui avait gravi les échelons du pouvoir sans avoir fréquenté les prisons russes, ce qui voulait dire qu'il avait des relations solides au sein du FSB, ou plutôt du KGB, comme ils disent maintenant. Pour Rodia, ça n'avait aucune espèce d'importance, Saporin faisait partie de ce type d'hommes tapis dans l'ombre, occupés à monter des dossiers. Il se demandait même si les deux rapports n'étaient pas rédigés de la même main. Ils étaient curieusement similaires, non ?

Il jeta les documents par terre. Les papiers s'éparpillèrent un peu partout dans l'habitacle. Il se foutait de savoir qui Alexis Saporin avait tué, avec qui il baisait ou à qui il graissait la patte. Il voulait savoir où il allait pouvoir le trouver.

Il dut patienter encore une bonne demi-heure avant que l'expert-comptable ne daigne sortir de l'immeuble. Il jetait des regards inquiets alentour, en serrant sa serviette entre les bras. Rodia appuya sur le bouton pour ouvrir la porte côté passager.

L'homme, qui s'assit près de lui, maniant maladroitement les documents, était grand et maigre. Il haletait comme s'il venait de courir une dizaine de kilomètres. Il n'y avait pas assez de place pour ses jambes et il dut les replier jusqu'au menton. Rodia ne se donna pas la peine de reculer le siège. Il pouvait bien transpirer un peu.

Il fit démarrer la voiture et s'éloigna doucement de la foule de Nevski, tourna dans une rue déserte pendant que l'expert-comptable énumérait le nom des sociétés imbriquées les unes dans les autres.

— Nous avons aussi trouvé un fonds qui nous a menés vers d'autres comptes, des comptes déconnectés du reste.

— C'est donc vrai, il volait le patron ?

— Non, je ne crois pas. Il y a une logique. Les pertes d'argent sont liées aux fluctuations du marché de la finance, la Bourse de New York…

Rodia l'attrapa au poignet et serra jusqu'à ce que les jointures de ses doigts deviennent blanches. Le bras de l'expert-comptable n'était pas plus gros que celui d'un gosse. Il n'aurait pas à forcer beaucoup pour le fracturer.

— Et où se trouve l'argent ?

L'homme fouillait dans les papiers. Il transpirait maintenant à grosses gouttes. Il posa la main sur la poignée de la porte comme s'il pouvait l'ouvrir sans l'intervention de Rodia Nasaïev.

— En consultant les relevés de ces derniers mois, et si j'ai bien compris c'est ce qui vous intéresse, on peut noter des transactions plus importantes vers ces fonds, ces comptes déconnectés des autres sociétés. Bienfaisance à grande échelle…

— Quel genre de putain de bienfaisance ?

— Des malades…

Rodia arracha le papier des mains de l'homme. Il mit quelques secondes avant de pouvoir lire correctement.

— Des patients atteints de maladies cardiaques et pulmonaires ?

— Oui, c'est bien ce qui est écrit là.

— Alexis Saporin transfère l'argent du patron vers des fonds destinés aux infirmes ?

— Pas l'argent de monsieur Rykov, en tout cas pas exclusivement, plutôt les fonds de ses propres sociétés…

— Et qu'est-ce que ça veut dire ? la vue de Rodia se brouillait devant les lignes de chiffres sur le papier : il voyait bien qu'il s'agissait de millions, plusieurs millions. Il préparait sa rencontre avec Dieu avant de disparaître ?

— Je ne sais pas, je ne fais que lire ce qu'il y a dans les documents.

— Alors, lis ! Rodia plaqua le papier sur le visage de l'expert-comptable. Il a retiré tout son argent, asséché ses comptes en banque. Il a disparu. Il est où ?

— Je n'ai pas la réponse. Ses lunettes étaient de nouveau couvertes de buée et il les ôta, les essuya avec un bout de sa chemise, brassa les papiers avant de trouver enfin le bon. Rodia tambourinait sur le volant et envisageait de l'amener jusqu'à l'appartement du patron ou vers une de ces zones industrielles à la périphérie de la ville, n'importe quelle arrière-cour faisait de toute façon l'affaire pour ce genre de rat, comme ce type assis à côté de lui, qui fouinait inlassablement dans les extraits de comptes.

— Le fonds principal est contrôlé par une fondation sur laquelle nous n'avons aucune information. Elle est enregistrée aux îles Caïman… C'est un peu contradictoire avec l'idée que nous pouvons nous faire de la bienfaisance… Figurent là également des transactions vers des banques ordinaires à Cracovie et à Berne, au bénéfice d'un certain Ivan Pogrebniak…

— C'est qui ? Rodia n'oubliait jamais un nom. C'était la qualité de ses défauts : il ne lisait ni ne notait jamais rien, il enregistrait dans sa mémoire. Et il n'avait jamais entendu parler d'un quelconque Pogrebniak.

— Ça malheureusement, les documents en notre possession ne nous donnent aucune information là-dessus, répondit l'expert-comptable, la seule chose que je peux vous dire, c'est le montant des sommes versées et, dans certains cas, le nom du bénéficiaire, ce ne sont que des extraits de comptes avec leurs limites…

Il se moquait de lui ? Rodia fit démarrer la voiture et envisagea à nouveau les différentes possibilités. Quitter le centre de Saint-Pétersbourg aux heures de pointe prendrait du temps, mais il n'avait pas non plus envie de salir les tapis de l'appartement.

— Et puis, il y a cette société à Stockholm, c'est le plus gros poste. C'est très curieux, si on prend en considération le taux d'imposition suédois, le niveau des contrôles… L'expert-comptable faisait glisser son doigt en suivant les lignes. Rodia vit le doigt trembler.

— Averbach & Miele et une avocate, Hélène Miele. Ils apparaissent à plusieurs reprises, la dernière occurrence date d'il y a un mois, juste une semaine avant la disparition tragique de monsieur Rykov.

Rodia lui arracha le papier des mains.

— Un avocat, dit-il en pointant le nom.

L'expert-comptable s'épongea le front.

— Je peux disposer maintenant ?

TROISIÈME PARTIE

Depuis quand son père fermait-il la porte à clé ?

Lorsqu'Åke Palo frappa, il n'obtint, pour toute réponse, que les aboiements affolés de la chienne, à l'intérieur.

C'était le comble. Depuis l'assassinat d'Erik le Lapon, Thore n'avait eu de cesse de convaincre tout un chacun qu'il ne fallait pas se laisser aller à la peur. La peur était susceptible de menacer leur mode de vie ici bien plus durablement que l'œuvre de quelques rares criminels. La maison où Åke avait grandi avait toujours été ouverte aux étrangers. Ses parents avaient accueilli et nourri des vagabonds, parfois passant outre les interdictions officielles. Ils avaient hébergé des soldats et des réfugiés finlandais alors que tout le pays était en état d'alerte, pendant la Seconde Guerre mondiale. Et si sa mère avait eu le courage de laisser la porte ouverte tandis qu'Hitler sévissait de l'autre côté de la frontière, Thore Palo n'avait pas le droit de s'enfermer à clé.

Åke jura en donnant des coups de pied dans la neige fraîche, devant la porte d'entrée.

C'est Eva-Lena qui insistait pour qu'il accompagne Thore chez le médecin : il avait déjà raté trois rendez-vous.

Le « grand policier » avait dû se penser immortel, et maintenant il se terrait chez lui pour se faire oublier.

Il descendit les quelques marches devant la maison et se dirigea vers la dépendance, où était caché le double de la clé. Pour accéder à l'endroit où elle était accrochée, à gauche de l'étagère, il dut enjamber tout un bric-à-brac que son père, têtu comme une mule, s'obstinait à conserver, le traîneau de sa mère et un bateau à moteur hors service, qui n'avait pas été mis à l'eau depuis au moins trente ans.

Le comportement de la chienne lui mit la puce à l'oreille. Lorsqu'il ouvrit la porte, Akka rampait dans l'entrée en gémissant. Elle ne lui bondissait pas autour des jambes pour lui dire bonjour, comme elle l'avait fait les quelques fois où il était venu en visite. Certes, les occasions avaient été plutôt rares ces derniers temps. Pour dire vrai, c'est sa femme qui venait le plus souvent donner un coup de main à Thore.

Les dîners de famille, pourquoi pas. Mais discuter en tête-à-tête avec son père, c'était tout autre chose.

— Hello, Thore ! cria-t-il. On doit y aller ! Le médecin, tu te souviens ?

C'est alors qu'il sentit l'odeur et son esprit se brouilla. Putain, pas ça. Il lutta pour résister à l'envie de fuir, pour ne jamais revenir, en laissant le vieux dans ses miasmes. Le salaud. En entrant malgré lui dans la cuisine, il découvrit une pièce ravagée. Les effluves de vomissures et d'alcool, des relents d'ébriété avancée, se mélangeaient à une odeur de brûlé. Il vit les traces sur le sol, devant la cuisinière : de la suie, des cendres et des morceaux de papier éparpillés. Un miracle que le vieux n'ait pas mis le feu à toute la maison. Et puis, la bouteille sur la table. Il n'avait pas la berlue, c'était bien une bouteille de vodka vide, de la Wyborowa. Thore avait pourtant juré : il n'avait pas avalé une seule goutte d'alcool depuis plus de vingt ans, depuis la naissance de son premier petit-fils. Åke sentit quelque chose de dur qui se raidissait encore un peu plus à l'intérieur : ce noyau que personne ne pouvait atteindre, ni Eva-Lena, ni ses enfants, ni même sa propre mère quand elle était encore en vie. Il s'était forgé une carapace en béton pour se protéger de tout ce qu'il considérait comme tabou. C'était la dernière fois, pensa-t-il, la putain de dernière fois qu'il adresserait la parole à son père. S'il était encore possible de lui parler d'ailleurs. Il se retint de cracher par terre et de jeter la bouteille contre le mur. Ça aurait pu au moins avoir le mérite de réveiller le vieux. Il traversa la cuisine sans toucher à rien. Åke n'était pas comme son père. Il ne se vautrait pas dans la fange en laissant les autres nettoyer derrière lui, faire le sale boulot à sa place. Comme cette fois-là, quand il avait onze ans. Il avait voulu que sa mère ne se rende compte de rien en rentrant de son équipe du soir. Il avait voulu éviter une nouvelle dispute. Alors, il avait nettoyé, pendant que son père respirait fort, ronflait sur le canapé. Åke revoyait la scène comme si c'était hier, cette odeur le faisait voyager dans le temps, jusqu'en enfer, cette époque où il n'était qu'un *knapsu*, un enfant qui pleure, même si cela lui est interdit, un gosse qui continue à faire pipi au lit. Les souvenirs se condensaient, l'aveuglaient.

Il revoyait son père, allongé sur le canapé, la bouteille posée sur la poitrine. Mais ça, c'était un souvenir.

Là, maintenant, il y avait une autre bouteille par terre, la numéro deux, et cette fois-ci, son père dormait assis dans un fauteuil, tout habillé, la tête basculée sur la poitrine, des taches sombres en dessous, la polaire bleue qu'Eva-Lena lui avait offerte pour Noël, et puis le fusil. Pourquoi le fusil ?

Il concentra son attention sur les taches et comprit que ce n'était pas du vomi. C'était plus sombre, comme du sang. Et puis la chienne, gémissant aux pieds de son maître alors qu'il se rapprochait pour secouer le vieux. La chienne lui fit barrage et s'emmêla dans ses jambes jusqu'à le faire tomber sur le sol, son épaule heurtant la table basse. Dans cette position, il distinguait nettement le visage de son père. D'abord, il ne comprit pas. Qu'avait-il encore fait, avec quoi s'était-il badigeonné le visage : de la nourriture, du sang ou autre chose ? Et puis, il réalisa qu'il n'y avait plus de visage derrière le sang : qu'as-tu fait papa, qu'as-tu fait ? Du plus profond de lui-même, il sentit le cri jaillir de sa poitrine et le noyau intérieur qui se disloquait en ravageant tout ce qui était dur autour : il agita les bras, des gestes amples comme pour se protéger. Il essaya de se relever mais bascula en arrière. Et puis tout redevint silence et obscurité, comme là où il se cachait autrefois, en attendant que le caleçon sèche et que les pleurs se tarissent, jusqu'à ce que sa mère vienne le laver et le bercer en promettant de taire éternellement leur secret.

En feuilletant d'une main les documents, l'agent immobilier se tortillait sur sa chaise, derrière son bureau, le sourire figé comme si on le lui avait peint sur le visage.

— C'est un peu comme au hockey sur glace, dit-il, tout peut arriver tant que le coup de sifflet final n'a pas retenti.

Katrine ferma les yeux et les rouvrit aussitôt, mais cet imbécile d'agent immobilier était toujours en face d'elle.

— Nous avions un accord oral, dit-elle. Ils ont fait une offre, nous avons dit oui, et, nom de Dieu, il ne nous restait qu'à signer les papiers.

— Je suis désolé mais nous venons juste de conclure l'affaire ce matin.

Dans son sac, elle sentait, chaudes comme la braise, les procurations de son frère et de sa mère. Elle avait confirmé le rendez-vous avec l'agent immobilier pas plus tard que la veille. Elle avait pris un vol beaucoup trop matinal ce qui l'avait contrainte à poireauter pendant trois heures à Luleå. En patientant, elle avait mangé un hamburger chez Frasse.

— Mille kilomètres, s'exclama-t-elle en sentant quelque chose se briser à l'intérieur, je viens de faire mille kilomètres en avion et vous êtes désolé !

— En principe, un accord n'est pas définitif tant que rien n'est signé.

— En principe ? De quels putains de principes parlez-vous ?! En principe, vous pouvez rouler les gens dans la farine tant que vous voulez et vous en tirer sans dommage, c'est bien ce que vous voulez dire ?

Katrine se leva rapidement et la chaise design, métal et cuir, faillit basculer en arrière. L'acheteur avait retiré son offre. Un million et demi de couronnes perdues et c'était de sa faute. Elle avait pris son temps, elle n'avait pas battu le fer tant qu'il était chaud, elle s'était imaginé que la maison avait une valeur affective qui ne pouvait se mesurer en argent. Anders allait la tuer.

— Comme je vous l'ai dit, Jerker Nyberg se racla la gorge, ils étaient également intéressés par un autre bien et comme vous avez mis du temps…

— Quel bien ? si au moins il avait nommé une maison une maison et une escroquerie une escroquerie.

— Je veux dire, ils ont choisi une autre maison.

— Que vous leur avez fourguée ?

L'expression de l'agent immobilier se figea. Il détourna le regard vers ses documents, fit semblant de les feuilleter.

— Je me demande ce qu'en dirait la Fédération nationale des Agents immobiliers si je leur parlais de la façon dont vous gérez les affaires, poursuivit Katrine. En fait, je pense que je vais les appeler immédiatement pour vérifier. Vous avez le numéro ?

Le visage de l'agent immobilier vira à l'écarlate lorsqu'elle sortit son téléphone portable.

— Nous avons agi dans les règles. L'acheteur avait, dès le début, exprimé son intérêt pour les deux domaines.

— Domaine ? C'est une petite maison de merde, en ruine, abandonnée depuis 1974.

Malgré sa colère, elle éprouva soudain de la honte en parlant mal de la maison, comme si elle insultait tous ceux qui s'en étaient autrefois occupés. Elle ressentait une forme de culpabilité, se sentait responsable de l'état de délabrement de la maison, même si elle n'avait eu connaissance de son existence que très récemment. Depuis le décollage, depuis qu'elle avait quitté l'aéroport de Pulkovo à Saint-Pétersbourg, elle n'arrivait plus à suivre le fil d'une pensée jusqu'au bout. Chacun de ses sentiments était contrebalancé par un autre, opposé : elle se réjouissait d'avoir pu approfondir la connaissance qu'elle avait d'elle-même et de ses origines, mais, dans le même temps, elle s'attristait à l'idée que tout ce qu'elle venait de découvrir était perdu à jamais.

L'agent immobilier fixait l'écran.

— Kivikangas 28:1, c'est bien un domaine, avec des dépendances…

— Pardon, Kivikangas 28:1 ?

— C'est le numéro cadastral, l'adresse postale est Rauhala…

— Que voulez-vous dire ?

— C'est le nom du domaine que l'acheteur vient d'acquérir.

— Ils ont acheté Rauhala ?

Katrine s'affaissa sur la chaise et ne put s'empêcher d'éclater de rire. Jerker Nyberg avait l'air inquiet, pensant probablement qu'elle devenait folle.

— Ce n'est plus un secret, maintenant. Une bâtisse principale, une maison d'habitation plus petite, sans isolation, certes, mais trois dépendances tout de même et avec du terrain…

— Et combien ont-ils déboursé pour cette ruine ? elle ne pouvait plus s'arrêter de rire.

— Officiellement, il est impossible de conclure l'affaire avant que l'inventaire de la succession ne soit achevé, il y a eu un décès dans la famille n'est-ce pas, mais tous les accords ont été signés et entreront en vigueur…

Son rire s'arrêta net.

— Un décès ? C'est comme ça que vous parlez, entre agents immobiliers ? En suédois, on dit « homicide ».

Elle se leva en attrapant son sac et se dirigea vers la porte. Une pensée vertigineuse lui traversa l'esprit : si l'on avait offert un million et demi pour leur maison, on avait très bien pu acheter Rauhala pour deux millions, peut-être même plus. Elle se retourna.

— Qui a acheté Rauhala ?

— Toute la correspondance a été gérée par le cabinet d'avocats…

— Par Hélène Miele à Averbach & Miele, dans Artillerigatan à Stockholm. Katrine avait essayé d'appeler plusieurs fois, mais l'avocate n'avait pas répondu ni même daigné la rappeler. Combien a-t-elle déboursé ? Et qu'est-ce qu'elle va en faire ?

Jerker Nyberg retrouva son sourire d'agent immobilier : forcé mais avec ce petit côté blanc immaculé.

— Si vous souhaitez toujours vendre, nous pouvons bien sûr vous y aider.

— Oubliez ça, lança Katrine en partant.

Elle emprunta le pont de Bergnäs pour sortir de la ville. Elle poussa le climatiseur de la voiture à fond.

Malgré le chauffage, elle avait froid jusqu'aux os.

Rauhala était vendue, pour plusieurs millions peut-être. De quand datait la première lettre de l'agence immobilière ? Du mois de décembre ? C'était bien avant que l'on fende le crâne d'Erik le Lapon à coups de hache. *L'inventaire de la succession… il y a eu un décès dans la famille.* Il fallait qu'elle appelle Anders.

Salut frérot, je nous ai fait perdre un million et demi de couronnes, rien que ça. *Sorry. Shit happens.* Demain est un autre jour.

À la place, elle composa le numéro de l'avocate à Stockholm.

Toujours le même message enregistré : vous êtes bien chez l'avocate Hélène Miele d'Averbach & Miele, *a message will follow in English*. Katrine appela le service des renseignements téléphoniques, qui lui passa le standard du cabinet Averbach & Miele. La personne à l'accueil l'informa qu'Hélène Miele était en déplacement professionnel et qu'Henrik Averbach n'était pas joignable non plus. Voulait-elle laisser un message ?

— Bien sûr, répondit Katrine, faites-lui savoir que je souhaiterais m'entretenir avec la personne qui a fait une offre d'achat pour ma maison. Et aussi que je la dénoncerai à l'ordre des avocats si elle ne me rappelle pas avant cinq heures.

Elle dépassa les panneaux qui indiquaient une sortie vers l'aéroport de Kallax et se dit qu'elle devait immédiatement changer son billet d'avion et rentrer sans délai : elle n'avait plus rien à faire à Kivikangas, plus de maison à vider ou à ranger, plus rien de ce qu'elle avait imaginé devoir faire pour préparer les lieux en vue d'un changement de propriétaire.

Cette maison serait toujours là. Ils ne s'en débarrasseraient jamais. Elle aurait toujours à s'en occuper. Elle fut surprise de constater que cette pensée la rendait joyeuse. Avec l'arrivée du printemps, n'y a-t-il pas des choses à faire dans une maison ? De toute façon, qu'est-ce qu'elle pouvait bien envisager d'autre ? S'envoler vers Londres et faire face, sa relation amoureuse et tout le reste ?

Tandis qu'elle bifurquait vers la bretelle de l'autoroute, Katrine tenta de chasser cette pensée désagréable, qui se transformait en un mal de ventre diffus. Au niveau de Råneå, la circulation se fit moins dense et elle composa le numéro de Thore Palo. Elle écouta la succession des sonneries, jusqu'à la dernière. Il était probablement sorti avec la chienne. Elle se les imaginait tous les deux, se promenant paisiblement sur le chemin, à travers le village.

Le téléphone portable ne répondait pas non plus.

Elle appela l'autre partie de la famille Palo. On lui répondit dès la première sonnerie.

— Allô ? c'était Sofia.

— Salut, c'est Katrine, comment ça va ?

Silence à l'autre bout du fil.

— Je me dirige vers Kivikangas pour m'occuper de la maison.

Ce n'était pas terrible comme début de conversation.

— Et puis, on m'a dit que Rauhala est vendue. Vous avez peut-être entendu parler de l'acheteur ? J'ai essayé d'appeler ton grand-père, mais il ne répond pas.

Il y eut comme un cri sourd à l'autre bout du téléphone.

— Qu'est-ce qu'il y a, demanda Katrine, qu'est-ce qui se passe ?

— Il est mort.

— Bon sang, qu'est-ce que tu racontes ?

Katrine sursauta et la voiture fit un écart pour se retrouver au milieu de la route. Quelqu'un klaxonna, énervé, pendant que Sofia lui criait dans l'oreille :

— Ils l'ont abattu. Ils tuent tout le monde.

Katrine se rabattit brusquement vers la bande d'arrêt d'urgence.

— De quoi tu parles ? De qui s'agit-il ? Qui est mort ?

Au fur et à mesure qu'elle s'approchait de la Tornédalie, la température extérieure, indiquée sur le tableau de
bord, déclinait. Il faisait maintenant moins onze degrés.
Le temps semblait s'être arrêté depuis sa dernière visite,
même si quelques plaques de glace s'étaient déplacées sur
le fleuve pendant que les crocus étaient en train d'éclore
à Stockholm.

Les cinq derniers kilomètres, une longue ligne droite.
Cette route avait été construite dans les années 1920
par des ouvriers employés par l'État, l'agence pour le
chômage, lui avait expliqué Thore Palo, une route caractéristique avec ses longues lignes droites et ses vira-
ges abrupts. Katrine poussa le volume de la radio. Le
troisième bulletin d'information de Radio Botnie du
nord :

Dix postes supplémentaires étaient créés à la mine
de Kiruna. Les Norvégiens ne respectaient pas le code
de la route en vigueur sur le territoire suédois. L'équipe de
hockey de Luleå était qualifiée pour la demi-finale de la
coupe. Et une dépression atmosphérique en provenance
de l'Atlantique laissait espérer l'arrivée du redoux.

Rien au sujet d'un éventuel deuxième meurtre.

Avec le crépuscule, le ciel semblait beaucoup plus bas et les maisons commençaient à s'éclairer. Elle ralentit lorsqu'un groupe d'écoliers, vêtus de gilets jaune orangé, surgit sur le bas-côté de la route. Elle les regarda passer : une ribambelle de bandes réflectrices serpenta devant elle avant de disparaître dans un virage. Comment les gens d'ici pouvaient-ils laisser leurs enfants vadrouiller comme si de rien n'était ?

Et enfin la maison de Thore. Ou de Linna. Il lui avait expliqué qu'on la nommait ainsi, même si la famille Linna était partie depuis longtemps. *Est-ce qu'on la nommera désormais la maison de Thore Palo ou restera-t-elle à jamais la maison de Linna ? La vie de Thore n'aura été alors qu'une brève parenthèse sur cette terre ?*

Katrine se gara sur le parking devant le magasin, à une trentaine de mètres de la maison. Tout était calme, trop calme. Aucun signe n'indiquait qu'il puisse s'agir là d'une scène de crime : pas de barrage, pas de voiture de police mal garée, pas de voisins curieux ou de localiers faisant les cent pas pour se prémunir des morsures du froid.

Pourtant, on distinguait une lumière dans la cuisine.

Elle recula dans le siège de la voiture, ferma les yeux et les rouvrit aussitôt.

Il y avait bien une lumière qui émanait de la cuisine.

Et n'y avait-il pas une ombre à l'intérieur, du mouvement ?

Son cœur se remplit de joie : il n'était pas mort. Bien sûr. Sofia avait bien trop d'imagination, cela pouvait être tout autre chose que ce qu'avait compris Katrine. Comment auraient-ils pu ne pas en parler à la radio sinon :

un deuxième meurtre dans le même village. La police n'aurait jamais pu imposer le secret.

Elle coupa le moteur et descendit de la voiture. Elle respira dans le froid et s'étira. En traversant le terrain, elle nota la présence d'une Audi gris métallisé, garée dans la cour. Au même instant, la porte d'entrée s'ouvrit. Elle était sur le point de lancer un « Salut », lorsqu'elle s'aperçut qu'il ne s'agissait pas de Thore. C'était un homme plus jeune, dans la quarantaine. Il portait un jean et une ample parka.

L'homme ferma derrière lui.

— Vous cherchez quelqu'un ?

Katrine recula mécaniquement d'un pas.

— Oui, Thore Palo.

Il lui jeta un regard, sortit un trousseau de clés et ferma la porte. Comment se fait-il qu'il ait la clé, eut-elle le temps de penser, et pourquoi l'enferme-t-il ?

— Dans ce cas, j'ai bien peur que vous n'arriviez trop tard, reprit-il.

En intégrant le sens des mots qu'il venait de prononcer, elle se rendait compte des changements depuis sa dernière visite : la neige piétinée devant la maison, des traces de pas, là où les spécialistes avaient dû œuvrer, des centaines d'empreintes autour de la maison et vers la grange, plus bas. À l'endroit même où elle avait marché quelque temps plus tôt, un petit chemin vers la maison, pas plus large qu'une pelle à neige, déblayé avec peine par le vieil homme, une allée étroite bordée par les tas de poudreuse immaculée, tout était maintenant aplani : déblayé et piétiné. À l'époque, même la chienne n'avait pas trouvé la force de jouer dans les congères.

L'homme descendit les quelques marches à l'endroit où la pelle à neige était posée contre le mur, près des skis et des bâtons.

— Anders Anttila, dit-il en hochant la tête, de la police d'Haparanda.

— Katrine Hedstrand, Radio Suède, en charge des bulletins d'information, répondit-elle instinctivement puis elle ajouta, mais je ne travaille pas en ce moment.

— Alors que faites-vous ici ?

— Je le connaissais. Elle perçut le chagrin dans sa propre voix et cela l'attrista davantage. J'étais venue lui parler, il n'y a pas si longtemps. Que s'est-il passé ?

— Nous étions nombreux à le connaître.

En se retournant vers la maison, le corps du policier s'affaissa légèrement, comme si ses épaules portaient soudain une charge trop lourde.

— Je ne peux rien vous dire pour l'instant.

— Vous savez quelque chose ? Est-ce qu'il y a un lien avec le meurtre de Lars-Erik Svanberg ?

— Attendez une seconde, fit-il en se dirigeant vers la voiture. Il lui jeta un regard noir par-dessus l'épaule. On n'en est quand même pas à chroniquer les suicides dans vos bulletins.

Katrine lança un regard étonné au policier, qui s'apprêtait à monter dans la voiture.

— Que voulez-vous dire ? On m'a dit qu'il avait été abattu.

Sans répondre, Anders Anttila claqua la portière, recula, fit demi-tour et, pied au plancher, prit la direction du sud, vers Haparanda.

— Ah ! Moi qui pensais que c'était encore la police…

La chienne essayait de s'enfuir en passant entre les jambes d'Eva-Lena : elle l'attrapa par l'encolure. Le loulou à moitié aveugle de Thore Palo gémit et remua la tête pour tenter d'échapper à l'emprise.

— Ferme la porte derrière toi, elle cherche à retourner là-bas.

Elle ne prononça ni le nom de la maison ni celui de son beau-père. Bien que brève, l'expression « là-bas » était suffisamment éloquente.

Katrine ôta sa veste. Elle n'avait aucune expérience de ce genre de situation et ne savait quoi dire : je suis désolée, mes condoléances ? Y avait-il des expressions plus modernes, moins éculées ?

Dans la pièce, rien n'avait été modifié dans l'éclairage, mais lors de sa dernière visite, elle avait eu le sentiment que la lumière y était plus chaleureuse qu'ailleurs, comme si ce lieu avait incarné la sécurité.

— C'est certainement plus dur pour Åke, dit Eva-Lena en tendant la main vers un paquet de cigarettes près de la cuisinière. Quand il s'agit du père…

Elle alluma une cigarette sous la hotte. Katrine ne l'avait jamais vue fumer auparavant.

— Il est parti ce matin, après une nouvelle visite de la police et maintenant j'ignore où il se cache. Il ne répond pas au téléphone. Elle tira quelques bouffées rapides. Et Matti s'est enfermé en bas.

En effet, Katrine avait aperçu de la lumière au sous-sol et le scooter, garé devant la maison.

— Et comment elle va, Sofia ?

— Elle ne quitte plus son lit. Ce serait bien si ceux qui décident d'en finir avec la vie pensaient aussi à ce genre de choses, mais bon, le cerveau humain ne fonctionne pas de cette manière-là.

La chienne s'approcha d'eux en trottinant. Elle fit le tour de la pièce, l'air perdu, et regagna l'entrée où elle se remit à gémir.

Peut-être qu'un « je suis de tout cœur avec vous » conviendrait ?

— Ils sont vraiment sûrs d'eux ? demanda-t-elle.

— Ils doivent être capables de déterminer s'il s'agit ou non d'un suicide, si c'est ce que tu veux dire, Eva-Lena écrasa sa cigarette dans le cendrier avec un mélange de force et d'application. L'autopsie a lieu aujourd'hui, on sera bientôt fixés. Mais bon, restons-en là, il faut le laisser reposer en paix.

— Je n'ai pas eu le sentiment qu'il était particulièrement déprimé, essaya prudemment Katrine.

Eva-Lena se leva, attrapa le couteau de cuisine et reprit là où elle avait été interrompue, hachant des restes pour les accommoder : de la saucisse, des pommes de terre et quelques morceaux d'un rôti d'élan, du dîner de la veille.

— L'alcool évidemment, toujours ce satané alcool. Åke n'a pas eu une enfance facile vous savez, mais il n'en parle pas beaucoup, comme la plupart des hommes, d'ailleurs.

— Mais Thore ne buvait pas, si ? Il m'a dit qu'il avait mis un terme à tout ça.

— C'est ce qu'ils prétendent tous. Enfin, on sait maintenant pourquoi il refusait d'aller chez le médecin.

Eva-Lena pointait le couteau vers son ventre.

— Cancer. Cancer du pancréas. On le lui a annoncé après Noël. C'est pour ça qu'il devait faire des examens. Et il ne nous a rien dit. C'est la police qui nous a mis au courant. Il faisait comme si de rien n'était.

Le bruit du couteau sur la planche à découper, puis celui de la viande, sautée dans le beurre.

Cancer ?

Elle se souvenait de la fois où il avait eu du mal à se lever de son fauteuil. C'était peut-être vrai, en fin de compte, la dépression le guettait : ses plaintes au sujet de la vieillesse, de son corps qui ne répondait plus comme avant, la difficulté à chausser ses skis et puis sa femme qui lui manquait. Mais quand même. Elle ne l'avait pas trouvé spécialement abattu. Cheveux grisonnants, rides profondes et sourcils broussailleux certes, mais plein de vie, comme si l'âge n'avait pas réussi à altérer ses facultés.

— Je ne comprends pas comment il pouvait garder ça secret, poursuivit Eva-Lena. Les hommes d'ici sont comme ça. Ils ne montrent que rarement leurs émotions. Et puis un jour, ils sortent le fusil. Quelle que soit l'époque, les femmes ont plutôt choisi d'aller se noyer dans le fleuve. Je ne sais pas pourquoi. Peut-être pour que personne ne soit obligé de nettoyer derrière elles.

Elle versa la préparation dans le plat qui irait au four.

— D'après Åke, la maison était sens dessus dessous. Même les cadres avec les photos des petits-enfants étaient brisés. Pour l'instant, la police ne nous a pas laissés entrer. Mais je pense que demain, on aura l'autorisation d'y aller.

Elle poussa le plat dans le four et claqua la porte.

Faire le ménage, pensa Katrine, parle-t-elle de faire le ménage ?

— Et après, ils vont peut-être nous laisser tranquilles. Avec la manique encore pleine de gras, Eva-Lena se passa la main dans les cheveux, qui se plaquèrent sur son crâne. Un interrogatoire interminable, comme si nous étions au courant de quoi que ce soit. Mais on ne sait rien du tout ! Ils ne se rendent pas compte du mal qu'ils font à Åke ? C'était son père.

Katrine but une gorgée de café tiède et ressentit un haut-le-cœur, un trouble qui la rongeait à l'intérieur. Il y avait quelque chose qui clochait, les paroles d'Eva-Lena et cette frénésie avec laquelle elle s'employait à cuisiner, ça ne collait pas. Un afflux souterrain proche de l'éruption. Il fallait qu'elle prenne le large avant le dîner. Elle n'avait pas envie d'être là au moment où ça allait péter.

— Je ne vois pas quel genre de questions ils peuvent bien vous poser, s'ils accréditent à ce point la thèse du suicide.

— Je ne sais pas moi, Eva-Lena attrapa à nouveau le paquet de cigarettes. Elle en sortit une et la fit rouler entre ses doigts. Quel était son comportement quand il avait bu et quel type de relation il entretenait avec Erik le Lapon. Avaient-ils des comptes à régler, un différend qu'il n'aurait jamais soldé. Et ce sont ses anciens collègues qui posent toutes ces questions. Sont-ils vraiment obligés de remuer tout ça ?...

La porte claqua et elle perdit le fil de sa pensée, le corps traversé par un frisson.

— Hello ? C'est toi Åke ?

Matti fit son entrée dans la pièce. Il se plaça au centre, les mains dans les poches.

— Qu'est-ce qu'elle fait là ?

— Elle est passée s'informer pour grand-père.

— Je voulais aussi prendre des nouvelles de Sofia, dit Katrine.

— Qu'est-ce que vous lui voulez à Sofia, rétorqua-t-il, et à grand-père ? Vous ne comprenez pas que maman veut être tranquille ?

— Elle connaissait un peu Thore, reprit sa mère, elle était allée lui rendre visite, lui parler...

— Lui parler de quoi ?

Matti la fusilla du regard, les yeux partiellement voilés par ses cheveux et sa casquette à l'envers.

— Il m'a aidée dans mes recherches, il m'a raconté des choses sur ma famille, dit Katrine, sur mon grand-père.

— Ah, c'est vrai, tu viens de rentrer de Russie, dit Eva-Lena, sur un ton faussement enjoué. Alors, c'était comment ? Tu ne t'es pas fait agresser au moins ?

— Non, non, répondit Katrine. Pourquoi posent-ils des questions sur Erik le Lapon, s'ils pensent que Thore s'est suicidé ?

Eva-Lena sortit à moitié le plat pour le renfourner aussitôt. Ses mains tremblaient pendant qu'elle essayait de raccrocher la manique. Elle finit par la jeter sur le plan de travail. Et soudain, elle souffla, un soupir de relâchement, comme pour évacuer toute la tension accumulée dans l'atmosphère. S'effondrer semblait plus adéquat que se démener aux fourneaux.

— La police ne veut pas faire de vagues, dit-elle, et Åke deviendra fou si ça se sait.

— Si quoi se sait ?

— Tu ne vas quand même pas le lui dire ? À cette satanée journaliste ? Matti donna un coup de pied dans une pile de magazines, qui s'effondra. On connaît la chanson, ils sont capables de déverser un max de saloperies, même si ça n'a rien à voir avec la réalité. Vous débarquez ici et vous montez la tête à Sofia. Qui maintenant raconte n'importe quoi. Retournez à Londres, bon sang !

La chienne lâcha quelques plaintes désolées avant de refaire son apparition, à pas de loup. Résignée, abattue, elle reniflait le bas des armoires : son maître ne se cachait pas là non plus. Eva-Lena se baissa et passa les bras autour de la chienne. Elle enfouit sa tête dans la fourrure épaisse.

— Et qu'est-ce qu'on va faire avec toi maintenant ma pauvre petite Akka ? Tu n'es pas capable de comprendre pourquoi ton maître ne viendra plus te chercher.

— Vous ne nous la prendrez pas, s'écria Matti en regardant sa mère avec fureur. Il tira la chienne par le collier, elle se retrouvait soudain au cœur d'une lutte acharnée. Vous n'avez pas le droit de tuer Akka, tu entends ?

Sa mère lâcha prise la première puis se leva.

— Dans ce cas, emmène-la faire un tour, dit-elle, et après on l'installera en bas, chez toi et on verra bien si ça se passe mieux.

Matti jeta un dernier regard plein de haine à Katrine et tira la chienne vers l'entrée.

— Avec la laisse, cria sa mère derrière lui.

On entendit la porte claquer et elle sortit le plat du four.

— C'est un coup dur pour lui, l'excusa-t-elle. Il y a toujours eu un lien particulier entre eux. Excuse aussi mon attitude, les errements de la chienne me rendent si nerveuse et je ne trouve rien qui puisse me calmer.

Elle attrapa quelques morceaux de pommes de terre avec une louche, souffla dessus, goûta et ajouta un peu de sel.

— Qu'est-ce qui ne doit pas se savoir ? demanda Katrine. Qu'est-ce que la police veut taire ?

Eva-Lena se tortillait les cheveux.

— À tous ceux qui nous demandent, nous répondons que c'est à cause du cancer. Mais bientôt tout le monde sera au courant que c'était celui d'Erik le Lapon… Essayez donc de trouver un sens à tout ça, à ce qui se trame en chacun de nous, l'être humain est vraiment incompréhensible.

— Quoi ? demanda Katrine. Qu'est-ce qui apparte-nait à Erik le Lapon ?

Eva-Lena la dévisagea, d'un air surpris.

— Le fusil. Anttila ne te l'a pas dit ?

Katrine se raccrocha au plan de travail, du pin massif, pour essayer de garder les deux pieds ancrés dans la réalité.

— Le fusil d'Erik le Lapon ? Il a été tué avec ? Mais si c'est le cas, comment cela pourrait-il être un suicide. Et comment se l'est-il procuré, il avait été volé… ?

Eva-Lena la dévisageait en silence. Katrine ne com-prenait pas la nature de ce regard, le calme et le chagrin qu'elle y décelait, comme si ce qu'elle venait de dire ne se résumait pas à une énorme aberration.

— C'était dans la lettre. Il l'avait emporté pour se donner la mort, mais jusque-là, il n'avait pas trouvé le courage de passer à l'acte.

— Il y avait une lettre ?

— S'il te plaît, n'en parle pas dans le village ni aux journaux.

— Bien sûr que non.

Eva-Lena ôta la manique, s'adossa au plan de travail, le regard perdu au dehors : les maisons aux alentours, son univers.

— Il a écrit qu'il ne pouvait plus vivre avec ça sur la conscience.

— Mais qu'a-t-il fait ?

Katrine écouta la réponse sans vraiment entendre, la voix de la femme très proche et lointaine à la fois. Un monde parallèle où le contraire du possible pouvait advenir, où le bien et le mal s'intervertissaient au fur et à mesure que les mots étaient prononcés.

— Il a tué Erik le Lapon.

Quand Katrine recouvra ses esprits, elle était assise dans le canapé. Elle n'était pas sûre d'y être arrivée par ses propres moyens.

— Ce n'est pas vrai, dit-elle, tu n'y crois quand même pas ?

Eva-Lena avait ôté son tablier et s'était assise dans la cuisine, devant une boisson chaude. La table était mise pour le dîner.

— Ils pensent que ce n'était peut-être pas prémédité.

Durant les quelques instants pendant lesquels Katrine traversait un trou noir, Eva-Lena avait pu rassembler ses esprits : elle était maintenant calme, objective. Trop calme. Sa voix semblait désincarnée comme si elle ne faisait que répéter les mots :

— Ils penchent plus pour l'hypothèse de l'accident que pour celle du meurtre. Ils connaissaient bien mon beau-père, surtout Anders Anttila. Et tout le monde sait comment Erik le Lapon pouvait se comporter. Il aurait pu menacer Thore avec la hache et le fusil, et l'obliger à se défendre…

— Mais dans ce cas… Pourquoi serait-il allé à Rau-hala, retourné là-bas comme s'il ignorait la présence du cadavre ?

Eva-Lena fit tourner la tasse entre ses mains.

— Ben… je ne sais pas trop quoi penser. Ça aurait pu paraître étrange s'il n'y était pas allé, puisqu'Anna Haara lui avait téléphoné. Thore était toujours prêt à aider si quelqu'un appelait. Il se considérait encore comme le policier du village, même s'il n'était plus en fonction.

Katrine se pencha en avant, les yeux fermés, en se pressant le front du bout des doigts. C'était absurde. Ça n'avait aucun sens. Une lettre ? Ça ne voulait rien dire.

— N'importe qui peut forcer la main de quelqu'un pour qu'il écrive une lettre, dit-elle, et lui faire signer des aveux, endosser la responsabilité d'un crime qu'il n'a pas commis…

— S'il te plaît, ne parle de tout ça à personne, supplia Eva-Lena. Tôt ou tard, ça se saura. J'imagine qu'ils sont obligés d'informer les gens puisque l'énigme de cet horrible crime n'est toujours pas résolue… Mais j'espère que l'on pourra organiser les obsèques avant, pour qu'il soit enterré. Ils ont un caveau de famille au cimetière ici, lui et Kyllikkis, un endroit tellement charmant, ils l'ont choisi ensemble avant qu'elle ne meure.

La clé était cachée sous les lambris, suspendue à un clou près de la porte d'entrée.

La serrure ne lui opposa plus aucune résistance.

Régnaient désormais, dans la maison, une odeur de fumée et une sensation de chaleur. On percevait toujours le froid dans l'entrée, mais la pièce principale avait dégelé. C'était peut-être exagéré de prétendre qu'il y faisait bon, mais au moins, la température ne descendait plus en dessous de zéro.

De Stockholm, Katrine avait appelé Tomas Haara pour lui indiquer où se trouvait la clé et lui avait demandé de préparer un feu. L'ex-mari de la tante de Tomas était venu s'occuper des conduits et avait donné le feu vert. C'était un ancien ramoneur à la retraite, son intervention n'avait donc rien d'officiel et l'assurance ne fonctionnerait pas si d'aventure la maison venait à brûler.

Mais comme la maison n'était pas assurée…

Katrine déposa le sac de courses : des yaourts, du pain et des soupes en sachet qu'elle avait achetés dans une station d'essence de Töre.

Siri Kankanranta a passé bien des hivers ici, je dois pouvoir y survivre une ou deux nuits.

Elle ouvrit la petite trappe en fonte du poêle et y introduisit deux des bûches du tas bien garni, empilé par terre. Elles furent immédiatement léchées par les flammes, leurs ombres dansant sur le sol.

Thore Palo avait refusé de céder à la panique. Il avait laissé sa porte ouverte jusqu'à la fin. Elle évita cependant de penser à la manière dont tout cela s'était terminé. Katrine fit des efforts pour se rappeler ce qu'il lui avait confié au sujet du meurtre d'Erik le Lapon, mais ne lui revenaient que la manière dont il avait planté le décor et le ton qu'il avait employé alors : *C'était avant ma naissance. Des choses dont on ne parlait pas…*

Dans le placard de la cuisine, elle dénicha une casserole, le fond tapissé de crottes de souris. Elle se rabattit sur une cafetière : le couvercle était fermé et le bec verseur trop étroit pour laisser passer les rongeurs. En l'approchant de son nez, elle eut le sentiment d'y déceler encore comme une légère odeur de café.

Il a brisé le silence puis il est mort.
Il faisait des recherches sur le meurtre d'Erik le Lapon. Ensuite il est mort.

Pour se moucher, Katrine utilisa un vieux rouleau de papier toilette, qui devait être là depuis la fin des années 1970. Le papier était strié, comme s'il avait subi des vagues d'humidité avant de sécher. Elle détacha un gros morceau d'un coup. Puis, elle ouvrit le paquet de soupe avec les dents et le versa dans la cafetière. Elle approcha une chaise du poêle pour profiter de la chaleur, avant de sortir le téléphone portable.

Elle aurait voulu parler de Thore Palo à son frère, évoquer avec lui les événements dont le vieil homme s'était

386

souvenu au sujet de leur mère, combien il l'avait trouvée belle. Au lieu de ça, ce fut une engueulade qui dura sept minutes au terme de laquelle Anders lui fit savoir qu'elle avait compromis l'affaire de sa vie et oblitéré le futur de ses enfants. L'argent de la vente correspondait à l'apport que ses enfants auraient à débourser pour une maison dans le quartier où ils vivaient. Vu les prix du marché immobilier à Stockholm, ils n'auraient maintenant plus jamais la possibilité de devenir propriétaires là-bas.

Ils seraient obligés de déménager à Växjö, ou un bled équivalent.

Ensuite, assise dans le noir, elle but la soupe insipide dans un verre Duralex, d'une propreté douteuse. Elle n'avait pas pensé à apporter une lampe. Il n'y avait plus de pétrole dans la vieille lampe sur la table. Elle s'éclaira avec la lumière de l'écran du téléphone qui s'éteignait et se rallumait dès qu'elle le touchait. Bientôt, il serait déchargé.

Pourquoi, pensa-t-elle, pourquoi quelqu'un avait-il voulu acheter la maison pour ensuite se rétracter ? Parce qu'il avait eu l'opportunité d'acheter Rauhala ? Parce que celui qui bloquait la vente était décédé. Il y avait forcément un lien. Le hasard ne fait pas tout, le plus souvent il y a des relations de cause à effet.

Rauhala. Erik le Lapon. Le fusil. Thore Palo.

Ce ne devait pas être très compliqué de mettre en scène un meurtre pour que cela ait l'air d'un suicide. Imbiber un vieil ivrogne d'alcool, le forcer à rédiger des aveux et lui caler un fusil dans les bras ?

Katrine prit le verre, la cafetière et les emporta dehors pour les nettoyer avec de la neige. Et elle s'y attarda quelques minutes.

Le ciel était couvert d'étoiles. Elle vit les traces de lièvres qui se croisaient sur la neige. Elle se souvint du moment qu'elle avait passé devant la maison de Thore, lorsque celui-ci lui avait parlé du meurtre. Il avait regardé dans le noir, vers le fleuve :

Ils ont pris le fusil, bien entendu. Il faudrait se concentrer sur ça maintenant, retrouver les objets volés. Sinon, je ne sais pas trop.

Pourquoi aurait-il évoqué le fusil s'il l'avait caché chez lui ?

Alastair aurait dit « refoulement ».

Elle eut le sentiment que le fleuve s'avançait vers elle. Elle n'arrivait pas à distinguer jusqu'où allaient les roseaux et où la glace reprenait le dessus, mais elle croyait apercevoir le flux qui s'écoulait en dessous. Toute cette eau sous la surface, qui pouvait d'un coup pousser les blocs de glace hors du lit du fleuve et inonder les maisons environnantes.

Elle n'avait jamais assisté au dégel du fleuve, mais elle pouvait imaginer la force qui s'en dégageait. Qui lui en avait parlé ? Peut-être sa mère ? Un soir où elle s'était assise au bord de son lit ? Le souvenir lui brûlait la gorge. Était-ce vrai ? Sa mère, qui ne lui avait jamais parlé que de choses pratiques ? Lui avait-elle raconté, une fois, une histoire qui n'était pas déjà dans un livre ? Katrine se souvenait avoir été malade et être restée à la maison. Quel âge avait-elle, cinq ou six ans ? Elle se rappelait la fièvre, si forte qu'elle en déformait les perspectives. Elle voyait sa mère au loin, la tête petite comme un point au plafond, alors que celle-ci lui tenait la main. Quelque chose de frais sur le front qui redevenait aussitôt brûlant et la

voix qui lui parvenait comme au travers d'un brouillard :
Au printemps, ma petite fille, tu aurais vu comment la glace craquait, comment le fleuve se débarrassait de sa couverture et comment l'eau surgissait du fond glacial. Elle se libérait et tout, entre ciel et terre, se mettait à gronder comme si Dieu invectivait le genre humain, et les blocs de glace s'amassaient le long de la rive. Nous courions vers les rives pour assister au spectacle et j'ai compris alors que la glace ne pouvait pas se briser toute seule. Elle explosait sous la pression du flux d'eau.

De nouveau à l'intérieur, elle ferma à double tour.

Dans le vestibule, il y avait des balais et une pelle. Katrine les emporta avec elle dans la chambre où elle allait dormir, celle avec les deux petits lits étroits.

Elle décrocha également le pique-feu et le posa près du lit.

Le matelas était dur, plein de bosses, avec une odeur de vieux, quelque chose d'indéfinissable. Elle y déroula le sac de couchage et plia la doudoune en guise d'oreiller. Il faisait plus froid ici que dans la pièce principale et elle laissa la porte entrouverte pour laisser entrer le maximum de chaleur.

Avant de se coucher, elle envoya un sms à Alastair : « Tout va bien. Je t'appelle demain ».

Quelques secondes après, il la rappela.

— Je n'ai presque plus de batterie, dit-elle.

— Comment s'est passée la transaction ?

— Ça n'a pas marché.

Elle rit. Que pouvait-elle faire d'autre ?

— Ce n'est pas grave, dit-il, on n'a pas besoin de cette maison en Italie. On pourra toujours louer.

Italie, pensa-t-elle, quand avait-on parlé d'une maison en Italie ?

Katrine retint son souffle.

— Alastair… dit-elle, il faut qu'on parle.

À cet instant, le téléphone s'éteignit.

Elle se glissa dans le sac de couchage tout habillée et se mit à l'écoute du silence.

Ce n'était finalement pas si silencieux que ça. Elle distinguait des aboiements dans le lointain et des craquements dans les murs. Le bois se réveillait. Le froid et le chaud, pensa-t-elle en écoutant son cœur battre de plus en plus fort, des changements de température, le bois prend du volume puis se rétracte, ou l'inverse, elle ne s'en souvenait plus. Pour une raison inconnue, elle se mit à penser à l'immeuble d'Ulitsa Voronezhkaya et à l'homme qui avait gelé à même le sol. Sur le plancher que les enfants avaient démonté pour faire du feu avec le bois. Elle se dit qu'elle n'avait aucune idée de la vitesse à laquelle une bûche se consume. Le poêle allait-il s'éteindre dans la nuit ?

Elle s'allongea en position fœtale et se mit les mains entre les jambes, pour les réchauffer. Elle distinguait le crépitement du poêle, le chant sourd des flammes.

Ce sera ma maison, pensa-t-elle. L'endroit où je pourrai toujours me réfugier.

Lorsqu'elle se réveilla, il faisait jour.

Son visage était glacé ainsi que le bras qui émergeait du sac de couchage, le reste du corps était au chaud.

Un quart d'heure plus tard, elle était installée dans sa voiture, emmitouflée dans la doudoune, le chauffage à fond. Elle sirotait une tasse de Nescafé à la neige fondue, son téléphone branché sur l'allume-cigare.

Le téléphone fit un bruit infernal en rendant compte de la somme d'appels et de sms qu'elle avait ratés. Sur la messagerie, c'était la voix d'Eva-Lena Palo. Elle avait l'air accablée, au bord du désespoir.

— Désolée de te déranger si tôt le matin, mais je voulais savoir si tu avais des nouvelles de Sofia. Elle a disparu… Je la pensais au lit. Si tu sais quoi que ce soit, merci de me rappeler.

Sans réfléchir davantage, Katrine enclencha la première et prit la route.

Arrivée à l'artère principale, elle s'arrêta au stop. Où aller ?

Vers la famille Palo ?

Chercher Sofia sur la route ?

On toqua au carreau de la voiture et une femme avec des lunettes roses se pencha vers elle lorsqu'elle descendit la vitre.

— Ça va ? demanda-t-elle inquiète.

— Ça va, merci. Katrine s'essuya le visage avec la manche. C'est juste un accès de toux. Je suis allergique.

Elle inspira, expira, puis fit démarrer la voiture et prit à gauche, vers le sud.

Elle s'arrêta devant la maison de Thore Palo.

Elle envoya un sms à Eva-Lena : « Désolée, je n'ai pas de nouvelles, j'appellerai, si j'en ai. »

Pourquoi n'était-elle pas montée parler à Sofia la veille ? Est-ce que ça aurait changé quelque chose ? Peut-être était-elle déjà partie ?

Erik le Lapon, pensa-t-elle, ensuite Thore Palo et maintenant Sofia. Il y a un lien entre eux. La jeune femme décide de disparaître juste après la mort de son grand-père, cela ne peut être une coïncidence. Mais avait-elle eu vraiment le choix…

Katrine descendit de la voiture avec l'intuition qu'il y avait encore quelque chose dans la maison qu'elle n'avait pas vu, un élément dont elle aurait dû se souvenir.

Des nuages épais s'étaient amoncelés pendant la nuit et la température avait grimpé, il faisait maintenant juste un peu au-dessous de zéro.

Elle s'approcha de la fenêtre, côté nord de la maison. La pièce où le vieux policier avait accumulé les notes sur le meurtre d'Erik le Lapon. Là où il avait consigné les éléments de ses propres investigations. Comment aurait-il pu ouvrir une enquête sur un meurtre qu'il aurait lui-même commis ?

La fenêtre était trop haute pour qu'elle puisse apercevoir quoi que ce soit à l'intérieur. Elle recula et se mit sur la pointe des pieds, étira le cou, sans pouvoir distinguer autre chose que la partie la plus haute du papier peint. Aucun Post-it avec des indications d'horaire et des noms. Soit ils se situaient plus bas que dans ses souvenirs, soit ils avaient été enlevés.

Par la police, ou par quelqu'un d'autre, qui serait passé avant, sans laisser de traces ?

Elle abandonna et contourna la maison. Elle s'arrêta devant l'entrée. Elle se dit qu'il y avait peut-être une clé cachée quelque part. Quelle peine encourrait-elle si elle mettait la main dessus et entrait dans la maison ? Tout au plus une amende, pour effraction. Elle se baissa et chercha des yeux, le long du lambris.

Soudain, elle entendit une voix d'homme derrière elle.

— Il est inutile d'y entrer.

Elle se retourna lentement. Elle se sentit transpercée par le regard de trois hommes, postés au bord du terrain.

— Salut, dit Katrine en se redressant. Elle essaya de sourire comme si elle n'avait jamais eu l'idée de s'introduire par effraction dans la maison. Je connaissais Thore… je pensais qu'Eva-Lena était à l'intérieur, en train de faire le ménage.

Les hommes avaient tous trois l'âge de la retraite ou quelque chose d'approchant. Ils portaient la même parka verte de la marque Helly Hansen ou Fjällräven. Deux des trois étaient coiffés d'un bonnet, avec des oreillettes, le troisième était tête nue. Elle reconnut Stig Björnfot.

— Je ne crois pas qu'elle soit là, dit l'un des deux autres hommes en plissant les yeux. Vous êtes la fille de Kankanranta ?

Katrine éclata de rire, soulagée.

— Oui, répondit-elle en essayant de fixer Stig Björnfot dans les yeux, et nous nous sommes déjà rencontrés.

Il ne dit rien.

— Bon Dieu, dit l'autre homme en pointant de l'index la maison de Thore derrière elle. On pense qu'entre voisins on est au courant de tout. Mais, en fin de compte, que sait-on vraiment ?

Elle suivit son regard. Puis s'attarda sur une paire de skis posés contre la façade. Des skis ? Elle les avait bien vus la veille mais pas la dernière fois qu'elle lui avait rendu visite. Cette fois-là, il n'y avait que la pelle à neige, Thore l'avait empoignée pour déblayer devant la maison.

— Je suis venue il y a quelques jours, dit-elle, et il n'avait pas l'air déprimé du tout.

Le mot « déprimé » resta comme suspendu dans l'air. C'était un mot de la grande ville, de la langue autorisée, administrative, qui trahissait ses origines de Stockholmoise, l'endroit d'où elle venait, en réalité. Qu'est-ce qu'on disait par ici ? Malheureux ? Triste ? En finnois, il devait certainement y avoir un mot pour qualifier le désespoir abyssal d'un être humain.

— Non, c'est vrai, confirma l'homme, le plus petit, il lui arrivait au menton, mais c'est le genre de choses que l'on dissimule, justement.

— Ce sont ses skis ? demanda Katrine.

— Oui, ce sont les siens.

— Mais il ne chaussait plus les skis, si je me souviens bien. Il m'avait confié qu'il n'avait plus la force.

L'homme se gratta la nuque.

— Pourtant, il est sorti l'autre nuit, il y a quelques jours. Je l'ai vu rentrer à skis quand je sortais le chien au matin, mais je ne suis pas sûr qu'il m'ait aperçu. En tout cas, il ne m'a pas adressé la parole.

Il se frotta le menton.

— Du coup, je ne sais pas si le cancer était aussi avancé qu'ils le disent.

Katrine se sentit soulagée : les gens parlaient du cancer et non pas du fusil d'Erik le Lapon ou de la lettre. Pas encore en tout cas.

— Vous avez pu voir d'où il venait ?

L'homme hocha la tête puis désigna la forêt, de l'autre côté de la route.

— Du Brésil, dit-il.

— Pardon ?

— De la tourbière au-dessus de la forêt.

— Le Brésil ?

— Ils ont construit des maisons assez loin dans la forêt. Quelqu'un a plaisanté en disant que, pour s'y rendre, c'était comme d'aller au Brésil. Et puis ça a fini par devenir *Brésil* sur les cartes aussi.

— Mais non, ce n'est pas du tout ça, l'interrompit l'autre, l'histoire c'est qu'un gars qui revenait du Brésil a trouvé que cette forêt ressemblait à celles de là-bas. Aussi broussailleuse.

— Et qu'est-ce qu'il y a là-bas ? Au Brésil ?

— De sacrées belles tourbières gavées de mûres boréales. Vous devriez venir en cueillir cet été.

— Et en ce moment ?

— Ben, là, en ce moment, il n'y a pas trop de moustiques.

Ils rirent ensemble. Katrine sentit le regard en biais de Stig Björnfot. Il n'avait toujours pas ouvert la bouche. Sa posture lui donnait la chair de poule.

— Et vous êtes les fils de qui alors ? demanda-t-elle aux deux autres. Ils rirent de nouveau, à gorge déployée.

— Vous pourriez devenir une authentique fille du pays, vous aussi, un jour, reprit le plus grand, avec un large sourire. Il lui tendit la main.

— Niska.

— Forsberg.

Stig Björnfot suivait du regard une voiture qui roulait lentement en direction du nord.

— Né Koskivaara, dit celui qui s'était présenté comme Forsberg. Ma femme pensait qu'il fallait changer de nom avant de déménager à Stockholm, pour les enfants. Et puis, on est revenus.

— Ma mère aussi a changé de nom, répondit Katrine.

Ils hochèrent la tête et elle comprit qu'ils étaient déjà au courant.

— Il avait une cabane de chasse là-haut.

Niska tenait dans la main une laisse de chien, qui cliqueta lorsqu'il désigna la forêt.

— Vous en avez parlé à la police ? demanda Katrine.

Ils se regardèrent.

— Ils ne nous ont pas vraiment posé de questions à ce sujet…

— Non, ce n'est pas interdit que je sache. Mais bon…

— Ils ont fait la tournée des voisins, c'est sûr, ils voulaient savoir si on avait entendu le coup de feu ou aperçu quelque chose du côté de la maison, mais je n'ai rien remarqué de particulier. Et les chiens ne se sont pas réveillés non plus, sinon, croyez-moi, ça aurait fichu un sacré boucan.

— À Jokivaara, ajouta Stig Björnfot.

— Pardon ? Katrine le dévisagea étonnée. Elle ne comprenait pas ce qu'il voulait dire ni pourquoi il avait pris la parole.

— C'est l'endroit où Thore a sa cabane de chasse, expliqua Niska, au-delà du Brésil. Ou est-ce que l'on doit dire « avait » ? En tout cas, la cabane y est toujours.

Stig Björnfot se détourna et commença à s'éloigner. Il devait penser qu'il en avait trop dit.

— Je sais ce qui est arrivé à votre parent, dit Katrine, à Oskar Björnfot.

L'homme s'arrêta net.

— Le cousin de ton père ? demanda Forsberg.

— Il a été exécuté, en Union soviétique, continua Katrine. Dans une carrière de sable, nommée Solazjgora, près de Petrozavodsk. Condamné pour espionnage, entre autres choses, bien qu'il fût innocent.

Trois voitures passèrent sur la route.

— Bah, il devait bien mourir un jour, de toute façon, répondit Stig Björnfot en reprenant sa marche.

Anders Anttila avait accepté de lui consacrer cinq minutes, entre une réunion et son déjeuner.

— Je n'ai rien encore que vous pouvez diffuser, dit-il.

Il s'adossa à la chaise de bureau en se balançant. Il
avait l'air fatigué : des cernes et une barbe de deux jours.

— Comme je vous l'ai déjà dit, je ne travaille pas en
ce moment, précisa Katrine.

— Je n'ai jamais entendu parler d'un journaliste qui
ne travaille pas.

— Je suis au chômage.

L'inspecteur se tapotait le creux de la main avec un
stylo, en la dévisageant.

— Bon, et qu'est-ce que vous avez sur Lars-Erik
Svanberg ?

— Il y a des gens qui avaient intérêt à ce qu'il meure.
Plus que vous ne semblez le penser.

Katrine avait décidé de commencer par là, exposer
les éléments objectifs sans se perdre dans les spéculations ou les intuitions. Il l'écouta attentivement pendant qu'elle parlait des enchères au sujet de la maison,
elle était convaincue qu'Erik le Lapon avait aussi reçu
des offres, sûrement déjà avant Noël.

— C'est effectivement des éléments que nous ignorions, lui confia-t-il, mais, a priori, nos soupçons ne portent pas sur les Svanberg. Il n'y avait aucun membre de la famille aux alentours de Kivikangas le jour du meurtre.

— Je pense que vous devriez quand même suivre cette piste.

— Oui, peut-être, mais nous sommes sur le point de résoudre l'affaire, en ce qui concerne nos prérogatives en tout cas.

— Ce n'est pas Thore Palo, dit Katrine.

L'inspecteur la visa avec le stylo, d'un air sévère.

— Vous en avez discuté avec sa famille ?

— J'ai promis de ne rien dire.

— On ne va pas communiquer là-dessus pour l'instant.

— Ça ne peut pas être lui.

— On ne veut pas y croire non plus, répondit Anders Anttila, comme vous pouvez imaginer.

— Je sais qu'il menait sa propre enquête, continua Katrine. Quand je suis passée chez lui, j'ai pu voir un mur couvert de Post-it et de notes, des dates, des horaires, etc. Peut-être savait-il quelque chose que vous ignorez.

Anttila fronça les sourcils et cessa de jouer avec le stylo en plastique. Elle eut le sentiment qu'il fouillait dans ses souvenirs. Peut-être visualisait-il la maison au moment où ils étaient arrivés sur place.

— Nous n'avons rien trouvé qui ressemble à ce que vous décrivez, dit-il.

— Alors, quelqu'un a tout fait disparaître. Je vous assure que c'était là, dans la pièce derrière le salon, sur le papier peint de la chambre de sa femme.

— Thore avait allumé un feu et brûlé pas mal de documents. C'est peut-être ces papiers-là qu'il a détruits.

Le téléphone du policier émit un signal. Il s'en saisit et répondit à un SMS.

— Mais pourquoi aurait-il enquêté sur un crime qu'il aurait lui-même commis ? poursuivit-elle. J'avais eu une discussion avec lui au sujet du meurtre. Il pensait que vous auriez dû concentrer vos recherches sur les objets disparus. Comment aurait-il pu faire une telle suggestion, s'il les avait chez lui, dans sa cave ?

En entendant le ton de sa propre voix, elle sentit qu'elle prenait tout ça trop à cœur. Par la fenêtre, elle pouvait voir le pont qui menait à Torneå, à deux pas de là. Dans le *no man's land* entre les deux cités voisines, se dressait un gigantesque centre commercial.

— Vous êtes au courant pour sa petite-fille, Sofia Palo, vous savez qu'elle a disparu ? demanda-t-elle.

— Oui, nous avons reçu un signalement ce matin, Anttila referma le programme sur l'ordinateur, qui se mit en veille. Je ne suis pas en charge du dossier, mais si vous avez une idée d'où elle peut être…

— Non, mais je lui ai parlé hier. Elle pense que son grand-père a été assassiné.

Il haussa les sourcils en soupirant.

— Une chambre fermée à clé, impossible d'y pénétrer, mais quelqu'un y accède tout de même… Un *serial killer* qui terrifie le pays. Vous croyez que ça se passe comme dans les polars, hein ?

Katrine ne répondit pas. Elle se demandait simplement à qui ce « vous » renvoyait : à des femmes hystériques comme elle et Sofia Palo ou à la confrérie des journalistes, à laquelle elle appartenait ?

— La porte de la maison était fermée de l'intérieur, continua-t-il. La serrure n'a pas été forcée. Une porte menant à la cave, qui n'avait pas été utilisée depuis des années. Cette porte était non seulement verrouillée, mais aussi obstruée par une cabine de douche.

— Pourquoi aurait-il verrouillé la porte ? Thore Palo n'avait pas l'habitude de s'enfermer.

— Il avait neigé ce soir-là, mais il n'y avait aucune trace autour de la maison.

— Mais, quand même… Katrine perdait le fil, cherchait des arguments. Il y a d'autres suspects. Qu'en est-il ? Les Russes, la voiture qui a traversé le village ?

Anders Anttila se pencha, à la recherche de ses bottes, renversées sous le bureau.

— On n'a rien pu démontrer au sujet de la voiture qui serait passée à Kivikangas. On a classé le dossier concernant les véhicules repérés à la frontière. Le dernier que l'on cherchait transportait des ouvriers qui travaillaient sur un chantier de construction à Täby.

Elle perçut une légère odeur de transpiration de pieds quand il allongea les jambes pour chausser ses bottes.

— Selon leurs collègues, c'étaient des types qui bossaient au noir sur le chantier, poursuivit-il, ils ont travaillé quatorze heures d'affilée les jours en question. Le reste du temps, ils étaient enfermés dans un immeuble, des bureaux déserts, alors il y a peu de chance qu'ils aient pris un vol de nuit vers la Botnie du nord. Et quand bien même ils l'auraient fait, resterait à déterminer comment ils auraient pu emmener la voiture.

Il se leva et décrocha sa parka, qui se trouvait derrière Katrine.

— Vous pouvez dire à vos collègues… il lui jeta un
regard et rectifia… enfin plutôt à vos anciens collègues,
qu'il y a là une énigme des plus mystérieuses à résoudre.

Lorsqu'elle rentra d'Haparanda, c'était déjà l'après-midi. Vingt-neuf kilomètres dans un sens puis dans l'autre, tout ça pour acheter un bidon de pétrole et un paquet de bougies. Elle descendit de la voiture et sortit le sac de courses. Elle s'était procuré une casserole aussi, chez Ikea.

Elle vit de grosses traces de pieds dans la neige et s'arrêta dans son élan. Tomas Haara, pensa-t-elle, il est venu vérifier que je m'occupe bien du volet de tirage.

La clé n'était plus au clou.

Étrange. Elle fouilla ses poches et son sac puis chercha dans la neige alentour. Rien. Elle finit par monter l'escalier et essaya d'ouvrir la porte. Elle n'était pas fermée.

Katrine jura, contre elle-même et contre Tomas Haara, tout en refermant la porte d'entrée derrière elle. L'un des deux avait dû oublier de fermer à clé. Elle lui expliquerait qu'il ne pouvait pas aller et venir à sa guise.

La seconde d'après, elle poussa un cri.

Il y avait un homme dans la pièce principale. Il était debout à côté du secrétaire et il la regardait droit dans les yeux.

Elle recula pour fuir mais son épaule se heurta à la porte. Elle avait oublié qu'elle l'avait refermée.

— Qui êtes-vous ? demanda-t-elle, d'une voix frêle, craintive. Il ne fallait pas qu'elle montre sa peur. Elle se reprit. Qu'est-ce que vous faites là, bordel ?

Elle tâtonna, à la recherche des outils rangés dans le vestibule. Elle se souvint les avoir emportés dans la chambre, et entre elle et la chambre, il y avait cet homme. Il était grand. Si grand que sa tête touchait quasiment la poutre. Il portait un costume sombre, un manteau d'hiver en laine et une écharpe bleu Klein autour du cou.

— *I am sorry.* Je suis désolé. Il posa la photo qu'il tenait dans la main. Que faisait-il avec ses photos ? Elle était presque sûre de ne jamais l'avoir vu auparavant. Il semblait un peu plus âgé qu'elle, les cheveux gris foncé, coupés ras. Mais la couleur de ses cheveux était trompeuse, il n'était pas si âgé que cela, quelque chose entre quarante et cinquante ans. Son visage était allongé, plutôt carré et ses yeux, d'un marron doré, croisèrent les siens.

— La porte était ouverte, j'ai pensé qu'il y avait quelqu'un.

Il parlait un anglais bien articulé, un anglais britannique avec un accent qui donnait des frissons dans le dos. Russe, il avait clairement un accent russe. Elle serra la poignée du sac en plastique, où se trouvaient la casserole et le bidon de pétrole : une arme potentielle.

— J'avais fermé à clé, réussit-elle à dire. Elle fit un pas de côté et vit du coin de l'œil que la clé était sur la serrure, à l'intérieur. Avait-elle vraiment oublié de verrouiller la porte ?

— Je suis désolé de m'être introduit de la sorte, dit-il, mais vous avez essayé de me joindre.

Elle fit un effort pour comprendre. Joindre qui ?

À cet instant, il sourit. Ses dents étaient d'une blancheur éclatante. Son manteau n'était pas de premier prix.

— Madame Miele, dit-il en haussant les sourcils. L'avocate, Averbach & Miele. Elle m'a dit que vous souhaitiez me parler. Parce que c'est bien vous Mrs Hedstrand ? Ici c'est… il déplia un document, Kivikangas numéro 26:1.

C'était bien le numéro cadastral. Les gens en général ignoraient ce genre de chose.

— Comment vous la connaissez ? demanda Katrine.

— Elle gère mes affaires.

Katrine fit quelques pas dans le vestibule, jusqu'au seuil de la porte, elle voulait l'examiner de plus près. L'homme n'avait pas bougé, immobile près du secrétaire.

— C'est vous qui avez acheté Rauhala ? demanda-t-elle.

— Je suis désolé si je vous ai fait peur, s'excusa-t-il en lui tendant la main.

Elle hésita avant de s'avancer et de lui tendre la sienne.

— Michail Lebedev.

— Apparemment, vous savez déjà qui je suis ?

Sa poignée de main était ferme et dura un peu trop longtemps.

— Je crois bien qu'on a failli conclure une affaire ensemble, mais finalement ça n'a pas été le cas, son regard balaya la pièce, les chaises à barreaux et les lirettes par terre : la pièce lui apparut soudain dans toute sa nudité et semblait plus dépouillée que le matin même, quand elle avait quitté les lieux. Mais *business is business*, les affaires sont les affaires, n'est-ce pas ?

— Pourquoi vouliez-vous acheter… cette maison ? elle faillit dire *notre maison*, mais elle restait sur le qui-vive : il ne fallait pas divulguer trop de choses la concernant.

Elle nota un léger mouvement au coin de sa bouche.

— J'apprécie le silence.

Elle passa rapidement devant lui et avança jusqu'au poêle. Elle y avait laissé le pique-feu ce matin, en l'allumant.

— Et pourquoi avez-vous changé d'avis ?

— Je n'avais pas besoin de deux maisons. C'était celle-ci ou l'autre.

— Et pourquoi une de ces deux-là précisément ? sa main se referma sur le fer forgé encore tiède. Elle souleva la trappe. Le feu était éteint, bien évidemment. Tout ce qui était en relation avec la Russie se bousculait dans sa tête, pendant qu'elle enfournait les bûches : l'immatriculation de la voiture qui avait traversé Kivikangas, le voyage à Petrozavodsk, la piste russe dans l'enquête policière. Ce Russe dans la cuisine de sa grand-mère ne pouvait pas être le fruit du hasard. Il faut que j'arrive à le faire sortir, pensa-t-elle.

— Ce sont des gens de votre famille, demanda-t-il en désignant les photographies.

— J'ignore qui ils sont, répondit Katrine. Je ne fais que m'occuper de la maison. Elle fit un arc de cercle avec le pique-feu, balayant la pièce, espérant impressionner le visiteur. Êtes-vous à la recherche de mobilier ancien ? Si c'est le cas, vous auriez dû investir dans cette maison, parce que plus original que ça, vous ne trouverez pas. Rauhala, c'est assez hétéroclite, avec une cuisine des années 1950, mais peut-être l'ignoriez-vous ?

Elle arracha les pages finnoises du journal d'Haparanda. Elle perçut de l'agressivité dans sa propre voix.
Quand elle avait peur, elle se comportait souvent ainsi,
brassant beaucoup d'air.

— Rauhala, prononça-t-il lentement. Dans sa bouche,
le mot avait quelque chose de chantant, de mélodieux,
un endroit lointain, comme dans un conte. J'ai appris
que cela veut dire calme et sérénité dans votre langue.
C'est bien ce que recherche tout être humain, non, à
quelque endroit du monde où il se trouve ?

Il ressemblait à une statue, planté dans le vieux plancher de Siri. Ses traits paraissaient taillés dans la pierre.

— Qu'est-ce que vous pensez faire à Rauhala ? demanda Katrine.

— Comme je vous l'ai dit, je vais m'y retirer.

— Vous allez y habiter ? Vous avez vu dans quel état
est la maison ?

— Quelque chose que Gogol aurait pu décrire.

Elle sursauta lorsqu'il fit allusion à Gogol et se recula
lorsqu'il esquissa un pas vers elle.

— Laissez-moi vous aider, dit-il en lui prenant la boîte
d'allumettes des mains. Concentré sur son geste, il craqua une allumette et attendit que la flamme grandisse
avant de l'approcher du papier dans le poêle. Et elle vit
le feu prendre, du premier coup.

— On se souvient bien de ce qu'on a appris tout jeune,
Michail Lebedev ferma la trappe et mit la main sur le poêle.
Les hivers à Saint-Pétersbourg peuvent être très froids.

— Vous êtes de Saint-Pétersbourg ?

— C'est là où j'ai grandi et appris à tenir le froid à
distance.

Sa main était toujours posée sur le poêle et elle se dit qu'il allait bientôt se brûler.

— Mais dernièrement, j'étais à Londres.

— Ah, bon, Katrine croisa les bras et s'adossa à la porte du placard de cuisine, j'ai aussi pas mal vécu à Londres. Dans quel coin étiez-vous ?

Elle perçut une courte hésitation.

— Près de Buckingham Palace.

Elle s'attendait à une suite, une précision quant à la localisation exacte, qui ne vint pas. Peut-être que sa véritable adresse était moins reluisante.

— Eh bien, en ce moment, vous êtes décidément très loin de Green Park, dit-elle. Comment se fait-il que vous ayez choisi cet endroit-ci, précisément, au milieu de nulle part ?

Le regard de l'homme se perdit derrière elle.

— Il y a tant de destinations possibles, répondit-il. Et vous, pourquoi êtes-vous ici, d'ailleurs ?

Dans le silence qui s'ensuivit, les crépitements du feu se firent de plus en plus audibles.

— Il faut fermer… elle désigna le volet de tirage en cherchant le mot en anglais, sans le trouver. Ce n'était pas le genre de mot utile à Londres puisqu'il y est interdit de faire du feu depuis 1952. Elle baissa le volet aux trois quarts : elle suivait les instructions de Tomas Haara, pour que les bûches ne se consument pas trop vite. Elle recula vers la chambre à coucher. La pièce principale lui parut moins spacieuse qu'avant : les mouvements de l'homme semblaient y emplir tout l'espace, en absorber tout l'air disponible. Il était maintenant devant la table. Il tendit la main et souleva le livre qui y était posé.

— Je n'en reviens pas, vous êtes en train de lire ce livre ?

C'était un ouvrage de Gogol qu'elle avait trouvé à l'aéroport, une réédition en poche de *St Petersburg stories*.

— J'y étais récemment, dit-elle.

— Alors, comment avez-vous trouvé Saint-Pétersbourg ? sa voix prit d'un coup un ton hésitant et le cœur de Katrine battait à tout rompre.

— C'était beau, répondit-elle, et effrayant.

— « Tout ment sur la Perspective Nevski. »

— « Et quand le Démon lui-même allume les lanternes », poursuivit-elle. Elle avait lu les nouvelles dans l'avion, en rentrant de Russie et y avait trouvé la même ambiance que sur place.

— « Nous sommes tous sortis du *Manteau* de Gogol », comme l'a si bien dit Dostoïevski.

Il manipulait le livre, le feuilletait. L'avait-elle vraiment laissé sur la table ? N'était-il pas dans la chambre quand elle avait quitté les lieux, ou dans ses bagages ? Il a fouillé partout avant que je n'arrive, pensa-t-elle. Qu'avait-il pu trouver d'autre ? Les vieux cahiers de maman ? Elle se sentait de plus en plus mal à l'aise, ce type qui avait débarqué avec ses gros sabots et qui ne semblait plus vouloir partir, et qui maintenant tordait la couverture du livre entre ses mains.

— Le pauvre Akaki Akakievitch, l'ambition éternelle du Russe, devenir quelqu'un d'autre que celui que l'on est destiné à être, quelqu'un de plus grand et de plus important.

— Et c'est ce qui le mène à sa perte, ajouta Katrine.

Le Russe releva la tête en la fixant.

— Vous voulez dire qu'il aurait dû se contenter de garder son vieux manteau usé et ne pas en acheter un sur mesure ?

— Et de se satisfaire d'un travail fastidieux d'employé administratif au service de l'État ? Je ne sais pas. Est-ce pire que d'errer et de mourir de froid ?

Katrine lui prit le livre des mains.

— Vous voudrez bien m'excuser maintenant, j'ai pas mal de choses à faire.

— Oui, bien sûr, je voulais simplement vous présenter mes excuses, répondit-il, je ne voudrais pas que nous soyons fâchés alors que nous serons bientôt voisins. On ne veut pas… Il fit un geste vers le plafond comme s'il cherchait ses mots ou autre chose qui y serait caché. On ne doit pas gâcher tout ce calme par un différend entre voisins.

— Bien sûr, dit Katrine, mais je n'habite pas vraiment ici et nous ne serons donc pas voisins.

Il fit une halte en arrivant à la porte.

— C'était un plaisir de discuter avec vous. De Nikolaï Vassilievitch.

— De qui ?

— De Gogol.

— Absolument. Ce fut un plaisir en effet, au revoir.

Elle lui emboîta le pas avec l'idée de fermer à clé derrière lui, mais arrivé dans le vestibule, il s'arrêta net et se tourna vers elle. Entre eux, il n'y avait maintenant plus que deux mètres et une vieille lirette. Sa main, qu'il tenait appuyée au cadre de la porte, lui parut forte, plus charnue que celle qu'elle avait imaginée pour un homme qui cite Gogol et porte un costume en plein hiver.

— Mais laissez-moi vous inviter à dîner, dit-il, pour me faire pardonner.

Katrine recula d'un pas.

— À Rauhala ?

Il hocha la tête en guise de réponse.

— Vous êtes sûr ? elle devait plisser les yeux pour distinguer son visage à contre-jour. Cette proposition de dîner, s'agissait-il d'une invitation ou d'une menace ? La dernière fois qu'elle avait mis les pieds à Rauhala, la seule fois d'ailleurs, c'était vide et inhospitalier : une dépouille de maison. Y avait-il de l'électricité à Rauhala ?

— Il faut y mettre un peu d'ordre, ajouta Michail Lebedev. Alors disons plutôt demain soir ?

Il hocha ensuite la tête comme si elle avait accepté. Par la petite fenêtre poussiéreuse, Katrine regarda son ombre s'éloigner. Il semblait emporter avec lui tous les bruissements alentour, tous les replis de l'air, et peut-être même toute pensée sensée. Elle ne ressentait plus le froid dans le vestibule : elle transpirait. Gogol, pensa-t-elle, bon sang, comment ai-je pu échanger sur Gogol avec ce type, comme si nous venions de créer un club du livre ? Elle ferma la porte à double tour. Elle s'affaissa sur le coffre fixé au mur.

Elle n'avait pas dit oui, mais elle n'avait pas non plus dit non.

Et elle pensa que son état devait être lié à la tension, au choc de trouver un étranger dans sa propre maison, après les événements terribles qui venaient d'avoir lieu. C'est la peur qui fait battre mon cœur. *Parce que sinon, si c'est ce que je crois, je suis en train de devenir folle.*

Elle dut joindre ses mains pour qu'elles cessent de trembler.

Descendre dans un hôtel, un risque qu'il était désormais prêt à prendre. De toutes les façons, il faudrait encore une nuit avant que la maison n'ait le temps de chauffer. Et il n'avait pas l'intention de s'exposer au froid. Il en avait assez de ces restaurants bas de gamme, de ces couchettes trop dures, dans des trains qui zigzaguaient à travers l'Europe : un itinéraire étudié pour que jamais personne ne puisse en suivre les circonvolutions.

Le logement pour lequel il avait opté n'était d'ailleurs pas vraiment un hôtel. Quelques maisonnettes perdues dans la nature, un restaurant désert qui servait du poisson fumé et de la purée de pommes de terre. Un menu qui lui rappelait la Carélie : cette nuit passée à l'hôtel Severnaya à Petrozavodsk où il s'était soûlé en tirant un trait sur sa vie d'avant.

Depuis, il avait endossé de multiples identités. Une suite de personnages qui s'étaient succédé dans la même peau. Ivan Pogrebniak et Michaïl Lebedev étaient des noms d'emprunt qu'il portait à sa guise. La véritable métamorphose datait d'il y a bien plus longtemps, alors que l'empire s'effondrait et que sa grand-mère, fiévreuse, baignant dans ses propres miasmes, délirait, invoquant les imposteurs et les traîtres. Elle chuchotait comme elle l'avait toujours fait, afin que les murs, ou même sa propre fille dans la pièce voisine, ne puissent distinguer ce qu'elle disait :

C'est une ennemie de l'État, Aliocha, et son sang coule dans tes veines. Le sang, Aliocha. Tu ne t'en débarrasseras jamais. Et regarde ce que les gens de son espèce font de ce pays. On est en train de crever, Aliocha. Protège-moi, je t'en conjure. Je l'ai cachée et je me suis rendue coupable de trahison. Alors, prends un couteau, Aliocha, ou un pic à glace. Utilise un pic, un comme celui qui a servi pour Trotski ! Ne les laisse pas me prendre, Alexis Victorovitch. Ils arrivent, ils sont là. Tu ne les entends pas, les voitures noires ? Ils savent qu'il y a des traîtres ici. Ils viennent pour la prendre. Ils savent qui elle est. Ils savent que c'est une enfant des ennemis de l'État, des saboteurs. Alors, cache-toi, Aliocha. Ils sentent l'odeur de ton sang. Ils ont développé un odorat tout particulier pour déceler le sang fasciste. Et ça sent mauvais jusque dans la rue. Ils savent qui tu es. Ils connaissent tout le monde. Ils entendent même ce que tu chuchotes, alors ne révèle jamais de qui tu es le fils. Laissez-les l'emmener. Elle peut moisir en prison à Kresty, en silence. Mais ils savent comment faire parler les gens et c'est sûr, elle parlera, ta petite maman. Elle ne pourra pas les tromper longtemps en se taisant et alors, elle nous trahira, toi et moi. Et ils nous colleront au poteau d'exécution. Ne me regarde pas comme ça, Aliocha. Dis-leur que je ne suis pas sa mère, pas pour de vrai. Dis-le-leur, Alexis Victorovitch, tant qu'il y a encore des choses à sauver dans ce pays.

Les griffes qu'elle déployait vers lui, la voix rauque jaillissant de sa gueule où seules trois dents se battaient encore en duel, trois dents qui reprenaient de l'activité quand elle déversait ce qu'elle avait sur la conscience.

Il avala la dernière bouchée et sourit à la serveuse qui débarrassait la table.

Il commanda un cognac avec le café et régla en liquide. Une précaution inutile, probablement. Michail Lebedev n'était pas recherché, dans aucun pays. Ce n'était qu'un être imaginaire, un personnage de roman, l'œuvre de l'imagination d'un auteur pour emprunter les voies du réel. Cela l'amusait de voir le monde de cette manière. Quelque chose de plus élevé, de plus poétique que le sort d'un simple être humain.

Le propriétaire du restaurant prit la peine de venir lui-même l'informer que le sauna était en service. À l'heure qu'il était, sa température devait agréablement avoisiner les quatre-vingt-dix degrés.

La chaleur lui brûlait la peau, la rougissait. Il se flagellait le corps avec des verges et repoussait l'assaut de ses pensées pour la gent féminine.

Ensuite, une fois propre, il s'installa sur la terrasse, devant le sauna, avec une simple serviette autour des hanches, goûtant le froid et contemplant les nuages qui glissaient entre les étoiles.

Il en avait bien rencontré quelques-unes, à Cracovie, à Berne et une autre à Hambourg : des putes en quête de bites et d'argent. Des Albanaises, une Estonienne et une pauvre Moldave, qui ressemblait à une rescapée des camps, ses seins flasques pendant sur sa poitrine. Mais Ivan Pogrebniak s'en foutait, il ne voulait pas savoir d'où elles venaient, il n'avait pas de goût particulier pour la beauté. Il choisissait des moches, détournait les

414

yeux de leur visage et les défonçait de toute sa haine. Ivan Pogrebniak ne manquerait à personne. Ce n'était qu'un employé de bureau lambda sans travail, l'ombre grisâtre d'un homme qui avait fini sa vie dans des toilettes à Stockholm, quand son passeport en morceaux avait disparu dans les égouts, rejoignant les excréments de centaines de milliers d'êtres humains.

Michail Lebedev joua un instant avec l'idée de ce qu'Ivan Pogrebniak aurait pu faire avec la femme, dans la vieille maison. C'était à la fois répugnant et excitant, il but d'un trait la bière rafraîchie par la neige. Ensuite, il maintint la bouteille glacée contre son bas-ventre.

Son corps fuyant, comme si elle cherchait à lui échapper, tout en étant attirée par lui. Il ne se souvenait pas de la dernière fois où il avait parlé à une femme de cette manière-là ? Quand il était étudiant ? Elle n'était pas vraiment belle, mais pas laide non plus. Un visage féminin nu, sans maquillage.

Alexis Saporin, lui aussi, n'avait connu que des putes. Mais si elles empestaient le parfum de luxe, au moins elles ne mentaient pas. Et puis, il n'avait jamais passé assez longtemps avec aucune d'entre elles pour que l'idée de le trahir ne leur vienne.

Une seule peut-être, il y a des années, Leïla… La belle Leïla, avec son diplôme d'histoire, et une bouche large comme la Neva. Elle l'avait trahi pendant les vacances à Nice. Un endroit où les hommes promettaient du travail dans le prêt-à-porter parisien et demandaient en échange des services très spéciaux qui se pratiquaient sur le pont supérieur des bateaux. Il lui avait fait payer sa traîtrise au prix fort : elle resterait pour l'éternité sur la Riviera française.

Il contemplait les amas de neige et de glace qui recouvraient le fleuve. Il imaginait le flux grondant en dessous. Dans un mois ou deux, le paysage se métamorphoserait, la chaleur ferait fondre la glace, libérant les puissances du fleuve. Il pensait aux poissons qui remontent le courant. Était-ce le lavaret ou le saumon de ce côté-ci de la presqu'île carélienne ? Il voulait s'acheter du matériel de pêche. Il avait envie de s'y mettre, l'eau jusqu'aux genoux, ferrer les poissons au corps argenté et les cuire au feu de bois au milieu de la nature.

Il prit soudain conscience que Michail Lebedev n'avait jamais encore couché avec une femme.

Et le bruit de nouveau. Comme un long grincement quelque part en haut de la maison. Katrine se tenait immobile en essayant d'en déterminer la provenance exacte. Mais tout redevint silencieux.

Aucune lumière ne filtrait de l'extérieur. La lune avait disparu et l'obscurité étendait son empire. Elle distinguait les battements de son cœur et des frissons lui parcouraient le corps, les réactions physiologiques qui trahissaient la peur.

Un animal, une souris peut-être ou un oiseau sur le toit : *y avait-il des oiseaux aux alentours du cercle polaire à cette période de l'année ?* Ou le vent qui s'engouffrait quelque part, une branche contre la façade ? Dans l'obscurité elle essayait d'imaginer les arbres devant les fenêtres. Il n'y avait pas de vent.

Elle appuya sur le bouton de la lumière de sa montre : une heure vingt-cinq.

Ce n'était pas le bruit qui l'avait réveillée : elle avait ouvert les yeux une seconde avant, lorsque, dans son rêve, elle était tombée. Une chute, une course sur de la glace recouverte de neige et l'on s'aperçoit soudain que la glace a disparu. On s'enfonce dans la neige et en dessous il n'y a que l'eau sombre et tourbillonnante, et personne à proximité susceptible d'entendre nos cris. Elle se demandait si elle avait réellement crié.

À cet instant même, elle l'entendit de nouveau. Le grincement qui semblait venir du côté opposé du grenier, suivi d'un bruit sourd. Quelque chose de tendre qui heurtait le bois. Désormais, elle reconnaissait bien les craquements du bois ancien et le grincement des portes, le vrombissement sourd quand le vent se frayait un chemin à travers l'une des vitres cassées dans l'escalier, une de celles qu'elle avait pourtant essayé d'obturer avec un morceau de carton.

Le bruit venait d'ailleurs.

Doucement, elle fit pivoter ses jambes et sortit sans bruit du sac de couchage, une suite de petits mouvements afin que le matelas ne grince pas, comme c'était le cas à chaque fois qu'elle se tournait. Elle se glissa en chaussettes jusque dans la pièce principale. Le poêle était bel et bien éteint. Elle savait maintenant combien de temps une bûche met à se consumer. Elle se saisit du pique-feu et sortit la lampe de poche de son sac. Elle manœuvra doucement la poignée de la porte du vestibule. Le grincement se fit entendre dans toute la maison et le froid s'engouffra immédiatement, s'insinuant jusque dans ses vêtements, en quelques secondes. Elle tremblait en pensant aux marches branlantes de l'escalier qui menaient au grenier.

Ce n'est rien, pensa-t-elle en essayant de se rassurer, les fantômes n'existent pas. Et pourtant, dans l'obscurité de la maison, certaines puissances semblaient en mesure de se manifester : les esprits qui habitaient les maisons glacées. Siri ou sa vieille tante, de retour d'Amérique, venue quérir ses robes de soie. Katrine alluma la lampe et éclaira l'escalier.

— Hello ! cria-t-elle, il y a quelqu'un ?

Mais les fantômes se taisaient. Et les rats prenaient leur mal en patience.

Je monte ou je m'enfuis, pensa-t-elle ? Je cours jusqu'à la maison voisine réveiller Tomas Haara pour lui dire que j'ai peur, que j'entends des bruits au grenier ?

La lampe de poche dans la bouche, le pique-feu dans une main et la rampe dans l'autre, elle grimpa lentement. Les craquements de l'escalier s'amplifiaient à chacun de ses pas jusqu'à ce qu'elle se trouve à l'entrée du grenier et que sa lampe éclaire les poutres et les fils à linge. Elle sursauta lorsque la lumière se posa sur quelque chose de sombre par terre, un vieux manteau. La porte de la chambre du grenier était fermée. Quelques pas encore pour l'atteindre et la tirer. Un mouvement, suivi d'un sursaut. Katrine cria en reculant et sa tête heurta une poutre. La lampe tomba sur le sol.

— Pardon, pardon.

La voix était chétive, ténue, comme celle d'une enfant, bien que le corps couché là ressemblât à celui d'une adulte. Cela lui prit quelques secondes avant qu'elle ne trouve la lampe et n'éclaire le visage blême de Sofia. Accroupie au coin du lit, elle se couvrit les yeux avec la main pour se protéger de la lumière.

— Pardon, excuse-moi.

Katrine s'affaissa et atterrit sur le seuil de la porte.

— Mon Dieu, qu'est-ce que tu fais là ? Tu m'as fichu une de ces frousses.

— Pardon, répéta Sofia, mais je ne savais pas où aller.

Katrine se mit à rire et lâcha le pique-feu. Les jambes encore flageolantes, elle se releva et dut se retenir au cadre de la porte.

— Tu ne peux pas partir comme ça, sans prévenir, ta mère est dans tous ses états.

— Pardon.

— Et arrête, bon sang, de dire pardon.

En s'asseyant au bord du canapé-lit bleu, Katrine reconnut le grincement : le bruit qui l'avait effrayée. Le lit de Sofia était fait de sa veste, de la vieille couette de Siri et de quelques couvertures.

— Je ne peux pas rentrer. Tu ne diras rien à mon père et à ma mère ?

Elle fut secouée de spasmes, la peine peut-être ou le froid. Katrine l'enveloppa dans la couverture.

— Allez, viens.

Sans trop savoir comment, elle réussit à la faire descendre en évitant de faire craquer l'escalier. Elle l'assit près du poêle où se consumaient encore quelques braises. Le feu reprit presque instantanément.

— Tu bois du café ?

— Du thé plutôt.

— Je n'ai que du café.

Sofia acquiesça. Katrine mit à chauffer l'eau, obtenue en faisant fondre la neige, et alluma la lampe à pétrole.

— On est obligées d'allumer ? dit Sofia en jetant un regard inquiet au dehors.

Katrine tira doucement le rideau élimé. Quand elle le prit dans la main, il se déchira.

— Ça fait combien de temps que tu te caches au grenier ?

— Depuis hier. Sofia renifla et posa les mains sur le poêle.

Elle s'était donc introduite au moment où Katrine était sortie, la veille. Elle avait repéré où était cachée la clé et elle était entrée.

— C'est pour ça que la porte était ouverte, constata Katrine.

— Je me suis dit que tu comprendrais.

— Et comment j'aurais pu comprendre que tu te cachais dans le grenier ?

— J'ai eu peur. Il y avait quelqu'un.

Michail Lebedev. Sa présence dans la pièce, que Katrine avait ressentie jusque sous la peau.

Katrine fit du café pour elles deux. Sofia réchauffa ses mains autour de la tasse.

— Ils disent que c'est grand-père le coupable. Qu'il a tué Erik le Lapon.

— Tu les crois ?

Sofia fixa le sol en secouant la tête.

— Moi non plus, dit Katrine.

Du garde-manger, elle sortit du pain, du jambon et du beurre. Il y faisait tellement froid que le beurre était dur comme de la pierre. Elle le posa sur le poêle pour le laisser ramollir avant de pouvoir le tartiner.

— J'ai dormi chez grand-père hier soir, les mains de Sofia commencèrent à trembler et elle renversa un peu de café. J'ai pris la clé et je me suis cachée là-bas. Tu sais pourquoi ? Parce que je pensais qu'il allait me parler pendant mon sommeil. Je ne crois pas qu'il ait pu trouver la paix, allongé sur son lit de mort à Umeå, dans une chambre froide. Si son corps est là-bas, je m'imaginais que son âme était restée ici, dans la maison où il est mort.

Elle parlait sans reprendre sa respiration.

— Tu crois qu'il reste quelque chose de l'être humain après la mort ?

— Non, répondit Katrine, enfin… je ne sais pas. Elle avait sous les yeux ce qui restait de la vie de Siri, dans cette pièce, les photographies, la vieille cafetière. En tout cas, je ne crois pas au paradis.

Sofia engloutit plusieurs sandwichs, comme si elle n'avait rien mangé ces derniers jours. Ce qui était probablement le cas. Il fallait certainement beaucoup de courage, ou un peu de folie, pour s'introduire dans la maison de son grand-père et y rester toute une nuit. Katrine supposait qu'elle n'avait pas osé prendre quoi que ce soit à manger là-bas.

— Alors, ça a marché ? demanda Katrine. Il t'a parlé ?

Sofia fit non de la tête. Elle murmurait la bouche pleine.

— Je n'ai pas pu dormir.

Elle avait des cernes sous les yeux et le regard absent, le manque de sommeil probablement.

— Il y avait comme l'écho du coup de feu, et ensuite, rien d'autre que le silence. Je ne pouvais pas y rester une nuit de plus. J'ai pensé à fuguer, mais je n'ai pas eu le courage. Tu me pardonneras ?

— Si tu arrêtes de me demander pardon.

— Oh, pardon.

Katrine soupira et se leva. Elle vérifia que le feu était toujours allumé et abaissa le volet de tirage.

— Quand on pense que les morts parlent, dit-elle, c'est peut-être parce qu'au fond de soi, on sait ce qu'ils veulent nous dire. Qu'est-ce que tu penses que Thore veut te dire ?

Sofia haussa les épaules et retourna le regard.

— Tu sais quelque chose, n'est-ce pas, continua Katrine. C'est pour ça que tu as crié au téléphone, quand tu m'as dit qu'il avait été tué, même si tout le monde pense que c'est un suicide. Tu as peur de quoi, Sofia ?

Le regard de Sofia se fit noir comme du charbon.

— Il est quatre heures du matin, je peux aller dormir maintenant ?

Elle se glissa dans la chambre et s'allongea dans le second lit. Elle tira une vieille couverture sur elle.

Elle se tourna vers le mur, sans ajouter un mot.

Aux alentours de cinq heures et demie, Katrine abandonna l'idée de se rendormir. Il commençait à faire jour
et on pouvait considérer que la journée avait débuté.

Elle avala trois sandwichs et sortit chercher davantage de neige, qu'elle fit fondre dans la casserole. Elle
avait bu trop de café et elle éprouva le besoin de sortir à
nouveau. Elle s'était fabriqué des W.-C. provisoires, un
seau en fer-blanc qu'elle avait posé dans les anciennes
toilettes à l'extérieur. Il y avait là deux fenêtres avec vue
sur le fleuve. Elle contempla l'horizon qui virait au rose,
le ciel qui semblait caresser le sol, de nouveaux chemins
qui se dessinaient dans la neige, des traces, un sillon,
aussitôt recouverts.

À sept heures du matin, elle réveilla Sofia.

— Tu as la clé de chez Thore ?

La jeune femme lui lança un regard ahuri, les cheveux en bataille.

— Pourquoi ?

— Parce qu'il y a quelque chose que je veux vérifier
là-bas. Je veux savoir s'il s'est vraiment suicidé.

Sofia écarquilla les yeux.

— Tu crois qu'il a été tué ?

— Je ne crois rien du tout, je veux me rendre compte par moi-même, dit Katrine en entendant l'écho de la voix de Thore Palo dans la sienne : *J'ai été policier pendant presque quarante ans. Croire, c'est ce qu'on fait à l'église.*

— Elle est dans la poche de ma veste.

Katrine posa une main sur son épaule.

— Dors encore un peu.

Sofia avait raison, l'esprit de Thore avait quitté les lieux : c'était une coque de pierre et de bois, des meubles sans plus aucune destination. Dans la cuisine, près de la cuisinière, quelqu'un avait balayé en tas les restes de cendres et de verre. Katrine y entra sans se déchausser.

Dans le salon, elle ne vit d'abord que la tache sombre sur le fauteuil où il était assis la dernière fois qu'elle était venue, une tache qui se prolongeait ensuite jusqu'au sol où elle prenait l'aspect d'un phoque. Katrine serra les poings, se planta les ongles dans la paume de la main et se força à rentrer dans la pièce. Sur le mur, où trônaient les photos de famille, il n'y avait plus que des cadres éventrés et, par terre, les débris de ce qu'ils avaient abrité. Toutes les photos n'avaient pas connu le même sort, il y avait toujours celle du mariage d'Åke et d'Eva-Lena, celles de Sofia souriante, sans dents, et qui grandissait au fil des portraits, jusqu'à devenir adolescente. Et puis, particulièrement mise en valeur, celle de Hjalmar Branting.

Katrine s'accroupit et retourna lentement quelques-unes des photos rassemblées en un tas : Matti qui obtient le bac, Matti quand il était filiforme, Matti avec son équipe de bandy*. Katrine ne prit même pas la peine de chercher son visage parmi tous les garçons de l'équipe. Elle se leva, avec une douleur aux genoux, et croisa de nouveau le regard renfrogné de Sofia sur sa photo d'adolescente. Eva-Lena lui avait affirmé que les photos des petits-enfants avaient été brisées, et jetées en désordre, mais ce n'était pas vrai. Seulement les photos de l'un de ses petits-enfants, le garçon, celui qui avait eu l'habitude d'accompagner son grand-père à la chasse. Elle l'observa sur le sol, à des âges différents, et se souvint de la fierté dans la voix du vieil homme lorsqu'il avait évoqué son petit-fils. C'était au moment où ils étaient passés sur les motoneiges : *Heureusement ils ont cette liberté, de sortir comme ça.*

Elle poussa la porte de la chambre de derrière. D'instinct, elle savait qu'elle ne devait pas laisser d'empreintes. Elle comprit très vite qu'il n'y avait plus rien à chercher là.

Anders Anttila n'avait pas menti : les Post-it sur le mur avaient disparu, et il n'y avait pas même un morceau de papier par terre. Ne restaient que des bouts de Scotch avec, en dessous, quelques millimètres de papier. Les informations sur les horaires, tous les détails sur le meurtre que Thore avait notés si minutieusement : avait-il lui-même brûlé ses notes, ou était-ce quelqu'un d'autre ?

Pour dissimuler quelque chose en particulier, le passer sous silence ?

* Le bandy ou hockey russe est un sport collectif qui se pratique sur des terrains de football gelés, avec une balle et des crosses en bois. Chaque équipe compte onze joueurs. C'est un sport populaire dans les pays scandinaves et en Russie.

Sur les étagères, par contre, tout était toujours parfaitement rangé, comme quand elle s'y était intéressée, le classeur contenant les éléments sur les crimes d'autrefois.

De la minutie.

Elle savait de quoi il retournait. Ce sentiment de maîtriser le monde en le structurant. Rangement par ordre alphabétique. Classement par dates. Des papiers dans des classeurs. Des notes et des documents.

Et s'ils avaient raison ? Si Thore Palo avait recommencé à boire et était devenu fou ? Il y aurait eu quelque chose de plus systématique, une logique, même dans la folie.

En quittant la maison, elle évita de poser le regard sur les taches sombres.

— Il n'y a pas vraiment de route pour aller là-bas, mais je peux t'y amener en scooter des neiges, si tu veux.

Tomas Haara ferma la porte d'entrée derrière lui.

— J'imagine que tu ne skies pas ?

— Détrompe-toi, répondit Katrine.

— Eh bien, si c'est le cas…

Il la précéda et ouvrit l'énorme porte de l'étable. Cela devait faire pas mal de temps qu'aucune vache n'avait franchi le seuil de la bâtisse. En revanche, dans une des stalles, il y avait au moins une vingtaine de paires de skis posées contre le mur ou éparpillées sur le sol.

Il extirpa une paire et la mesura à Katrine.

— Celle-ci devait appartenir à ma petite sœur.

Le système de fixation datait, avec des sangles en métal que l'on attache derrière le talon.

— Tu n'aurais pas aussi, par hasard, des chaussures de ski à me prêter ?

— Il faut que je demande à maman.

Dans la cuisine, Anna Haara tournait comme une mouche, voletant du congélateur au garde-manger pour fondre enfin sur les placards, au-dessus de la cuisinière.

— Vous prendrez bien quelque chose quand même.

Katrine était restée dans l'entrée et lui assura qu'elle n'avait besoin de rien.

— Vous êtes au courant, pour Thore Palo ? Anna Haara secoua une boîte de gâteaux vide et, d'un air triste, en scruta le fond. Quel malheur, mais quel malheur !

— Oui, répondit Katrine qui ne savait pas vraiment si la vieille femme parlait du mort ou de l'absence de gâteaux pour accompagner le café.

— Et moi qui avais fait appel à lui. On lui faisait confiance parce qu'il était policier. Je n'aurais jamais cru qu'il puisse faire une chose pareille. Mon Dieu.

— Vivve ne l'a pas vraiment dit comme ça, Tomas l'interrompit en remontant de la cave avec, dans les bras, trois paires de chaussures de ski.

— Si, c'est exactement comme ça qu'elle l'a dit, rétorqua Anna Haara en regardant son fils d'un air offusqué, du style ne viens pas me dire que je suis devenue gâteuse. Il s'est tué avec le fusil d'Erik le Lapon, c'est exactement comme ça qu'elle l'a dit.

— Maman, dit-il d'un ton implorant, en se tournant vers Katrine. Elle est un peu bouleversée par tout ce qui s'est passé.

Katrine concentra son attention sur les chaussures de ski, les tourna dans tous les sens en essayant de deviner leur pointure. Tout le monde était déjà au courant. Elle se demandait si tous les autres considéraient aussi Thore Palo comme un assassin ou s'il n'y avait que les membres de sa propre famille. Dans combien de temps l'information parviendrait aux médias, aux blogs, sur Twitter ? Quelques heures, une journée ? Elle choisit les chaussures les plus grandes, une pointure trop petite pour elle. Elle devait être en mesure de supporter un petit mal aux pieds.

Anna Haara tournait maintenant autour d'elle.

— On pense connaître les gens, mais le diable peut se cacher n'importe où. N'importe où.

Tomas Haara ouvrit la porte d'entrée. Manifestement, il en avait assez et voulait partir.

— Vivve, c'est la sœur de maman et la mère d'Eva-Lena. Elle a obtenu des informations, les hypothèses élaborées par la police. Nous ne sommes pas censés en parler. Elle dit aussi que Thore avait un cancer. Du pancréas, n'est-ce pas, maman ?

Anna Haara claqua le couvercle de la boîte à gâteaux.

— C'est aussi ce que j'ai entendu dire, répondit Katrine en chaussant le bonnet, et que c'était probablement pour ça qu'il s'est suicidé.

— C'est le pire des cancers, dit Tomas. Même la radiothérapie ne marche pas.

Devant la maison, Tomas se pencha pour s'occuper des skis de Katrine et l'aida à ajuster les sangles. Elle observait le paysage par-dessus son dos.

La neige et les nuages se confondaient, ce qui donnait une impression étrange, comme si le pâté de maisons, un peu plus loin, flottait entre ciel et terre : les bâtiments gris de Rauhala, qui lui évoquaient la Russie, le même délabrement désespéré. Ses pensées allèrent ensuite à Gunnar Pelttari et au destin qu'avait connu Lars-Erik Svanberg. Le sentiment que tout était encore là, quelque chose comme une malédiction, transmise de génération en génération et qu'elle portait aussi en elle.

Soudain, elle vit un camion blanc stopper devant Rauhala avant de faire marche arrière. Le chauffeur tentait de manœuvrer dans la petite cour devant la dépendance.

— Tu as croisé les gens qui ont racheté Rauhala ? demanda-t-elle.

— Non…, mais apparemment ce sont des femmelettes, répondit-il en fixant au ski le pied droit de Katrine.

— Qu'est-ce que tu veux dire ?

Elle se tenait aux bâtons pour garder l'équilibre.

— Ils ont payé quelqu'un pour monter les meubles qu'ils ont achetés chez Ikea. Un homme d'ici s'en occuperait lui-même, sinon on le traiterait de *knapsu*.

Il se redressa et lui adressa un sourire forcé, qui pouvait laisser entendre qu'il n'était pas nécessairement d'accord avec ça.

— Je ne sais pas si on capte là-haut, dit-il. Tu es sûre de vouloir y aller seule ?

Les bâtons de ski étaient bleu ciel, un peu trop courts. Classe de neige, pensa Katrine, j'avais treize ans ou quatorze peut-être ? C'était la dernière fois qu'elle avait chaussé une paire de skis.

— Je ne suis pas tant que ça une *knapsu,* finalement.

Il se mit à rire, laissant apparaître le tabac à priser coincé sous sa lèvre. Sans trop savoir pourquoi, elle le sentit d'un coup un petit peu trop près d'elle.

— Non, vraiment, tu ne peux pas être qualifiée de *knapsu,* dit-il et son odeur remonta au nez de Katrine : poils de chien, tabac à priser et gasoil. *Knapsu,* on l'utilise pour un homme qui se comporte comme une femme, mais si une femme se comporte comme une femme, elle est simplement… féminine.

— Me voilà rassurée, dit Katrine, en poussant si fort sur les bâtons qu'elle faillit basculer en arrière lorsque les skis se mirent à glisser.

Et là, elle prit soudain conscience de percevoir le silence pour la première fois, un silence profond, entourée de ces sapins immenses, dans les forêts qui surplombaient la maison de Thore Palo.

Ne t'éloigne pas de la piste de scooters des neiges. Suis la ligne de démarcation entre les domaines forestiers.

Les muscles des cuisses lui faisaient mal. Elle avançait, en gardant en mémoire les instructions de Tomas Haara. Elle poussait sur les bâtons en essayant de trouver le bon rythme. Et revenaient les souvenirs, les sensations d'autrefois : les sorties à ski du dimanche, l'odeur du chocolat chaud, sa mère devant elle sur les pistes, sa doudoune blanche et le bonnet enfoncé sur la tête. De temps à autre, Erik le Lapon, l'homme des bois, faisait furtivement son apparition et la dépassait sur la piste. Tout ce qui avait compté pour lui dans la vie : le crissement des skis glissant sur la neige, la lumière qui perçait à la cime des arbres.

Ne t'aventure pas dans la tourbière, tu risquerais de t'y perdre.

La piste de scooters des neiges traçait un sillon entre les arbres, avec leurs branches lourdes qui s'enfonçaient profondément dans la neige. Elle n'avait aucune idée du temps qu'il lui faudrait pour parcourir cinq kilomètres.

Elle avait les muscles des jambes et des bras couverts d'acide lactique lorsqu'elle sortit enfin de la forêt et aperçut les tourbières à perte de vue : le Brésil. Toute cette blancheur l'éblouissait et elle dut fixer le sol pour ne pas sortir de la piste. Allez, en avant. Elle entendit un bruit de moteur un peu plus loin. Elle se figea et resta immobile jusqu'à ce que le bruit s'éloigne et qu'elle prenne conscience de sa solitude. Avant de reprendre sa course, elle consulta son téléphone portable. La couverture mobile était très faible, mais deux petites barres indiquaient malgré tout que les tentacules de la civilisation s'étendaient jusqu'ici.

Le vent redoublait de vigueur et de gros nuages s'amoncelaient à l'ouest. Elle espérait que le soleil perce suffisamment afin qu'elle puisse s'orienter en fonction de sa course dans le ciel. Elle plongea à nouveau dans la forêt, qui se faisait de plus en plus dense : des sapins masquaient l'entrée de grottes secrètes, sous leurs immenses branches. Elle ne distinguait plus que les skis qui glissaient sur la neige et le léger souffle de sa propre respiration.

Elle faillit rater la cabane. Elle avait trouvé le bon rythme et avait la tête ailleurs, en haut des cimes, elle se focalisait sur le prochain mètre de neige à franchir et ensuite, sur celui d'après.

Katrine planta ses deux bâtons dans le sol et stoppa net. Plus haut, entre les sapins et les taillis qui émergeaient de la neige, il y avait un mur gris. En grimpant, avançant en canard sur la neige profonde, elle se rendit compte que quelqu'un était récemment venu par ici. Une trace, un léger sillon recouvert de neige fraîche, large comme un scooter. Elle parvint à se hisser jusqu'à la cabane, une petite bâtisse avec de la neige jusqu'au rebord des fenêtres, qui devait avoisiner les vingt-cinq mètres carrés. Le toit était recouvert d'un feutre bitumé. La cabane se dressait dans une clairière et elle devinait que la surface ondulant entre les arbres cachait un ruisseau, un *joki*. Un peu plus loin, le paysage s'incurvait, donnant naissance à une vaste colline, *vaara*. Katrine s'avança vers une des fenêtres : deux carreaux étaient cassés. Elle enfonça un bâton dans la neige pour en mesurer la profondeur : un mètre, au moins. Elle se décida à quitter ses skis. Elle se fraya un chemin jusqu'à la porte et passa son bras à travers la couche de neige. En dessous, il y avait des traces. Des traces de grosses bottes ou de rangers qui dataient de pas plus tard que la dernière chute de neige. Elle plaça son pied dans l'une des traces : plusieurs pointures d'écart, 44 ou 45, au moins. Étaient-ce les chaussures de Thore Palo, ou celles de quelqu'un d'autre ?

Après cette randonnée à ski, elle transpirait et elle avait la gorge sèche. Elle regrettait de ne pas avoir emporté un peu d'eau et de quoi manger. Elle fit un dernier pas vers la porte, la poignée lui résista, mais elle tira de toutes ses forces et elle finit par s'ouvrir.

À l'intérieur, tout était saccagé.

Les chaises démembrées à la hache, une table en stratifié coupée en deux, ce qui avait dû demander une force hors du commun. La colère, pensa-t-elle, la peur ou la panique, ou même la folie. Seule une émotion de ce genre était susceptible d'expliquer un tel carnage.

La neige s'était engouffrée par les fenêtres cassées, le vent avait dispersé les cendres et la suie sur le plancher. Le seul mobilier qui semblait avoir réchappé, c'était deux lits superposés, contre le mur, séparés par une cheminée. Elle avança dans cette direction, fouilla de la main le tas avec les restes brûlés. Elle en extirpa quelques morceaux de papier et du plastique fondu. Pourquoi brûler du papier dans une cabane de chasse, pourquoi brûler du plastique ? *Certainement pas pour allumer le feu, comme Tomas Haara le lui avait appris. On préparait le bois et allumait avec des copeaux et des bûchettes. Utiliser du papier, c'était tricher, bon pour les* knapsu, *un truc de femmelettes, quelque chose que l'on pouvait à la limite tolérer de la part d'un Stockholmois ou d'une femme.*

Les cendres lui glissaient entre les doigts. Elle sortit de la cabane. Des muscles dans les jambes, dont elle n'avait jamais eu connaissance jusque-là, lui faisaient mal. Elle contempla la clairière enneigée. Cinq kilomètres du village, tout droit à travers la forêt, en passant par des tourbières inaccessibles. Pas un Russe n'aurait pu tomber dessus par hasard. Et pas un étranger n'aurait saccagé le mobilier avec une telle colère.

Les sapins se balançaient. L'obscurité tombait, bien que l'heure ne fût pas très avancée.

Elle chaussa de nouveau les skis et fit le chemin en sens inverse, en glissant dans ses propres traces.

Ou peut-être l'amour, pensa-t-elle, peut-être l'amour pouvait fendre en deux une plaque en stratifié.

Une odeur de viande aux oignons embaumait Rauhala. Un radiateur soufflant, posé à même le sol, faisait un barouf d'enfer. Quelque chose comme un radiateur de chantier.

— J'ai peur que vous ne trouviez le confort un peu spartiate.

Il voulut prendre sa veste et Katrine réussit à quitter le vêtement en évitant d'entrer en contact avec lui.

— Je suis vraiment étonnée, dit-elle, j'ignorais qu'il y avait l'électricité à Rauhala.

De l'entrée, elle jeta un coup d'œil furtif vers les chambres et se souvint de l'impression de la dernière fois : un lieu ascétique et dépouillé, une maison figée dans quelque chose de maladif, de souffreteux.

Dans une des chambres, trônait maintenant un large lit flambant neuf et dans l'autre, elle aperçut des bibliothèques *Billy*.

— C'est vrai qu'ils ont dû refaire pas mal de branchements, mais au final ça fonctionne, répondit Michail Lebedev, en la précédant dans la cuisine. Ils m'ont dit que les services administratifs locaux ne valideront jamais la conformité de l'installation, mais chez moi, tout ce qui tient le froid à distance est autorisé.

Katrine s'arrêta net sur le seuil de la cuisine. Près de la cuisinière, Promise Björnfot versait des pommes de terre dans un bol. Son visage s'illumina lorsqu'elle découvrit l'invitée.

— Salut, dit Katrine, je suis contente de vous voir ! Et elle n'exagérait pas : l'idée de passer une soirée seule avec le Russe lui donnait des palpitations et le sentiment d'étouffer. Elle avait échafaudé des milliers d'excuses pour échapper à ce dîner, mais finalement, à la tombée de la nuit, quand le croissant de lune avait pointé le bout de son nez au-dessus de l'étable de Rauhala, la curiosité l'avait emporté. En se rapprochant de Rauhala, quand elle avait été en mesure de distinguer les lumières qui jaillissaient au travers des fenêtres, elle s'était dit qu'il y a des choses dans la vie qu'on doit faire, parce que l'on y est invité, parce qu'en ce point précis du temps et de l'espace, la présence du Russe générait une électricité toute particulière dans l'air.

— Excusez-moi une seconde, dit-il en posant la main dans le dos de Katrine. Lorsqu'il sortit de la pièce, l'endroit où il avait mis sa main brûlait encore.

— Monsieur Lebedev a acheté une voiture d'occasion à mon mari, la Saab qui est dehors, chuchota Promise.

Elle l'avait en effet aperçue, une Saab 9000 rouge, garée devant la maison Ce modèle-là avait au moins dix ans. Dans la cour, à côté de l'escalier qui montait vers la maison, il y avait aussi un traîneau peint en vert.

— Et puis, il a demandé à Stig s'il connaissait quelqu'un qui savait faire la cuisine. Stig adore la manière dont je prépare ce plat traditionnel suédois.

Promise tapota le livre de recettes avec sa couverture vichy posé sur le plan de travail. L'expression « plat traditionnel » était la seule qu'elle avait prononcée en suédois, pour le reste, elle utilisait l'anglais.

— J'ai été embauchée pour faire le ménage aussi. C'est bien payé. Un bon boulot. Ce n'est pas facile ici, vous savez, de trouver du travail.

Elles entendirent les pas se rapprocher et Promise se pencha vers Katrine.

— Mais je n'arrive pas à savoir si cet homme est bon.

— Nous allons simplement dîner ensemble, dit Katrine en suédois car Lebedev était de retour. Elle sentit sa présence envahir de nouveau toute la pièce.

La table était mise pour deux. Une bouteille de vin rouge, des verres à vin flambant neufs et des serviettes à carreaux. Michail Lebedev lui tira la chaise. Il ne semblait pas très à l'aise dans son rôle de gentleman, rien de commun avec un Anglais éduqué, dès le plus jeune âge, aux bonnes manières. La pensée pour Alastair s'envola avant même d'avoir eu le temps de s'enraciner. Mon Dieu, ce n'était qu'un dîner.

Promise posa le plat avec les pommes de terre et prit ensuite son sac.

— Demain, je viendrai chercher la vaisselle, dit-elle.

— Merci pour aujourd'hui, répondit Michail Lebedev en versant du vin dans le verre de Katrine.

Elle aurait voulu lui crier « reste, ne t'en va pas », mais Promise partit et Katrine entendit la porte claquer derrière elle. Elle ne distinguait rien dans la pénombre, de l'autre côté de la fenêtre, mais elle s'imagina que le traîneau vert appartenait à Promise et, qu'en ce moment même, elle glissait sur la neige vers la route, la laissant seule avec cet homme, autour de cette vieille table branlante, beaucoup trop étroite, où leurs genoux risquaient de se toucher si elle esquissait le moindre geste.

Elle buvait beaucoup trop vite. Du vin français, probablement onéreux.

— Je ne comprends toujours pas pourquoi vous avez choisi d'acheter ce domaine précisément, dit-elle. Le nord de la Suède est truffé de maisons vides. Je parie que vous auriez pu acheter un manoir au prix où vous avez payé Rauhala.

— Ce n'était pas si cher, répondit-il.

— Vous savez à combien on évalue les maisons par ici ?

— C'est mon avocat qui a géré l'affaire, dit-il en commençant à servir à manger. Comment déterminer la valeur, en réalité ? En Russie, on est conscient que ce qui vaut quelque chose aujourd'hui, ne vaudra peut-être plus rien du tout demain. À mon sens, cette maison vaut le prix que je l'ai payée.

Il mangeait par petites bouchées, en tenant sa fourchette maladroitement. Elle n'arrivait pas à le cerner : était-il originaire de la classe ouvrière, de la bourgeoisie, ou de quelque chose entre les deux. Elle ignorait les codes de la société russe.

— Et pourquoi étiez-vous à Londres ? demanda-t-elle.

— Je n'ai pas pu m'acclimater là-bas, trop de bruit, pire qu'à Saint-Pétersbourg.

Il s'essuya la bouche avec la serviette.

— Mais j'aimerais en savoir un peu plus sur vous, la belle Katrine, et sur cet endroit.

Elle avala une nouvelle petite gorgée de vin. La pensée de la mort d'Erik le Lapon et de la cabane de chasse détruite lui traversa l'esprit.

— Il y a deux choses que vous devez savoir, dit-elle. Ne refusez jamais si on vous invite à boire un café et trouvez une réponse adéquate à la question « À qui appartenez-vous ? ». C'est ce qu'on va vous demander. Non pas qui vous êtes, ni où vous habitez, ni même où vous travaillez, mais à qui vous appartenez.

Il sourit et les rides autour de ses yeux s'approfondirent. Pendant une seconde, elle se noya dans son regard, le sentiment d'être entièrement captée.

— Et à qui appartenez-vous, Katrine ?

Lorsqu'il tendit la main, elle pensa un instant qu'il allait lui caresser la joue et elle recula légèrement, mais elle se posa juste à côté, sur le goulot de la bouteille de vin. Il remplit les deux verres. Les joues de Katrine étaient en feu.

— À moi, j'imagine. Ses mots jaillirent avec un débit beaucoup trop rapide. Mais j'ai pas mal de famille originaire d'ici et puis, j'ai un mari bien sûr. Bon, on n'est pas vraiment mariés mais on habite ensemble, à Londres. Il est anglais.

Elle regretta aussitôt d'avoir mentionné cela. Qu'est-ce que ça pouvait bien faire qui il était, où il habitait. C'était de toute façon loin d'ici. Très loin.

— Et vous, à qui appartenez-vous ? demanda-t-elle.

— À personne.

Katrine avala rapidement quelques bouchées. Il n'était donc pas marié. C'était toujours ça. Le plat traditionnel suédois était vraiment très bon. Après sa sortie à skis, elle n'avait mangé qu'un sandwich et ensuite, les heures s'étaient succédé, dans l'attente angoissée, irait-elle ou pas. Elle avait essayé d'appeler Anders Anttila, à trois reprises, pour lui raconter ce qu'elle avait vu dans la cabane de chasse, mais il n'était pas joignable. Elle avait fini par lui laisser un message, en lui conseillant d'examiner plus avant la cabane de Thore Palo à Jokivaara. Elle craignait qu'il ne tienne pas compte de sa suggestion, en s'imaginant que c'était encore un truc de journaliste ou une sottise de plus. Elle ne pouvait pas insister davantage. Quant à Sofia, elle se cachait toujours dans la maison. Elle lui avait simplement dit qu'elle allait dîner dehors. Elle était capable de se faire à manger, de la soupe ou autre chose. Et puis ce n'était pas comme si Katrine en avait la garde. Elle avait tout de même, discrètement, rédigé un sms à Eva-Lena en lui indiquant qu'elle avait reçu un message de Sofia et qu'elle allait bien. Rien de plus. Alors que pouvait-elle faire d'autre, sinon boire du vin et fixer une paire d'yeux. Et se sentir vivante.

— Saviez-vous qu'un homme a été assassiné ici récemment ? dit-elle. Là, dehors, dans une des réserves.

Elle lui montrait la dépendance avec la fourchette. Il trempa un morceau de pomme de terre dans la sauce.

— Oui, j'ai entendu dire.

Sa voix ne trahissait pas d'émotions particulières, plutôt une sorte d'indifférence. Elle se resservit en viande et la mélangea avec l'oignon frit. Elle essayait de comprendre ce qu'il voulait, quel genre d'intérêt il lui portait. Elle dut détourner son regard vers l'assiette pour ne pas le fixer trop longuement.

— Qu'allez-vous faire ici, alors ? demanda-t-elle entre deux bouchées. Vous allez travailler ?

— Je ne pensais pas qu'on posait ce genre de questions par ici, justement.

— Je ne suis pas d'ici.

— On verra, répondit-il. D'abord, je vais simplement prendre du bon temps.

Katrine gloussa.

— À Kivikangas ?

Il avait dit « enjoy », ce qui pouvait vouloir aussi dire s'amuser ou profiter, ou n'importe quoi, en fait puisqu'il était russe et que l'anglais n'était pas sa langue maternelle.

— Jouir du silence, dit-il, ne pas être importuné. C'est l'idée que je me fais du paradis.

Katrine fixait son assiette en écrasant les pommes de terre dans la sauce. Alors, tout allait pour le mieux, puisqu'elle quitterait les lieux le lendemain. Elle prendrait le vol de 19 h 25 à Luleå.

Michail Lebedev se pencha en arrière et fit rouler le verre entre ses doigts.

— Pendant quelque temps, j'ai étudié la littérature à l'université de Saint-Pétersbourg. Ma mère estimait qu'il fallait se consacrer aux valeurs immuables, qu'elles survivraient au vide contemporain. Je possédais une grande bibliothèque.

— Pourquoi avoir abandonné ?

— Vous savez ce que gagne un professeur d'université en Russie ? Dix mille roubles par mois.

Elle fit le calcul dans sa tête : mille six cents couronnes. Il vida le reste de la bouteille dans leurs verres.

442

— Peut-être que le paradis ne se laisse pas décrire, continua-t-il, même le grand Gogol a échoué.

— Je sais, il a fini par se donner la mort, dit Katrine. Il avait imaginé écrire une trilogie, en commençant par *Les Âmes mortes*, l'enfer, c'est-à-dire, pour lui, la Russie, mais il n'est pas allé plus loin que le deuxième tome. « *Gogol avait brûlé ses manuscrits et cessé de se nourrir. Il était mort neuf jours plus tard.* »

— Une mort plus brève est certainement préférable.

S'ensuivit une pause où elle écouta gronder le radiateur soufflant. Elle ressentait la froideur de ses derniers mots. Une nouvelle fois. C'était la façon qu'il avait de parler de la mort, comme si elle n'avait aucune importance.

Il vient de Russie, pensa-t-elle, il a vu pire. Ça ne veut rien dire. Il a peut-être fait la guerre, en Tchétchénie, j'ignore ce que cela peut faire à un homme. Et elle se sentit soudain mue par l'ardent désir de voir ce qu'il y avait au fond de lui, sous cette peau rugueuse qui semblait taillée dans la pierre. Un visage qui lui paraissait étranger et familier à la fois, une parenté insaisissable. Comme un écho de Gogol, pensa-t-elle, un homme qui a noué une certaine intimité avec la littérature et l'idée du paradis. Quelqu'un qui n'a pas renoncé aux grandes interrogations de la vie.

— J'ai un parent qui s'est mis en quête du paradis et qui a pris le chemin de l'Union soviétique, dit-elle. Il n'a jamais trouvé ce qu'il cherchait.

Les yeux de l'homme se plissèrent : elle avait l'impression qu'il essayait de saisir comme un sens caché derrière ses paroles. Puis, il se leva, débarrassa les assiettes et les empila dans l'évier. Il sortit une deuxième bouteille du placard.

— On peut aussi parler de ceux qui ont vécu par ici, poursuivit-elle en jouant avec le vin dans son verre : l'alcool lui montait au cerveau et elle ne se sentait plus vraiment maîtresse de ses gestes. Ils interdisaient tout ce qui est beau et joyeux, qu'ils considéraient comme des péchés qui vous interdisaient l'entrée du paradis. Ils pensaient, en les fouettant, ôter tout désir de ces choses-là aux enfants.

Quand elle se leva, la tête lui tournait. Elle se rappela que son téléphone portable était de nouveau déchargé et comme, miraculeusement, il y avait de l'électricité ici, elle lui demanda si elle pouvait brancher son téléphone.

— Et j'aurais besoin aussi de…

Michail Lebedev lui indiqua le vestibule :

— En face de l'escalier.

Katrine hocha la tête, elle savait bien où trouver ce qu'elle cherchait. Elle avait ouvert toutes les portes de la maison lorsqu'elle était venue fouiller.

C'étaient de vieilles toilettes mais la glace au-dessus du lavabo était neuve. Autrefois, il n'y en aurait jamais eu. Contempler son propre reflet devait constituer un péché : la vanité, parmi les sept péchés capitaux, n'est-ce pas ? Et il y avait autre chose aussi, pensa-t-elle, une chose qui la propulserait directement en enfer selon Hilding Svanberg, s'il avait pu lire dans ses pensées quand elle contemplait les mains de l'homme, la force déployée quand il avait débouché la bouteille de vin. Elle avait le sentiment qu'il en gardait beaucoup par-devers lui,

444

quelque chose de sombre et de dangereux qu'elle voulait atteindre et toucher.

Mais qu'était-elle en train de faire ? Le visage dans le miroir ne semblait pas avoir de réponse à cette question. Simplement cette interrogation confuse dans son regard : mais bon sang Katrine, qu'es-tu en train de faire ?

Il n'y avait presque plus de papier toilette et elle fouilla pour en trouver. Elle souleva le couvercle d'une grande boîte.

Elle était remplie de médicaments. Mon Dieu, pensa-t-elle, est-ce que ce sont des drogues ou le traitement pour une maladie incurable ? Elle saisit l'une des boîtes, la retourna, scruta l'étiquette, mais les indications étaient écrites en alphabet cyrillique. Son nom, enfin ce qu'elle pensait être le nom puis la date de délivrance : cela datait d'un mois environ. La même date sur toutes les boîtes. Il avait vraiment dû envisager de s'absenter pour un sacré bout de temps. Puis, elle se rappela qu'il avait dit avoir habité à Londres : un médecin russe sur Harley Street ? Il y en avait probablement, mais une pharmacie russe ?

Il l'attendait dans le vestibule quand elle sortit des toilettes. Il se tenait devant la porte qui menait au dehors, vers la nuit noire.

— J'espère que tout fonctionne comme il faut, dit-il. Il y a un plombier agréé dans le village mais il est en vacances.

— Pas de problème, répondit Katrine en s'essuyant les mains sur son jean, elle n'avait pas trouvé de serviette. Je pense que je vais y aller maintenant.

— Si vous souhaitez rentrer, je ne vous retiendrai pas.

Mais il resta immobile, la main sur le montant de la porte, comme un mur devant elle. Elle n'arrivait plus à lever la tête, de peur de croiser son regard. Le vestibule était sombre, avec des ombres partout et y flottait une odeur d'after-shave mêlée à de l'humidité. Elle sentit la poitrine de Michail se soulever, un simple pas de plus et elle serait contre lui. *Si vous souhaitez rentrer, je ne vous retiendrai pas.* Mais si c'est justement ce que je souhaite, que vous me reteniez ? Des mots étranges. Pourquoi lui dire ça ? Elle écoutait sa respiration, plus sourde maintenant, qui se diffusait dans le vestibule. Elle n'osait plus respirer. Elle fit un pas qui était censé la rapprocher du portemanteau mais elle se retrouva encore plus près de lui, beaucoup trop près.

— Vous devriez peut-être rentrer maintenant, dit-il d'une voix étouffée. Le ton avait changé, l'accent russe avait pris le dessus et elle sentit son menton se rapprocher de son oreille. Vous ne devriez peut-être pas rester.

Elle appuya son front contre sa poitrine et son pull lui chatouillait le visage. Elle sentait la vie en lui. Son cœur dont les battements s'accéléraient. Elle sentit le pouls dans son cou contre ses lèvres, et elle le goûta avec la langue. Elle voulait pénétrer son sang, sous la peau. Ses bras l'enlaçaient maintenant, la serrant fort, très fort, et elle s'abandonna à l'odeur de laine et de parfum étranger. Il me faut de l'air, je dois lever la tête et regarder ce qui se trame dans ses yeux. L'espace d'un instant, elle eut envie de s'enfuir, de courir avant qu'il ne soit trop tard, mais il était déjà trop tard, pour réfléchir ou pour faire marche arrière.

— Je m'en vais demain soir, chuchota-t-elle contre sa bouche.

Les mains de Michail passèrent autour de son cou et il la fit basculer en arrière. Elle comprit d'un coup ce qui, dans son regard, l'effrayait et l'attirait à la fois. Elle ferma les yeux et se laissa pousser contre le mur. Il était sur elle, ses mains sous son pull, sa langue rugueuse sur son sein. Elle sentit ses dents. Elle s'emmêla les pinceaux quand elle essaya d'enlever son jean et de défaire le pantalon de costume du Russe. Elle se contorsionnait pour le déboutonner et s'apprêtait à s'accroupir pour en venir à bout. Tous ces boutons qui coinçaient. Elle devait faire un effort pour se laisser aller complètement. Il ne bougeait presque plus, mais elle pouvait sentir l'effet qu'elle lui faisait. Ensuite, il l'attrapa par les bras et la releva, une prise plus ferme :

— Je ne veux pas te faire mal, murmura-t-il. Mais Katrine pensa un instant tout le contraire, c'était justement ça qu'il voulait lui faire, et la seconde d'après il était entre ses cuisses et plus rien d'autre n'existait. Elle l'attira vers lui et lui offrit sa bouche.

— Ça va si je reste ? chuchota-t-elle. Son jean était toujours entortillé autour de l'une de ses chevilles, elle n'avait pas réussi à l'enlever entièrement. Elle avait entendu son cri à elle, mais pas le sien, un cri plus fort que ce qu'elle avait connu depuis plusieurs années, *depuis que j'ai rencontré Alastair et que je me suis contentée de ses mains tièdes. Jamais il ne m'a touchée comme si c'était notre dernier instant à vivre, j'ai toujours dû faire fonctionner mon imagination pour faire monter le désir.*

Quand ils furent tout deux allongés dans le large lit Ikea, elle éclata de rire.

— Qu'y a-t-il de si drôle ?

— Jésus, dit-elle en lui indiquant le tableau sur le mur, en face du lit. Il devait être là depuis l'époque d'Hilding Svanberg. Deux enfants et un mouton dans un pré et la représentation disproportionnée d'un Christ qui veillait sur eux, le tout peint avec des couleurs criardes. L'idée que les propriétaires d'autrefois pouvaient les voir en ce moment la faisait rire aux éclats. Qu'est-ce qu'il prêchait déjà, Laestadius ? Elle avait lu quelques extraits sur Internet. Il y était question d'horribles vapeurs qui montaient de l'enfer et des suppôts de la luxure et de l'orgueil : ce dernier logeait paraît-il dans le rectum et l'autre dans le foie. Des prêches pleins de fougue avec des pêcheurs jetés dans un lac de feu, buvant les excréments du diable, où même les repentants étaient condamnés à subir les affres de leurs propres méchancetés ou insanités, tout au long de leur vie. Elle était incapable de rendre toute la saveur de la langue de Lars Laestadius, mais Michail rit tout de même. Est-ce qu'elle pouvait l'appeler Micha ?

C'était la première fois qu'elle l'entendait rire. Cela dura quelques secondes, ensuite il la scruta pendant une minute ou peut-être davantage. Elle s'enfonça un peu plus sous les draps, une odeur de neuf et de produits chimiques.

— Tu me rappelles quelqu'un, dit-il.

— Qui ?

— Surtout quand tu ris.

Il roula sur le dos. La couette était en boule entre eux deux et elle prit conscience des espaces vides dans le lit. Elle eut soudain froid et se sentit encore plus nue.

— Excuse-moi mais je suis fatigué, dit-il. J'ai besoin de mes cinq heures de sommeil. Je souffre de migraines chroniques.

Il y avait une grande tache jaune au plafond qui s'incurvait vers le bas. Elle ferma les yeux. Dormir n'était pas une alternative possible. La maison avait commencé à vivre, comme sa propre maison le faisait pendant la nuit. Les murs craquaient, les tuyaux chuintaient : les deux maisons semblaient respirer au même rythme. Elle regrettait de ne pas être partie avant de se coucher. Elle aurait pu se recroqueviller dans le vieux lit étroit de sa mère, écouter la respiration agitée de Sofia. Rester maîtresse de la situation. Elle se tourna sur le côté, dos à lui, et regarda par la fenêtre. Elle imaginait la maison voisine, celle de Haara, à travers l'obscurité, la lumière était éteinte et Anna Haara devait être au lit puisque le « Poème du jour » et la météo avaient été diffusés depuis pas mal de temps déjà. Il était deux heures du matin. Elle se demanda ce que la vieille femme avait pu voir, et de quelle nature seraient les ragots, le lendemain matin.

— Mais je ne me rappelle pas l'avoir entendue rire, ne serait-ce qu'une seule fois.

Katrine tressaillit. Elle l'avait pensé endormi, ou du moins loin d'elle. Elle se tint immobile et le laissa parler dans son dos, peut-être que ses paroles s'adressaient au plafond ou aux étoiles. Mais si c'était le cas, pourquoi utilisait-il l'anglais ?

— C'était il y a tellement longtemps, elle me parlait encore quand j'étais enfant. Sûrement quand mon père était encore là. Elle a dû rire, je ne sais plus à quel sujet. Une plaisanterie ridicule. On riait de ce genre de chose.

Mon Dieu, pensa Katrine. Elle n'osait plus bouger. Est-ce que je lui rappelle une grande sœur ? Sa mère ? C'est mauvais signe. Ou bon signe peut-être ?

— Je me suis souvent demandé si elle parlait quand je n'étais pas là. Et si elle se taisait simplement en ma présence, et devant *babouchka*. C'était probablement à cause de grand-mère, cette femme pouvait faire taire n'importe qui. Elle était persuadée que monsieur Fadeïev, qui vivait dans l'appartement d'à côté, y avait été placé par le KGB, dans le seul but de nous surveiller, bien qu'elle ait été elle-même membre du parti jusqu'à sa mort. Quand on sortait, elle m'interdisait de parler d'autre chose que de la météo, et si je faisais des commentaires sur le temps qu'il faisait, je devais insister sur le fait qu'il faisait beau.

Fadeïev. Il lui semblait avoir déjà entendu ce nom, mais elle n'arrivait pas à se rappeler où. Elle ne se donna pas vraiment la peine de fouiller sa mémoire, bien trop absorbée par ce qu'il lui confiait, par ce qu'elle pourrait apprendre de lui. Elle s'efforça de respirer à un rythme régulier, afin de ne pas perturber sa verve soudaine. Sa voix se fit plus dure, teintée d'amertume, peut-être même de haine.

— Et finalement, j'ai appris que ce n'était pas ma grand-mère. Un mensonge de plus. Je ne sais pas ce qui était le pire, le bavardage incessant de *babouchka* ou le silence de ma mère. Même quand je lui apportais de l'argent, elle ne détournait plus le regard de la fenêtre. Quelquefois, je me suis assis sur une chaise pour essayer de voir ce qu'elle voyait. Comment est-ce possible d'observer la même rue pendant des heures. Je voulais connaître le secret. Mais il n'y en avait pas. Tout ce que je voyais, c'était la rue Ulitsa Voronezhkaya, sale et misérable, pas vraiment ce que l'on pourrait appeler un beau spectacle.

Katrine retint son souffle, il dut s'en apercevoir. Dans le reflet de la vitre sombre de la fenêtre, il lui semblait voir une paire d'yeux, un jeu d'ombres, l'immeuble vétuste dans un coin de rue de Saint-Pétersbourg. La pièce qui donnait sur la rue. Cela ne pouvait pas être un hasard, ce genre de hasard n'existe pas.

— Alors, tu es réveillée, dit-il. Je pensais t'avoir fatiguée avec mes histoires.

Sa mère. Elle lui rappelait sa mère. Et ils avaient vécu dans un immeuble rue Ulitsa Voronezhkaya, la seule adresse à Saint-Pétersbourg qu'elle n'oublierait jamais. Le lit bougea, Mon Dieu, sa mère muette.

— Non, ça ne m'ennuie pas, dit-elle d'une voix éraillée, je peux encore t'écouter.

— Il n'y a plus rien à raconter. Il mit sa main sur son épaule et la fit basculer vers lui. Son regard semblait encore plus fatigué que tout à l'heure. L'histoire ne parle que de misérables mensonges qui ont perdu tout intérêt.

Elle le fixa droit dans les yeux. Lorsqu'ils furent tout proches des siens, elle crut voir le marron virer au bleu.

Elle se défit de son étreinte et se leva brusquement.

— *What's wrong ?*

Qu'est-ce qui n'allait pas ? Un peu tout et rien. Rauhala. Gunnar Pelttari. L'enfant qui avait été adopté. Hilma Jelena. Tout se mit en place pendant les quelques secondes qu'il fallut à Michail pour s'asseoir en essayant de capter son regard. Il jouait à glisser les doigts dans ses cheveux et se pencha pour poser les lèvres sur sa nuque et la main s'attarda sur sa poitrine. Elle frissonna. Elle frissonna sous les caresses des doigts mais elle ne parvint pas à se dérober, à dire ce qu'elle pensait. C'était trop tiré par les cheveux, trop dément et pourtant parfaitement logique.

L'argent n'avait pas d'importance, parce que ce domaine avait une tout autre valeur pour lui, que lui seul pouvait comprendre. Et elle aussi. Et dans la confusion de ses sentiments, elle ressentit quelque chose comme un soulagement : alors, c'était ça. Il n'y avait pas de secret plus lourd, juste ça.

Elle ouvrit la bouche pour lui parler, mais se ravisa, elle se souvint qu'elle lui avait menti sur son identité. Et puis sa bouche fut bientôt sur la sienne et elle avala tous les mots et tout ce qui était logique. Elle ferma les yeux et s'enfonça, s'éleva et s'enfonça de nouveau dans le lit trop dur. Est-ce qu'il la caresserait de la même manière s'il savait ? Cousins, ce fut sa dernière pensée claire, ou demi-cousins. Ce n'est pas si proche que ça. Ce n'est pas un crime.

L'alarme sonnait, le signal du danger. Elle se releva brusquement dans le lit, en sueur, la tête lourde. Quelqu'un, dans son rêve, la poursuivait dans la tourbière. La neige avait disparu et elle traversait les marais, saturés d'humidité. Et soudain le sol se dérobait sous ses pieds.

Il la tenait par le bras. Il l'avait secouée jusqu'à ce qu'elle se réveille.

— Mon téléphone, dit Katrine et elle sortit du lit en trombe. Elle l'avait mis à charger la veille, elle se le rappelait, dans la cuisine, avant que les événements ne prennent cette tournure.

Sur l'écran s'affichait « numéro privé ». Une voix d'homme, posée, formelle dans le combiné.

— Vous êtes bien Katrine Hedstrand ?

— Oui, qui êtes-vous ?

Elle prit conscience qu'il faisait jour et qu'il n'y avait pas de rideaux aux fenêtres. Elle recula vers l'entrée, à l'abri des regards. Peut-être qu'Anna Haara aurait l'envie de faire une petite sortie en traîneau : une *Kankanrantan tyttö* entièrement nue à Rauhala, cela égayerait certainement le quotidien de la vieille dame.

— Fredrik Höijer, de la police de Stockholm.

D'abord, elle ne comprit pas. Ensuite, elle prit peur : était-ce pour sa mère, pour son frère ? Merde, elle n'avait pas rappelé son frère, ni contacté les membres de la famille Svanberg depuis qu'ils avaient vendu Rauhala. Tout ce dont elle avait été capable, c'était de prendre du bon temps avec le nouveau propriétaire jusqu'à en avoir mal à l'entrejambe.

— Vous avez été en contact avec une avocate, Hélène Miele.

— Non, répondit Katrine confuse, mais j'ai essayé de la joindre, effectivement. Pourquoi ?

— Elle a été retrouvée assassinée hier, dans son appartement dans Engelbrektsgatan à Stockholm.

— Pardon ?

Elle éprouva le besoin de s'asseoir sur la petite commode, et elle sentit le froid du bois ancien contre ses fesses. Le radiateur soufflant s'était apparemment éteint pendant la nuit.

— Votre numéro figure à plusieurs reprises sur nos listes. Selon le cabinet d'avocats Averbach & Miele, vous auriez aussi menacé la défunte.

— Mais je ne lui ai même pas parlé.

Le temps passait si vite. Toutes ces fois où elle avait essayé de joindre l'avocate. Elle avait été retrouvée assassinée la veille ? Katrine ne se souvenait plus exactement des paroles qu'elle avait prononcées la dernière fois, sous le coup de la colère. C'était sur le parking, devant l'agence immobilière à Luleå.

— Elle ne m'a jamais rappelée, dit-elle à voix basse, tout cela n'a aucun sens. J'étais en colère parce qu'elle ne me donnait pas de nouvelles.

— Où êtes-vous en ce moment ?

Où ? Dans l'entrée à Rauhala, toute nue dans la maison qu'Hélène venait justement de vendre. De l'endroit où elle était assise, elle ne pouvait voir ni le lit ni Michail. Par contre, ses vêtements étaient toujours près de la porte d'entrée, exactement comme ils avaient chu là, la veille. Si au moins elle avait pu s'habiller. Mais elle se sentait incapable de bouger.

— En Tornédalie, répondit-elle, dans un village qui s'appelle Kivikangas. Ma mère a une maison ici.

Ce qu'elle venait de dire n'était pas un mensonge, techniquement parlant.

— Je vais vous poser quelques questions par téléphone. Au besoin, nous enverrons un inspecteur plus tard, pour faire un interrogatoire complémentaire.

— Mais pourquoi ? Je ne sais rien d'Hélène Miele.

— Qui avez-vous rencontré à Saint-Pétersbourg ?

Elle percevait un léger changement dans la lumière du matin qui pénétrait par la porte ouverte de la chambre. Mais aucun bruit. S'était-il levé ? Rendormi ? Elle se sentit submergée par la peur, son cœur battait la chamade dans sa poitrine, elle pouvait presque voir trembler la peau à cet endroit. Elle fut prise de vertige et dut se pencher vers l'avant. Sa bouche s'était asséchée. Les mots se coinçaient dans la gorge.

— Pourquoi cette question ?

— Est-ce Hélène Miele qui vous a demandé de vous y rendre ?

— Je vous dis que je ne la connaissais pas.

Elle ne percevait aucun signe de vie en provenance de la chambre. Est-ce qu'il écoutait ? Elle se dit que, de toutes les façons, il ne comprendrait pas.

— Vous savez… quand c'est arrivé ? demanda-t-elle.

— On attend les résultats de l'autopsie, mais on estime qu'elle n'était pas pendue depuis très longtemps.

— Pendue ?

— Cela fait maintenant trois jours que vous êtes revenue de Saint-Pétersbourg, c'est exact ?

— Je suis journaliste, je travaille pour Radio Suède. Mon Dieu, quel rapport ?

— Plus maintenant si j'ai bien compris, dit Fredrik Höijer. Répondez simplement à ma question.

Katrine se racla la gorge. Est-ce qu'ils étaient entrés en contact avec ses employeurs ? Elle essaya de retrouver une voix ferme.

— Peut-être pourriez-vous commencer par m'expliquer pourquoi vous me posez toutes ces questions ?

— Le cabinet d'avocats Averbach & Miele a des relations d'affaires avec la Russie. De nombreuses relations, apparemment. Il fit une petite pause avant de continuer. On peut dire qu'ils ont agi en tant que prête-noms pour le crime organisé russe. Nous étions au courant depuis un petit moment déjà. Ils ont été inculpés à plusieurs reprises.

— La mafia russe ?

— On préfère ne pas employer ce terme. La mafia, il s'agit plutôt d'alliances familiales en Italie, les Russes ne s'organisent pas de la même manière. Mais croyez-moi, vous avez tout intérêt à collaborer avec nous.

Il y avait quelque chose dans le ton qu'il employait qui l'effrayait, qui la terrorisait même. Et elle devinait que c'était intentionnel.

— Que voulez-vous dire ?

Il y avait des bruits derrière lui. Quelqu'un tapait à l'ordinateur. Une voix au fond demandait un double expresso. Une autre proférait des gros mots.

— C'est déjà sur Internet, dit Fredrik Höijer, vous pourrez lire par vous-même.

Malgré tout, il lui raconta, et elle regretta de lui avoir posé la question.

Hélène Miele avait été retrouvée pendue au garde-fou en fer forgé de sa terrasse dans Engelbrektsgatan à Östermalm. Comme elle occupait seule le dernier étage de l'immeuble, aucun voisin n'avait remarqué le corps, bien qu'il fût parfaitement visible. On supposait donc que le meurtre avait eu lieu pendant la nuit. Il avait neigé à Stockholm ces dernières vingt-quatre heures, tout le monde avait dû tourner la tête vers le ciel pour éviter de se prendre, sur le coin de la figure, des congères ou des stalactites tombées des toits : c'était la nouvelle hantise des Stockholmois. Mais personne n'avait remarqué Hélène Miele. C'était finalement un ouvrier serbe, embauché pour déblayer la neige sur les toits, qui l'avait découverte.

Mais ce n'était pas tout. Katrine ferma les yeux. Le policier semblait prendre un malin plaisir à rentrer dans les détails.

Hélène Miele avait été retrouvée nue, les deux seins coupés, très probablement alors qu'elle était encore vivante, même s'il ne pouvait être catégorique avant d'avoir lu le rapport d'autopsie. Les jambes étaient fracturées en quatre endroits, selon l'expertise du médecin légiste dépêché sur place. En ce qui concernait les bras, c'était pire, si on prenait en compte les doigts fracturés.

Il lui épargnait la manière dont elle avait été défigurée. Il lui précisait simplement que ça n'avait rien à voir avec le souci de la rendre non-identifiable, bien que cela ait pu en être l'objectif, si ses tortionnaires n'avaient pas choisi de laisser le corps au domicile de la victime, bien en vue. Katrine n'avait aucune envie d'imaginer les autres raisons possibles.

Le goût amer du vin et de la viande à l'oignon lui remontait dans la gorge. À cet instant, elle vit Michail Lebedev, tout habillé, à la porte de la chambre.

Dans son oreille résonnait la voix du policier : « Vos contacts en Russie ? »

Katrine se racla de nouveau la gorge et se frotta la langue contre le palais, essayant de sécréter la salive nécessaire pour prononcer quelques mots de plus.

— Je me suis rendue là-bas pour consulter de vieilles archives, dit-elle. Mon grand-père a été assassiné à Petrozavodsk, il y a soixante-dix ans.

Des muscles, sur le visage de marbre du Russe, tressaillirent au moment où elle prononça le nom de la ville. Sait-il qui je suis, se dit-elle, n'est-ce qu'un simple jeu pour lui ? Où était-il la veille, hier matin, avant de se retrouver chez moi ?

— Je pars bientôt, dit-elle en déglutissant difficilement, peut-être aujourd'hui même. J'habite à Londres.

— Nous savons où vous habitez. Nous vous recontacterons.

Et le policier raccrocha.

Katrine laissa retomber le bras qui tenait le téléphone et constata qu'elle avait la chair de poule.

— C'était quoi ? demanda Michail Lebedev. Plus rien

dans ses yeux n'évoquait la nuit qu'ils venaient de passer ensemble. Son regard était absent.

— Je ne suis pas sûre…

Elle croisa les bras sur sa poitrine et sur son sexe pour masquer sa nudité.

— J'ai entendu un nom, Hélène Miele.

— Elle est morte.

Katrine aurait préféré ne pas voir le changement d'expression sur son visage, ni vivre le moment où il avança vers elle, ni ressentir la douleur quand il lui arracha le téléphone des mains et qu'il se mit en quête du numéro masqué.

— Qui t'a appelée ?

— La police. À Stockholm. Ils l'ont trouvée hier.

— Pourquoi t'ont-ils appelée ?

Il aurait dû me demander comment elle est morte, pensa Katrine. Il aurait dû vouloir savoir comment cela s'est passé.

— La transaction liée à la maison, celle qui n'a jamais eu lieu, j'étais sur leurs listes.

Et elle se dit qu'ils allaient l'appeler, lui aussi. Il avait des relations d'affaires avec cette femme. Elle était l'avocate de Michail Lebedev. Elle avait servi d'intermédiaire pour l'achat d'une maison. *Le crime organisé russe*. Elle se demandait où se trouvait son téléphone à lui. Elle n'avait pas vu non plus d'ordinateur, rien qui indiquait une quelconque connexion avec le monde extérieur.

Il jeta le téléphone portable sur la commode et saisit Katrine derrière la nuque. Il y a une dizaine d'heures de ça, le contact de sa main l'aurait rendue heureuse.

— Ils t'ont posé des questions sur moi ?

— Pourquoi l'auraient-ils fait ? Personne ne sait que je te connais. Et je ne leur ai pas dit non plus que je suis ici.

Il la dévisagea pendant quelques secondes. Je dis la vérité, pensa-t-elle, je ne mens pas. Son regard était perçant. *Que voit-il ? A-t-il appris à deviner les intentions de chaque être humain ? Sait-il ce que je sais ?* Les informations concernant Michail Lebedev, le fait qu'il soit le fils d'Hilma Jelena, le petit-fils de Gunnar Pelttari, un héritier de Rauhala en quelque sorte, lui avaient paru d'une telle évidence dans l'ivresse et l'aveuglement de la nuit. Maintenant, elle n'était plus sûre de rien. Peut-être avait-il menti ou avait-elle rêvé. Elle devait quitter les lieux avant que la police ne comprenne qu'elle les avait dupés sur l'endroit exact où elle se trouvait.

— Il faut que je m'habille.

Elle se défit de sa main, toujours posée sur sa nuque. Sa prise était moins dure maintenant. Il ne fit rien pour l'empêcher de se relever. Katrine s'approcha du petit tas par terre, avec le jean et la culotte.

Elle prit les vêtements et s'enferma dans les minuscules toilettes. Elle laissa couler l'eau froide dans le lavabo, se lava là où c'était possible et effaça toute trace de lui avec du papier toilette.

Une fois habillée, elle laissa l'eau couler, au cas où il écouterait à la porte. Elle s'assit sur les toilettes, sans abattant, et sortit une des boîtes de médicaments. Quelque chose clochait avec le nom. Quelque chose qu'elle avait déjà remarqué la veille. Si elle avait pris soin d'examiner plus avant les lettres sur l'étiquette comme elle s'y employait en ce moment, elle ne serait peut-être pas allée aussi loin avec lui. Elle avait laissé tomber sous le prétexte qu'elle ne comprenait pas l'alphabet cyrillique, *mais c'était aussi parce que tu ne voulais rien savoir ni comprendre, parce que tu voulais rester, idiote.*

Lors de son séjour en Russie, elle s'était entraînée à graver l'image d'un mot dans sa mémoire pour pouvoir descendre à la bonne station ou pour identifier un panneau dans la rue, pour ne pas être complètement perdue dans un pays où elle ne comprenait rien. Elle avait réalisé qu'il y a presque toujours une logique, un dénominateur commun entre les langues, même minime, ce qui lui avait permis de s'y retrouver assez sûrement : le A correspondait au A et le M au M, et pareil pour le O de l'alphabet cyrillique. Elle ne voyait pas de M au début de ce prénom. Il commençait clairement par un A.

Il se trouvait dans le vestibule lorsqu'elle sortit des toilettes. Il fixait la cour devant la maison. Elle prit sa veste.

— Je dois partir, dit-elle. J'ai dit à la police que j'étais chez moi et ils m'ont demandé de rester joignable, au cas où ils auraient besoin de me poser d'autres questions.

— Et qu'as-tu répondu ?

L'homme était à contre-jour et elle n'arrivait pas à distinguer l'expression de son visage.

— Que je ne sais rien d'Hélène Miele.

— Je figure peut-être sur leurs listes, dit-il. Ils vont peut-être te poser des questions sur moi.

Elle s'efforça de le regarder droit dans les yeux.

— Dans ce cas, je dirai la vérité, dit-elle, la gorge serrée, que je ne te connais pas.

Elle enfila la capuche de sa veste et pressa le pas en passant devant la maison des Haara.

Le vent venait du nord et des paillettes de neige lui fouettaient le visage. Elles tournoyaient dans l'air, semblant ne jamais toucher terre, comme prises dans une danse sans fin.

En arrivant chez elle, sa respiration se fit plus fluide.

La porte était fermée à clé et elle dut cogner jusqu'à ce que Sofia l'aperçoive enfin par la fenêtre. La jeune femme vint lui ouvrir en survêtement, des cernes sous les yeux et les cheveux ébouriffés.

— Tu étais où ? À Rauhala ?

— Ne me pose pas de question, répondit Katrine en enlevant sa veste.

Elle verrouilla la porte derrière elle.

— Par contre, si tu veux bien faire du café.

Elle traça tout droit dans la chambre et se changea de la tête aux pieds : elle enfila son autre jean, encore assez propre et un pull noir. Puis, elle sortit l'ordinateur portable de son sac et le posa sur le petit bureau. Dans la pièce principale, Sofia remplissait la cafetière avec la neige fondue qu'elle avait ramassée dans un seau. Elle avait apparemment réussi à tenir le poêle chaud.

Katrine se connecta à Internet, le haut débit fonctionnait parfaitement.

L'information sur le meurtre d'Hélène Miele avait dû parvenir aux journaux tandis que Katrine faisait le trajet entre Rauhala et chez elle. L'image de l'avocate faisait la une. Selon un journaliste, elle avait été « assassinée brutalement », et selon un autre, elle était « morte sous la torture ». Elle était blonde, cheveux mi-longs, âgée de quarante-deux ans et habillée d'une veste bien coupée. La photo provenait du site Internet du cabinet d'avocats.

Une femme avec un air professionnel et distant, les cheveux impeccablement coiffés. Elle aurait pu faire la une des magazines, élue entrepreneur de l'année. Les journaux parlaient d'une « avocate connue », sans donner davantage d'explications. Juriste en droit des affaires, née à Uppsala, divorcée. Le président de l'ordre des avocats exprimait ses condoléances en confirmant que les menaces à l'encontre de la profession devenaient monnaie courante. On mentionnait le fait qu'Hélène Miele s'était spécialisée en droit foncier et dans l'installation de sociétés étrangères sur le sol suédois. Le journal *Expressen* parlait bien de clients de l'autre côté de la mer Baltique, mais ne disait rien sur d'éventuelles relations criminelles. Ils n'avaient visiblement, pour l'instant, pas le matériau suffisant pour explorer cette piste, mais ce n'était probablement qu'une question de temps : le cocktail mafia russe et blonde suédoise assassinée avait toutes les chances de s'avérer irrésistible.

Un de ses voisins évoquait la peur qui avait gagné les habitants de l'immeuble et il mentionnait l'aide précieuse qu'Hélène Miele avait apportée au syndicat de copropriété, lorsqu'il avait déposé une demande de permis de construire pour des balcons.

Ils auraient dû y renoncer, pensa Katrine en tapant « crime organisé russe » après le nom de « Miele » dans le moteur de recherche. Elle n'eut aucun succès avec « Miele ». Il y avait, en revanche, deux cent mille résultats concernant la deuxième partie de sa requête.

Elle entendit l'eau bouillir et se dirigea vers la pièce principale, pour se préparer une tasse de Nescafé. Sofia était assise à table et feuilletait distraitement le livre de nouvelles de Gogol.

— Tu ne devrais pas être à l'école ? demanda Katrine en sortant du pain et de quoi tartiner du garde-manger. Elle avait toujours mal au cœur, mais ce serait pire si elle ne mangeait rien. Tu ne pourras pas te cacher éternellement ici.

— Je sais. Sofia baissa les yeux et fixa ses ongles rongés, recouverts d'un vernis noir délavé. Je pourrais venir avec toi et trouver du travail.

Katrine secoua la tête et ne daigna pas même répondre. Elle emporta les sandwichs et s'assit au petit bureau raffiné d'Ingrid. Un trafiquant d'armes russe, menotté, la fixait sur l'écran : ce n'était qu'un des deux cent mille résultats de la recherche. Il était surnommé « Le marchand de mort » et il avait été arrêté à Bangkok, occupé à conclure une vente d'armes avec un représentant de la guérilla des Farc en Colombie. Le plan consistait à lâcher en parachute des missiles antiaériens et 5 000 fusils Kalachnikov au-dessus du camp des guérilleros, dans la jungle, mais les représentants des Farc étaient en réalité des agents du DEA, l'officine américaine spécialisée dans les stupéfiants. L'homme était recherché dans le monde entier depuis une décennie. En Russie, il était considéré comme un homme d'affaires honnête, incriminé à tort, et il avait reçu le soutien du gouvernement.

Elle cliquait au hasard sur les différents résultats, sans vraiment savoir ce qu'elle cherchait, passant d'un sujet à l'autre, les nouvelles routes de l'héroïne en Afghanistan, les manœuvres douteuses d'oligarques russes, interpellés pour collaboration avec la mafia quand ils avaient voulu investir dans l'industrie automobile suédoise ou dans des équipes de football en Grande-Bretagne. Dans les journaux, le terme le plus souvent employé était « mafia ». Sans doute une expression plus vendeuse que « crime organisé russe » ou que celle, plus précise encore, de « crime organisé russophone ». En effet, des centaines de groupes criminels étaient originaires des anciennes républiques soviétiques, où, après la chute du régime communiste, ils avaient amassé des fortunes colossales. De l'argent sale qui circulait via des fonds et des banques rachetés en Bulgarie, aux pays baltes, aux îles Caïman, à l'île d'Aruba et au Brésil. De l'argent blanchi, réinvesti dans des sociétés et des propriétés foncières dans le monde entier.

Katrine alla se servir une nouvelle tasse de café. Elle but un peu de neige fondue en faisant mine d'ignorer les regards de Sofia.

Des propriétés foncières, pensa-t-elle. Une des spécialités d'Hélène Miele. Les défauts de la maison lui sautèrent aux yeux lorsqu'elle revint dans la chambre : les éclats de bois dans le plancher, le vieux poêle en fonte. En se laissant choir sur la chaise bancale, qui faillit se renverser, une pensée lui traversa l'esprit : de l'argent sans importance. De l'argent sale sans valeur tant qu'il n'a pas été converti en autre chose. Dans ce genre d'affaires, un million et demi de couronnes, ce n'est pas grand-chose. Probablement rien.

Elle ferma les yeux. Les rouvrit et tapa dans le moteur de recherche : « crime organisé à Saint-Pétersbourg ».

La quantité de résultats se réduisit à un dixième de celle de la requête précédente.

Un des leaders du gang de Tambov à Saint-Pétersbourg avait été arrêté sur la Costa del Sol, en Espagne.

Il était, entre autres, soupçonné d'avoir corrompu le Bayern de Munich pour qu'ils perdent contre le Zénith de Saint-Pétersbourg, un match décisif en coupe de l'UEFA, quelques années auparavant. Elle orienta ses recherches vers des informations plus récentes et tomba sur un article russe, quasiment indéchiffrable avec la traduction automatique. Une centaine de personnes avaient assisté à l'enterrement du chef de gang Dimitri Rykov à Saint-Pétersbourg. Des représentants de la Douma avaient fait le déplacement, ainsi que des figures politiques locales. Mais certains leaders de l'organisation de Rykov manquaient à l'appel, ce qui pouvait laisser penser à une scission au sein du groupe. Le chroniqueur du journal indiquait que le meurtre était interprété par certains experts comme le début d'une nouvelle guerre entre les organisations criminelles de Saint-Pétersbourg. La crise financière avait aussi frappé le crime organisé, qui cherchait de nouveaux marchés et essayait d'empiéter sur le territoire des autres gangs.

C'est en tout cas ce qu'elle comprenait des textes approximatifs qu'elle avait sous les yeux.

Katrine s'attarda quelques secondes sur les images pixélisées de tous ces hommes en costume sombre. Des nouveaux marchés, pensa-t-elle. Elle lança une nouvelle requête sur Dimitri Rykov et trouva quelques articles de journaux anglophones. Le meurtre avait fait du bruit. Dimitri Rykov était pratiquement une légende, un des derniers leaders de la vieille école, un *vor v zakone* qui avait réussi sa reconversion, de la vieille société des gangs d'Union soviétique à l'économie moderne russe. Il y était devenu un *avtoritet*, une autorité. Il partageait le leadership avec Alexis Saporin. Ensemble, avant la chute de l'Union soviétique, ils avaient échafaudé une organisation basée sur le marché noir puis avaient monté des sociétés de protection et des entreprises de sécurité, des clubs de strip-tease, des compagnies d'assurances, des consortiums pétroliers, des entreprises de BTP, des banques, en prenant le contrôle des installations portuaires les plus importantes entre Saint-Pétersbourg et la mer de Barents.

Il y avait une photo de Dimitri Rykov. C'était un homme corpulent, d'un certain âge, qui faisait plutôt penser à un employé d'une compagnie d'assurances qu'à un *vor* russe. D'un autre côté, il était impossible de savoir si le costume ne masquait pas les fameux tatouages. *Vor v zakone*, la caste des voleurs, « Voleurs sans loi », était une sorte de fraternité entre criminels née dans les prisons de l'Union soviétique sous Staline, pour devenir ensuite une société dans la société, où le respect du code entre criminels équivalait aux liens familiaux des clans mafieux italiens, une garantie de loyauté. Elle lut dans un rapport américain qu'il y avait tout de même une différence importante avec l'Italie : là-bas, la mafia s'était constituée en opposition à l'État tandis que le crime organisé en Russie s'y était développé avec le marché noir de l'époque soviétique, en connivence avec les structures étatiques. À la chute du régime, le crime organisé était prêt à prendre le relais, parfaitement imbriqué dans les rouages du pouvoir.

En marge de la page, elle découvrit le code que les criminels juraient d'honorer. Elle en lut les premiers articles :

Vory may not have emotions /.../ Forsake his relatives : father, mother, brothers, sisters /.../ Not have a family of his own : no marriage, no children ; this does not, however, preclude him from having an unlimited number of women*.

Un nombre infini de femmes ?

Elle entendait la voix de l'homme lui résonner dans le crâne et elle se sentit submergée par la honte : ses mots lui revenaient avec insistance. À la question « à qui appartenez-vous ? » il avait répondu « à personne ». Sans davantage d'explications. Simplement ces deux mots. À personne.

Mais elle n'avait vu aucun tatouage. Pas même une petite lettre gravée sur la peau. Si elle pouvait affirmer quelque chose au sujet de l'homme avec qui elle avait passé la nuit, il y avait au moins ça. N'était-ce pas d'ailleurs la seule chose qu'elle pouvait en dire ?

Un bruit de moteur, une voiture qui passait un peu trop vite, et Katrine retint sa respiration. Elle crut reconnaître la Mazda bleue de Tomas Haara et reprit son souffle. Au dehors, le ciel était gris.

L'occurrence suivante montrait une nouvelle photo de Dimitri Rykov, cette fois accompagné de son associé. Elle ne parvenait pas à savoir de quel journal était tirée la photo, mais l'article était aussi traduit du russe. Katrine consulta l'article dans sa totalité puis referma la

---

* Les Vory ne doivent pas montrer leurs émotions /… / Renier ses proches : père, mère, frères et sœurs /… / Ne pas avoir de famille à soi : pas de mariage, pas d'enfant ; ce qui n'empêche pas d'avoir un nombre illimité de femmes.

page. C'était illisible, de toute façon, et rien dans cette histoire ne l'aiderait à en comprendre davantage.

Elle se leva, fit les quelques pas qui séparaient les deux lits et finit par s'asseoir sur le bord de l'un d'eux. Sofia jeta un coup d'œil vers la chambre et elle donna un petit coup de pied dans la porte, qui se referma de quelques centimètres en grinçant.

Je me fais des idées, pensa-t-elle, je tire des conclusions hâtives. Hélène Miele l'a aidé à acheter une maison, point barre. Elle doit avoir aussi une clientèle classique. Il se peut même qu'elle ne travaille qu'avec des Russes honnêtes. Et elle repensa à l'homme, son visage, le regard profond, les yeux marron, leur froideur quand il s'était refermé, ses traits comme taillés dans le marbre. Et elle eut comme un flash : la photo de Dimitri Rykov et de son associé.

Elle se rassit devant l'ordinateur et retrouva la photo. L'homme était posté derrière Rykov, de profil, presque retourné, il portait lui aussi un costume. L'image était pixelisée, assez floue, mais lorsqu'elle plissa les yeux, elle devint plus lisible et elle distingua la mâchoire massive, le nez droit, le visage carré et allongé.

Son cœur se mit à battre plus fort. Elle ne pouvait être sûre de rien, l'image était trop floue et peut-être ne voyait-elle que ce qu'elle voulait voir.

Il s'appelait Alexis Saporin. Avec le défunt Rykov, ils avaient monté des affaires à Saint-Pétersbourg. L'article ne parlait pas de crime organisé. Il y était question du rachat d'une chaîne d'hôtels, trois ans plus tôt. Katrine reprit le texte en russe et scruta le prénom. Un prénom qui commençait par un A et non un M, et elle observa le dessin des lettres suivantes. Alexis doit être un prénom des plus communs en Russie, pensa-t-elle, peut-être le plus courant après Michail. Des millions de Russes portent ce prénom. Et des Tchèques, des Slovaques, des Polonais et des Bulgares aussi.

Elle copia le nom en russe et fit une nouvelle recherche sur Google. Elle traduisit et lut ce qu'elle avait trouvé. Un *avtoritet* du crime organisé de Saint-Pétersbourg… contrairement à Rykov, il n'avait jamais été condamné à la prison… il avait échappé aux interpellations pour meurtre, pour infraction fiscale et à d'autres accusations qui n'avaient jamais connu de suites judiciaires… Une figure de la criminalité, en costume Armani et cravate de soie… Toutes ces informations bouillonnaient dans sa tête sans qu'elle puisse y voir clair. Elle repensa au pantalon de costume avec des boutons au lieu d'une fermeture Éclair. Il y avait encore deux photos : sur l'une, il apparaissait en uniforme militaire. L'autre était plus récente et montrait Alexis Saporin en personne, accompagné de deux autres hommes, lors d'une inauguration. Il était de face. La forme du visage ne lui laissa pas l'ombre d'un doute, un regard qui la transperçait de son fond flouté, en noir et blanc. Elle eut soudain le sentiment d'étouffer.

Katrine referma l'ordinateur portable et se leva. Elle devait agir, se comporter d'une façon normale avec Sofia. Elle devait absolument essayer de joindre le policier, c'était quoi son nom déjà ? Le sac était sous la table de la cuisine. Elle le tira vers elle et fouilla en quête du téléphone, mais elle ne trouva que le petit magnétophone digital portable qu'elle avait acheté pour interviewer Anna Haara. Elle avait jeté sa veste sur le coffre, dans le vestibule. Elle examina scrupuleusement chacune des poches, mais ne trouva que des Kleenex, des reçus, vingt roubles et un paquet de chewing-gum.

— Tu penses vraiment qu'il n'y a rien d'autre après la mort ? l'interrogea Sofia, de la pièce principale.

Katrine sursauta, elle en avait presque oublié la présence de Sofia. Comment avait-elle pu laisser son téléphone à Rauhala ? Son dernier souvenir du téléphone portable : il le lui prenait des mains et le jetait sur la commode. Malheureusement, il resterait là-bas.

— Tu peux faire ton sac, dit-elle. Je vais fermer la maison.

Elle laissa le volet de tirage grand ouvert afin que les dernières braises se consument. Elle sentait le regard de Sofia dans son dos pendant qu'elle fourrait vêtements, livres et brosse à dents dans son sac. Elle ouvrit la porte du garde-manger : il y avait encore du pain, du beurre, du fromage, du jambon et des bananes en train de brunir. Elle avala quelques *digestive biscuits* tout en glissant les provisions dans un sac plastique. Elle hésita avec le fromage, incapable de décider s'il fallait le garder ou le jeter. Le laisserait-elle aux souris, qui s'en occuperaient dès qu'elle aurait quitté les lieux ?

— Je ne comprends pas comment on peut encore trouver la force pour vivre s'il n'y a rien après, dit Sofia.

Katrine se retourna, les yeux noirs et profonds, *la mort, qui crie dans vos oreilles lorsque je tombe*. Elle était frappée par le fait que la jeune femme porte le même survêtement depuis qu'elle l'avait trouvée au grenier.

— Je crois en la capacité de chacun à prendre en main son destin, répondit-elle en jetant le bout de fromage dans le sac plastique. On ne peut pas simplement se contenter de penser que tout ira mieux plus tard. C'est ça, la réalité.

Elle eut soudain envie de rire : c'est ça, la réalité ? La police qui voulait l'interroger sur les liens qu'elle entretenait avec le crime organisé russe, et au bout du chemin, cet homme qui se cachait sous une fausse identité, peut-être coupable de meurtre et de milliers d'autres crimes, avec probablement dans les veines des cellules identiques aux siennes. Est-ce qu'un test d'ADN établirait leur parenté ?

Était-il possible qu'elle soit soupçonnée d'être mêlée à tout ça ?

C'était trop absurde, de la folie. Elle n'était personne. Mais si la police découvrait avec qui elle avait passé la nuit ? Et qui il était vraiment ?

Elle se laissa choir sur une chaise.

La police n'avait pas mis longtemps à dénicher tout ce qu'on pouvait savoir sur elle.

Tout était enregistré quelque part, chaque pas qu'elle faisait, chaque retrait d'argent, chaque clic sur Internet. Si les experts de la police judiciaire étaient sur le coup, ce qui était vraisemblable, ils pouvaient non seulement tracer les portables en activité à un endroit et à une heure précise, mais même les portables éteints. Si Averbach & Miele avait eu des contacts avec le crime organisé russe, ils avaient bien évidemment dû comparer les noms sur les listes de téléphone avec ceux relevés par les contrôles d'identité de l'aéroport d'Arlanda à Stockholm. Et là, en partance pour Saint-Pétersbourg, apparaissaient évidemment le nom sur son passeport et ses empreintes digitales.

Pendant un court instant, elle comprit le besoin qu'avait ressenti Lars-Erik Svanberg en se cloîtrant et en condamnant jusqu'au dernier volet : n'être vu de personne.

Peut-être la police suédoise savait-elle déjà où elle avait logé en Russie et avec qui elle y avait été en contact. Elle s'appuyait sur des accords de collaboration internationaux, des contacts disséminés aux endroits stratégiques un peu partout dans le monde, une nécessité liée à la mondialisation du crime, et à leur tour, ces contacts utilisaient les services de la police suédoise pour recevoir le plus rapidement possible les informations utiles. Interpol semblait hors jeu, considéré comme trop lent et inefficace. Elle se demandait s'ils savaient qu'elle avait pris contact avec les services de sûreté à Petrozavodsk. Elle essayait de se rappeler si elle avait utilisé son portable en Russie. La voix de Sofia la fit sursauter :

— J'ai de l'argent à la banque, dit-elle en fourrant une paire de chaussettes sales dans son sac à dos. Je me débrouillerai toute seule. Je ne t'embêterai pas, je te le promets.

Katrine se leva avec l'intention d'aller rincer la cafetière mais la laissa finalement sur la table. Elle pouvait bien moisir.

— Écoute-moi, dit-elle. Tu vas rentrer chez tes parents et tu vas leur raconter ce que tu as sur le cœur. Il n'y a pas d'autres solutions.

Sofia tourna la tête et se passa la main sur le crâne, avec le poing serré, comme si elle voulait se faire mal. Une manière de rester dans la réalité, pensa Katrine, mais peut-être pas, après tout, au contraire, c'est peut-être ce qu'elle voulait fuir.

— Je ne veux pas que tu restes ici quand je vais m'en aller, tu entends ? Je vais verrouiller la porte et emporter la clé avec moi et ensuite, je vais appeler la police pour leur demander de vérifier que personne ne s'est introduit ici.

Sofia se taisait.

Katrine regagna la chambre pour récupérer l'ordinateur et le sac de couchage. Son jean et la culotte de la veille étaient posés en tas, par terre. Elle s'apprêtait à les abandonner aux souris pour qu'elles s'en fassent une maison avant de les réduire en lambeaux. Mais ils vont le retrouver, pensa-t-elle. Quand la police aura examiné tous les dossiers d'Hélène Miele, ils vont se mettre en quête d'un certain Michail Lebedev ou Alexis Saporin, enfin le nom qu'il a utilisé pour acheter la maison, et les analystes vont comparer ses empreintes avec Dieu sait quoi. Elle repensa à l'ADN et fourra finalement la culotte et le jean dans son sac.

Ah, si elle n'avait pas oublié ce satané portable ! Elle espérait que personne ne l'appelle, que ce soit la police ou Alastair ou son frère. Est-ce qu'il répondrait ? Elle se dit ensuite que Sofia avait dû garder son portable éteint, sinon, il aurait sonné sans arrêt.

— Est-ce que ton portable est chargé ? demanda Katrine.

Sofia désigna son sac à dos. Elle se tenait près de la fenêtre, collée au mur, pour ne pas être vue de l'extérieur. Comme si quelqu'un pouvait voir quoi que ce soit à l'intérieur. Certes, le gel avait disparu des vitres avec le chauffage, mais des toiles d'araignée et des substances graisseuses formaient une couche opaque qui les protégeait du monde extérieur.

Katrine trouva le portable dans le sac. Elle le tendit à Sofia pour qu'elle compose son code pin. Pendant que le flot de sms et d'appels ratés se déversait, elle sortit son carnet et trouva le numéro de l'agent immobilier.

— Non, Jerker Nyberg a pris un congé sabbatique, jusqu'à la fin de l'année.

— D'accord. Je pourrais peut-être le joindre sur son téléphone portable ?

— Je ne pense pas. Il est à l'étranger avec sa famille.

Malin de sa part, pensa-t-elle. Elle n'eut pas le courage d'insister et abandonna le téléphone. Elle feuilleta son carnet de notes.

Il y avait un nom qu'elle avait aperçu sur le mur, chez Thore Palo et qu'elle avait retenu. Il était entouré de feutre rouge, sur ce qui ressemblait à un arbre généalogique.

Gudrun Petterson à Stockholm. Katrine avait déjà cherché ce numéro, mais n'avait pas eu le courage d'appeler. Elle ne savait pas à quoi cela servirait de faire des histoires à la famille d'Erik le Lapon, en ce qui concernait la vente de la maison.

À Stockholm, avec un seul « s », il n'y avait qu'une Gudrun Petterson. Elle espérait vivement que Thore Palo avait correctement orthographié le nom de famille. La femme habitait dans Henriksdalsringen et répondit au bout de trois sonneries. Katrine se présenta.

— Je possède une maison à Kivikangas, que j'aimerais vendre. On m'a dit que vous aviez vendu la vôtre à un Russe et j'aurais voulu savoir de qui il s'agit. Peut-être sont-ils plusieurs à vouloir venir s'installer ici.

Elle ne lui dit pas qu'elle avait le sentiment de s'être fait rouler dans la farine. Ça n'avait plus d'importance.

Si Anders avait envie de lui demander des comptes, il pouvait appeler lui-même.

— C'est l'agent immobilier qui a tout géré, répondit Gudrun Petterson.

Katrine ne distinguait aucune trace d'accent dans la voix de la femme. Elle parlait comme Ingrid, sa mère, un suédois soigné. Peut-être n'avait-elle jamais vécu à Kivikangas. Ou peut-être sa mère était-elle aussi partie quand elle avait dix-sept ans.

— J'avais en tête que c'était un cabinet d'avocats, dit Katrine.

— Non, il ne me semble pas.

Je ne l'aurais jamais su non plus, pensa Katrine, si je n'avais pas, à la dérobée, lu les papiers de l'agent immobilier, si je ne l'avais pas appelée, têtue comme une mule. Si je ne m'étais pas comportée comme une idiote.

— Mais je ne crois pas qu'il y ait un quelconque rapport avec la Russie, reprit Gudrun Petterson, en ayant l'air de se pincer les lèvres. Il s'agissait de bonnes œuvres. On a trouvé ça bien, que le domaine serve à quelque chose, finalement.

— Quelles bonnes œuvres ?

— Attendez, je vais regarder.

Pendant qu'elle fouillait dans ses papiers, des images revenaient à Katrine ou plutôt des voix : *tu as entendu aussi bien que moi ce qu'elle disait…* les voix d'Anna et Tomas Haara, en fond sonore. C'était toujours les voix dont elle se rappelait. Même quand elle avait enregistré de longues interviews, elle arrivait à se souvenir à quel moment de l'entretien elle devait revenir pour prélever ce qu'elle voulait conserver. *Gudrun bien sûr… Il a vendu*

le mobilier de Rauhala… des centaines de milliers de cou-
ronnes là-dedans. Et la famille qui ne pouvait même pas
toucher l'argent de la maison.

— Ah voilà, j'ai trouvé.

Gudrun s'appliquait à lire consciencieusement les documents :

— Le Fonds pour la sécurité et l'assistance aux personnes atteintes de maladies cardiovasculaires. Je ne sais pas ce qu'ils pensent en faire, peut-être quelque chose comme une maison de repos. Dans ce cas, ils devront raser toutes ces vieilles masures.

Elle poursuivait son bavardage, racontant comment la maison avait été laissée à l'abandon, mais Katrine n'écoutait plus. Elle cherchait fébrilement dans sa mémoire un autre fonds, mais pas pour les malades, pour autre chose. Mais quoi ?

— Qui gère ce fonds ? demanda-t-elle. Je veux dire, quelqu'un a dû apposer sa signature en bas de page.

— Tiens, c'est là. Vous avez dû mal comprendre, avec cette histoire de Russie. Il s'appelle Magnusson. Tage Magnusson.

Katrine percevait ce qu'elle disait sans en saisir le sens. Elle pensait aux fonds. Le téléphone lui parut peser des tonnes dans sa main. *Le Fonds pour la sécurité et l'assistance aux anciens fonctionnaires de l'administration.*

— Excusez-moi, dit-elle, étonnée que sa voix porte encore, mais puis-je vous demander combien ils ont payé.

— Non, vraiment pas. Ça ne vous regarde pas.

Elle pourrait avoir accès à l'information, de toutes les manières, si elle le voulait, si cela avait encore pour elle une quelconque importance : les achats et les ventes de propriétés sont des informations publiques.

— Est-ce un hasard, demanda-t-elle, si Lars-Erik Svanberg est mort au moment où vous étiez sur le point de vendre ?

Il y eut un blanc et ensuite la voix glacée de la femme.

— Pourquoi appelez-vous, dit Gudrun Petterson. Qui êtes-vous, en réalité ?

Katrine raccrocha en espérant que Sofia masquait son numéro.

— C'était quoi ? demanda Sofia. De quelles bonnes œuvres tu parlais ?

— Rien, répondit Katrine en lui rendant le téléphone, presque entièrement déchargé : il ne restait qu'une minuscule barre au compteur de la batterie. De toute façon, elle n'allait plus l'utiliser. Et il ne fallait pas que Katrine appelle la police avec le téléphone de Sofia : ils sauraient à qui appartenait le portable, numéro masqué ou non. Katrine essaierait de les joindre une fois qu'elle serait loin d'ici, quand elle saurait quoi leur dire.

— D'ailleurs, tu peux emporter ce qu'il reste de nourriture chez toi, dit-elle en se dirigeant vers l'escalier qui menait au grenier.

Elle grimpa les marches, en s'aidant de la rampe pour éviter de prendre appui sur celles en mauvais état.

En haut, il faisait toujours aussi froid. C'est à peine si elle sentit la chaleur en posant la main sur la cloison, celle qui abritait le conduit du poêle. Dans la chambre, au grenier, elle se laissa choir sur le canapé-lit. Elle avait besoin de souffler, de profiter d'un moment de solitude. Elle voulait emporter le souvenir de la forme des poutres, s'imprégner de l'odeur de la couette froide, de toute cette tristesse, de tout ce désir si longtemps contenus entre ces quatre murs. Elle ressentit l'envie de jeter un coup d'œil au dehors, de contempler la vue d'en haut, une dernière fois. Elle se leva et s'approcha de la fenêtre. Elle souffla sur la vitre, mais n'obtint que de la buée. Elle déverrouilla la fenêtre, les loquets coulissèrent avec une étonnante facilité, et elle l'ouvrit. Des cadavres de guêpes tournoyèrent un instant comme des feuilles mortes avant de tomber doucement sur le sol. De là, elle pouvait voir le fleuve sur dix kilomètres, une perspective qui s'apparentait à une vue aérienne. Un rapace volait le long des arbres, sur la rive, il décrivit un cercle et disparut de son champ de vision. En tendant le bras, elle pouvait presque toucher les plus hautes branches d'un bouleau. Était-ce le même arbre, les mêmes branches qu'autrefois ? Je dois revenir ici un jour, pensa-t-elle, tout ça doit rester tel quel. Elle se demandait à quoi cela pouvait ressembler en été. Le fleuve délivré, qui devait courir derrière les arbres, les délicates frondaisons du mois de juin, pareilles à celles qui avaient dû rythmer l'attente de Siri. Cela devait être magnifique. Elle en sentait la beauté et la douleur, comme imbriquées : la matière prodigue dont les gens d'ici nourrissaient leurs rêves.

Le calme fut troublé par des bruits de moteur.

Elle les entendait se rapprocher, monter en puissance. Cela lui prit une seconde ou deux pour réaliser qu'ils étaient vraiment très proches. Pas sur la route, mais quelque part sur le terrain, autour de la maison. Un vrombissement infernal qui s'éloignait, tournait derrière la maison puis revenait. Elle perçut un bruit dans son dos et fit volte-face.

Sofia se tenait sur le seuil de la porte.

— Ils sont là, dit-elle.

— Qui ?

— Matti. Et Pempi bien sûr.

Katrine jeta un coup d'œil au dehors, vit les scooters des neiges, et les deux hommes en combinaison et bonnet, des cagoules de moto en dessous, leur masquant la moitié du visage. Elle observa Matti ôter sa cagoule et libérer ses cheveux. L'autre jeune homme restait assis sur son engin, comme un scarabée sur le dos, les membres déployés sur un corps lisse et noir.

Sofia recula d'un pas et saisit le bras de Katrine, le regard inquiet.

— On n'ouvre pas. Ils ne vont pas rester longtemps.

Ils frappaient à la porte en bas et insistaient. Sofia sursautait à chaque coup. Et Katrine prit conscience que, focalisée sur *le crime organisé russe,* elle en avait pratiquement oublié la cabane saccagée. Elle avait complètement oublié Thore Palo. À l'aune *du crime organisé russe,* tous les autres événements paraissaient anecdotiques.

— Tu as peur de ton frère ? Qu'est-ce qu'il a fait ?

— C'est toujours comme ça, dit Sofia à voix basse, en tenant le poing serré devant la bouche, le regard errant. Il vient me chercher pour me ramener à la maison, comme il l'a toujours fait.

— Ce n'est pas seulement ça, n'est-ce pas ?

Elle ne répondit pas.

— Où ton grand-père a-t-il pu se procurer le fusil d'Erik le Lapon ?

— Comment je pourrais le savoir ? dit Sofia en s'approchant de la fenêtre pour la refermer. Ils pensent que la seule chose qui t'intéresse, c'est de fouiner par ici pour ensuite nous produire dans un journal comme des bêtes curieuses, des demi-Finlandais.

— Ce n'est pas vrai. Et puis aucun journal ne m'emploie. C'est ton frère et son copain qui parlent de moi de cette manière ?

— C'est Pempi, oui, ce connard de Pempi Vestola. Tu sais qu'il a essayé de me baiser l'année dernière à la Saint-Jean, sur l'îlot. Il s'est mis à me lécher partout. Matti est devenu fou. Il lui a cassé une côte et ils ont été obligés de l'amener à l'hôpital de Kalix.

Soudain, c'était comme si toute son énergie l'abandonnait. Elle se laissa tomber sur le lit, en se masquant le visage des deux mains.

— Je n'aurais jamais dû dire à Matti que je les avais vus.

— Quand est-ce que tu les as vus ?

— Quand ils sont rentrés en scooter vers minuit. Elle jeta un regard suppliant vers Katrine. En soi, ce n'est pas si grave, mais Matti dit qu'il s'est trompé quand les flics l'ont interrogé et qu'ils seraient très en colère s'ils se rendaient compte qu'il a commis une erreur. Ce n'est pas qu'il serait soupçonné de quoi que ce soit, mais il recevrait un blâme, ce serait noté dans son casier et ensuite, il ne trouverait jamais plus de travail. Pas ici en tout cas. Et nulle part ailleurs.

— Tu veux dire le soir où Erik le Lapon a été tué ? Mais ton père prétend qu'ils sont rentrés vers neuf heures.

— Ils ne pouvaient pas le savoir, ils n'étaient pas à la maison.

En effet, ils étaient à l'opéra.

— Ils ont menti au sujet de la voiture russe aussi ? demanda Katrine.

Au rez-de-chaussée, ils s'acharnaient sur la poignée de la porte. Sofia se recroquevilla.

— Il y a quelqu'un ? criait la voix au dehors.

— Ils savent que je suis là, dit Katrine. Ma voiture est là, il y a peut-être encore de la fumée qui s'échappe de la cheminée. C'est ridicule de se cacher. Reste là, si tu veux.

Elle descendit l'escalier et tourna la clé. La seconde d'après, Matti Palo était dans l'entrée, scrutant la pièce principale.

— Je sais qu'elle est là. Où se cache-t-elle ?

— Qui ?

Il avait le regard fou.

— Ma sœur, Sofia. Vous êtes en train de parler de quoi, au juste, vous deux ?

Dans le vestibule, il semblait occuper tout l'espace. La lumière fut entièrement occultée quand son acolyte fit son entrée et referma la porte. Ils étaient particulièrement imposants dans leurs combinaisons de scooter. Elle recula dans la pièce principale et prit instinctivement son sac, sur la table de la cuisine. La menace se fit palpable lorsque Matti se baissa pour la suivre. Il jeta rapidement un coup d'œil dans les deux chambres. Il ouvrit la porte du garde-manger, semant un peu de neige partout où il passait. Katrine recula vers le secrétaire, cherchant d'instinct la protection de ses ancêtres.

— Qu'est-ce qu'elle t'a dit ? demanda-t-il en plissant

les yeux. Tu sais qu'elle est malade dans sa tête. Elle dit n'importe quoi.

— Tu parles de Sofia ? Elle n'a rien dit de particulier. Elle m'a simplement montré ses poèmes. Elle s'intéresse à Londres.

Des poèmes sur la mort, pensa-t-elle en fixant le regard fou de Matti. Juste derrière lui, se trouvait son camarade, Pempi Vestola, qui bloquait la sortie en la dévisageant et elle se dit que Sofia ne se trompait pas, elle avait raison d'avoir peur.

— Si elle me recontacte, je lui dirai que tu cherches à la joindre. Tu veux lui faire passer un message ?

— En quoi ça te concerne ? Matti fit un pas vers elle. Je suis à la recherche de ma sœur, disparue depuis plusieurs jours. Tu peux comprendre que ma mère s'inquiète.

Cela aurait pu être une phrase tout à fait anodine, mais le ton employé par Matti ne laissait que peu de place au doute, il y avait comme une vibration désespérée : la lave couvait sous la glace.

— Je sais que tu sais où elle est. Tu as envoyé un sms à ma mère.

Il y eut un craquement là-haut. Ne bouge pas, pensa Katrine, je t'en prie, ne bouge pas.

— Calme-toi, dit-elle, je n'ai aucune idée d'où se trouve ta sœur. Et franchement, je m'en fous.

— Et qu'est-ce que tu as raconté à la police ? Tu es allée parler à grand-père, aussi. Qu'est-ce que tu as essayé de lui faire croire exactement ?

Katrine fit un pas de côté. Si seulement l'autre pouvait entrer aussi dans la pièce, la voie serait libre. Mais c'était sans compter sur leur rapidité. Où qu'ils soient dans la pièce, ils auraient vite fait de la rattraper. Arrête, ce ne sont que deux petits gars inoffensifs, se rassura-t-elle.

— Et toi, que penses-tu que je lui ai fait croire ? dit-elle. Qu'y a-t-il de si secret pour que tu en viennes à menacer ta propre sœur ?

— Menacer, mais de quoi parles-tu ?

— La police va venir. Il vaudrait peut-être mieux que vous partiez avant qu'ils n'arrivent.

Son regard se fit plus sombre et elle comprit qu'elle n'avait pas fait le bon choix, mais c'était trop tard, il était sur le point d'exploser.

Il était tout près d'elle maintenant, la main autour de son cou.

— Qu'est-ce que tu leur as dit, putain ?

Il la poussa contre le mur, elle n'était plus en mesure de lui répondre, plus aucun mot ne sortait de sa bouche. Elle brassait l'air de ses bras, des moulinets inutiles qui ne l'aidaient en rien à se défaire de l'étreinte, les mains qui l'étranglaient. Il durcit sa prise et lui coinça les bras de telle manière qu'elle ne puisse plus bouger. Elle voulait crier mais en était incapable, elle n'arrivait même plus à respirer.

— Qu'est-ce que tu as dit à la police, *saatana vittu*…

D'un coup, l'étreinte se relâcha, sans que Katrine comprenne ce qui était en train de se passer. L'air circulait à nouveau dans sa gorge et Matti s'affaissa à ses pieds. Un autre homme entra dans son champ de vision. Ce n'était pas Pempi Vestola mais Michail Lebedev. Alexis Saporin. Des étoiles dansaient devant ses yeux. Il tenait quelque chose à la main. Une arme. Et elle comprit, en voyant son bras levé et légèrement courbé, qu'il venait de frapper Matti Palo à la tête avec la crosse. Matti se tordait de douleur sur le sol en se demandant ce qui lui arrivait.

— Oh, putain…

Katrine se massait le cou lorsqu'elle vit, comme au ralenti, le Russe tendre le bras puis le baisser. Il tenait en joue le jeune homme par terre.

— Non, chuchota-t-elle, ne tire pas.

Matti se mit à genoux, sur le point de se relever, quand il sentit la pointe du canon contre sa nuque. Il tourna la tête et fixa le Russe, terrifié.

— Mais qui êtes-vous, bon sang ?

Michail fixait Katrine, attendant des explications.

— Il demande qui tu es, traduisit-elle.

Le Russe donna un coup de pied dans les côtes de Matti Palo : « *Podnimajsia suka i ovetchaj* * ! »

Matti rampait vers la porte.

— *Get up*, cria Michail. Dis à ce chien galeux de se mettre debout, de se comporter comme un homme.

Katrine traduisit et ajouta « Je pense que tu devrais faire ce qu'il te dit ».

Du coin de l'œil, elle vit Pempi Vestola qui cherchait à s'emparer du pique-feu, derrière lui, tout en fixant la porte, prêt à abandonner son camarade à la première occasion, en se jetant sur le scooter.

Matti se releva, les jambes tremblantes. Il ne regardait pas le Russe, il cherchait ses yeux à elle.

— Mais dis-lui, dis-lui que tu connais ma sœur. J'étais sous le coup de la colère, je ne me contrôlais plus. Tu l'as compris, au moins ?

* *Debout chien et réponds !*

485

Katrine traduisit mécaniquement. Michail Lebedev ne baissa pas l'arme pour autant.

— Est-ce qu'il t'a blessée ? lui demanda-t-il sans la regarder. Elle faillit traduire pour Matti, lorsqu'elle comprit que la question lui était adressée.

— Non, dit-elle, non, il ne m'a pas fait mal.

Ses jambes ne la soutiendraient plus très longtemps et elle se laissa tomber sur une chaise. De là, elle voyait jusqu'au vestibule. Son regard croisa une paire d'yeux effrayés. Sofia se tenait debout, plaquée au mur, dans l'escalier qui menait au grenier, les yeux grands ouverts, bouche bée. Pars, pensa Katrine, en espérant que Sofia lirait dans ses pensées. Pars, tant qu'il en est encore temps.

Sofia ne bougea pas.

— On ne cherchait pas à lui faire porter le chapeau, dis-le lui, pour qu'il comprenne, Matti criait presque, la voix dans les aigus. On a dit ça sans réfléchir, cette histoire de Russes, on ne savait même pas qu'il y en avait par ici.

Le Russe s'approcha de lui, l'arme à la main. Katrine vit le mouvement de Pempi Vestola lorsqu'il fit un pas de côté vers la porte, avec l'intention de piquer un sprint. Un coup de poing que Katrine eut à peine le temps de voir venir, et Pempi s'écroula par terre.

Michail Lebedev lui prit le pique-feu des mains et le jeta plus loin.

— Dis-leur d'enlever leurs bottes, dit-il.

Matti comprenait apparemment un peu l'anglais, même s'il était incapable de parler et il enleva ses bottes. Puis, il se pencha vers son compagnon qui ne bronchait pas : « Enlève-les, putain, Pempi, fais ce qu'il nous dit. »

Le Russe lui donna un coup de pied au niveau du genou.

— Fais ce qu'il te dit, idiot, dit Katrine, et enlève tes bottes.

Ensuite, elle perçut un bruit familier, même si elle l'entendait dans la vraie vie pour la première fois : un pistolet que l'on arme.

Puis, un liquide se mit à couler.

Elle leva la tête. Matti Palo urinait sur lui. Son pantalon était recouvert par la combinaison, mais elle vit le liquide s'échapper au niveau de la cheville et former une petite flaque, lentement absorbée par le tapis de Siri Kankanranta.

Il tremblait et pleurait. Ses jambes refusèrent de le porter davantage et il tomba à genoux.

— On ne voulait pas lui faire du mal. On voulait seulement voir s'il y avait de l'argent. Tout le monde disait qu'il avait de l'argent. Bon sang, et il n'en faisait rien, de son fric.

Michail se tourna vers Katrine.

— Qu'est-ce qu'il raconte ?

Elle fixa Matti en lui traduisant la question, même si elle connaissait déjà la réponse : la dépendance, Rauhala, le fameux soir. Les rumeurs qui avaient circulé au sujet des centaines de milliers de couronnes. La voiture russe, recherchée par la police dans toute la région arctique, et qui n'avait jamais existé.

— On n'avait pas l'intention de le tuer, mais il est devenu complètement fou. Il criait en agitant le fusil. Il parlait de Dieu, de l'enfer et de Satan. Un fou furieux.

Et tandis que, lentement, et en anglais, elle essayait de contextualiser ce qu'il racontait, afin de le rendre compréhensible, pendant que Matti se lamentait à nouveau en disant « qu'il n'y avait pas d'argent, et on leur dira qu'il n'y avait pas de voiture, et on est prêts à faire tout ce qu'il nous demande, s'il nous laisse partir… », elle glissa la main dans son sac et appuya sur le bouton « marche » du petit magnétophone. Le Russe concentrait toute son attention sur les deux jeunes hommes et ne vit pas son geste.

— Est-ce que tu parles d'Erik le Lapon ? dit-elle en suédois. De son argent ?

— On ne savait pas quoi faire…, il parlait d'une voix étranglée, n'arrivait pas à prononcer correctement les mots. On voulait seulement l'argent. Il faut que tu comprennes, ils voulaient tout saisir, les scooters, le home cinéma, on a reçu des lettres de menace… papa devait payer et maman n'était pas au courant… Qu'est-ce qu'on pouvait faire, putain, alors qu'ils allaient nous prendre les scooters ? Alors qu'on savait qu'il avait de l'argent ?

— Qui le disait ?

— Ben, tout le monde. On ne voulait pas lui faire du mal. On voulait seulement lui faire peur…

— Avec une hache ?

— *What are you talking about ?* Michail Lebedev se tourna vers Katrine. De quoi parles-tu ?

— L'homme qui a été tué dans ta maison. Elle fut étonnée par sa propre voix, assurée, un brin indolente. Il semblerait que ces gars en savent long. Ils prétendent que ce n'est pas un Russe qui a fait le coup, contrairement à ce que croit la police.

488

Il hocha la tête, indifférent. Il abaissa le bras qui tenait l'arme et se frotta la nuque de l'autre main.

— Je vais essayer de leur faire dire ce qu'ils savent, poursuivit-elle, pour que la police puisse classer l'affaire. Comme ça, ils ne viendront pas t'enquiquiner.

Son visage restait impassible, mais il sembla se détendre un peu.

— Qu'est-ce qu'il va nous faire ? gémit Matti. Tu ne peux pas le convaincre de poser ce truc-là ?

— Je peux essayer, dit Katrine froidement en se disant qu'elle avait l'avantage : quelqu'un dans cette pièce était plus effrayé qu'elle. Si tu racontais exactement ce qui s'est passé ce soir-là ?

— C'est de sa faute, au vieux. Quel besoin avait-il de brailler comme ça ?

— Vous êtes arrivés par le fleuve, en scooter ?

— On pensait que le vieux dormait. On est venus à skis, en suivant ses traces, quasiment jusqu'à chez lui. Pour éviter de faire du bruit. Mais il est sorti avec le fusil en criant que nos âmes allaient brûler en enfer pour expier nos péchés, il était comme dingue.

— *Turpa kiinni*, siffla Pempi Vestola qui venait de reprendre conscience. Il se mit à genoux. Tais-toi, bon sang.

— Les gens disaient qu'il y avait plein d'argent. Si ça n'avait pas été nous, d'autres y seraient allés…

— Et ton grand-père ? demanda Katrine.

— Ce n'est pas moi, cria Matti haut et fort, en se laissant tomber sur le sol. C'est lui, tout seul.

Il gémissait et sanglotait.

— Il l'a fait lui-même.

Katrine le dévisageait : elle le croyait. Matti Palo n'était plus en état de mentir. C'était la vérité. Et Thore avait, d'une façon ou d'une autre, deviné toute l'affaire. Il avait chaussé ses skis, était allé jusqu'à la cabane que son petit-fils adoré avait le droit d'utiliser et il avait trouvé le fusil, peut-être même la hache, peut-être même aussi le butin d'autres vols. De colère, de désespoir, il avait tout saccagé. Puis, il avait emporté le fusil avec lui. Avait-il déjà pris la décision, à ce moment-là, d'endosser la responsabilité du crime ?

Elle aperçut le mouvement du coin de l'œil, lorsque Pempi se leva et se précipita vers la porte.

À ce moment-là, elle entendit la déflagration. Le coup de feu transperça le cadre de la porte, entre la pièce principale et le vestibule. Ensuite, Matti se mit à crier jusqu'à ce qu'Alexis Saporin le fasse taire d'un coup de pied dans le menton. Katrine entendit les os craquer et elle vit le regard du Russe. Elle en fut paralysée. C'est lui, pensa-t-elle, c'est bien Alexis Saporin. Mais ce n'est pas l'homme avec qui j'ai passé la nuit : comment un homme peut-il faire preuve d'une telle duplicité ? Elle le regarda marcher vers le vestibule, où Pempi Vestola avait pris Sofia en otage et la tenait devant lui, comme un bouclier. Sofia se débattait en lui donnant des coups de pied dans les chevilles.

— Non, dit Katrine en anglais, non ! Elle se releva et saisit le bras du Russe. Ne tire pas, *they're just kids, just kids*. Des enfants, ce ne sont que des enfants.

Il se défit de sa prise et elle ferma les yeux en pensant que maintenant, c'était terminé. Mais il ne se passa rien. Et elle eut le temps de réaliser que ce qu'elle disait ne tenait pas debout. Ce n'étaient plus des enfants, ils avaient presque vingt-cinq ans, dans beaucoup d'autres endroits du monde, ils seraient déjà adultes, des pères, des guerriers. Le coup ne venait pas et elle rouvrit les yeux.

Le Russe tira Sofia de son bras libre, la libérant sans difficulté de l'étreinte de Pempi. Avec le pistolet, il désigna la trappe sur le sol.

— *What's in there ?* Qu'est-ce qu'il y a là ?

— Une cave, dit Katrine d'une voix chevrotante, une sorte de garde-manger.

— Ouvre.

Elle se pencha et ouvrit la trappe : elle dut puiser dans les dernières forces qui lui restaient. Elle fut assaillie par l'humidité, une odeur de moisi et d'obscurité éternelle.

— *In there*. Là-dedans.

Il saisit Pempi Vestola par l'arrière de sa combinaison et le tira sur le sol, vers l'ouverture. Un regard suppliant, la dernière chose que vit Katrine quand Pempi disparut dans l'escalier avant d'être avalé par l'obscurité. Le Russe eut à peine besoin de menacer Matti pour qu'il rejoigne son camarade. Il se déplaçait à quatre pattes, comme un chien, ses cheveux mi-longs raidis par la sueur. Du sang lui coulait du nez. Alexis Saporin le poussa, il rata la marche et tomba dans le noir. On entendit un bruit sourd et un gémissement.

— Ne fermez pas. La voix de Pempi Vestola faisait penser à un rat, ou à toute autre créature infâme piégée dans le sous-sol. *Please, please, it's so cold down here.* S'il vous plaît, il fait si froid ici, en bas.

Finalement, ils n'avaient pas séché tous leurs cours d'anglais, pensa Katrine.

Alexis Saporin fit basculer la trappe et la laissa se refermer avec fracas.

Sofia s'était effondrée sur le sol et pleurait, sans bruit. Katrine s'assit près d'elle et la serra dans ses bras.

— C'est qui ?

— Juste une jeune femme, répondit Katrine en le regardant droit dans les yeux, pendant qu'elle caressait la tête de Sofia. Elle est un peu… *you know*, personne ne fait attention à elle. Elle ne dira rien, n'est-ce pas, tu ne diras rien. À personne.

Sofia secoua la tête. Il fit de nouveau un geste avec l'arme, mais elle était maintenant dirigée vers le sol. Cela faisait quelques minutes que l'on ne l'avait pas entendue cliqueter.

— Allez là-bas.

Il leur montrait l'autre chambre, celle avec le lit plus large, et Katrine aida Sofia à se lever.

— Qu'est-ce qu'il va leur faire ? chuchota Sofia.

— Ça va aller, je vais arranger ça. Va là-bas et ferme la porte.

Sofia entra dans la chambre.

La porte grinça en se refermant.

Il la dévisageait, à présent que le froid les enveloppait de nouveau. Il se tenait au centre de la pièce et elle, contre le mur. Le feu était éteint depuis quelque temps déjà. Elle ne l'avait pas alimenté. Elle allait faire sa valise et partir et, du coup, elle avait laissé le volet de tirage ouvert. Pourquoi avait-elle tardé ? Il gardait à la main le pistolet, comme une excroissance de son bras. Elle était surprise par le calme qu'elle ressentait en elle. L'impuissance à infléchir le cours des événements, le sentiment que l'issue était proche ?

— En fait, je suis venu pour toi, dit-il.

Elle avait envie de sourire, de lui faire comprendre que tout allait bien. Mais comment était-ce possible ? Les gars, au sous-sol, ne faisaient plus aucun bruit. Elle se sentait incapable de sourire.

— Je ne dirai rien, fit-elle très bas, afin que personne d'autre que lui n'entende. Je ne parlerai pas de toi, ni de nous. Je ne raconterai à personne ce qui s'est passé. Personne ne saura.

— Et eux ?

Il hocha la tête vers le sol, et vers la chambre.

— Si on leur dit de se taire, ils le feront, répondit-elle. Ils savent se taire, ici on apprend très tôt à le faire. On se tait et on continue à vivre, comme si de rien n'était.

Il mit la main à la poche.

— Tu as oublié ça, dit-il et il sortit le téléphone portable. Il le conserva dans la main, le caressant avec son pouce.

— Merci.

Elle tendit la main pour le récupérer, mais il ne le lui donna pas. Il appuya sur une touche et lui montra l'écran.

La photo d'Hilma Jelena.

Ses cheveux argentés. La lumière sur son visage mutique.

Elle ne trouva rien à dire.

— Tu m'as menti, dit-il. Je n'aime pas quand on me ment. Peut-être parce que je viens de Saint-Pétersbourg. J'ai grandi entouré de mensonges.

Elle était incapable d'ouvrir la bouche. L'écran dans sa main s'éteignit.

— Je ne viens pas vraiment de Saint-Pétersbourg, en fait, poursuivit-il. Le froid de la pièce semblait maintenant imprégner sa voix et son regard. Un putain de mensonge de plus, avec lequel j'ai été élevé. *A fucking lie.*

Jusque-là, elle ne l'avait pas encore entendu jurer. Peut-être que Michail Lebedev, lui, ne disait jamais de gros mots, qu'il était bien élevé et parlait poliment. Mais ce n'était pas l'homme qu'elle avait en face d'elle. Il fit un pas vers elle et la saisit par l'épaule.

— Comment es-tu remontée jusqu'à elle ? Qu'est-ce que tu allais faire de cette information ? Tu travailles pour qui ?

— Pour personne. Elle se sentait minuscule face à son emprise, les mots venaient par à-coups. Je ne travaille pour personne. C'est ma tante. C'est la sœur de ma mère. J'ignorais son existence.

Elle pleurait maintenant, elle n'en pouvait plus. Elle sentait les larmes monter, ces satanées larmes. Il arrêta de la secouer, mais ne relâcha pas sa prise pour autant.

Elle entendait frapper en bas. Tenez-vous tranquilles, idiots, pensa-t-elle. Qu'est-ce qu'il savait finalement ? Qu'elle avait menti sur ses parents, les photos qu'il avait vues chez elle, qu'elle avait retrouvé Hilma Jelena, mais peut-être rien de plus. Elle pria en son for intérieur pour que ce ne soit que ça.

— Je me doutais de notre lien de parenté, dit-elle en reniflant, mais je ne voulais pas que tu saches.

— Et donc, tu m'as menti.

Elle baissa les yeux. Il y a toujours un moyen, une méthode infaillible et universelle de se défiler, de prendre l'avantage sur un homme, même rompu aux mensonges.

— J'avais peur que si je t'en parlais, tu ne veuilles plus de moi, dit-elle en l'observant du coin de l'œil. Parce que… je voulais tellement que ça arrive, ce qui s'est passé entre nous.

— Comment l'as-tu retrouvée ?

— Je peux m'asseoir ?

Il glissa lentement l'arme dans sa poche et elle fut soulagée lorsque le pistolet disparut. Elle se servit un verre d'eau et s'assit.

— J'étais à la recherche de mon grand-père, commença-t-elle. Je ne savais pas qui tu étais, lorsque tu es entré ici pour la première fois. J'ai pris peur et c'est pour cela que j'ai préféré nier qu'il s'agissait de membres de ma famille.

Elle pointa de la tête le secrétaire et les photos sur le mur.

— Je ne savais même pas que ma mère avait une demi-sœur, née en Carélie, à Petrozavodsk, son père était mon grand-père. Il s'est rendu là-bas parce qu'il rêvait d'une autre vie, d'un paradis sur terre… mais malheureusement, il ne l'a pas trouvé. Ma grand-mère l'attendait ici. Mais il n'est jamais revenu.

Il s'assit en face d'elle, s'adossa à la chaise et la dévisagea longuement. Il fit pivoter le téléphone entre ses doigts.

— Comment as-tu appris son existence ?

Elle lui parla des voisins, le café près de l'immeuble d'Ulitsa Voronezhkaya et de la maison Gogol à Pouchkine.

— Ouvrez, merde, entendirent-ils en provenance de la cave.

Alexis Saporin tapa du pied jusqu'à ce que le bruit cesse en bas.

— Qui d'autre est au courant ?

— Pour Hilma Jelena ? Personne.

Il brandit à nouveau le téléphone.

— Tu as montré la photo à quelqu'un ?

Elle secoua la tête pour lui indiquer que non. Il farfouilla dans le téléphone. Elle l'avait acheté à Londres, l'abonnement était anglais ainsi que les commandes. Il trouva la fonction « erase » et elle se contenta de l'observer tandis qu'il effaçait les photos d'Hilma Jelena, sans dire mot. Ensuite, il lui rendit le téléphone.

— Moins tu en sais, mieux c'est pour toi, dit-il.

— Je ne me souviens de rien.

Elle le fixa dans les yeux, sans ciller. Rien, pensa-t-elle, je ne me souviens de rien, ne sais rien, ne comprends rien. Je ne suis personne.

— C'est bien, dit-il en se levant.

Il s'approcha de la trappe et donna un coup de pied dans le tapis, à côté. Il se pencha et souleva la trappe de quelques centimètres.

— Dis-leur combien de temps ça prend, pour mourir de faim.

Katrine se racla la gorge.

— Neuf jours, dit-elle en obéissant.

— Plus fort pour qu'ils entendent.

— Neuf jours, pour mourir de faim.

— Dis-leur que c'est ce qui va leur arriver s'ils ne jurent pas de se taire, d'oublier tout ce qui s'est passé ici. Demande-leur d'oublier qu'ils m'ont vu.

Elle traduisit.

— On ne l'a jamais vu ce salaud, dit Matti Palo du sous-sol.

— Et l'autre ?

— Moi non plus, gémit Pempi Vestola. Je ne sais rien du tout.

— Dis-leur que je les retrouverai, n'importe où.

Et Katrine leur transmit. Il laissa la trappe se refermer, avec fracas.

— Nooon, entendirent-ils d'en bas. Ensuite, plus rien, toute l'attention de Katrine était focalisée sur Alexis Saporin, qui levait la main vers son visage.

Maintenant il voit, pensa-t-elle, il lit dans mon regard que je connais son vrai nom, que je sais qui il est.

— Tu as peur de moi ?

— Non, répondit-elle, pourquoi je devrais ? Tu m'as sauvée.

Il lui caressa lentement la joue et la saisit derrière la nuque. Elle frissonna, pour plus d'une raison.

— Prends la fille avec toi et pars d'ici tout de suite, dit-il. Immédiatement. Et oublie que tu m'as vu, quelle que soit la personne qui te pose la question. Tu entends ? Quelle que soit la personne qui te pose la question.

Katrine ne pouvait que hocher la tête et ensuite, il relâcha sa prise. Elle garda la tête baissée et ne le vit pas partir.

— Zut, j'ai oublié mon portable !

Au moment où Katrine commençait à faire marche arrière pour rejoindre la route, Sofia ouvrit la portière.

— Tu t'en fous, dit-elle mais Sofia était déjà partie.

Katrine frappa le volant du poing, pendant que le moteur tournait au ralenti, et pesta contre la jeune femme de dix-huit ans qui prenait tout son temps. Alentour, tout était silencieux et étonnamment calme. Elle jeta un coup d'œil dans le rétroviseur intérieur, inspecta la route qui disparaissait au tournant et continuait vers Rauhala. Aucun mouvement entre les arbres, pas d'homme en pardessus cheminant sur la route, regrettant de les avoir laissées partir. Dans le rétroviseur côté conducteur, elle voyait sa maison, immuable. Elle se sentit soudain étrangement sereine, la vie et la mort ne faisaient que passer, sans laisser de trace. Juste un petit vent qui caressait la façade et la tirait un peu plus vers le gris.

— Pardon, dit Sofia, qui revenait vers la voiture, il était tombé de la table et je ne l'ai pas trouvé tout de suite.

Katrine put enfin enclencher une vitesse et avancer. Elle ne regardait plus en arrière, elle conduisait, trop vite, avec une seule pensée en tête : fuir loin d'ici.

— On doit passer voir la police, à Haparanda, dit-elle. On leur demandera de s'occuper de ton frère et de son copain.

Sofia écarquilla les yeux, étonnée.

— Mais tu ne l'as pas entendu, le fou furieux. Il a dit qu'on ne doit souffler mot de ce qui s'est passé. Tu comprends l'anglais, quand même ?

— On ne va pas parler de lui, mais du meurtre d'Erik le Lapon. C'est une affaire tout autre. Et qui ne le concerne pas.

Soudain, au stop, le rouge du panneau lui sauta aux yeux et elle s'arrêta net au carrefour. Qui j'essaie de tromper ? se demanda-t-elle, pendant que quelques voitures défilaient sur la route. Tout est lié à Alexis Saporin. Tout a commencé quand Gunnar Pelttari a décidé de voler son père et d'émigrer vers l'Union soviétique, ou peut-être au moment où celui-ci a banni son fils de sa maison ? Le choix qu'a fait le Russe de revenir, les maisons qui prenaient soudain de la valeur, c'étaient des événements liés les uns aux autres, jusqu'au soir où Lars-Erik Svanberg était mort. Et ce n'était pas encore fini, ça se poursuivait avec l'histoire de Thore Palo et avec la sienne.

Prends la fille avec toi et pars d'ici tout de suite.

Katrine, à la dérobée, jeta un œil sur Sofia, qui paraissait étrangement calme. Elle ne s'était pas maquillée, faute de salle de bains, et son survêtement sentait la transpiration. À quel moment allait-elle craquer ? Peut-être était-elle plus forte qu'elle en avait l'air ?

499

La route se libéra et elle prit sur la gauche. Elle faisait ce détour à contrecœur. Devant la maison de la famille Palo, la cour était vide, à l'exception de la Volvo Amazon de Matti, peinture métallisée customisée. On était encore l'après-midi : la nuit n'avait pas commencé à tomber. Eva-Lena et Åke étaient toujours au travail à Haparanda, consciencieux jusqu'au bout, même si leur vie était en train de s'effondrer. Elle se demandait ce qu'ils savaient.

Sofia se dirigea vers la maison, le sac à dos qui pendouillait dans la main. Katrine retira la clé du contact et sortit le magnétophone du sac. Elle le mit en route, priant les dieux de la technique pour que le son ait bien été enregistré. Le voyant puis l'écran s'allumèrent et elle entendit la voix acrimonieuse d'Anna Haara : *J'écoute toujours « Le poème du jour »…* Il fallait avancer un peu plus loin. La fausse interview avait duré combien de temps exactement ? Encore Anna Haara : *Des gens en voulaient à son argent… et ils sont probablement loin maintenant…* Si elle savait… Et puis, la voix de Matti Palo. Ça avait marché ! Elle s'adossa contre l'appuie-tête. Bon sang, ça avait marché.

…on voulait uniquement l'argent, c'est tout. Il faut que tu comprennes, ils voulaient tout nous prendre…

Katrine éteignit. Cinq secondes de sa voix, c'est tout ce qu'elle voulait entendre. Pas besoin d'aller jusqu'au coup de feu, ni d'écouter la voix d'Alexis Saporin, lorsqu'il était intervenu.

Elle fit des recherches sur son téléphone. Celui que le Russe tenait encore dans la main quelques instants plus tôt, avec la preuve de l'existence d'Hilma Jelena, effacée. Pourquoi était-ce si important ? Une femme muette de soixante-quinze ans qui passe son temps à contempler un parc, où était le danger ? La parenté ? D'aucuns pourraient remonter jusqu'à lui ? Était-ce la raison pour laquelle il avait caché sa mère dans ce recoin obscur ? Un point faible, dont il ne pourrait jamais se débarrasser, toujours contraint de l'abandonner derrière lui ? Ou était-ce le contraire ? Protégeait-il Hilma Jelena ? Contre lui-même, contre quelqu'un d'autre ? Contre qui ?

Elle dut produire un dernier gros effort pour appeler la police. Elle demanda qu'on lui passe Anders Anttila. Et fut finalement contente de tomber sur sa boîte vocale. Ça lui évitait de répondre à trop de questions, jusqu'à nouvel ordre en tout cas. Elle ne laissa qu'un court message : Mattias Palo et Per-Erik Vestola s'étaient reconnus coupables du meurtre de Lars-Erik Svanberg. Leur mobile était l'argent. Ils se trouvaient actuellement dans la cave de sa maison… (elle marqua une pause, elle avait un peu de mal à expliquer pourquoi)… peut-être y étaient-ils descendus pour trouver quelque chose à voler. Se sentant menacée, elle avait refermé la trappe sur eux.

Katrine laissa retomber la main qui tenait le téléphone. Pourvu que le policier écoute le message rapidement. Ils valaient mieux qu'ils soient jugés équitablement plutôt que de moisir dans cette cave.

Elle se dit qu'elle devait aussi appeler Eva-Lena Palo, mais au même instant, Sofia sortit de la maison, avec un énorme sac en toile sur l'épaule.

Une pensée vertigineuse lui traversa l'esprit : j'avais le même âge lorsque je suis partie, et c'est celui qu'avait Ingrid, quand elle a choisi d'aller vivre à Stockholm.

Sofia monta dans la voiture sans dire mot.

La seconde d'après, elles filaient sur la route, laissant les dernières maisons de Kivikangas s'amenuiser au loin, jusqu'à disparaître dans le rétroviseur. La route 99 longeait le fleuve vers le sud, une longue et plane ligne droite.

— Tu étais au courant, pendant tout ce temps ? demanda Katrine.

— De quoi ?

— Pour Erik le Lapon. Tu as l'air de prendre ça avec beaucoup de distance.

Sofia regardait par la fenêtre, elles dépassaient des champs et des fermes magnifiques.

— Je ne dirai rien à la police, répondit-elle. Matti est un salaud, mais c'est mon frère.

— Ça va. Tu n'auras peut-être pas besoin de leur parler. Il se peut que mon témoignage suffise.

— Tu le connais, le fou ? demanda Sofia.

— Qui, le Russe ? Elle regarda droit devant elle. Non, pas vraiment.

— Allez, arrête, tu as dormi chez lui. Qu'est-ce que vous avez fabriqué ensemble ? Des nœuds de cravate peut-être ?

Katrine ralentit, à cinquante, en traversant Kukkola et jeta un coup d'œil à sa passagère. Pouvait-elle être sûre qu'elle ne parlerait pas, qu'elle n'écrirait pas un poème pour le poster ensuite sur Internet ? Combien de kilomètres étaient nécessaires pour être *loin d'ici*, à quelle distance fallait-il s'éloigner pour être vraiment loin de lui ?

— Ce n'est jamais arrivé, dit-elle lentement. Tu comprends ?

Sofia serra le sac dans ses bras.

— D'accord.

Elles dépassèrent trois fermes, avec des silos similaires.

— Ce n'est peut-être pas Matti le coupable, dit Sofia. C'est peut-être Pempi.

Katrine eut un sursaut et la voiture fit une embardée, se retrouvant soudain dangereusement proche du remblai de neige. Était-ce le cas ? Elle ne se rappelait plus. Tout était tellement confus, concentration, nerfs à vif et panique. Sur le moment, elle n'avait pas douté un seul instant de la véracité des aveux de Matti. Mais avait-il dit que c'était lui qui tenait la hache ? Et elle revit la scène défiler : le coup était parti, un long silence ensuite, pendant lequel elle avait fermé les yeux et s'était accroupie en attendant le prochain coup. Mais l'enregistrement avait continué, encore et encore. Et elle se rendit compte qu'elle ne l'avait jamais arrêté. Tout y était : sa présence à elle et les questions sur Hilma Jelena. Comme s'ils étaient complices et intimes. Comme si ?

Ikea apparut sur la gauche, elles arrivaient au rond-point. Était-ce le mouvement circulaire qui lui fit tourner la tête ou la peur qui la rattrapa, ou encore sa voix à lui, *et oublie que tu m'as vu, quelle que soit la personne qui te pose la question. Tu entends ? Quelle que soit la personne qui te pose la question.* Elle rata la sortie vers Haparanda et la sortie suivante aussi, avec les panneaux qui indiquaient « Suomi-Finlande », l'autre route possible pour rejoindre le commissariat. Après, il y avait la sortie pour reprendre la route vers Kivikangas, elle ne la regarda même pas. Elle prit la dernière puis tourna à droite sans réfléchir.

Elle se mit sur la file de gauche et accéléra sur l'autoroute, en direction de l'ouest.

Il poussa la valise à l'intérieur et laissa la lourde porte en bois se refermer derrière lui.

Pendant quelques secondes, il goûta au plaisir du silence. Le calme, comme si le monde s'était retiré. Et l'obscurité profonde.

Puis, la migraine reprit de plus belle, un couteau planté dans la nuque, qui s'enfonçait lentement. Cette incapable de médecin ! Du calme et de la tranquillité avait-elle prescrit et deux cachets au début de chaque crise.

Il ne trouverait jamais le calme et la tranquillité.

Ni rien qui pourrait soulager la douleur.

Il monta la valise, en s'appuyant sur l'échelle de la petite dépendance, une sorte de remise qui avait dû servir de logement. Il avançait à tâtons, barreau après barreau, une échelle taillée dans du bois brut. C'est là que l'ancien propriétaire était mort, tué d'un coup de hache. Un membre de sa famille, s'il avait bien compris, comme la femme avec qui il avait passé la nuit. Ah... il ressentait encore vibrer son corps, la nuit passée en sa compagnie : la dernière nuit de Michail Lebedev, *Spi spokojno... dorogoj drug.*

Repose en paix, cher camarade.

Michail Lebedev n'existait plus. Le passeport détruit, comme les autres, et son éponyme retourné au néant.

Il ne s'était pas encore fondu dans sa nouvelle identité. Il avait bien sûr ouvert le passeport, le troisième, et contemplé la photo, la même que dans les autres documents. Et il s'était rendu compte que l'homme qui allait quitter cet endroit portait un nom bien mal choisi : Severin Larionov.

Il avait glissé le passeport dans la poche extérieure de son sac.

Larionov ! Où qu'il aille, les gens lui demanderaient s'il était de la même famille qu'Igor Larionov, le plus grand milieu de terrain de tous les temps. Et ils se souviendraient de lui plus facilement.

Il se baissa pour avancer, sous le plafond mansardé, et tira la valise dans un coin du grenier, vers le pignon. Arrivé là, il poussa sur le volet et l'ouvrit. Derrière, il n'y avait pas de vitre, un simple trou dans le mur. Il avait libéré le volet lors d'une première visite de reconnaissance, avant que la nuit tombe, en arrachant la planche qui y était clouée.

Il contemplait les champs immaculés, avec une perspective sur la seule voie praticable pour accéder jusqu'à lui. La dépendance semblait avoir été conçue pour ça, une tour fortifiée, qui s'élevait derrière les autres bâtisses, d'où rien ne lui échapperait. Environ cinq cents mètres de vue dégagée. C'était plus que suffisant. Les fenêtres du bâtiment principal étaient illuminées, accueillantes, la lumière douce d'une simple lampe de chevet et la fumée qui s'échappait de la cheminée, le maître de maison semblait y veiller, un cognac à la main et une lecture du soir dans l'autre. Quelle illusion, quel spectacle !

Ils ne comprendraient rien avant d'être étendus, raides morts, dans la neige.

Il tira le volet pour ne laisser qu'une petite ouverture de quelques centimètres. Il sortit le sac de la valise. Si léger, comparé au poids dans ses souvenirs ou était-il devenu plus fort avec les années ? L'arme n'aurait jamais passé un portail de sécurité, mais il n'y en avait pas dans les gares ferroviaires européennes. Une question de temps maintenant, pensa-t-il en se remémorant spontanément le poste frontière de Shehyni-Medyka : la foule compacte, les corps malodorants qui le poussaient et ensuite, ces couchettes innombrables dans les compartiments de train où des étrangers s'amusaient à l'importuner.

Ses mains fouillaient le sac, à la recherche des différentes pièces qu'il sortit, l'une après l'autre. Sept. Huit avec le silencieux.

Il caressa la surface des pièces, en acier et en bois, et les disposa devant lui, dans la même configuration qu'à l'école, il y a bien longtemps de ça.

L'obscurité, dans la pièce, était profonde. Il devrait opérer comme s'il avait les yeux bandés, mais chaque tour de main était gravé dans sa mémoire.

Un apprentissage au programme de quatrième, ou peut-être de troisième. Le professeur, un infirme, fantasmait sur les combats de l'Armée rouge et n'admettait à l'examen que les filles qui lui laissaient toucher leur poitrine. Les garçons n'avaient pas la moyenne si les cheveux n'étaient pas coupés assez ras.

Et lui aussi avait appris. Il se souvenait du sentiment d'ivresse et de pouvoir que procurait, déjà à l'époque, le contact de l'acier, même si depuis, la qualité des matériaux utilisés par l'usine d'Izjevsk s'était améliorée.

Il assembla le ressort récupérateur et sa tige, le chariot porte-culasse et le piston à gaz.

Il appuya sur la goupille, pour sécuriser le maintien de la crosse.

Il se demandait s'ils viendraient à deux ou à trois. Il ne doutait pas qu'ils fussent déjà en route.

Hélène Miele était une bonne avocate, qui pouvait danser avec le diable si on la payait bien, mais elle n'avait guère le cran nécessaire pour faire face à un type comme Rodia Nasaïev. Il s'était connecté à Internet avec le téléphone oublié chez lui et avait pris connaissance des faits relatifs au meurtre. Il reconnaissait la signature de Nasaïev : des mamelons coupés et autres détails déplaisants. Il savait que cet homme n'agissait jamais seul : né dans une prison russe, il chassait en bande. Un homme incapable de changer et donc condamné à périr.

Comment Dima, pendant toutes ces années, avait-il pu garder ce genre de type à son service ?

Les fidèles, Alexis Viktorovitch, je récompense ceux qui m'ont suivi depuis le début, ce sont mes frères, comme toi tu es mon frère, je n'oublie pas d'où je viens.

Tais-toi Dimitri Olegovitch, et retourne dans la fange d'où tu t'es extirpé.

Il arma et déchargea, un son familier, un tir à blanc. Tout fonctionnait à merveille.

Il arma de nouveau et chercha le silencieux à tâtons.

Il n'arrivait pas à comprendre comment ce crétin de Rodia Nasaïev avait pu retrouver sa trace. Le fantôme de Dima l'avait certainement guidé ou bien il avait reçu de l'aide en haut lieu.

Un endroit où personne ne le retrouverait : quelle idée naïve.

Il n'existe rien de tel, sinon dans les replis du présent ou dans les mensonges. Il avait pourtant pensé l'avoir trouvé dans les archives de Petrozavodsk.

Il n'avait pas eu à se donner beaucoup de peine pour dénicher des informations sur ses grands-parents bio-logiques – une fois qu'il eut arraché la vérité à Julia Morozova, quelques jours avant sa mort. Cette femme qu'il avait appelée *babouchka*, mais qui n'était pas vrai-ment sa grand-mère. Elle qui l'avait nourri de men-songes depuis le jour de sa naissance. Il ignorait si sa mère était au courant pour ses parents, la condamnation pour trahison, et si ce type d'histoire intéressait encore quelqu'un. Savait-elle quel genre de fantômes hantait le foyer ? Était-ce la raison de son silence ? Alexis lui avait posé la question mais comme d'habitude il n'avait reçu aucune réponse, ensuite il l'avait laissée, pour toujours, à son monde mutique, dans un recoin des plus obscurs du parc des Tsars.

Il avait trouvé deux adresses dans les archives de Petro-zavodsk : l'une était l'adresse de naissance de Gunnar Carlovitch Pelttari. L'autre était mentionnée dans des courriers afférant au dossier : des lettres d'amour à un homme qui reposait, putréfié, dans le sous-sol d'une forêt, sans aucun lien tangible avec Alexis Saporin, en tout cas pour ceux qui chercheraient un jour à le retrouver.

Un endroit qui serait hors de l'histoire qu'on lui connaissait, l'idée l'avait obsédé. Un lieu investi d'une forme de pureté.

Là où personne ne ferait attention à lui, une quiétude qu'aucun événement particulier ne viendrait troubler.

Il vérifia le cran de sûreté, une précaution indispensable avant de placer le chargeur. Trente cartouches. Il l'enclencha dans le cylindre d'un coup sec et s'assura qu'il était bien fixé.

Ensuite, il acheva les derniers réglages techniques afin que l'arme soit prête à tirer.

Le mal de tête s'était légèrement atténué. Il avait toujours comme un bandeau qui lui serrait la tête, même si la crise était passée.

Il n'était plus celui qu'il avait été. Et il n'était pas encore dans la peau de celui qu'il serait bientôt. Et on pouvait légitimement se demander, à ce moment précis, s'il existait vraiment.

Il visa, à travers la lucarne, un point à cinquante mètres de là, l'endroit où la route rejoignait les maisons.

— Je suis sur la route, je rentre chez moi, dit Anders Anttila, et votre maison est fermée à clé, elle peut maintenant tranquillement tomber en ruine.

— Attendez une seconde.

D'un geste, Katrine demanda à Sofia de l'attendre dans la queue et se mit à l'écart, derrière une vitrine qui exposait de l'artisanat lapon. Elles étaient arrivées à l'aéroport avec sept minutes de marge et avaient pu acheter deux places, éloignées l'une de l'autre, le dernier vol pour Stockholm.

— Alors ? demanda-t-elle à voix basse, ils ont avoué ?

— Non, pas vraiment, dit Anttila, puisque nous ne les avons pas trouvés.

— Comment ça ? Kivikangas 26:1, la maison de Kankanranta, la dernière maison avant celle d'Haara et Rauhala…

Elle jeta un œil à l'horloge digitale, sur l'un des écrans, qui avançait de quelques secondes. Elles avaient quitté Kivikangas à peine trois heures et demie plus tôt. Elle préférait éviter de penser au froid, dans la cave, et à la panique qui avait pu gagner ses occupants.

— Je sais parfaitement de quelle maison vous parlez,

mais la seule chose qu'on ait trouvée dans votre cave, c'est un squelette de lièvre et trois bocaux de confitures d'airelles de 1972.

Katrine frissonna. Elle vit, comme au ralenti, des femmes d'affaires qui passaient près d'elle, en tirant leur bagage de cabine, suivies d'une équipe de basket. Avant de quitter la maison, elle avait poussé le secrétaire, placé les deux pieds sur la trappe, afin de s'assurer qu'elle ne pourrait être soulevée d'en bas. Ils n'avaient pas pu s'échapper, c'était impossible.

— Je ne mens pas, dit-elle, ce sont eux les coupables.

— Bon, on verra ce qu'ils auront à raconter. Quand on les retrouvera.

Elle ferma les yeux. Le meuble en travers, au milieu de la pièce, la flaque sombre à l'endroit où Matti n'avait pas pu se retenir, l'urine absorbée par le vieux plancher. Katrine avait pris les sacs et… Quelqu'un avait bougé le secrétaire, pensa-t-elle, quelqu'un avait trouvé la clé et était revenu. La queue vers l'embarquement se déplaçait lentement. Ce serait bientôt le dernier appel pour le vol DY4046, direction Stockholm. Elle s'élèverait vers le ciel, loin d'ici, loin dans les airs pendant une heure et vingt-cinq minutes et ensuite ils atterriraient. Elle ne serait jamais à une distance suffisante de ce qui s'était passé ici.

— Vous avez vérifié qu'ils n'étaient pas chez eux ? demanda-t-elle.

— Ils ne sont pas rentrés. Par contre, moi oui, après une journée de travail de onze heures.

Elle entendait la respiration saccadée du policier qui sortait de sa voiture. La portière claqua.

— Et ma femme m'a déjà fait savoir que mon dîner est froid.

Katrine rejoignit la porte d'embarquement, juste avant la fermeture. Elles présentèrent leurs passeports et leurs cartes d'embarquement. Elle fixa le dos élancé de Sofia tandis qu'elles marchaient dans l'étroit passage qui menait à l'avion. À nouveau, elle avait ce sentiment que la jeune femme était plus forte que ce qu'elle laissait paraître. Elle avait un vague souvenir de tout cela, quelque chose qui venait de l'intérieur : un univers infini en dedans et des limites partout à l'extérieur, la sensation d'être comprimée en grandissant, tout qui faisait mal et rien qui n'allait ensemble.

Elle saisit Sofia par l'épaule et lui siffla à l'oreille :

— Tu avais oublié le téléphone ? Ou tu as menti ?

La jeune femme se dégagea de l'emprise et continua à avancer.

— Quoi ?

— Qu'est-ce que tu as fait dans la maison, quand tu es retournée le chercher ?

Sofia s'arrêta net sur le pont de l'avion, le vent s'engouffrait par les fentes en dessous. Elle se retourna et la dévisagea, un regard posé.

— Tu pensais que j'allais les laisser, là ? Comme des animaux en cage ?

Le chien au pelage noir se jeta sur les congères et glissa sur la croûte de neige, le gel après le redoux de la veille.

— Poker, viens là.

Tomas Haara l'appela de nouveau et frappa la laisse contre sa jambe : il n'avait jamais vraiment dressé ce chien.

— Viens là, j'ai dit.

Mais le chien semblait comme fou et sprinta droit vers la cour, pour disparaître derrière la cuisine d'été, prenant la direction de l'étable. Il entendit le crissement des griffes sur la croûte de neige et ensuite plus rien. Pas de fumée s'échappant de la cheminée, rien qui aurait pu lui indiquer que le nouveau propriétaire était levé, bien qu'il fût déjà huit heures passées. Tomas cherchait des yeux la boule noire entre les maisons, avec le sentiment d'être un intrus. Il avait pourtant accompli le même périple chaque jour de sa vie d'adulte, sauf peut-être pendant son service militaire et les quelques jours où il avait été grippé. Les chiens s'étaient bien sûr succédé au fil des années, mais Rauhala restait immuable, tout comme les bouleaux et le fleuve, comme l'odeur du vent qui annonçait la fin de l'hiver. Des éléments qui faisaient partie de son quotidien depuis longtemps et qui ne méritaient pas qu'il s'y attarde plus que ça. Et puis, un jour, le Russe avait emménagé.

— Poker ! Qu'est-ce que tu fais ? Viens ici.

Le chien ne donnait aucun signe de vie. Tomas longea les maisons et dépassa la dépendance. Était-il parti vers le fleuve ? Voulait-il se mesurer à la course avec un lièvre ? Puis, il vit que la porte de l'étable était entrouverte. Il n'était quand même pas allé se fourrer là, cet imbécile ?

Si tout était resté à l'identique depuis qu'il fréquentait les lieux, depuis le temps des jeux de son enfance, il savait exactement dans quel état se trouvaient les étables de Rauhala. Des outils agricoles rouillés, des sacs remplis de ferraille, des fourches acérées et des planches pourries avec des clous. Deux ans plus tôt, le toit s'était affaissé. Il y avait suffisamment de dangers potentiels pour qu'un border collie stupide se blesse.

Il fit quelques pas prudents sur la croûte de neige. Elle lui sembla assez solide. Ces Russes étaient apparemment capables de faire le voyage depuis Mourmansk ou Arkhangelsk, mais déblayer la cour devant chez eux devait leur paraître un travail insurmontable.

Le genre de chose qui l'énervait davantage qu'il ne voulait se l'avouer. Même si, par ailleurs, il n'avait rien contre le fait que des étrangers s'installent par chez lui. La région de Botnie du nord avait bien besoin de se repeupler, et il connaissait quelques hommes de Tornédalie qui avaient épousé des femmes russes. On ne pouvait pas reprocher à quelques hommes russes de venir par ici, sans que cela soit considéré comme de la discrimination sexuelle.

Il sursauta lorsque Poker se mit à japper. Puis, le chien aboya en continu, de l'intérieur de l'étable.

Un rat peut-être ? Il se tourna et observa la bâtisse principale. À part les vitres dégelées, elle avait toujours l'air aussi abandonnée. Ce n'est qu'à ce moment-là qu'il remarqua qu'il n'y avait plus de voiture dans la cour : la Saab 9000 rouge, avec sa peinture rayée et sa poignée de porte cassée, côté passager, avait disparu. Quelques mois plus tôt, Tomas l'avait essayée chez Stig Björnfot, mais il avait trouvé que le vieux en demandait trop cher.

Bon, il n'y avait plus personne ici non plus. Il ressentit un petit pincement au cœur, même s'il avait décidé de faire une croix là-dessus. Il se demanda s'ils étaient partis ensemble.

Un jour, un seul. Le Russe n'avait pas patienté davantage, un seul putain de jour à Kivikangas et il invitait déjà une femme chez lui.

L'autre soir, Tomas l'avait vue aller à Rauhala. Il l'avait vue partir aussi. Le lendemain matin.

La fille de Stockholm, Katrine, à qui il avait beaucoup pensé. Il avait passé du temps à chercher comment alimenter la conversation : il l'avait aidée à faire du feu, il avait trimé, réfléchi à la manière dont il pourrait lui venir en aide. Quel imbécile, c'était pourtant clair qu'elle faisait partie de ce type de femmes, le genre insatiable.

— Mais ferme ta gueule, cria-t-il au chien qui aboyait toujours, en faisant un sacré boucan là-dedans.

Il fit les derniers pas qui le séparaient du bâtiment et ouvrit la porte en grand. La lumière filtrait à l'intérieur, par les fentes dans les murs et les trous dans le toit. La neige s'y était immiscée et se mélangeait avec la poussière.

Poker s'activait autour d'une des vieilles stalles.

— Mais qu'est-ce qu'il y a encore ?

Tomas écarta une pelle et se baissa sous quelques planches qui pendaient. Il regardait avec attention sur quoi il posait les pieds. Le chien était agité comme une chienne qui vient de mettre bas : il hurlait et cherchait à l'attirer en faisant des allers-retours entre lui et la stalle.

— Tu as trouvé une vieille chaussure, c'est ça ?

La seconde d'après, il était entré dans la stalle et pouvait contempler la jambe qui allait avec la chaussure, et tout ce que le chien avait trouvé. Il y avait des mains, des bras, des yeux qui le fixaient et puis le silence. Même le chien se taisait maintenant. Il trébucha en sortant, courut vers la porte et se heurta la tête à une poutre qui pendait. Il entendit le bruit lorsqu'il s'affala sur le sol. Au-dessus de lui, il y avait une brèche dans le toit et il contemplait directement le ciel.

Elle rentrait à pied du RER lorsqu'elle reçut le SMS de Sofia Palo : « Suis à Paddington Station. C'est mieux de prendre Bakerloo Line ou Circle Line pour retourner à l'hôtel ? »

Des frissons lui parcoururent l'échine, des bouffées de nostalgie qui semblaient presque se matérialiser. Elle fit une halte et rédigea une réponse : « Prends Circle Line jusqu'à King's Cross et change pour Piccadilly Line vers Russell Square. Tout va bien ? »

Elle voyait bien cette bouche de métro, les tons marron du quartier de Bloomsbury où l'on pouvait encore louer des chambres pour trois francs six sous. La jubilation du corps, l'ivresse de ces premiers temps de liberté et ces boulots de merde, mal payés, avant de faire carrière, avant Alastair, avant que les dés ne soient jetés. Elle se demandait si Sofia ressentait la même chose en ce moment, en descendant dans le métro : ces odeurs inconnues, le parfum d'une autre vie possible.

Le téléphone portable bipa : elle reçut trois smileys de Sofia.

Elle se demandait si elle avait bien fait, mais elle assumait finalement, sa décision de ne pas rentrer à Londres.

La page était tournée.

Il y a des choses qu'on ne doit pas annoncer au téléphone, mais elle l'avait quand même fait.

Et puis, c'était Alastair qui avait posé la question.

Combien de fois n'avait-elle pas répondu « oui » à cette question, précisément, malgré le doute et la peur quand elle revenait sur le tapis.

Alors, elle avait fini par dire non.

— Je ne t'aime pas. Pardon, mais c'est comme ça.

— D'accord, avait-il répondu. Alors, j'imagine qu'on n'a plus rien à se dire.

Et elle n'avait pas eu besoin de parler de Michail Lebedev.

Elle passa devant un restaurant thaï, là où autrefois il y avait un magasin de bonbons, et stoppa net devant la supérette, juste à côté.

Deux gros titres, presque identiques, faisaient la une des journaux.

MASSACRE EN TORNÉDALIE disait l'un des deux.

MASSACRE EN BOTNIE DU NORD disait l'autre.

Katrine ne pouvait en détacher les yeux. Elle était incapable de réfléchir. Il y avait également une photographie. Elle réussit à vaincre la torpeur et se rapprocha. Sur l'image figurait une maison, grise sur un fond de neige blanche. Rauhala. Sans aucun doute. Il y avait aussi un sous-titre :

Trois morts dans une fusillade sanglante.

Matti Palo, pensa-t-elle, et son camarade. Ils se sont échappés de la cave et sont allés à Rauhala pour se venger, ou pour faire d'autres bêtises. Ou bien il est revenu les chercher ? Est-ce que Michail Lebedev les a exécutés

chez moi et a transporté ensuite les cadavres à Rauhala ?
Je les ai abandonnés là. S'ils sont morts, c'est ma faute.

Elle se sentait incapable de franchir le seuil du magasin. Elle fixa le téléphone, qu'elle tenait toujours dans la main. Vérifie sur Internet, se dit-elle, tout y est, il faut que tu saches ce qui s'est passé.

À cet instant précis, le téléphone sonna. Elle sursauta comme si elle venait de recevoir une décharge. Elle porta le téléphone à son oreille et murmura un faible bonjour.

— Je suis content de réussir à vous joindre, c'est Anders Anttila.

— Salut, répondit Katrine.

Elle fixait les titres des journaux en essayant de formuler une question : Qui ? Quoi ? Pourquoi ?

L'inspecteur de police fut plus rapide.

— C'était qui, le Russe qui a emménagé à Rauhala ?

— C'est lui ?… demanda-t-elle à voix basse… Vous savez qui est mort ?

— Vous avez vu les titres des journaux, alors. Vous êtes à Londres ?

— Non… je vais rendre visite à ma mère.

Elle entendait Anders Anttila marcher à l'extérieur, ses pas dans la neige, et sa respiration lourde.

— Nous avons sept témoins qui attestent vous avoir vue à Rauhala, l'autre soir.

— Qui est le troisième ? demanda Katrine

— Témoin ?

— Non… le troisième mort.

Il y eut un silence à l'autre bout du combiné.

— Alors, vous connaissez les deux autres ?

— Est-ce Matti… Mattias Palo et… ?

Soudain, elle n'arrivait plus à se souvenir du nom de son acolyte. Elle se mit à marcher, pour fuir la une des journaux qui semblait lui crier sa culpabilité au visage.

— Pourquoi pensez-vous que quelqu'un voulait les tuer ? demanda le policier.

— Vous m'avez dit qu'ils étaient introuvables…

— Ils sont rentrés maintenant. Ils étaient partis faire un tour du côté de Lappträsk, pour rendre visite à un cousin de Pempi Vestola. Ils ont bu un peu trop de bière. Sage décision, donc, de passer la nuit là-bas.

Ils sont en vie, pensa-t-elle, mais ça ne lui faisait ni chaud ni froid.

— Mais qui est-ce, alors ? À Rauhala ?

Pendant la courte pause qui s'ensuivit, elle eut le temps de penser aux voisins, Anna Haara et Tomas, et Promise ? Est-ce que Promise était revenue faire le ménage ?

— Bon, ils seront très vite identifiés, dit Anders Anttila. Ces gars-là sont comme des cartes de visite ambulantes. Jusqu'à ce qu'ils s'arrêtent de marcher justement.

Elle distinguait bien sa voix mais ne comprenait pas.

— Que voulez-vous dire ?

— Les Russes, répondit-il. Les tatouages des prisonniers. Ce sont de véritables dictionnaires, pour ceux qui parlent le même langage qu'eux, même si selon la P.J., ce côté encyclopédie vivante commence à faire un peu désuet. Les vrais sales types ne font plus ça. Ils préfèrent se fondre dans la masse plutôt que de flanquer une peur bleue aux gens.

Des images défilèrent. Elle revit le pistolet, un homme dans le lit à Rauhala, son corps nu.

— Ils étaient tous tatoués ?

— Tous.

— Vous savez qui les a tués ?

— Justement, c'est ce que je voulais vous demander. Comme je vous l'ai dit, plusieurs témoins confirment que vous fréquentiez le nouveau propriétaire.

— C'était juste un dîner, dit-elle en reprenant son souffle. Entre voisins. On a mangé de la viande. À l'oignon.

— Et vous avez parlé de quoi, entre voisins ?

Sa gorge se noua.

— De littérature, répondit-elle. De la vie à Kivikangas. De l'importance de cette question : « À qui appartenez-vous ? ».

De nouveau, elle sentit sa gorge se serrer.

— Vous pensez que c'est lui qui les a tués ?

— On n'a pas pu le lui demander. Ce n'est pas comme s'il nous attendait dans sa cuisine, pour nous inviter à prendre le café.

Des empreintes pensa-t-elle, il y en a à Rauhala et chez moi, partout. Ils sauront de qui il s'agit, même si je ne leur dis rien. Et les traces qu'il a laissées en moi, pendant combien de temps vont-elles durer ? Elle tira sur sa manche : il y avait un bleu, fait de ses mains.

— En tout cas, il a utilisé un silencieux haut de gamme, personne n'a entendu quoi ce soit, cette fois-là non plus. Anders Anttila soupira. Normalement, vingt-cinq pour cent de ce genre de tirs restent audibles, suffisamment pour être entendus par le quidam qui se balade alentour. Mais ça ne réveille apparemment pas ceux qui dorment.

— Il m'a dit qu'il était professeur d'université, précisa Katrine. Il s'appelle Michail Lebedev.

Elle se pressa les doigts sur la tempe. Elle essayait de rester au plus près de la vérité. Dans ses souvenirs, il s'appellerait toujours comme ça, de toute façon, même si elle devait parler dans son sommeil, c'est le nom qu'elle prononcerait.

— Il disait venir de Saint-Pétersbourg et il parlait bien anglais. Grand, des yeux marron.

Quoi de plus ? Un certain intérêt pour Gogol ? Il avait des mains épaisses, était-ce une chose à raconter ?

— Si l'on se réfère au contrat de vente, c'est un fonds qui a acquis le domaine, dit Anders Anttila. Le Fonds pour la sécurité et l'assistance aux personnes atteintes de maladies cardiovasculaires. Ils en auraient eu besoin, croyez-moi, les gars que l'on a retrouvés dans l'étable. Ils semblaient avoir des problèmes au cœur, je peux vous le dire, et un nombre infini de trous dans les poumons. Nos techniciens ont même déniché des balles qui avaient traversé les murs du bâtiment principal, pointe creuse, 5,2 mm.

— Qu'est-ce que cela veut dire ?

— Kalachnikov, probablement un AKM ou un AK-74, l'un de ces modèles. Les balles ont été perfectionnées par les Russes durant les années 1960 afin d'améliorer leur impact sur des cibles molles. Après la dissolution du pacte de Varsovie, elles ont, soi-disant, été remplacées par des munitions de l'OTAN, calibre 5.56. Vous avez dit professeur d'université ?

— Savez-vous où il se trouve maintenant ?

— Nous avons retrouvé sa voiture sur un parking à

Haparanda. Il a peut-être traversé la frontière finlandaise, ou pris le bus à Luleå, que sais-je ?

Pouvait-elle se sentir soulagée ? Il pouvait apparaître n'importe quand, pourrait-elle se sentir un jour en sécurité ? Katrine tourna dans une rue qui longeait une crèche, elle ressentait le besoin de réfléchir. Elle observa les pelouses toujours endommagées par les affres de l'hiver. Au milieu, quelques jonquilles avaient percé, malgré tout.

— Selon nos experts, ce genre de fonds est devenu monnaie courante, une base de l'économie criminelle russe, blanchiment d'argent ou distribution de pots-de-vin, poursuivit Anttila.

— Mais, n'y avait-il pas un autre nom sur le contrat, un nom suédois ?

— Tage Magnusson. Depuis qu'il est sorti de l'hôpital psychiatrique, il y a dix-huit ans, ses domiciles successifs sont des boîtes postales. Il est fort possible qu'il soit décédé.

Des âmes mortes, pensa-t-elle. Ils achètent des âmes mortes, prennent l'identité d'individus disparus ou morts.

— L'agent immobilier, dit-elle, Jerker Nyberg à Luleå. Vous lui avez parlé ?

— Il est parti en Thaïlande, en laissant une adresse qui n'existe pas. Mais le plus intéressant dans cette affaire, c'est l'avocate qui a géré la transaction, Hélène Miele. Elle a été retrouvée morte, il y a quelques jours. Il me semble qu'un certain Fredrik Höijer de Stockholm vous a contactée à ce sujet.

— C'est exact.

Katrine se rapprochait du logement collectif pour personnes âgées, situé un peu au-delà de la crèche, sur le chemin même qu'elle prenait pour aller à l'école. Des bâtiments en bois, des couleurs pastel. Sa mère y logeait, une chambre très claire, vraiment agréable. Elle avait envie d'être à ses côtés maintenant, s'asseoir près d'elle et lui tenir sa main.

— Au fait, Mattias Palo me fait dire qu'il ne portera pas plainte contre vous.

— Porter plainte ? Contre moi ? Mais pourquoi ?

— Il dit que la folle de Stockholm les a menacés avec un pique-feu avant de les enfermer dans la cave.

L'inspecteur de police rigolait. Qu'y avait-il de si drôle ? Katrine, elle-même, se retint d'éclater de rire, impressionnée par l'audace de leur mensonge.

— Mais ils ne savent rien en ce qui concerne le meurtre de Svanberg, continua Anttila.

— Bien sûr qu'ils essaient de… vous avez vérifié la cabane de chasse ?

— J'ai demandé à un de mes hommes de s'y rendre en scooter et vous aviez raison. On a l'impression qu'il y a eu un cambriolage.

— Rien à voir avec un cambriolage, c'est Thore Palo qui a tout saccagé.

— Et effacé toute preuve potentielle.

Katrine s'assit sur un banc, du mobilier de jardin pour personnes âgées. Elle pensa à l'enregistrement, à l'aveu.

La veille, elle était sortie sur le balcon et elle en avait écouté des extraits. Est-ce que cela pouvait suffire, comme pièce à conviction ? Et si elle le transférait sur l'ordinateur et coupait le morceau avec Michail Lebedev ?

Il faudrait combien de secondes aux analystes pour qu'ils s'en aperçoivent et lui demandent pourquoi quelqu'un avait manipulé l'enregistrement ? Elle avait même envisagé la possibilité de faire un reportage. Ce qui lui aurait permis de couper à souhait, de copier et coller, de choisir un point de vue et d'envoyer le tout, au besoin, à la protection des sources.

Dans combien de temps la vérité éclaterait-elle au grand jour ? Demain, la semaine prochaine ou dans dix ans ? La journaliste qui avait tu la présence d'un criminel russe, le fait qu'elle était mêlée à tout ça, jusque dans son sang, de tout son être.

Elle avait longuement hésité, les doigts sur les touches, des commandes si simples. Effacer ? Regretter ? Détruire la seule chose qui lui restait de l'homme qui s'appelait Michail Lebedev ?

Finalement, elle en avait relégué le souvenir au fin fond d'un tiroir de bureau, dans sa chambre d'enfant, celle qu'elle avait partagée avec Anders pendant de nombreuses années.

— On considère le meurtre résolu, d'un point de vue policier, dit Anttila.

— Et ça veut dire quoi exactement ? demanda Katrine. Dans ce contexte, je veux dire ?

— Nous sommes convaincus que c'est eux qui ont fait le coup, mais on ne peut pas les arrêter. Pas encore en tout cas, le policier soupira lourdement. On a découvert qu'ils ont de gros problèmes financiers, décision d'huissier et saisie. Des emprunts contractés par le fils. Son père, Åke, s'est porté garant et a ensuite hypothéqué la maison pour couvrir les dettes. Ils pensent que s'ils n'ont pas les mêmes gadgets que tout le monde, voiture, scooter, enceintes et iPhone – à quel modèle est-on aujourd'hui, le cinq, le six ? –, ils n'ont rien.

— Tout le monde n'a pas ça.

— On les surveille. Si on ne les prend pas tout de suite, on les aura plus tard. Ce sont des gars normaux, ils ne pourront pas garder le silence longtemps.

Katrine sentit un poids énorme disparaître de sa poitrine et puis le vide. La pensée suivante fut, pendant combien de temps pourront-ils se taire, quatre-vingts ans ?

— Et Thore Palo, demanda-t-elle, est-ce qu'il va être blanchi, ou tout le monde continuera à penser que c'était lui ?

Anders Anttila ne répondit pas tout de suite.

— C'est le choix qu'il a fait, dit-il finalement, résolu. Se taire et mourir, plutôt que de dire la vérité.

Elle vit les portes de la maison de repos s'ouvrir. Un vieil homme poussait une dame encore plus âgée que lui, enveloppée de couvertures, dans un fauteuil roulant.

— Bon, dans ce cas, je peux aller rendre visite à ma mère, dit-elle.

— Une seconde s'il vous plaît.

Il y eut un bruissement à l'autre bout du téléphone, est-ce qu'il feuilletait ses notes ou manipulait un iPad ? Katrine se demanda s'il y avait beaucoup d'éléments à charge la concernant.

— Selon la police de Stockholm, vous seriez récemment allée en Russie.

— Petrozavodsk, répondit-elle, à la recherche d'informations sur un de mes parents exécuté sous Staline.

— Ensuite, vous avez passé quelques jours à Saint-Pétersbourg. Qu'êtes-vous allée faire là-bas ?

C'était une bonne question. *Moins tu en sais, mieux c'est…* Qu'est-ce qu'elle y avait fait déjà, bon sang ?

— Ce que font les touristes, en général. Je suis descendue à l'hôtel Dostoïevski… Je suis allée à Pouchkine, admirer le palais d'été que Pierre le Grand a édifié pour Catherine Ire… Je m'intéresse un peu à l'architecture baroque.

Katarina se pressa le poing sur le front en espérant que c'était bien ça : baroque et non un autre style. Pourquoi répondait-elle par un mensonge à une question aussi banale ?

— Et au rococo, ajouta-t-elle pour être sûre.

— Et vous ne l'avez pas rencontré, ce Michail Lebedev.

— Non, je ne l'ai jamais vu avant.

— Nos témoins, poursuivit Anders Anttila, affirment que vous avez passé la nuit à Rauhala et que vous n'êtes repartie que le lendemain matin. Est-ce exact ?

— Non, répondit Katrine.

— Sept témoins.

Elle réfléchit rapidement et se souvint du chemin qu'elle avait emprunté pour rentrer chez elle. Elle n'avait croisé personne.

— Des ragots de village, dit-elle. Vous savez comment c'est, une femme seule arrive au village… ainsi de suite.

— Vous avez autre chose à ajouter sur cet homme ?

— Non, répondit-elle, rien d'autre.

Sa mère la fixait avec un léger trouble dans le regard.

— C'est moi. C'est Katrine.

Ingrid tapota la main de sa fille. Katrine croisa son regard, qui lui sembla plus vif maintenant et elle eut le sentiment d'être reconnue. Sa mère allait un peu mieux. Elle était correctement nourrie et on lui administrait des antidépresseurs, peut-être avait-elle aussi trouvé une sorte de paix intérieure, maintenant qu'elle n'était plus condamnée à errer dans son appartement.

Katrine ferma la porte.

Anders et Gunilla avaient aménagé la chambre avec deux fauteuils, une table basse, une commode, quelques tableaux et des lampes de l'appartement. Quelque chose de l'atmosphère douillette de chez elle, ainsi retrouvée. Mais elle eut aussi la désagréable impression que le monde d'Ingrid se réduisait brutalement à ces objets, dans une pièce de dix-neuf mètres carrés.

Katrine s'assit en prenant la main d'Ingrid.

— Maman, dit-elle, je vais te raconter un secret que tu ne pourras répéter à personne.

Puis, elle se mit à raconter.

Elle fut attentive à la réaction d'Ingrid quand elle lui confia qu'elle avait une sœur. Fronçait-elle les sourcils, y avait-il une lueur dans ses yeux ? Est-ce qu'elle se souviendrait de l'histoire, le lendemain, si on la lui racontait de nouveau ? Katrine avait le sentiment que l'histoire de la sœur avait quelque chose du conte, qu'il s'en dégageait une forme mélodieuse. Elle ne savait pas si sa mère comprenait vraiment ou si elle prenait juste plaisir à écouter sa voix, ses mots, profitant que sa fille soit à ses côtés.

— Et elle te ressemble, à part qu'elle a les cheveux plus longs et une fossette au menton. Et le parc où elle habite appartenait aux tsars russes. Mais à vrai dire, tout a commencé avec ton père…

C'est seulement au moment où l'infirmière auxiliaire entra dans la pièce, pour annoncer qu'il était l'heure de dîner, que Katrine se releva.

Elle embrassa sa mère en lui chuchotant à l'oreille :
— Mais ne le dis à personne.

REMERCIEMENTS

Au sein de ma propre famille, le destin d'un homme ressemble à celui de Gunnar Pelttari.

Il s'appelait Nils Bucht et il a quitté Karungi, Tornédalie, pour la Carélie, côté soviétique, dans les années 1930. Il n'est jamais revenu.

Son histoire a constitué une source d'inspiration et une motivation pour écrire cette histoire, mais les ressemblances s'arrêtent là.

Ceci est un roman. Aucun des personnages du livre n'existe dans la réalité, les lieux ont changé de nom et Kivikangas ne figure sur aucune carte. J'ai simplement imaginé ce qui aurait pu advenir. Je précise que l'image que je donne de la Tornédalie est une image toute personnelle.

Pourtant, je n'aurais pas pu assembler ce puzzle sans aide.

Je remercie de tout mon cœur Stina Bucht qui m'a aidée au cours de mes recherches sur les lieux, m'a donné des contacts, initiée au meänkieli – la langue finno-hongroise parlée au nord de la Suède et reconnue langue minoritaire en Suède depuis l'année 2000 – et a déblayé devant moi, traçant des chemins dans la neige quand nous allions visiter des maisons abandonnées. Merci à Eva Karlsson, Thore Bucht, Doris Bucht et tous les autres membres de la famille Bucht : vous avez partagé vos souvenirs, vos connaissances linguistiques et vos maisons. Un remerciement tout particulier à Ebba Helmerson, pour sa relecture et son œil expert. Sans vous, je me serais sentie infiniment plus démunie.

J'aimerais remercier d'autres personnes encore :

Carl-Uno Hanno, fondateur des archives du mouvement populaire de Luleå, qui a finalement réussi à faire témoigner les survivants, parmi ceux qui sont allés en Union soviétique, et qui a su conserver leurs témoignages.

Kaa Eneberg, journaliste, qui a approfondi la question et mis en lumière ces destins singuliers dans des livres documentaires *Tvingade till tystnad* (Forcés à se taire) et *Förnekelsens barn* (Les Enfants reniés).

Oksana Abramova, professeur d'université et interprète à Petrozavodsk, qui m'a accompagnée, même quand c'était difficile.

Victor Paaso du Mémorial de Carélie, qui m'a fait partager ses expériences de recherche sur les victimes de l'époque stalinienne.

L'ancien directeur des services de renseignements de la police judiciaire nationale, pour son expérience des méthodes du travail policier et pour nos entretiens sur le crime organisé russe.

Sergej Malashenko pour les balades dans les quartiers pauvres de Pouchkine et de Chrustjov. Gunnar Johansson et Anatolij Maltsev pour le repérage de l'immeuble à Saint-Pétersbourg et Irina Axelsson pour les expressions russes et ses souvenirs de l'école soviétique.

Lasse Pesula, pour ce qu'il savait de l'histoire de la Caisse agricole et Hasse Alatalo pour ses connaissances de la grammaire meänkieli.

Gunnel Senbom pour m'avoir prêté sa maison encore une fois.

Ole Backe, inspecteur de police à Haparanda, pour ses informations et les discussions sur le travail policier local.

Kent Arringe, instructeur d'armes à la police d'Örebro, pour son habileté à assembler une Kalachnikov.

Johanna Loisel, à la médecine légale d'Umeå, pour son aide créative sur les pratiques en criminologie, les règles de l'autopsie et le dégel des corps humains.

Un grand remerciement au Fonds des écrivains suédois et au conseil régional de Botnie du nord, pour les subventions qui m'ont aidée à financer voyages et recherches, un coût assez élevé.

Merci à la meilleure maison d'édition du monde, Lind & Co, je ne vous quitterai jamais, Kristoffer Lind et Annika Legàth Fagerström, Kajsa Willén et à tous les autres, Niklas Lindblad qui conçoit mes couvertures, Lena Stjernström et les autres de Grand Agency qui embarquent mes livres dans des voyages vertigineux à travers le monde.

Et enfin, mais surtout, merci à Liza Marklund qui m'a accompagnée tout au long du chemin. Merci de t'intéresser à chaque petit détail, merci pour tes idées et pour tes critiques claires et limpides. Merci d'être toujours là et de tenir le coup.

OUVRAGE RÉALISÉ
PAR L'ATELIER GRAPHIQUE ACTES SUD
REPRODUIT ET ACHEVÉ D'IMPRIMER
EN JANVIER 2018
PAR NORMANDIE ROTO IMPRESSION S.A.S.
À LONRAI
POUR LE COMPTE DES ÉDITIONS
ACTES SUD
LE MÉJAN
PLACE NINA-BERBEROVA
13200 ARLES

DÉPÔT LÉGAL
1re ÉDITION: MARS 2018

N° impr.: 1705511

(Imprimé en France)